Stefan Zweig
Friderike Zweig

»Wenn einen Augenblick
die Wolken weichen«
Briefwechsel 1912–1942

Herausgegeben von
Jeffrey B. Berlin und Gert Kerschbaumer

S. Fischer

Besitznachweis:
Faksimiles S. 9–12 und S. 395–396: Stefan Zweig Collection,
Reed Library, State University of New York at Fredonia

© 2006 S. Fischer Verlag GmbH, Frankfurt am Main
Satz: Fotosatz Otto Gutfreund GmbH, Darmstadt
Druck und Einband: GGP Media GmbH, Pößneck
Printed in Germany
ISBN-10: 3-10-097096-9
ISBN-13: 978-3-10-097096-1

Inhalt

Die Annäherung

Das Wetter. Wien, 24. Juli.

Der Luftdruck hielt sich tagsüber lavierend zwischen 750 und 751 Millimetern. Es trat teilweise Ausheiterung ein, doch wurde das Gewölke sehr gewitterdrohend und nachmittags war das Wetter dunstigschwül. Die Temperatur hatte sich auf 27.4 gegen 22.2 Grad gestern erhoben und das Wärmemittel war mit 22.5 um 4 Grad höher als jenes des Vortages.

Aus Bad Ischl wird uns berichtet: Der Kaiser fuhr heute um $^1/_4$6 Uhr abends allein auf die Pirsch. (›Neue Freie Presse‹, Wien 24. 7. 1912)

Friderike von Winternitz, die im niederösterreichischen Luftkurort Gars am Kamp zur Sommerfrische war, fuhr am 24. Juli nach Wien und verbrachte den Abend in dem von Beamten, Offizieren, Ärzten und Dichtern gern besuchten Gasthaus ›Riedhof‹ in der Josefstadt, Wickenburggasse 15. An diesem Abend saß Stefan Zweig am Nachbartisch von Friderike von Winternitz. Sie übernachtete in der Wohnung ihres Schwiegervaters Jakob von Winternitz, Kochgasse 29, und fuhr am nächsten Tag zurück ins Kamptal. Umgehend schrieb sie einen – unsignierten – Brief an Herrn Stefan Zweig, Wien VIII (Josefstadt), Kochgasse 8.

25. Juli [1912]

Lieber Herr Stefan Zweig,

vielleicht bedürfte es nicht der Erklärung, weshalb es mir leicht fällt, das zu tun, was die Leute »unschicklich« nennen. Weshalb es mir sonst nicht ungeheuerlich erscheint, das gehört nicht hierher.

Ich war gestern auf einen halben Tag und eine Nacht in Wien, kam aus meiner sanften Landschaft, aus meiner Mühle, wo Wald und Wasser um mich ist und keine Stadtkultur. – Und da geschah solch ein lieber Zufall. – Ich habe Sie vor paar Jahren an einem Sommerabend beim Stelzer,[1] wo Girardi Abschied nahm, gesehen. Jemand sagte: das ist der Stefan Zweig. Ich hatte eben eine Novelle von Ihnen gelesen, und Sonette las ich (ob ich sie damals schon kannte, weiß ich nicht), deren Klang mir nachlief.[2] Es war ein hübscher Abend damals. Sie saßen, glaube ich, mit Freunden, und es war oder schien eine Begeisterung unter ihnen. Es war damals so eine Art Wendezeit in meinem Leben. Spät abends fuhren wir dann in einem schönen, raschen Wagen nach Wien. Und gestern saßen Sie im Riedhof neben mir, und ein Bekannter brachte mir die »Hymnen an das Leben«.[3] Ich las sie heute zum Räderrollen, als ich früh morgens wieder in meine Sommerheimat fuhr. Draußen lagen die Felder in der freudigsten Sonne. Und da erschien es mir nicht unnatürlich, Ihnen einen Gruß zu senden. Die Hymnen sind so schön! Einige kannte ich. »Das Wort«[3] liebe ich sehr. Ich las es mir schon aus dem Insel-Almanach mehrmals laut vor. Und als ich gestern neben Ihnen war, fiel mir so ein: Es ist nicht einerlei, ob man sein Leben lang Péladan und Strindberg oder Shaw – oder Verhaeren übersetzt. Sage mir, wen Du übersetzt, und ich sage Dir, wer Du bist. Und wie Du übersetzt wohl auch! »Nachdichtungen«, das ist das Herrliche!

Ich dichte auch. Vielleicht haben Sie in den vergangenen Tagen etwas von mir gelesen, oder darüber weggeschaut.[4]

Sendete Ihnen gerne einmal etwas zum Gruß – aus meiner liebsten Welt.

Warum sind Sie in der Stadt? Man sollte fast nie in der Stadt sein. Bei mir hier ist es so schön. Hätten Sie es doch auch so wundervoll.

Ich weiß Ihre Adresse von jemandem, der mir einmal etwas von Ihrer Veranda erzählte, als er meine Weihnachtsbücherliste sah, auf der der »Tersites«[5] stand. Ich glaube, Sie werden niemandem über diesen dummen Brief etwas zu sagen haben. Ich schreibe auch nicht, damit Sie mir etwas erwidern, obwohl es mich *freute*. Und wenn Sie irgend Lust hätten dazu, schreiben Sie an Maria von W., postl. Rosenburg am Kamp.[6]

Viel[e] Grüße!

25. Juli 1912

Lieber Herr Stefan Zweig,

vielleicht bedürfte es nicht der
Erklärung, weshalb es mir leicht
fällt, das zu tun, was die Leute
„unschicklich" nennen. Weshalb
es mir sonst nicht ungeheuerlich erscheint, das gehört nicht hierher.
– Ich war gestern auf einen halben
Tag und eine Nacht in Wien,
kam aus meiner sanften Landschaft, aus meiner Mühle, wo
ich Wald und Wasser um mich
ist und keine Stadtmauer. –
Und da geschah solch ein lieber
Zufall. — Ich habe Sie vor
paar Jahren an einen Sommerabend beim Stelzer, wo Girardi

Abschied nahm geschen. Jemand sagte
das ist der Stefan Zweig. Ich hatt
eben eine Novelle von Ihnen gelesen
und Sonnette las ich, ob ich sie
damals schon kannte, weiß ich nicht
deren Klang mir nachlief. Es
war ein hübscher Abend damals. Sie
saßen glaube ich mit Freunden und
es war oder schien eine … Begeisterung unter ihnen. Es war damals so eine Art Wendezeit in
meinem Leben. Spät abends fuhren
wir dann in einem schönen, raschen
Wagen nach Wien. Und gestern
saßen Sie im Riedhof neben mir
und ein Bekannter brachte mir
die Hymnen an das Leben. Ich
las Sie heute zum Räderrollen,
als ich früh morgens wieder in meine
Sommerheimat fuhr. Draußen lagen

die Felder in der freudigsten Sonne. Und da erschien es mir nicht unnatürlich Ihnen einen Gruß zu senden. Die Hymnen sind so schön! Einige kannte ich. Das „Wort" liebe ich sehr. Ich las es nur schon aus dem Insel-Almanach mehrmals laut vor. Und als ich gestern neben Ihnen war, fiel mir so ein: Es ist nicht einerlei ob man sein Leben lang Peladan und Strindberg oder Schaw – oder Verhaeren übersetzt. Sage mir, wen Du übersetzt und ich sage Dir wer Du bist. Und wie Du übersetzt, wohl auch: „Nachrichtungen", das ist das Herrliche!

Ich dichte auch. Vielleicht haben Sie in den vergangenen Tagen etwas von mir gelesen, oder darüber weggeschaut.

Sendet Ihnen gerne einmal etwas zum Lesen
aus meiner liebsten Welt.
Warum denn du in der Stadt? – Man
wollte fast nie in die Stadt gehen.
Die du dir auch vorstellen kannst.

Ich weiß für Ihnen zu gewinnen, so
mit einmal etwas zu lesen Schönes zu
richten, als es meine Meinung ist, ich
da ich auf der "Thermik" Teil gehabt
zu werden mindestens über dieser Stimmung.
Bei Euch zu ziehen haben. Ich verteile euch
nicht einmal so mit etwas Sorgfältiges aber
mich etwas zu weiß für regnet sich lassen von
reichen da am Kamp.

Viel Grüße!

Rosenberg

1] Gasthof Stelzer in Rodaun bei Wien, wo Alexander Girardi am 3.6.1908 ein Abschiedsfest gegeben hatte. · 2] Stefan Zweigs ›Sonette‹ im Gedichtband *Die frühen Kränze* (Insel-Verlag, Leipzig 1906). · 3] Zweigs Nachdichtung von Émile Verhaerens *Hymnes à la vie* (*Hymnen an das Leben*, Insel-Verlag, Leipzig 1912. ›Das Wort‹ auch im *Insel Almanach auf das Jahr 1911*). · 4] ›Sommerbriefe‹, lt. Friderike Zweigs Biographie *Stefan Zweig, wie ich ihn erlebte* (Stockholm 1947). ›Der Sommerbrief‹ erschien jedoch erst am 4.8. 1912 im Wiener ›Fremdenblatt‹. · 5] Stefan Zweig: Tersites. Ein Trauerspiel, Insel-Verlag, Leipzig 1907. · 6] »Maria von W.« ließ sich Zweigs Briefe postlagernd in das sechs Kilometer von Gars entfernte Rosenburg senden.

Mannigfallmühle bei Gars, 30. Juli [1912]

Verehrter Herr Doktor,

das war so schön gestern, Ihren Brief in den Händen zu halten und dann Ihre Worte zu lesen, die ganz das waren, was ich leise erhoffte.

Ich werde Sie morgen Vormittag anrufen, weil auch ich gerne Ihre Stimme hörte. Auch will ich ohne Scheu Ihren Wunsch erfüllen und die Anonymität fallen lassen. Ich glaube, dass Sie das Banale schwer begreifen, aber vielleicht verstehen Sie, warum ich nicht meinen ganzen Namen sagte, ehe ich Sie hörte. Aber stillen Sie bitte Ihre Neugier, falls sich eine regen sollte, bei mir selbst. Ich glaube, ich kann Ihnen auf alles antworten. Ich empfinde Ihre Güte.

Von zwei Seltsamkeiten muss ich Ihnen noch sagen. Jene Nacht, nach dem Abendessen im Riedhof, schlief ich seit vielen Jahren wieder in der Stadt und zwar wenige Häuser weit von Ihnen, in Ihrer Gasse. Und dann: ein Freund von uns (der bei uns wohnte) hatte Samstag und Sonntag Besuch von Autoleuten, die bei uns ausruhten und an unserem schönen Ufer badeten. Wiewohl ich kaum glaube, dass ein Zusammenhang ist, musste ich doch die Möglichkeit ausdenken, dass Sie aus diesem grauen Auto hätten aussteigen können und ich wie vor einem Wunder gestanden wäre, vor einem sehr lieben Wunder.[1]

Wegen der »fürchterlichen Auchdichter« muss ich noch sagen, dass ich damit *auch* nicht Nebenbeschäftigung meinte. Aber, dass Sie da vielleicht ein kleines Mißtrauen empfinden, verstehe ich. Ich glaube aber, dass ich es deshalb zerstreuen könnte, weil meine

Art zu still ist, als dass sie sich unliebsam zu Markte trüge. Wie ich dazu kam, Einiges zu veröffentlichen, sage ich Ihnen gerne.

Ich weiß nicht, ob wir uns der Stimmen werden freuen können. Sie haben einen langen und vielleicht nicht ungestörten Weg zu machen. Nächste Woche könnte ich Sie wohl von Wien aus anrufen, aber da sind Sie fort, vertauschten Ihre gute Stille mit einer besseren – oder einer guten Bewegung.

Ob ich mich trauen werde, Ihnen ein Zeichen zum Erkennen zu geben? Unter viel Menschen kaum. In Ihren Augen ist ja so viel Schönheit, Sie sehen alles mit jenem »sinnenden Leuchten«. Ich wage nicht, vor Ihnen zu bestehen.

Viel, viel warmen Dank von Ihrer

Friderike Maria von Winternitz

Sie wollen sicher wissen; ob Frau vor meinem Namen steht: Ja[2]

1] Stefan Zweig hatte ihr vermutlich mitgeteilt, dass Verwandte einen Ausflug ins Kamptal machen, er aber verhindert sei. · 2] Friderike Maria von Winternitz (aus einer jüdischen Familie stammend, im 23. Lebensjahr vom jüdischen zum katholischen Glauben konvertiert), war mit Dr. Felix von Winternitz, Finanzkommissär, katholisch verheiratet; sie hatten zwei Kinder: Alix (Alexia Elisabeth, geb. 1907) und Suse (Susanna Benediktine, geb. 1910).

Um den 7. August reiste Stefan Zweig nach Paris. Er besuchte dort seine Freunde und »Meister«, Romain Rolland und Émile Verhaeren. Ende August kam er zurück nach Wien.

Mannigfallmühle, 29. August [1912]

Verehrter Herr Doktor,

nun sind Sie wieder da!

Nun muss ich Ihnen etwas erzählen. Ich habe »Tersites« gelesen, und als der Rausch des ersten warmen Genusses verflogen war, blieb ein Widerstreit in mir zurück. Es war mir, als dürfte ich selbst nicht nach Ihrer Zeit greifen. Ob meine ehrfürchtige Selbstlosigkeit gesiegt hätte, weiß ich nicht, da Sie selbst den Streit entschieden haben. Es war freundlich von Ihnen, meinem Mut nachzuhelfen. Nun habe ich, rasch und ein wenig bange, Altes und Neues ausgewählt. Es sind Verse darunter, die noch niemand las, anderes ist schon zum Druck angenommen. Eine Novelle und ein kürzlich geschriebener Roman erschienen mir doch zu zeitraubend. Ich schicke dies, wenn es »erschienen« ist.[1]

Sind Sie Mittwoch und Donnerstag der nächsten Woche in Wien? Ich möchte Sie so gerne anrufen.

Nun wünsche ich noch herzlich, dass sich die Proben[2] nicht lästig gestalten, und sende Ihnen viele Grüße aus meinem leuchtenden Garten

Ihre Maria Friderike v. Winternitz

1] Ein Teil ihres Romans *Traummenschen* erschien auf Empfehlung Stefan Zweigs in der Budapester Tageszeitung ›Pester Lloyd‹ (8. 12. 1912 – 14. 1. 1913). · 2] Stefan Zweigs Schauspiel *Das Haus am Meer* war vom k. k. (kaiserlich-königlichen) Hofburgtheater in Wien zur Aufführung angenommen worden.

Anfang September kehrte Friderike von Winternitz zurück nach Wien-Döbling. Sie konnte wegen Erkrankung ihrer Tochter Suse einer Einladung Stefan Zweigs in dessen Wohnung nicht folgen. Danach verbrachte sie einige Tage in Krumau, Böhmen. Sie lud nach ihrer Rückkehr Stefan Zweig zu sich.

Samstag   [Wien-Döbling, undatiert, 21. 9. 1912]
Mein verehrter Herr Doktor,

bitte kommen Sie Montag! Ich bin so froh, Sie erwarten zu dürfen.

Ihre sehr ergebene   Maria Friderike v. Wint.

Am Montag, dem 23. September, lernten Stefan Zweig und Friderike von Winternitz einander im Haus der Familie von Winternitz in Oberdöbling, Kreindlgasse 19, kennen. Er schenkte ihr ein Exemplar seines Novellenbandes Erstes Erlebnis. Vier Geschichten aus Kinderland *(Insel-Verlag, Leipzig 1911).*

Seine Briefe an Friderike Maria von Winternitz aus den Jahren ihrer Annäherung sind leider verschollen. Er begann allerdings im September 1912 Tagebuch zu schreiben – »Dokumente seines inneren Lebens«. Am 23. September notierte Stefan Zweig:

Nachmittags bei Frau von Wi. Das nun ein gutes Gespräch mit einer wahrhaft sensiblen Frau, die wohl das Zarteste ist was man sich erdenken kann aber mit einer Energie der seelischen Aufrichtigkeit, die sie groß macht. Wie sie das sagte, es sei tragisch, die Kinder immer nur von einem Manne zu bekommen – wie kühn wie edel das auszusprechen. Es ist mir in solchen Momenten selig zu wissen, dass dies meine höchste Lebensgabe ist, Menschen aufzuschließen, in ihnen durch eine Aufrichtigkeit über alle Scham hinaus (ich bin da ganz frei) ein Bedürfnis zu erwecken, auch ihrerseits einen verborgensten Gedanken zu sagen. Wie herrlich das ist, so ein Gedanke, von dem man fühlt dass er sich zu einem für das erste Mal ins Wort wagt und ganz glückselig ist, wie ein Vogel der sich zum erstenmal in die Luft wirft und aufschreit vor Lust, weil ihn die Schwingen tragen. Ich weiß, dass ich in Frauen aber auch Männern oft etwas befreie. Nur hüte ich mich, dies erotisch auszunützen, vielmehr ich erzeuge diese Freiheit erst durch eine ungesprochene erotische Ablehnung. Was hier ja leicht ist, einem so fragilen zarten Wesen gegenüber, die aber doch rührend, unsäglich rührend war wie sie das blasse kranke Kind[1] im Arm hielt und sich zu ihm niederbeugte. In diesen Bewegungen liegt eine wundervolle Zartheit und ich spüre sie wie Musik. Sie ist voll Takt; wie dann ihr Gatte[2] kam, irgendwie peinlich berührt, was ich recht gut zu überwinden mich beeilte, kam's wie kalte Luft ins Zimmer. Sie scheint in einem Zwischenzustand zwischen dieser noch mädchenhaften Schönheitssehnsucht und ihrer mütterlichen Ruhe zu sein, ihr Gatte dazwischen ein Pendel, der weder die eine noch die andre Glockenschale erreicht und zum Schwingen bringt. Abends dann dumpf im Übersinnen. Café, dieses unnötige Finale, das ich mir abgewöhnen will.

1] Ihre Tochter Suse litt an Stoffwechselversagen. · 2] Dr. Felix von Winternitz.

Am Samstag, dem 26. Oktober 1912, fand die Uraufführung des Schauspiels Das Haus am Meer *im k. k. Hofburgtheater statt – »Schicksalstag«, notierte Stefan Zweig im Tagebuch:*

[…] ich tauche unbesorgt in den Vorhang, hinter dem sich plötzlich das glitzernde Haus auftut. Ich sehe überall Beifall, helle Gesichter, erkenne sogar einzelne, werde achtmal gerufen. Alles beglückwünscht mich, der aber abwehrt, weil ich des letzten Aktes wenig sicher bin, der auch tatsächlich Opposition hat, was ich von oben deutlich höre und spüre. Seltsam, wie sich die Stimmung verdüstert, obwohl wir alle doch einen großen Erfolg hatten.

Friderike von Winternitz besuchte die Premiere und schrieb hierauf einen Bericht, der am 30. Oktober 1912 im ›Hamburger Fremdenblatt‹ erschien:

Wien, 26. Oktober.

Mit Spannung hatte man der Erstaufführung von Stephan Zweigs dreiaktigem Schauspiel »Das Haus am Meer« entgegengesehen. Der Dichter, der als der feine Lyriker und Verkünder Verhaerens, als Novellist und Essayist sehr geschätzt ist, war bisher seiner Vaterstadt als Dramatiker ferngeblieben. […]

Ohne den knappen Schritt der Handlung zu unterbrechen, klingen psychologische Probleme an und lösen sich in klarer Konsequenz. Haus, Weib und Kind sind die Motive, und daß ihr Zusammenhang kein Zusammenklang werden kann, darin liegt die Tragik dieses deutschen Schauspiels, das auch in der reinen kraftvollen Linienführung durchaus deutsch anmutet. Es fehlt dabei nicht an kräftigen Akzenten, die sich plastisch vom lyrischen Hintergrund abheben. In den Szenen der schmachvollen Verscharung deutschen Blutes, in denen der ganze Jammer der Zerrissenheit des damaligen Deutschland zutage tritt, und in denen der Offizier sein unter militärischer Zucht und Disziplin nicht erstorbenes treudeutsches Fühlen enthüllt, sind die tragischen Momente von erschütternder, packender Wirkung. […]

17

Der Abend war ein ausgesprochener Erfolg für den Dichter, der nach allen Aktschlüssen gerufen wurde, nach dem zweiten mehr als ein halbdutzendmal.

v. Winternitz

Allerheiligen [1. 11. 1912]

Geehrter Herr Doktor,

folgende Berichtigung scheint meinem Gefühl notwendig. Das, was ich über Ihr Stück schrieb (es erschien Mittwoch), wurde auf ein »Referat« – gegen alle Zusicherung – zugestutzt und daher verstümmelt. Nicht von mir sind außerdem die Worte »Akzente«, »treudeutsch« und »Verschacherung«, die ich abscheulich finde. Der Bericht über die Darstellung ist von Regierungsrat v. Winternitz[1] geschrieben und entspricht nicht meiner Meinung.

Herzlichen Gruß, lieber Herr Doktor

von Ihrer Friderike Maria Winternitz

1] Ihr Schwiegervater Jakob von Winternitz, der im Pressebüro des Ministerium des Äußern in Wien tätig war.

Sonntag, [Wien-Döbling, 3. 11. 1912]

Verehrter Herr Doktor,

ist mir nun dies Liegenmüssen auferlegt, damit ich mich einige Tage freuen kann, Sie wiederzusehen, oder geht mir dies am Ende, falls Sie schon bald wegfahren sollten, verloren? Ich kann mich nämlich erst etwa Freitag wieder zu den brauchbaren Menschen zählen und wäre so froh, wenn ich Sie dann bei mir oder bei Ihnen, wie es Ihnen angenehm ist, sprechen könnte.

Vor wenigen Minuten erhielt ich den Bescheid vom Pester Lloyd, dass die Entscheidung, ob der kleine Roman dort gedruckt wird, nur mehr von mir abhängt.[1]

Waren Sie böse (ich glaube Sie lieben das nicht), dass ich Sie in jenem Feuilleton des Fremdenblattes »besungen« habe?[2] – Ich hätte Sie vielleicht fragen müssen, wollte Sie aber nicht belästigen – und hatte so sehr Lust dazu.

Nach Deutschland will ich, wenn mich nichts sehr Wichtiges hindert, ungefähr am 15. November fahren. Hoffentlich sehe ich Sie in Hamburg? Vorerst will ich nach Berlin.

Herzlichen Gruß schickt Ihnen Ihre ergebene

Friderike Maria Wint.

Diese schlechten Verse fielen mir Mittwoch abends quasi unter dem Namen Burgtheater und Pietät ein:

Sie dienen nicht dem Dichterwort
so will mir's scheinen.
Es ist als ob sie immer nur
sich selber meinen.
Sie holen sich sehr tief hervor
und stimmt das Bild nicht
mit dem Dichterwillen,
so klingt es kaum an unser Ohr.
Denn Worte kann man spurlos töten
Und schreitet tänzelnd weg,
stimmt rasch ein neues Lied
mit Bratsche und sehr schrillen Flöten
und hinter all dem ist ein Ton
verzittert und verirrt
eh er ein Tönen ward
und Baustein zu des Dichters Thron.
Die Geste aber blieb geschlossen,
Der Faltenwurf ließ die gewandten Glieder sehen
»Die Rolle schien wie angegossen«.
[...]

1] Roman *Traummenschen* von Friderike Maria von Winternitz (Teilabdruck in ›Pester Lloyd‹, Budapest, 8. 12. 1912 – 14. 1. 1913). · 2] ›Hamburger Fremdenblatt‹, 30. 10. 1912.

Am Dienstag, dem 12. November 1912, war Friderike von Winternitz zu Besuch bei Stefan Zweig in dessen Wohnung, Wien VIII, Kochgasse 8. Er bemerkte in seinem Tagebuch:

Dann Frau von Win. bei mir, die in ihrer stillen scheuen Art mich unendlich anzieht. Sie ist so fest in ihrer Hilflosigkeit, so gütig in ihrer Stille, so weiblich in ihrer Klugheit. Ich wage mich gar nicht erotisch heran: hier wäre nur zu zerstören, nicht zu schenken, als die Illusion einer Stunde und dieser Unterton des Verhaltenseins in unsern Beziehungen ist sehr reizvoll.

Am 18. November fuhr Stefan Zweig mit der Bahn über Dresden nach Berlin. Er schrieb seine Eindrücke nieder, es fehlen aber die Tagebuch-Aufzeichnungen vom 20. November bis zum 1. Dezember. Nach seinem abgebrochenen Eintrag vom 19. November steht folgende Anmerkung des Herausgebers Knut Beck: »[Vier Seiten herausgerissen]«.

Gewiss ist, dass auch Friderike von Winternitz über Dresden nach Berlin reiste, ihm vorausfuhr und sich im selben Berliner Hotel einfand.

Herrn Dr. Stefan Zweig,
Berlin, Potsdamer Platz,
Hôtel Fürstenhof
Berlin,   [Poststempel Berlin W 19. 11. 1912]

Lieber, verehrter Herr Doktor,
    nach einem wunderschönen Tag in Dresden bin ich sehr vergnügt hier angekommen und finde es hier sehr spassig. Ich glaube, die Luft schlägt Purzelbäume, und alle tummeln sich, um nichts auf den Kopf zu bekommen. Raten Sie, wo ich wohne? Fürstenhof! Ich fand es im Excelsior nicht hübsch. Hier ist es reizend.
    Ich werde mich nicht selbst melden, weil ich Ihre Zeiteinteilung nicht stören will, freute mich aber, zu jeder Tages- und Nachtzeit von Ihnen zu hören, und stehe Ihnen für irgendwelche fraulichen Hilfeleistungen, Ordnen, Packen oder dergleichen gerne zur Verfügung.
                    Herzlichen Gruß von Ihrer ergebenen Fri. M. W.

Hotel ›Der Fürstenhof‹
Berlin W. am Potsdamer-Platz [undatiert, vermutlich
19. 11. 1912]

[Rückseite des Hotelbillets:]
Diese drei Novellen[1] sind Dr. Stefan Zweig zugeeignet, damit er
sie so sehr als seinen Besitz fühlt – und sie erst liest, bis er irgendwann gar nicht lesemüde ist.

Friderike Maria von Winternitz

1] Titel der Novellen sind nicht zu ermitteln.

*Vom 21. bis zum 24. oder 25. November logierten Friderike von Winter-
nitz und Stefan Zweig im selben Hamburger Hotel, allerdings getrennt.*

GRAND HOTEL VIER JAHRESZEITEN
AM ALSTER-BASSIN

Hamburg, den [undatiert, vermutlich 22. 11. 1912]

Schönen Dank für Ihren Gruß, Ich fürchtete schon, Sie mißver-
standen zu haben. – Ich beneide die, die Sie morgen hören.[1]
Mir geht es eigentlich schlecht. Ich musste gestern bei Michael
Kramer[2] »heulen« und heute, jetzt eben, bin ich nach Gabriel
Schillings Flucht[2] auch nicht ganz ruhig.
Kann ich Ihnen etwa beim Hamburger Fremdenblatt etwas
richten – oder kennen Sie die Herrn?
Ich freue mich auf Dienstag[3] – aber bitte binden Sie sich nicht
unbedingt.

Herzlich Fri Maria W.

1] Am 23. 11. Premiere *Das Haus am Meer* am Schauspielhaus Hamburg. ·
2] Dramen Gerhart Hauptmanns. · 3] Am 26. 11. vorgezogene Geburtstagsfeier.

[undatiert, vermutlich Samstag, 23. 11. 1912]

Mein verehrter Herr Doktor,

Sie häufen so viel Glück in meinem Herzen! Ich bin mit Freude bereit, mit Ihnen zu reisen, wann und wohin Sie wollen. (Ich möchte Freitag, spätestens Samstag Früh in Wien sein).[1]

Es soll alles so sein, wie *Sie* es wünschen, und litte ich auch. Mein Haus? es ist wirklich das meine, ich bin darin ganz frei und niemand kreuzt mit Neugierde oder Mißfallen meinen Weg. Ich nähre mich selbst und bin seit langem ganz unabhängig. Dies müssen Sie wissen! – Geben kann ich nichts in meiner hilflosen Schüchternheit Ihnen gegenüber, aber verlangen Sie nicht, dass ich kühl sei; ich bin zu versehnt, kann Ihnen nichts versagen und trage lange den Wunsch, es nicht zu müssen. Aber ich will mir schon Mühe geben, lieber Herr Doktor, wenn Sie es verlangen.

Gestern nachts schlief ich auch nicht vor 2 Uhr. – Hätte ich doch einige Augenblicke mit Ihnen auf die Alster schauen können! Rufen Sie mich wann immer und fürchten Sie nicht, dass ich mehr geben werde, als Sie nehmen wollen. Ich halte meinen Atem an, um Ihnen nicht mehr zu sein, als Sie wünschen. Das aber möchte aus tiefster Seele, aus ganzem Sein

Ihre Friderike Maria W.

1] Dies besagt, dass Friderike von Winternitz eine Woche mit Stefan Zweig verbringen wollte.

Wie aus späteren Briefen hervorgeht, reisten Friderike von Winternitz und Stefan Zweig von Hamburg nach Lübeck, um dort am 26. November seinen Geburtstag zu feiern (zwei Tage vor seinem 31. Geburtstag). Im renommierten Lübecker Hotel ›Stadt Hamburg‹ wurden die beiden intim. Hierauf fuhr sie allein zurück nach Wien. Er blieb einige Tage in Berlin, erlebte dort am 28. November die Premiere von Arthur Schnitzlers Professor Bernhardi.

Stefan Zweig, der Anfang Dezember nach Wien zurückkehrte, notierte am 4. Dezember 1912 – 30. Geburtstag von Friderike von Winternitz:

Nachher ist F. M. bei mir den Geburtstag feiern, was heiß und freudig geschieht, wobei die Karten der Pervers. immer offener ausgebreitet werden. Prachtvoll das Helene Fourment-Spiel[1] in der Ofendämmerung.

1] Nach dem Porträt der Hélène Fourment von Peter Paul Rubens, der in zweiter Ehe mit seiner Nichte Hélène Fourment verheiratet war. Sie stand ihm häufig Modell, so auch zu jenem Bild, »das man nach Rubens selbst ›das Pelzchen‹ nennt«; es »ist sicher das vollkommene Wunder eines blanken und schauernden Frauenkörpers. Die Peinlichkeit der genau eingehaltenen Naturwahrheit (man sieht sogar oberhalb des Knies die Spuren der Strumpfbänder im Fleische eingedrückt) macht sie allerdings bloß zum Bilde eines Körpers, aber doch wie viel Leben, Licht, kühn gemengte Scham und Schamlosigkeit, Furcht und Freude, Liebe und Hingabe spiegeln sich in diesem jungen und jubelnden Gesichte.« (Nachdichtung von Stefan Zweig: Émile Verhaeren: Rubens, Insel-Verlag, Leipzig 1913)

Vom 5. bis 7. Dezember 1912 war Stefan Zweig in München. Er nahm an der Premiere seines Schauspiels Das Haus am Meer *teil, die am 7. Dezember im Residenztheater stattfand. Friderike Maria von Winternitz wollte ihm offenbar nachreisen, blieb jedoch zu Hause und schrieb ihm am 8. Dezember, dem katholischen Feiertag* »Maria Empfängnis«, *einen anspielungsreichen Brief.*

Sonntag früh   [Wien-Döbling, 8. 12. 1912]
Lieber,
    fast wäre ich gestern dennoch in Deiner Nähe gewesen. Ich hatte mich nur leider zu spät besonnen, dass man ganz leicht aus einem solchen Wunsch Wahrheit machen kann, wenn man ihn auch heiß genug wünscht. Es wäre auch zu bewerkstelligen gewesen: Meine Gedanken waren zu langsam gewesen und ihr Fehler wäre nur durch den Orient Express[1] gutzumachen gewesen und dagegen hatte Frl. Vernunft (ich empfinde sie als eine alte Jungfer) ihre bissigen Einwände. Obwohl ich demnächst viel, viel garstiges Geld haben werde und meinem Meister und Heil hiemit zu wissen tue, dass es deshalb nicht im Geringsten unmöglich ist, im Jänner auf 6 Tage nach Meran oder Bozen oder auch sonst

irgendwohin zu fahren, wenn mein Meister und Heil wirklich in meiner Nähe seinen schönen Roman schreiben will. – Es ist mir so süßschaurig zu Mute, wenn ich an meine »Tempelschändung«[2] denke. Ich bin über mich selbst erstaunt. Viel zu beseligt, um an mir Kritik zu üben. Ich weiß nur, dass wie unter dem Blick einer sehr heißen Sonne vieles unheimlich rasch reifte, wovon ich bisher nur wußte, wie altkluge Kinder, die vielleicht dümmer bleiben als andere, weil sie sich den Nimbus geben, alles selbst zu wissen. Sie selbst glauben ja alles zu wissen in ihrer selbstverdorbenen Unschuld. Das was ich Dir hier sage, Lieber, wird Dich vielleicht erstaunt machen, und Du wirst es auf mein Bild, das ich Dir selbst unvollkommen gab, nicht stimmen können. Es gibt so ganz merkwürdige Entwicklungen im Leben der Frauen. Es wird Euch Männern nicht leicht sein, sie zu entwirren. Ihr urteilt so rasch und immer aus der Summe Eurer Erlebnisse, und doch ist immer wieder Vieles neu und anders.

Es gibt Frauen, bei denen es ein so friedliches Nebeneinander von Seele und Körper gibt, dann solche, bei denen die Seele Körper, und solche, bei denen der Körper Seele ist. Und vielleicht gibt es solche, bei denen dies abwechselnd eintritt. Vielleicht gibt es auch solche, die niemals wünschen, sondern immer gewünscht werden und eines Tages von ihrem eigenen heiligen heißen Wunsch überrascht werden, wie Maria von dem verkündenden Engel – und nun schenken sie mit der Gebärde der Vertrautheit das, um was sie andere lange und immer wieder baten, Dinge, die ihnen grauenvoll erschienen und verworfen und nun, da ihr eigner Wunsch zu sprechen anhub, geben sie sie hin und fühlen »heilige Handlung«, fühlen den »Weihrauchtaumel einer Götterliebe«. Und das ist ihnen Reinheit, was für Euch schon allzu viel Erinnerung birgt, und vielleicht bricht da eine heiße Sehnsucht in uns auf, Euch durch uns wiederzugeben, was Ihr verloren habt. –

Ich muß aufhören, viele Stunden könnte ich Dir von diesen Dingen erzählen, aber ich fürchte fast, Du würdest lächeln, lächelst vielleicht jetzt schon. Ich sehe Dich so warm vor mir, sehe Dich mit all meiner zärtlichen Ehrfurcht, die ich für Dich habe, meinen schwer zu bändigenden Wünschen, die wie heiße Pferde sind, die ins Unendliche stürmen wollen, sehe Dich im Glanze meines »Marientraumes«. Dies Letzte verstehst Du wohl nicht, Lieber! Wie immer Du all dies verstehst, fürchte nichts von mir. Glück und Leid, das von Dir kommen mag, beiden bin ich selig erschlossen. Du brauchst mich niemals zu schonen. Ich bin stark.

Vielen Dank für die Karte. – Gestern abends ließ ich mir Tasso[3] vorlesen und stickte dabei für Dich an einem Bucheinband. – Ich lege Dir zwei Zeitungsausschnitte bei. Nun hätte ich eigentlich gerne die Romanangelegenheit bald erledigt.[4] Soll ich selbst hingehen? Eben lese ich die Presse über München. Oh, warum konnte ich nicht dabei sein.

Fri Maria

1] Luxuszug mit der Fahrtroute Konstantinopel – Budapest – Wien – München – Paris. · 2] Religiöse Umschreibung einer sittlichen Verfehlung. · 3] Torquato Tasso, italienischer Dichter; Schauspiel von Johann Wolfgang von Goethe. · 4] Roman *Traummenschen* von Friderike von Winternitz (›Pester Lloyd‹, 8. 12. 1912 – 14. 1. 1913).

Vom 10. bis 16. Dezember war Zweig im niederösterreichischen Höhenkurort Semmering, der mit der weltberühmten Gebirgsbahn zu erreichen ist. Dort entwarf er eine Novelle (vermutlich Die Mondscheingasse*). Friderike von Winternitz erwartete ihn am Samstag, dem 21. Dezember.*

FRIDERIKE von WINTERNITZ
WIEN XIX, KREINDLGASSE 19   [19. 12. 1912]

Lieber,

in Eile: kommen Sie Samstag, wenn Sie gerne kommen und nicht vielleicht, weil jetzt Weihnachten vor der Türe ist, gehetzt sind. Ich fühlte nichts Unfreundliches. Ich selbst hatte einige böse Tage (von außen), so dass ich wahrlich auch nicht nett gewesen sein mag. Fühlen Sie doch bitte sicherlich keine Vorwürfe.

Ihre Fri Maria

Am 21. Dezember 1912 notierte Stefan Zweig in seinem Tagebuch:

Abends mit F. v. W. Es ist wieder sehr schön und ich muss nur verhüten, dass es ganz ins Sexuelle niederstürze, was wirklich droht. Die Spaziergänge sind sehr schön und wir sprechen wirklich gut miteinander: vielleicht die ganze Kunst die eines Begreiflichmachens. Frauen vermögen alles zu verstehen, alles sich klar machen zu lassen, die Frage ist nur die der Dauerhaftigkeit, ob dieses Verstehen sich nicht sofort wieder verschattet und trübt. Sie ist so zart, dass man fürchten müsste, sie zu erdrücken mit Zärtlichkeit oder was immer für einem Gefühl. Ich will es ihr das nächste Mal klar machen, dass wir zu viel verlieren.

6. Januar [1913]

Einen Augenblick dachte ich selbst anzurufen, aber ich hätte die Hemmung nicht gebrochen, die ich ja selbst auch empfinde, weshalb ich dann immer so herumstottere. Mißtrauen habe ich nicht, weil ich all zu viel Glauben als dreist empfände. So ist mir immer alles wieder unverhofft, wie Wunder sind.

Wenn Du »Das Geistliche Jahr« von Droste-Hülshoff besitzest, so suche darin »Am Palmsonntag«. Auch »Am Neujahrstag« ist so schön. (Aber das findet sich, glaube ich, nur in der Cotta'schen Ausgabe.) Ich rette mich manchmal zu diesen Gebeten und leihe ihnen einen sündhaft heiligen Sinn, der mich beglückt, aber nicht erlöst, wonach ich sehr lechze.

Ich trage all die Zeit sehr schwer an meiner Pflicht. Ich glaube, ich werde vor Freude weinen, wenn ich in der Bahn sein werde.

Wirst Du kommen?

Morgen sehe ich wohl Dein liebes Gesicht! Verzeih', dass ich in diesen Worten nicht kühl geblieben bin. Ich komme eben aus dem vereisten Wald, und Reif und Schnee löst sich von mir. Manchmal tut das sehr wohl, und Du, Lieber, vergißt und vergibst es wohl Deiner

Fri.-Maria

Ich hatte damals, als Du so freundlich warst, Dich meines Romans[1] anzunehmen, das Gefühl, als sollte ich Dir das nicht aufbürden. Es war ein ganz richtiges Gefühl, da ich spüre, dass Du Dich geärgert hast. Bitte verschärfe dies Unbehagen nicht, indem Du Dich noch weiter ärgerst. Mich kränkte ein Refus[2] nicht. Morgen zwischen $^1/_4$ u. $^1/_2$ 12 gehe ich wohl mit meiner »Großen« durch den Schönbornpark.[3]

1] *Traummenschen* von Friderike von Winternitz (Pester Lloyd, 8. 12. 1912 – 14. 1. 1913). · 2] Abschlägige Antwort. · 3] Spaziergang mit ihrer Tochter Alix im Schönbornpark, Wien-Josefstadt, unweit des Hauses Kochgasse 8, wo Stefan Zweig wohnte.

Am 17. Januar fuhr Friderike von Winternitz mit ihren Töchtern Alix und Suse (5 bzw. 3 Jahre alt) und deren Gouvernante nach Bozen in Südtirol. Bis 7. Februar wohnten sie in Oberbozen auf einem Hochplateau (Meereshöhe 1200 m), das man damals von Bozen mit einer Zahnradbahn erreichte.

Dienstag   [Oberbozen, 28. 1. 1913]
Lieber,
    nun ist doch ein Brief gekommen, trotz Deiner Karte, die mir aber doch nicht die Zuversicht nahm, einen zu bekommen, weil ich ihn leise kommen spürte. Dem soll man freilich nicht immer trauen, denn ich fühle auch Dich kommen, und wer weiß, ob ich damit Recht behalten werde. Ich wage es auch nicht, Dich ganz schlicht darum zu bitten oder auch inständig, wie Kinder es tun, die einen großen, großen Wunsch in ihrem drängenden Herzen stehen haben. Denn vielleicht wäre das doch irgendwie Zwang an Deine Güte, die ich oft sehr selig gefühlt habe. Und ich möchte wie eine ganz weiche, leise Feder sein, die Du kaum fühlst, die Dir angeweht kommt, wenn Du sie rufst und Dich wärmt, indem sie sich dicht an Dich schmiegt oder Dich kühlt, wenn Du es so willst. Und so würde ich die Reise nicht scheuen, um ein paar Stunden bei Dir sein zu können, aber ich will nicht immer in Dein Leben greifen. Ich bin ja so lässig in meinem Geben, weil ich es selbstsüchtiger

Weise so sehr als Ziel empfinde, in Deiner Nähe zu sein, dass ich ganz still und dumm werde in diesem Behagen. Oft ist es auch anders, etwas wird frei in mir durch Dich, und dann könnte ich allerlei sagen, wüßte manches aus meiner denkenden und träumenden Einsamkeit zu erzählen, aus ihren ganz verborgenen Wegen, zu denen nie ein fremder Gedanke kam und die sich den Deinen öffnen. Aber dies versinkt dann oft, wenn ich Dir so gerne lausche. Du darfst dies nicht Güte nennen, was ich Dir geben müsste, wenn Du mich noch so sehr verletzen würdest. Aber könntest Du es denn, da ich alles als notwendig empfände, was von Dir kommt. So auch Deine Abgründe, um deretwillen ich mein Gefühl wachsen fühlte, wenn sie Dir innere Zwietracht oder (wie entsetzlich ist das zu fühlen:) Gefahr bringen. Dann muss ich doppelt mit meinen guten Gefühlen bei Dir sein, aber auch ohne dass Du sie wie lästige Bemutterung fühlst, nur wie irgend ein kleines Geländer im Dunkeln, das Du greifen oder lassen kannst, wie Du willst – aber das heiß wartet, Dir treu zu sein. Und gerne würde ich Dir auch helfen, den Zwiespalt zu überbrücken, der ja nur beweist, dass Du Deine Tiefen, wie die Natur sie gibt (vor deren Gaben ich, selbst wenn sie grausam sind, irgendwie Ehrfurcht habe), dass Du dieses Hinunterstürmen in ein Dunkles nur deshalb so empfindest, weil Du von Höhen herunterschaust. Und vielleicht können diese Höhen nicht sein ohne die Tiefen, in denen Du Dich doch niemals verlieren wirst, wenn es Dich auch manchmal dazu drängt, um Dich von der Engnis[1] zu befreien, die Du sicher in Wien mehr spürst als anderswo. Denn dort ist ja alles Heuchelei und der Zwang nicht Zucht aus starkem Blut. Mir tut es weh, dass Du wieder dort bist, und wenn Du es in Paris gut hast, wird mir dies den Schmerz der Entfernung verringern, obwohl ich heute noch nicht weiß, wie ich ihn zu tragen wissen werde. Aber bitte denke daran nicht. Vorläufig steht ja inmitten der Bergsonne noch ein Leuchten, das selbst sie nicht verdunkelt, dass Dich Dein Weg doch über diese Landschaft trägt, die Du so liebst.

Die Stimme wird vielleicht leiser, wenn ich Dir sage, dass Du den Kindern[2] nichts von meiner Liebe nimmst, weil ich sie besser liebe, wenn ich glücklich bin. Auf Kinder wirkt das Licht so sehr, das um sie ist, und bei aller Beherrschung fühlen sie doch den Mangel der Unmittelbarkeit, wenn man nicht wirklich froh ist. So ist ihnen gewißlich nichts genommen. Ja, ich denke oft, wie ich es anstellen kann, mich ihnen mehr zu entziehen, weil sie eigentlich nicht recht ausruhen in meiner Nähe, besonders das Kleine ist immer in Ekstase, wenn es bei mir ist, und es hat sich schon oft bewährt, wenn ich ihm ferner war. Um dies einigermaßen zu bewerkstelligen, ist meine Arbeit ganz nützlich, aber vielleicht wäre es gut, die nun manchmal rasten zu lassen. Ich gewinne sie dann besser wieder. Aber allein will ich nicht lange sein, weil mich die Begehrlichkeit, der ich aus irgendeinem mir unklaren (weil äußerlich nicht genugsam gerechtfertigt) Gefühl immer begegne, mich irgend böse anrührt und unruhig macht. Und andere will ich nicht rufen, weil ich nicht dankbar genug sein könnte. Ich habe vor in c. 14 Tagen ins Tal zu ziehen, in die Meraner Umgebung, denn während da unten schon die Luft lauer wird, beginnt hier oben der Nebel zu jagen. Vielleicht kann ich mir dann unten wieder eine kleine Wirtschaft errichten, indem ich mir auch meine »Moidl«[3] mitnehme, die so gut Polenta kocht und auch den Kindern gut ist. Dann will ich jedenfalls ein bisschen ganz frei sein vom Haus, wenn ich alles in Ordnung habe. –

Lieber, es ist so gut, mir Bücher schicken zu wollen, und wenn ich auch noch lange nicht mit den anderen fertig bin, nehme ich es froh an, wenn Grüße von Dir darin sind. Gerne hätte ich »Helenas Heimkehr«,[4] das Du mir einmal borgen wolltest, aber all dies, wenn es Dir wirklich keine Mühe ist. Denn nun habe ich Dir ja wieder eine mit diesem langen Brief und eine größere mit dem Theaterstück★ gemacht, dessen Täterschaft mir nun wieder recht bedenklich vorkommt und von dem ich fast wieder wünsche, dass es der Boden verschlinge. – Zu den »Illustrationen« habe ich rückwärts Erklärungen gegeben. Kannst Du mich am Balcon erkennen? Unverschämt so herumzulaufen, aber riesig angenehm, und hier spüre ich es oft in allen Gliedern, dass ich es noch darf. Ich schicke Dir meine Grüße, getränkt von sonniger Luft, in die fingierte Schwüle der Wiener Faschingsatmosphäre. Viel Herzliches ist in ihnen und viel Dank von

Deiner Fri. Maria

★ Ich sandte es auf den Semmering.[5]

1] Beengung. · 2] Ihre Töchter Alix und Suse. · 3] Maria, Tiroler Haushäl-
terin. · 4] Stefan Zweigs Nachdichtung des Dramas *Hélène de Sparte* von
Émile Verhaeren erschien erstmals 1909 im Insel-Verlag zu Leipzig. · 5] Stefan Zweig verbrachte einige Tage im Höhenkurort Semmering, Niederösterreich.

Ende Februar 1913 notierte Stefan Zweig in seinem Tagebuch:

Reise nach Prag, Dresden, Leipzig. [...] Auch hier Geschäftliches,
das ganze mehr eine Ausrede Wien zu entfliehen. Dazwischen
hell: diese Briefe aus der Ferne, die mir F. [Friderike] schreibt. Sie
sind so ganz Güte, Hingebung, dass ich nicht weiß, warum Gott
gerade mir dies geschenkt hat, der ich mich unwürdig weiß, durch
Kälte des Empfindens, Verschleuderung des Lebens, eine entsetzliche Stagnation des Ehrgeizes. Dies, wenn ich nicht ganz verloren sein soll, muss mir helfen. Schwiege doch diese grelle Stimme
in mir, sänke diese Unrast nieder, die mich jagt, sammelte sich die
Wachsamkeit – ich könnte noch. Aber ich zweifle. Paris soll eine
Probe sein.

Am 2. März reiste er nach Paris. Er logierte bis 23. April im Hôtel Beau-
jolais, »das den Vorteil hat, den unendlichen, auf die Gärten des Palais
Royal hinauszugehen und nicht auf die hier entsetzlich lärmenden
Straßen«, notierte er am 4. März.
   Seinen Briefen an Friderike fügte er Verse bei, die später veröffentlicht
wurden (Die gesammelten Gedichte, Insel-Verlag, Leipzig 1924):

Wie die Schwalbe mit silberner Schwinge
Über die schläfernden Wasser blitzt
Und in ihr Blinken zitternde Ringe
Mit dem dürstenden Schnabel ritzt,
Fließende Spuren, die nicht verwunden,
Leise nur rühren, leise erschüttern –
Ach, so neigen und nahen sich
In meine einsam dunkelnden Stunden
Stille Gedanken, du Ferne, an dich.

Zart umgoldet von heimlicher Glut,
Schwalben der Sehnsucht, mir Tröstung zu bringen,
Streifen sie scheu mit zaghaften Schwingen
An mein Herz, das stilldunkel ruht.
Selig fühl ich sie nieder sich senken
Luft und Wehmut durchschauert mich,

Und ich zittre in süßem Gedenken,
Liebste, an dich.

*Auf Pariser Spaziergängen lernte er Marcelle kennen, die alsbald seine
Geliebte wurde. Tagebuch vom 29. 3. 1913:*

Was für ähnliche Figuren, sie [Marcelle] und F. [Friderike], was für
schöne ernste Gestalten um mein Schicksal, das vor solcher Größe
doch im Bewusstsein seiner Biegsamkeit ausweicht (den Hut in
der Hand) statt es stark zu umfassen.

*Vom 8. Februar bis 25. April 1913 wohnten Friderike von Winternitz,
ihre Töchter und deren Gouvernante in Meran-Obermais, Südtirol.*

Meran, Montag [31. 3. 1913]

Nein, ich lasse mich's nicht verdrießen. Es macht mich auch nicht
trauriger, wenn ich unbesorgt bin. Und traurig bin ich jetzt so gar
nicht. Ich verstehe dies: nicht mehr sprechen können, so gut, dass
ich es bei anderen viel mehr liebe als bei mir selbst. Ich habe es
mit geringen Unterbrechungen jetzt all die Zeit. Es hat mich
auch manchmal in der Arbeit gestört. Aber wenn ich zu Dir spreche, ist es nicht als spräche ich. Nun will ich Dir aber etwas vor-
schlagen. Ich schreibe Dir gerne. Du aber musst es nicht lesen. Ich
will auf alle wichtigen Briefe unter der Marke einen Strich machen. Wenn Du die Strichlosen nicht liest, hat es wirklich nichts
Demütigendes für mich, und ich habe doch nicht die Sorge, dass
Du auch die Unlust des Lesens empfindest.

Ich löse mich jetzt wieder langsam vom Papier und nehme mir vor, jetzt lange nichts zu schreiben, nichts Romanhaftes zumindest. Irgendwann in den nächsten Monaten will ich ein kleines Buch schreiben: »Über das Seelische in der Krankenpflege«.[1] Damit hoffe ich, mir ein Herzensbedürfnis zu erfüllen.

Ob Dir der Roman, den ich »Wilgefortis«[2] nenne, gefallen wird, weiß ich gar nicht. Es ist eine grausame Sache, mit der ich mir selbst weh tue. Und dann war das Kapitel, wo ich fast Wahnsinn schilderte, mir eine Warnung. Meine Nerven fieberten, ich konnte erst zu schreiben aufhören, als die Hähne krähten und ich selbst mehr tot als lebendig war. Wie bei diesen Stellen, bin ich wohl bei allen anderen tief mitverwirkt. Das gefällt mir nicht. Es ist nur gut, dass meine Nerven jetzt wie Rosse sind. Ich liebe sie beinahe. Auch darin spüre ich den Gewinn dieser Wochen und werde leichter von ihnen Abschied nehmen, da ich jetzt schon das Bleibende aus ihnen – empfinde.

Der Frühling kam mir eigentlich unerwartet. Es war ja Sonne und Wärme. Aber was ist das gegen ihn. Er ist ein Hauch, eine bewegte Stille und wundervolle Musik. Kennst Du ihn hier? Das ist ein Duft bis in die tiefe Nacht hinein und ein Vogelsingen, das aus der Erde zu kommen scheint. Manchmal kommt mich Staunen an, dass ich nicht gefragt wurde, ob ich ihn [Frühling] auch ganz so schön wolle. Ich glaube, ich hätte nein gesagt. Nur zu zweien darf er so schön sein. Einer oder besser eine allein kann es nicht tragen. Und heuer wird er mir so lange sein, da wir ihm wohl nach Wien nachreisen. Vorher wollen wir zwar noch auf den Semmering.

Ich nehme mir immer vor, in meinen Briefen zu Dir nicht mehr so schamlos alles herauszureden und dann tue ich es doch immer wieder. Aber nun brauchst Du ja nicht mehr alles zu lesen. Dein Wort über Arbeiten war mir lieb, weil ich schon leise danach fragte. Aber oft wieder wünsche ich Dich frei in den Lüften, schwebend wie ein Vogel. (Nicht wie ein Aviatiker.[3])

Sei herzlichst gegrüßt und sag' mir so wenig, als Du willst.

Fr. M.

1] Publikation nicht zu ermitteln. · 2] Ihr noch unveröffentlichter Roman erhielt den Titel *Der Ruf der Heimat*. · 3] Flieger.

Am 22. April 1913 notierte Stefan Zweig in seinem Tagebuch:

Sie [Marcelle] ist schweigsam in ihren Dingen, stark im Leiden und groß im Mitleide. Sie und Fri [Friderike] sind die Frauen in meinem Leben, bei denen ich den Durst zu leiden am stärksten gefunden habe. Sie möchten den Menschen, den sie lieben, krank sehen, um ihm helfen zu können, und es ist rührend, wie sie [Marcelle] mit kleinen Aufmerksamkeiten (Karten) mir zu helfen sucht, stolz ist, mir einen neuen Ausdruck lehren zu können. Diese sechs Wochen waren intensivstes Zusammenfühlen, das ich mit einer Frau hatte und vielleicht nur dadurch, weil das Provisorische darin sicher war.

Er machte auf seiner Rückfahrt nach Wien in Salzburg Station, um Hermann Bahr zu besuchen, der von Wien nach Salzburg, Schloss Arenberg, übersiedelt war. Am 25. April war Stefan Zweig in Wien. Friderike von Winternitz, die mit ihren Töchtern und der Gouvernante mit der Südbahn zurückreiste, blieb zwei Tage im Höhenkurort Semmering. Alix und Suse fuhren in Begleitung ihrer Gouvernante nach Wien, wo sie vom Großvater Jakob von Winternitz erwartet wurden.

Semmering, 26. April 1913 (Hôtel Panhans)

Lieber,

wollte so gerne Deine Stimme hören, aber da war nur Dein Diener,[1] der sagte, Du wärest nicht in Wien. Ich wollte nicht fragen, ob noch nicht oder ob nicht mehr. Es ist strahlend hier, nach den entnervenden Tagen der allzu schwülen Südsonne erquickend, so dass ich schon nicht mehr die anstrengende Nachtfahrt spüre. Leider fügte ich mich dem großväterlichen Wunsche und schickte ihm die Kinder. Sie hätten es hier so schön. So muss ich alleinreisende Frau spielen und freu mich eigentlich bisschen damit, hier in Deinem »Revier«.[2]

Vielen Dank für Deine Salzburger Nachricht. Wo immer, hoffe ich Dich froh.

Herzlichst Deine   Fri M. W.

1] Josef. · 2] Vermutlich eine Anspielung auf Stefan Zweigs Ausflugsort. Die Handlung seiner Novelle *Brennendes Geheimnis* spielt auf dem Semmering.

Am 1. Mai notierte Zweig in seinem Tagebuch:

Besuch Fri's. Sie ist lieb und zart. Ich wünschte mir das Sinnliche aus ihr fort. Es stört, gerade bei ihr mir das reine Empfinden ihrer wunderbaren Welt. Sie verbringt hier die Semmeringnacht[1] ich bin sehr froh an ihr und werde selber wieder klar.

Am 6. Mai bemerkte er:

Den Roman Fris[2] gelesen, in dem ich mich selbst erkennen muss, wie beschämt aber, so verschönt zu sein. Ich vermag über dies Buch nichts zu sagen, bei ihr verliere ich ratlos das Wort.

1] Vermutlich eine Anspielung auf Intimitäten. · 2] Friderike von Winternitz' noch unveröffentlichter Roman *Der Ruf der Heimat*.

Mitte Juni 1913 war Stefan Zweig auf dem Schneeberg in Niederösterreich. Im Hotel Hochschneeberg, das mit einer Zahnradbahn zu erreichen ist, beendete er seine Novelle Die Mondscheingasse. *Friderike von Winternitz nahm sich vor, ihm nachzureisen.*

[Wien, undatiert, vermutlich 17. 6. 1913]

Du Lieber, wie froh staunte ich, als ich schon gestern abends, spät von Baden zurückgekehrt, Deine kleine Novelle[1] fand. Klein – das Wort scheint nicht zu passen, es sind so viele Flammen in ihr, die über allen Raum hinausschlagen. Der Titel ist schön, es ist das traumbildhafte, nächtliche, unheimliche und irgendwie verbrecherische des Mondes, dies Zerrinnen am Tage (das so sehr wirkt am Schlusse) darin eingefangen. Und nun muss ich Dir etwas sagen. Weißt Du es selbst, dass Du, wenn auch überall dieser Brand zu spüren ist in Deiner Arbeit, dass Du niemals mit ihm so tief ins Herz der Leidenschaft geleuchtet hast wie in dieser Novelle, aus der man wie aus einem gewaltsam und dennoch erhebenden Traum erwacht. Dieser Mensch, dessen Äußeres in all seiner Absonderlichkeit doch so deutlich vor einem steht oder kauert, der mir wie eine Ungestalt auf einem Bild der alten Holländer erscheint – welche Größe – keine ethische, denn er verzeiht ja nicht ihrer Verlorenheit, nur ihrem Körper und – er weiß oder hofft, dass sie, nur sie ihm die Schuld von der Seele nehmen kann, dies Anklammern an sein Opfer, es hat etwas vom Mörder, der immer wieder zum Mordplatz zurück muss, diese Erlösung durch die Nähe, dies nicht Loskönnen, in dem mehr Ewigkeit und Treue ist als in allen nächtlichen Schwüren der Welt. Und dieser Ekel vor dem Geld, der sie physisch schüttelt, diese rasende Erbitterung, die sie wie in einem furchtbaren Durst bis zum Äußersten treibt! So reißend diese Leidenschaften sind – und das ist das Wunderbare, sie sind nicht tierisch, sie flammen aus dem Menschen, wo seine Verletzlichkeit am heiligsten ist. Dies sieht Dein Auge, wie bewundere ich Dich!

»Die Straße, sie war nur Nacht und Himmel«,[2] so ähnlich heißt es, glaube ich – wie er da aus dem Haus tritt. Du hast wieder, aber wieder ganz andere Worte und Bilder, die einen tief verstricken und mitführen bis in das Weite Deiner wirklichen Träume. Manchmal durchreißen die Flammen flackernd die Ränder, es sind nicht die Rundungen da, nicht dies ebenmäßige Weiterschwellen der Sätze, vielleicht häufen sich im Anfang die Bilder über die Straßen zu sehr in gleicher Art – aber ich musste an die Niedergasse in Hamburg denken – an dies Wiederkehren derselben Gassen und Eindrücke, vielleicht ist das Wandeln in solcher Gegend eben dadurch gezeichnet. Ich weiß nicht, was es ist, aber es kommt wirklich etwas vom Schillern und Leuchten des Mondes aus dieser tiefen Nacht, eine so starke Helle.

Ich möchte noch viel sagen, werde Dir auch noch manches sagen. Jetzt eben kann ich nicht und will Dir doch dies Wenige senden. Ich werde eben gestört.

Wenn Du mir nichts anderes schreibst oder sagst, so wäre ich Freitag Vormittag bei Dir, denn über Donnerstag erreicht mich Deine Antwort nicht mehr und mir ist der Freitag auch passen-

der. Aber sei ganz aufrichtig, wenn Du vielleicht oben Dir angenehme Menschen findest und ich Dich störte.

In Eile vielen Dank und meine Innigkeit   Maria

Donnerstag Nachmittag könnte ich auch weg, falls nach $^1/_2$4 ein
Zug geht.[3]

1] *Die Mondscheingasse*, Erstdruck in ›Der Greif‹, Stuttgart, Juli 1914. · 2]
»Die Gasse, sie war nur Nacht und Himmel, als ich hinaustrat, eine einzige
schwüle Dunkelheit mit verwölktem, unendlich fernem Glanz von
Mond.« · 3] Friderike von Winternitz fuhr vermutlich am 20. 6. 1913 auf
den Schneeberg.

*Mitte September 1913 war Stefan Zweig in Berlin. Indessen übersiedelte
Friderike von Winternitz mit ihren Töchtern Alix und Suse von Wien-
Döbling in den Kurort Baden, Mozartgasse 25, im Helenental, Niederösterreich (etwa 26 km südlich von Wien). Somit lebte sie getrennt von
ihrem Ehemann Felix von Winternitz.*

[Baden bei Wien, 17. 9. 1913]

Lieber,

Dank für die eilige Berliner Karte. »Fürstenhof«![1] Wie hat mich
das wieder zurückgerufen, in die Novembertage im vorigen Jahr.

Ich bin hier sehr zufrieden. Meine Stunden waren bis gestern
voll, voll mit Arbeit. Ich machte alles selbst, war Tapezierer, Tischler und noch vieles andere. Aber Dein Diener[2] half mir sehr. Es ist
gar nichts zerbrochen und alles so rasch geschehen. Wenn Du
jemals ausziehen würdest, Du könntest ihm alles überlassen.

Jetzt, da ich Dir schreibe, bin ich schon ganz in Ordnung. Ich
hoffe sehr, dass Du es hübsch finden wirst. Auch die Kinder sind
sehr froh. Ich hoffe, auch endlich die richtige Form meiner Ehe
gefunden zu haben. – Lieber, wundervoll waren jetzt die Abende
auf meiner hohen Loggia.

Kommst Du bald. Freitag vielleicht? Könntest Du nicht über
Nacht bleiben? An sonnigen Tagen ist der Morgen jetzt einzig
klar. Man trinkt ihn bis ins Herz. Sag mir's offen, wenn ich – nein,

ich kann's nicht sagen – ich meine, wenn Du jetzt weniger Zeit
für mich hast.

Innigst Fri M.

1] Hotel Der Fürstenhof, Berlin, Potsdamer Platz. · 2] Josef.

*Stefan Zweig war vom 20. bis 31. Oktober 1913 in Meran-Obermais,
Südtirol. Er wohnte dort im Schloss Labers. Friderike von Winternitz
hätte gerne einige Tage mit ihm verbracht. Ihre Reise kam aber wegen seiner Bedenken nicht zustande. Hierauf trug sie sich mit dem Gedanken,
sich scheiden zu lassen.*

Montag   [Baden bei Wien, 27. 10. 1913]

Vielen Dank für Deinen raschen Brief. Es hätte Deiner »Gründe«
nicht bedurft: Du weißt, das »Lamm«[1] ist mit allem einverstanden,
was Du beschließt. Aber weißt Du, es trägt die Vergangenheit seiner Ehe wie einen Mühlstein um den Hals und Deine »Gründe«
haben diesen gestern noch bisschen schwerer gemacht. Aber
nachdem das Lamm nicht nur ein schwermütig frommes Gesicht
an einer verzuckerten Osterfahne hat, sondern auch eine Schelle
neben besagtem Mühlstein um seinen Hals, so bimmelt es heute
schon wieder ein bisschen und morgen springt es vielleicht schon
wieder »mutwillig in den Klee«. Das Bäh, bäh hebt es sich aber für
den Steinhof[2] zu gemeinsamem Blöken auf.
    Du hast richtig vorausgesehen, dass ich das »Eigentliche« Dei-
ner Gründe, deren es, wie oben gesagt, zu einer Abmahnung gar
nicht bedarf, nicht zugebe. Ich bin nicht verheiratet und mein
Mann ist es auch nicht, alle Eingeweihten wissen das, und meine
Übersiedlung hierher documentierte es all jenen, die es halb wissen. Ich war vor wenigen Monaten noch nicht entschlossen, mich
von meinem Mann (ich schrieb dies Wort noch nie, glaube ich) –
scheiden zu lassen. Jetzt bin ich es prinzipiell vollkommen. Wozu
aber zu Gericht gehen, wenn ich meine juridische Freiheit nicht
brauche? Einmal verlangte sie jemand von mir – aber der kam zu
früh damals. Ich erzählte Dir davon. Wäre ich aber formell ge-

37

schieden, sähe mein Leben kaum anders aus. Dr. v. W.[3] kommt oft nicht häufiger als ein Mal in der Woche heraus. Wie immer es stünde, das würde ja doch schon der Form halber der Kinder wegen in jeder Situation geschehen. Wie er sich zu meiner geplanten Reise verhielt, magst Du daraus ersehen, dass er mir Samstag einen Koffer mitbrachte, für den Fall, dass ich den brauchte. (Er war bei ihm zurückgeblieben). Da ich nicht in der »Gesellschaft« verkehre und z. B. mein »Schwiegervater«[4] ganz vorurteilsfrei ist, hätte man die 2 Tage Meran auf dem Wege nach dem Gardasee nicht so angesehen, wie Du »fühlst«. Mein Mann hat schon – (ohne Absicht) dafür gesorgt, dass man ihn nicht in unserer sogenannten Ehe für lächerlich hält. Abgesehen davon hätte niemand anders von Meran etwas gewusst als er u. eine Freundin, die Dich nicht in meinem Leben weiß und die bei den Kindern gewohnt hätte und mir Nachricht gegeben hätte. Meine Adresse hätte sie allein gehabt.

In Deine Reisefreude will ich Dir nichts Düsteres schicken. Wenn Du wüßtest, wie man Dein Lamm, dem Du doch gut bist, leiden gemacht hat, würdest Du in diesen Dingen »logischer« und weniger »unabänderlich« denken und für mich und nicht für einen Dir fast Fremden fühlen. Ich will auf das, was Du über Rücksichtnahme der Kinder wegen sagst, gar nicht antworten, weil es mich nicht trifft, Lieber, sondern eine andere, die Du mit mir verwechselt hast. Ich lasse niemanden zurück, Lieber, denn es ist niemand bei mir. Den Kindern aber täte es ganz gut, wieder ein paar Tage getrennt von mir zu sein. Suse ist jetzt eher nervöser, seitdem ihre Zärtlichkeit fast ohne Unterbrechung in Aktion ist. Ich sage Dir das alles zu meiner Rechtfertigung, nicht um Deinen Sinn zu ändern, das möchte ich nie. Sei mir nur nicht böse, dass ich Dich mit all dem störte. Ich werde mich darin bessern, ich verspreche es Dir. Offen will ich Dich immer, und auf »Schwereres«, das mir Deine Offenheit bescheren könnte, fürchte ich mich nicht. Wenn es Dir nur leicht und gut ist, werde ich es schon zu tragen wissen. Und sag' mir nur, wie schön es um Dich ist. Du tust mir *nur* wohl damit. Du ahnst ja nicht, wie ich – nein – ich will Dir das nicht sagen, Lieber.

Leb wohl und sei sehr froh und hör mich aus der Ferne mit meiner kleinen Schelle bimmeln.   Deine treue Fri.

Sag Lieber, darf ich Verhaeren in einem Briefe danken. Wenn ja, bäte ich Dich um seine Adresse.

1] Stefans Kosename für Friderike. Er hatte ein kleines Holzlamm, das sie ihm geschenkt hatte, auf seinem Schreibtisch stehen. · 2] ›Am Steinhof‹: Heil- und Pflegeanstalt für Geistes- und Nervenkranke in Niederösterreich. · 3] Dr. Felix von Winternitz. · 4] Jakob von Winternitz.

Anfang November 1913 reiste Stefan Zweig von Meran nach Genua, von dort mit der ›Barbarossa‹ nach Palermo, wo er etwa vierzehn Tage verbrachte.

Herrn Dr. Stefan Zweig, Palermo,
Grandhotel Villa Igiea, Sizilien

[Baden bei Wien, 4. 11. 1913]

Mein Lieber,

nun bist Du schon tief im Süden! Glückliches Papier, es zieht denselben Weg wie Du. Ich sehe Dich in dem Garten Deiner Villa hoch über dem Meer, das noch viel blauer ist als mein Briefpapier.

Ich wagte und wage auch heute noch keinen langen Brief, aus Furcht, mich wieder in meine Gefühlserlebnisse zu verlieren. Es kamen neue, erschütternde hinzu, aber ich will Dir nichts Düsteres zufliegen lassen, wenn auch Manches so groß ist, dass das Einzelschicksal darin verschwindet. Wenn ich Dich spreche, kann ich es wohl schon ruhiger als heute im Brief.

Ich wäre schon froh, eine Nachricht über den guten und schönen Verlauf Deiner Fahrt zu haben. Und hoffentlich teilst Du Goethes Entzücken über Palermo.

Bei uns im Norden ist es nicht allzu kalt. Wir haben hier meist noch ein paar sonnige Stunden im Tag. Ich lebe hier sehr angenehm, obwohl ich werktags keinen Menschen spreche als die Lehrerin von Alix, eine nette Frau. In der Stadt (Wien) ist es selten oder nie hübsch für mich. Der Lärm betäubt mich, ich sehe viele Dinge, die mir früher nicht unliebsam auffielen. Ich bin sehr froh über den ersten Atemzug Badener Luft.

Diese Woche will ich zum ersten Mal wieder seit einer etwas

zu improvisierten Nächtigung bei meiner Mutter[1] – ich weiß noch nicht wo – in Wien übernachten.

Mit der Arbeit geht es gut vorwärts. Ich sende Dir eine Gedichtprobe. Würde dies Sonett ganz gerne zu Totensonntag der Jugend senden.[2] Ich glaube in 16 Tagen fertig zu sein, dann kommt noch ein wenig Durcharbeit und Abschreiben. Ich bin Dir dankbar für diese Arbeit. Freilich weiß ich nicht, ob sie gut ist. Die Originalsprache ist alles eher als hübsch und die Tatsächlichkeiten, von denen es fast ausschließlich handelt, erlauben keine freie Übersetzung, und eine Anfängerin bin ich obendrein. Hoffentlich tadelst Du es nicht allzu sehr.

An Verhaeren schrieb ich, hoffentlich ist er nicht böse über meine freie Art zu schreiben – und mein mäßiges Französisch. Es kann sich eben jetzt, so lange die Kinder klein sind, in mir nichts vervollkommnen. Es fehlt an Zeit und Ruhe.

Jetzt habe ich auch eine neue Köchin, eine nette Vöslauerin, die ein angenehmes Wesen hat, vorläufig. Die Kinder sind wohl. Suse nimmt bisschen zu. Leider spricht und weint sie oft im Schlaf, so wie es ihre dumme Mutter auch herzhaft getan haben soll. – Vom lieben Fräulein H.[3] höre und sehe ich jetzt zu meinem größten Bedauern nichts. Ich wollte sie wäre schon gut übersiedelt.

Leb wohl, Lieber. Schreib mir Dein Entzücken. Ich brauche Deine Freude.

Innigst Deine Fri.

1] Theresia Elisabeth Burger, Wien-Alsergrund, Müllnergasse 15. · 2] Friderike von Winternitz übersetzte französische Gedichte Paul Verlaines, darunter ›Mort‹ (›Der Tod‹), und *Les derniers jours de Paul Verlaine* von Gustave Le Rouge und Frédéric Auguste Cazals für Sammelbände, die Stefan Zweig zusammenstellte, die aber erst nach dem Krieg erscheinen konnten. · 3] Eugenie Hirschfeld, Lehrerin, Freundin Stefan Zweigs.

Mitte November fuhr Stefan Zweig von Palermo nach Neapel und von dort nach Rom. Am 25. November kehrte er zurück nach Wien. Vor Weihnachten 1913 erwartete ihn Friderike in Baden.

Lieber,

bitte sag nicht, dass es *Tausch* ist, wenn ich Dir ein kleines Geschenk mache. Ich beanspruche sogar diesmal Deinen Ausspruch
»Das Kaninchen hat angefangen« – Weihnachten 1912 nämlich.
Ich hoffte ja eigentlich, Du würdest mir heuer nichts schenken,
nun hast Du's auf zu schöne Weise getan. Ich freu mich schon so
sehr, die Bilder mit Muße zu besehen, werde es aber nie tun, ohne
zu denken, dass das zu viel für mich ist. Ich wollte Dir heute früh
etwas erzählen, das Telefon schreckte mich in meine verborgenen
Gehäuse zurück. Du hast das sicherlich bemerkt. Lieber, ich fand
einen Kummer zuhause: Felix[1] schrieb mir, er käme nicht. Es war
mir so schwer, es den Kindern zu sagen. Ich erwartete ihre Tränen, aber obwohl ich sie fürchtete, erschrak ich, dass sie so völlig
ausblieben. Ich hatte mich für sie so sehr gefreut – wie oft freut
man sich durch das Gefühl eines anderen – und dieses Gefühl war
nur ein lieber Wahn.

Oh, wie viel Wahn gibt es. Ich erschrecke davor. Aber vielleicht
könnte ein Mensch wie ich gar nicht leben, ohne die gute Gau-
kelei des eigenen Herzens.

Du wolltest mich besuchen? Ich sprach nur von morgen. Hättest Du auch an heute gedacht, Du fändest mich ab 7 Uhr zuhause, und ich wäre glücklich, Deinen, wenn auch flüchtigen Besuch als letzten guten Blick in diesen für mich freundlichen Tagen
mitzunehmen. Aber zwing Dich nicht – nachts eine Frau, dann
wieder abends – dann Nachmittag – und dann wieder – es müßte
denn eine Dritte sein – sonst ist's am Ende zu viel für mein Brüderchen. – Bei den Büchern liegt eine Vorrichtung gegen das
Türzuschlagen, die Du einmal bewundertest – gäb es doch auch
eine gegen das Telefon um 8 Uhr früh für solche Augenblicke, wie
der einer war, in dem es Dich von mir wegriß. 5 Secunden später
– wie gut wäre das gewesen.

Ich sende Dir Mittwoch durch den braven Josef[2] Bescheid wegen Badner Wohnung.

Hab Dank für Alles!   Deine getreue Fri

1] Ihr Ehemann Felix von Winternitz, Vater von Alix und Suse. · 2] Zweigs
Diener.

Nach Weihnachten fuhr Friderike von Winternitz nach Budapest, um an einem Begräbnis teilzunehmen. Stefan Zweig verbrachte einige Tage in Salzburg und war dort zu Besuch bei Hermann Bahr. Im Januar 1914 hielt Zweig in Berlin, Hamburg und Mannheim Vorträge über Dostojewski. Den folgenden Brief sandte Friderike an Dr. Stefan Zweig, Hotel Der Fürstenhof, Berlin, Potsdamer Platz.

Sonntag Früh   [Baden bei Wien, 25. 1. 1914]

Liebster Guter,

   nur in Eile schreibe ich Dir einen frohen, warmen Gruß in das Haus, in dem ich schon so selig war, unter einem Dache mit Dir zu hausen. Mein Atem ging nachts leiser, um den Deinen durch viele Mauern zu spüren. Das ganze Haus war mir wie ein Märchen – trotz des märchenarmen Berlin. Mitten in der grellgeputzten Erinnerung dieser Berliner Tage sehe ich all die Gänge und weichen Teppiche, auf denen mein zaghafter Traum ging.

   Abends schreibe ich Dir, weil ich Dir viel erzählen will. Ist Hamburg sehr lebhaft in Dir? Wahrscheinlich. Aber vielleicht hörst Du doch ein wenig

                                                               Dein frohes Lamm

Eben bekomme ich eine wunderliebe Karte von Frau von Molo,[1] deren Inhalt ich Dir auch heute noch mitteile. Jetzt möchte ich lieber – meinethalben – ein Billeteur im Mannheimer Hoftheater sein, glaub' mir's.

1] Rose von Molo, Ehefrau Walter von Molos, Schriftsteller, Ingenieur am Patentamt in Wien.

Am 19. März 1914 fuhr Stefan Zweig nach Paris. Er erwähnt in seinem Tagebuch mehrmals Marcelle, seine Geliebte. Friderike von Winternitz war indessen fest entschlossen, ihre katholische Ehe zivilrechtlich trennen zu lassen, stellte das Gesuch an das Bezirksgericht Baden jedoch erst, als ihr Ehemann Felix von Winternitz dazu seine Einwilligung gab. Die Ehefrau wollte die Trennung aus gesellschaftlichen Gründen geheim halten.

Lieber,

Deine Karte hat mich wieder vergnügt gemacht. Ich spürte aus ihr die freudige Eile, zu Deinem verehrten Freunde[1] zu kommen. Ich hoffe, Du hattest ein schönes Wiederfinden mit ihm, Paris und Deiner Freundin[2] und allem, was Dir dort lieb ist. – Ich wünsche Dir's sehr.

Du musst es – nein – Du warst zu reisefiebrig, um etwas zu merken – gespürt haben, dass ich mich bei unserem Abschied wie ein ganz mutiges Lamm betragen habe. Und mutig und fast vergnügt war ich auch nach der Besprechung bei Dr. M.[3] Es schien nun alles in Ordnung zu kommen. Aber Nachmittag raubte mir F.[4] diese Beruhigung vollends, indem er alles, was er abends zuvor in aller Ruhe als erledigt zu betrachten schien, für null u. nichtig erklärte. Es schien alles verloren. Mir tat sich da ein Höllenschlund auf. Ich konnte nicht zurück, und vor mir war nur durch einen halsbrecherischen Sprung festes Land zu gewinnen.

Die Sache war die: Er discutierte die Frage der Scheidung gar nicht mehr. Ich weiß nicht, war es Scham oder fühlte er, dass es bei mir beschlossen war – er rüttelte all die Zeit nicht daran. Er machte nur mit meinem Unterhalt Schwierigkeiten und behauptete, wenn er sich diesbezüglich in unverrückbare Entscheidungen einlasse, sei er des »Heimes« (es gab Zeiten, wo er sich um Heim und Kind nicht im mindesten kümmerte) nicht sicher. Er wollte also eine Pression in der Hand haben, mich wegen der paar Bissen Brot *zwingen* zu können. Merkwürdigerweise riskierte er das sicherste Mittel nicht: die Kinder – er riskierte es nicht, dass ich sie ihm am Ende lassen würde. Ich wußte, dass ich jetzt, wo er mir kaltblütig alles umstieß, alles wagen musste.

Es war ein Moment, wo ich mein Herz klopfen hörte. Ich spürte, wie ich Seil tanzte. Ich sagte, dass ich durch *nichts*, was er auch ausdenken konnte, durch nichts, was er mir nehmen konnte, abzubringen sei. Daraufhin sagte er, er kämpfe mit untauglichen Mitteln und es könnte bei den Verabredungen bleiben. Vorher hatte ich *ihn* gefragt, ob er denn glaube, dass er ein Leben herstellen könne, dass zwischen uns eine Ehe möglich sei. Schweigen. – Er sagte nur, er kenne sich, er könne nicht Ruhe geben, Frieden halten – und deshalb wolle er ein Mittel haben, mich zu halten. Ich weiß, dass Du, Allversteher, auch ihn verstehen wirst, aber denk Dich doch in mein Herz. Mag man es plündern ohne Dank, aber es in aller Selbstverständlichkeit bis an mein Ende benagen zu wollen, dazu ist es vielleicht – anderen zu gut. Ich hätte Dir das nicht geschrieben, Stefan, aber Du tust mir so weh, wenn Du sagst, ich kränke ihn. Mir ist es so entsetzlich, jemanden zu kränken. Ich spüre den Schmerz nachhaltigst in meinem ganzen Körper. Wenn ich ihn kränken musste – ich *musste* es aus Selbsterhaltungstrieb. [...]

Du Lieber, verzeih mir, dass ich Dir so viel zu lesen gebe und so dummes Zeug schwätze. Viel lieber möchte ich Dich küssen – oder auch nicht – weil Du ja jetzt sicher im Begriff bist, Dich zu verlieben. Innigst Dein Lamm

1] Émile Verhaeren. · 2] Marcelle. · 3] Dr. Friedrich Meiler, Rechtsvertreter von Friderike von Winternitz. · 4] Ihr Ehemann Felix von Winternitz.

[Baden bei Wien, 27. 3. 1914]

Lieber,

gerade jetzt, da ich Dir zu schreiben beginne, kommt die Sonne aus den grauen, verstürmten Wolken. Und in meiner Straße blühen schon große Bäume, Obstbäume. Ich wollte, es wäre schon so warm, dass man im Freien lesen und arbeiten könnte. Lieber, merkst Du, dass ich froh bin? Gestern habe ich ausgekämpft, die Vollmachten sind an Dr. M.[1] abgegangen, und heute dürfte er schon das Gesuch an das Bezirksgericht Baden gesandt haben. Ich will nichts fühlen, was war und dass es so kam, ich hasse Sentimentalitäten – sie sind erzwungen verstärkte Gefühle oder oft auch gewohnheitsmäßig erlogene. Ich will nur denken, dass ich wieder etwas gewonnen habe, etwas Köstliches, will es ganz spüren und fühle es auch so tief und glücklich, dies wieder Errungene. Lieber, oh könnte ich jetzt einen Kuss von Dir auf meine Stirne haben. Lieber, wie freue ich mich jetzt doppelt, Dich wiederzusehen. Es ist doch kein Wahn, nicht leeres Wort: – ein Schwur, wenn man sich so leicht fühlt, wenn man ihn zurückerhält. Ich fühle mich so leicht und selig, dass ich weinen könnte. Wär ich doch bei Dir und könnte diese Stunden mit Dir teilen, diese ersten Stunden der – ich will das Wort nicht nennen. Lieber, mir ist, als wäre ein junger Vogel in mir geboren, einer mit weißem Gefieder und Schwingen, der in meiner Brust singt. Mein ganzer Körper weiß von meinem neuen Zustand.

Lieber, ich will Dir heute nichts anderes sagen als dies. – Ich bin stark und schwach zugleich, müde und wanderlustig für ein *Leben*. Ich kannte nur Ähnliches in den Stunden, nachdem ich die Kinder geboren, und in der Stunde, da ich Dir zum ersten Male mehr gehört hatte als zuvor.

Ich wollte, Du fühltest, wie es aus mir strahlt.

Ich küsse Dich bebend Dein Lamm

1] Rechtsanwalt Dr. Friedrich Meiler.

Freitag   [Baden bei Wien, 3. 4. 1914]

Lieber,

nur ein paar Worte zum Dank für Deinen Brief, den ich gestern abends fand, als ich von Fräulein Eugenie[1] zurückkam.

Mir ist's so leid, dass Du diese dumme Verlaine-Arbeit[2] hast und nicht zu Deiner kommst und Dich außerdem damit plagst. *Könntest Du Dir, falls ich nach Paris käme, eine Oliver-Maschine[3] ausborgen? Ich würde Dir jeden Tag 1–2 Stunden Briefe schreiben, die Du mir diktierst. Du könntest dann jetzt alles liegen lassen.* Ich glaube nicht, dass ich vor dem 18ten in Paris wäre. Ich sagte es eben dem alten Herrn,[4] der bei mir ist. Er meinte nur, 8 Tage sei zu wenig. Er ist ganz einverstanden und sehr lieb. Falls ich Dir helfen dürfte, käme ich ganz bestimmt und würde alle noch vorhandenen Hindernisse als nicht vorhanden betrachten. Mir würdest Du die größte Freude machen. Ich würde Dich nach diesen 1 $^{1}/_{2}$ Stunden flugs verlassen und in Paris herumstrolchen. So würden wir uns sehen, ohne dass ich Dich störte. Ich bliebe dann 9 Tage, um die Stunden einzubringen, die ich für die Besichtigungen verlöre, obwohl Du mir glauben kannst, dass mir kein Paris der Welt das Vergnügen aufwiegt, Dir helfen zu dürfen.

Von meiner Arbeit? Das Buch[5] ist 240 Seiten stark. Der Schluß ist mir – ich meine ab Meran – nach wie vor lieb – ich lebe doppelt, wenn ich ihn lese, sonst habe ich nur wenige Stellen, die ich noch als mein Fleisch und Blut spüre. Ich fühle, dass ich viel Besseres schreiben werde, und werde mich nicht kränken, wenn man aburteilt, weil nicht mehr ganz – ich es bin, über die man sprechen wird. Aber glaub nicht, Lieber, dass ich Dir nicht innig Dank weiß – für diese – Geburtshilfe. Ich werde heute an den Verlag schreiben, er soll bis Ende April warten. [. . .]

Ich hätte Dir noch so viel zu schreiben. Den Kindern geht es sehr gut. Suse hat in einer Woche $^1/_2$ kg zugenommen. Sie ist der Trost eines Schwerkranken im Sanatorium, bei dem sie oft im Park spielt. Letzthin, als er nach einer langen Ohnmacht erwachte und niemanden erkannte, fragte er immer nach Suse. »Warum kommt das Kind nicht?« Ich bin so glücklich, dass vielleicht jetzt schon in ihr die Fähigkeit ist zu helfen. Lieber ich muss dem alten Herrn[4] nach.

Ich schrieb noch so gerne. So muss ich all meine Liebe in einen raschen heißen Kuss drängen.

Deine Fri

1] Eugenie Hirschfeld. · 2] Die von Stefan Zweig geplante Auswahl von Werken Paul Verlaines konnte erst nach dem Krieg realisiert werden. · 3] Schreibmaschine. · 4] Ihr Schwiegervater Jakob von Winternitz, der in ihr Vorhaben eingeweiht war. · 5] Ihr Roman *Der Ruf der Heimat*, der durch Vermittlung Stefan Zweigs im Juni 1914 im Berliner Verlag Schuster & Loeffler erschien.

[Baden bei Wien, 9. 4. 1914]

Du Lieber,

während ich Dir zu schreiben beginne, schminkt der Tag schon das Morgenrot von den Wäldern ab. Die Ruine ist nicht mehr wie eine Flamme, sondern zackt sich grellgelb in den klaren Himmel. Lieber, ich bin voll Seligkeit trotz körperlicher Schmerzen und vielleicht doppelt froh, weil ich die Erkenntnis gewonnen habe, dass sie [Schmerzen] mit innerem Glück und Unglück nichts zu tun haben. – In Deinem Brief ist eine Stelle, die ich küssen möchte, die wo Du schreibst, Du möchtest im Grase liegen und summen wie eine Biene. Liebster, ich höre Dich summen und alle Sphärenklänge sind im Tingeltangelkitsch gegen diese süße Melodie. Ach, Lieber, ich möchte tanzen wie ein närrischer Derwisch, wenn mir nicht mein Bruder[1] drei Tage Bettliegen verordnet hätte und das Morphium, das für alle Fälle da ist (ich verachtete es bisher heldenhaft), mich höhnisch anschielte. Mag es – am Dienstag findest Du einen Brief oder ein Telegramm, das Dich bittet, mir für Mittwoch od. Donnerstag ein Zimmer zu bestellen[2] – oder Dir sagt, dass mir das Unerbitterliche die Freude abgerungen hat, dass ich doch nicht wohl genug bin für die lange und wahrscheinlich ermüdende Fahrt. Aber vorläufig hoffe ich noch. Hoffe froh und sehr.

Ich freue mich, dass Du aufs Land kommst. Ich sehne mich oft zitternd heraus zu meinen Bäumen und Meisen (eine habe ich, die lieb ich geradezu – eine ganz kleine blaugelbe) – und dem vielen Licht. Ich leide, wenn Du es nicht auch hast. Draußen wirst Du noch schöner summen, Du, liebster Bienerich, und hoffentlich im vergnügtesten Duo.[3]

Dass ich auch nur in Gedanken an Deiner »teils« gebundenen Existenz rütteln könnte, das glaube nicht. Ich bin so unirdisch jetzt. Ich male mir nicht einmal die Lust aus in Deinen Armen. Ich gehöre Dir 100 000 Meter über der Erde, dort allerdings so sehr, als es die menschliche Seele vermag. [. . .]

Nun, Du Liebster, gebe ich Dir noch viele gute Wünsche für Deine Landfahrten, und wenn Du ein Osterlamm siehst, denk an das Deine, das sehr glücklich ist, weil es Dich so gutlieb hat.

Ich küsse Dich herzinnigst   Deine Fri Maria

Die Kinder grüßen Dich.

Ich schicke Dir diesen Brief express, damit Dich meine Ostergrüße noch treffen.

1] Arnold Burger, Arzt in Wien. · 2] Im Hôtel Beaujolais in Paris. · 3] Stefan Zweig fuhr vermutlich mit Marcelle zu Ostern (12. und 13. 4.) nach Chartres.

Lieber,

mein Zimmer ist ganz eingeduftet vom Morgentau und ganz
voll von den Stimmen der Vögel. Die jungen Birken stehen zitternd vor dem Tag. Die Berge sind noch lila umschleiert. Lieber, morgen fahre ich aus, ins Land, durch den Frühling zu Dir.
Aber vergiß, dass ich sagte, ich führe zu Dir – ich will nicht, dass
Du es weißt, damit Du dort mich nur fühlst, wann es Dich freut.
Dein Brief gestern, als Du aus dem Kirchengesang wieder in die
Stadt erwachtest – war mir so lieb. Ich wollte, meine Wünsche
wären in Erfüllung gegangen und Du hast strahlendes Wetter gehabt und alle Osterfreuden, die man erdenken kann. Ich hatte es
auch schön. Ich sah nicht die Menschenmassen, hörte nur ein
Brausen und helle Töne in der Landschaft, sah den Wald voll
weißer Gestalten. Ich bin noch nicht auf die Straße gegangen,
war nur im Garten. Samstag lag ich Nachmittag noch ein wenig
ganz allein zuhause. Es läutete draußen, ich stand nicht auf, dann
läutete es nochmals, und als ich dann doch aufschloß – wer stand
draußen? Fräulein Eugenie.[1] Ich wäre ihr fast um den Hals gefallen. [...]

Lieber, wenn Du den Brief hast, bin ich dann abends (Donnerstag) in Paris. Heute muss ich noch allerlei mir richten, werde
aber doch aussehen wie eine Motte, weil ich in den letzten Tagen
mich um nichts kümmern konnte und niemand Zeit für mich
hat. Aber Du schaust schon drüber weg, nicht wahr!

Ich fahre mit dem Zug über Strassburg.

Über meine Freude sag ich Dir nichts. Ich glaube, meine
Krankheit war nur da, um sie niederzuhalten und nach innen
glühen zu lassen. Auf Wiedersehen und noch viele Küsse aus der
Ferne

von Deinem Lamm

1] Eugenie Hirschfeld.

Friderike von Winternitz fuhr am 15. April mit der Bahn nach Paris und
logierte ebenfalls im Hôtel Beaujolais.

Paris [18. 4. 1914]

Lieber

erst jetzt um 4 Uhr komme ich nachhause und finde Deinen
Brief. Hoffentlich hast Du bald gute Nachricht von Deiner
Freundin.[1]

Ich bin Donnerstag sehr froh, bei Bekannten[2] von Dir sein zu
können. Ich bitte Dich, für mich zuzusagen.

Augenblicklich bin ich halbtot vom Probieren und Einkaufen.
Abends gehe ich ins Hôtel zurück und bin entweder gegen 8 da
oder hinterlasse, wo Du mich, falls Du frei bist, treffen magst.

Lieber, ich habe Dir den Schmetterling gebracht, der Dir gefiel.[3]

Bitte verzeih mir alles Häßliche und lass es vergessen sein. Ich
bin sehr vergnügt, wollte nur, Du wärst bald über Deine Freundin beruhigt.[4]

Herzlichst, Deine   Friderike

1] Marcelle. · 2] Erna und Otto Grautoff, die Romain Rollands *Jean-Chri-
stophe* ins Deutsche übersetzten (Johann Christof. Roman einer Generation, Rütten & Loening, Frankfurt am Main 1914 bis 1917, drei Bände). ·
3] Schmetterling unter Glas, von Zweig als Aschenbecher benutzt. · 4] Die
Dreiecksbeziehung verlief offensichtlich nicht reibungslos.

Ende April 1914 reisten sie gemeinsam zurück. Er hatte seine Liebesbe-
ziehung zu Marcelle allerdings nicht abgebrochen.

Die Ehe von Felix und Friderike Maria von Winternitz wurde mit
Beschluss des Bezirksgerichts Baden vom 28. 5. 1914 getrennt. Die ka-
tholische Ehe blieb jedoch bestehen. Eine Wiederverheiratung war nach
dem damals gültigen bürgerlichen Gesetz nur im Falle einer staatlichen
Nachsicht von Ehehindernissen möglich.

Im Juni 1914 erschien Friderike von Winternitz' Roman Der Ruf der Heimat *(Schuster & Loeffler, Berlin – Leipzig). Stefan Zweig schrieb eine Rezension (›Literarische Rundschau‹, Beilage zum ›Berliner Tageblatt‹ 10. 6. 1914):*

Dieses schöne Erstlingsbuch einer Frau besticht vor allem durch seine starke innere Klarheit. Ein gleichsam morgendliches Licht ist über seine Erkenntniswelt gebreitet, eine Atmosphäre von Reinheit, die nicht so sehr mit der künstlerischen Gestaltung zusammenhängt, als sie Rückstrahl ist einer lichten Menschlichkeit. Etwas von dem ersten Erwachen in die Welt ist darin, Träume geistern noch in der Luft, hellfarbige Schleier umfloren die Ferne, aber Wärme des Gefühls, die von innen schwingt, dabei den Ausblick rein. Ein gläsernes, flimmerndes Licht liegt über seiner inneren Landschaft wie Sonne über erwachenden Feldern, alles ist noch lautlos und wundervoll neu. Mit diesem sehr dichterischen und gleichzeitig naiven Blick sind hier alle Dinge gesehen, nicht ganz unmittelbar und objektiv in ihrer Erscheinung, aber stets durchseelt von einer großen Freude und einer fast noch kindlichen Dankbarkeit. Unirdisch scheinen die Menschen, ohne darum unwirklich zu sein, traumhaft, ohne deshalb lebensfremd zu werden, und gerade diese Art der Darstellung alles Irdischen einzig durch das Seelische scheint mir die beste Möglichkeit, die der Frau in der Kunst verstattet[1] ist. [...]

Es wäre schwer, dieses Buch nachzuerzählen, weil es ja ganz Dichtung ist, ganz Erlebnis und Musik, und wäre noch schwerer, es irgendwo einzuordnen und auf künstlerischen Wert zu prüfen. Sein tiefster Reiz ist seine Frauenhaftigkeit, dieses weiblich Kühne und weiblich Schamhafte, das einzelnes verschleiert, um sich doch gleichzeitig durch eine Wolke des Gefühls ganz zu enthüllen. Es weiß nichts von Technik, aber ist doch zutiefst aus Kunst geboren und kündet mit seinem neuen Namen eine wertvolle literarische Erscheinung, in der sich der Dichter schon vollendet hat und ein Künstler stark beginnt.

Stefan Zweig

1] Erlaubt.

Am Sonntag, dem 28. Juni 1914, dem Tag der Ermordung des österreichi-
schen Thronfolgers Franz Ferdinand, waren Friderike von Winternitz
und Stefan Zweig in Baden bei Wien; er wohnte im Palais Metternich,
Theresiengasse 10.
Am 14. Juli, zwei Wochen vor der österreichischen Kriegserklärung an
Serbien, fuhr er von Wien nach Marienbad, wo seine Mutter Ida Zweig
in Kur war, und weiter an die belgische Küste, über Oostende in das See-
bad De Haan (Coq-sur-Mer), wo er – mit seiner Pariser Freundin – im
Hôtel Belle Vue logierte.

An Monsieur Docteur Stefan Zweig, Ostende, poste restante Cure-Salle:

Baden bei Wien, 16. Juli 14

Mein Brüderchen,

denn nicht wahr, jetzt bist Du ganz mein Brüderchen, wenn
Du diesen Brief hast und mit Deiner Freundin[1] bist. Hoffentlich
hast Du ein paar schöne Tage mit ihr. Es muß ja eine doppelte
Wohltat für sie sein, dem heißen, schmutzigen Paris zu Dir entkommen zu sein.

Ich habe Montag sehr gelitten, Dich nicht mehr sehen zu können, und Dienstag, wenn ich an meinem Telefon vorüberging
(wie zweischneidig ist jedes Glück!), würgte es in meiner Kehle
und die Augen wurden voll. Aber dann half es wunderbar, Dich
in der frischen Luft zu wissen, dem dunstigen Wien entronnen
und bei Deiner Mutter,[2] die sich Deiner freut. Jetzt, mein Brüderchen, bist Du noch ein paar Stunden bei ihr. Ich rufe mir immer wieder die halbe Stunde wach, die ich bei einem »Jour« neben ihr saß. Es ist schon ein paar Jahre her und das Bild nicht mehr
so deutlich, wie ich möchte.

Jetzt, mein liebes Liebes, wenn Du den Brief hast, bist Du schon
weit, weit und hoffentlich ganz besonnt, innen und außen. Für
Deine Karte viel Dank!

Von mir erzähle ich Dir jetzt: Ich sitze jetzt herrlich unbeklei-
det auf meinem morgendlichen Balcon, gut umweht von einem
leisen Wind, der durch meine Blumen zu mir streicht. Ich
schreibe Dir, ehe die Hast des Tages über mich kommt, denn eine
Hast ist es jetzt, weil ich in 8 Tagen fortfahre und es noch sehr viel

im Hause zu tun gibt, was so gut für mich ist, um meine Sehnsucht nicht in jeder Secunde arg zu spüren und andere unnötigere Reflexionen in mir aufkeimen zu lassen, wozu ich auch jetzt deshalb weniger neige, weil ich mich gesundheitlich viel wohler fühle. Ich verschwieg Dir's, mein Brüderchen, dass ich so sehr an Kopfschmerzen litt in den letzten Wochen, manchmal recht unerträglich. Bei Dir wurde es immer schwächer. Jetzt war es gestern nur in der heißesten Stunde. Dies ist auch ein Grund für mich, dem Drängen aus Tobelbad nachzugeben und schon 14 Tage früher zu fahren.

Lieber, ich küsse Dich schwesterlich und innigst   Dein Lamm

1] Marcelle. · 2] Ida Zweig, die an Schwerhörigkeit (Otosklerose) litt.

Vom 24. Juli bis 4. August 1914 waren Friderike von Winternitz und ihre Töchter Alix und Suse in Tobelbad bei Graz.

An Monsieur Stefan Zweig, Hôtel Belle Vue, Coq-sur-Mer, Belgien (eingelangt am 30. 7. 1914, dem Tag seiner Abreise):

[Tobelbad] Montag, 27. 7. 14

Lieber,

wenn ich nicht irre, habe ich Dir gestern einen dummen, aufgeregten Brief geschrieben. Kein Wunder, da hier alle Leute aufgeregt sind, die Patienten und Ärzte. In meinem Zimmer ist es wohl still, aber es hat nicht allzu viel Luft und Licht, weil die Glyzinien (die taufrischen, feuchten) es verdunkeln und ihr Duft mich betäubt, sehr wohlig oft, aber nicht zum Vorteil meines Kopfes, der aber trotzdem anfängt, braver zu sein. [...]

Ich wüßte schon so gerne, daß der Kriegslärm Dir nicht die Arbeit verstört. Deine Freundin[1] stört Dich ja jetzt wahrscheinlich zu Deinem Leidwesen nicht mehr. Hoffentlich hattest Du viel Freude mit ihr, mein Brüderchen. Daß Du gut aussiehst, begeistert mich. Ich wollte, ich sähe es schon. Ich habe das Gefühl, als hätte ich Dich viele, viele Wochen schon entbehrt. Das Leben ist doch oft recht traurig. Du bist mir schon zu sehr − Du als Mensch, den ich *sehe* und von dem aus ohne Liebesberührung all diese geheimen Ausstrahlungen der geliebten Nähe gehen – notwendig geworden. Ich leide, auch ohne erotische Sehnsucht, nach Deinem gesprochenen Wort, dem Anblick Deines Gesichtes und Körpers, Deinem Gang, Deinem Schnurren, selbst nach Dingen ist mir bang, die mich manchmal nicht freuen.

Leb wohl, Brüderchen. Ich küss Dich heute nicht, weil ich bisschen Halsweh habe. Aber glaub mir, ich werd es nachholen.

Fri

1] Marcelle. Am 10. 8. 1914 notierte Stefan Zweig in seinem Tagebuch: »Ich plane im Stillen jetzt schon das Buch, das einmal Marc. [Marcelle] und mein Schicksal in gesteigerter Form darstellen soll.«

Am 30. Juli, zwei Tage nach der österreichischen Kriegserklärung an Serbien, reiste Stefan Zweig von Oostende über Deutschland nach Wien.

Am 4. August, zu Beginn des Einmarschs deutscher Truppen im neutralen Belgien, notierte er im Tagebuch:

Ich glaube an keinen Sieg gegen die ganze Welt – jetzt nur schlafen können, sechs Monate, nichts mehr wissen, diesen Untergang nur nicht erleben, dieses letzte Grauen. Es ist der entsetzlichste Tag meines ganzen Lebens – ein Glück, dass F [Friderike] wieder hier ist, sie hat Macht der Beruhigung über mich.

Dienstag   [Baden bei Wien, 4. 8. 1914]
Auf der Fahrt.

Bin heute zwischen $^1/_2$ 10 und 10 abends fast sicher Café Eiles[1] und warte oder telefoniere Dir, oder hinterlasse dort Brief, ob ich Dich noch heute sehen kann.

Herzlichst Fri

1] Wien VIII, Josefstädterstraße 2.

Am 5. August 1914 notierte Zweig:

Meine Angst um Deutschland ist namenlos – Österreich, unser Vermögen, meine Gefahr ist mir nicht halb so viel. Und dabei die widerwärtige Weichlichkeit der Wiener Stadt, die Frauen promenieren ...

Am 9. August erschien in der ›Neuen Freien Presse‹ das Gedicht Ihr Frauen *von Friderike Maria von Winternitz:*

Ihr Frauen!

Ihr Frauen alle, die ihr gütig seid,
Für euch ist nun die rechte Zeit gekommen.
Ist Eurem Sinn nun Freudigkeit genommen,
Erkünstelt sie und gebt sie allen Armen!

Heißt Eure Hände jenen Pflichten dienen,
Die Schmerzen lindern, Wunden schonen, heilen,
Laßt euer Herz bei fremdem Leid verweilen!
Seht stumm die eig'ne Pein als Opfer an.

Wie Priesterinnen, die sich Hohem weihen,
So ziehet nun mit heil'gem Ernst durchs Leben,
Es sei euch jeder Tag ein innig Geben
Aus eurer stets erneuten Gütigkeit.

Wir müssen warten, in die Ferne horchen,
Doch Frevel ist nun aller Müßiggang,
Und jene Stunden sind uns doppelt bang,
Die wir in unfruchtbarem Schmerz vertrauern.

Friderike Maria v. Winternitz

Mein lieber Stefan,

vielen Dank für die Unterbringung des Gedichtes.[1] Ich freute mich – auch über Deinen Brief. Nun muß ich Dir aber für morgen absagen, weil ich mich recht elend fühle. Mein Wunsch ist wieder einmal nicht in Erfüllung gegangen. Dienstag komm ich nach Wien und hoffe Fräulein Eugenie[2] in der Stadt irgendwo zu treffen, vielleicht bist Du mit dabei. Solltest Du morgen kommen, so findest Du mich zu hause.

Über Deine Einberufung bin ich vorläufig ganz beruhigt.[3] Es sind vom hiesigen Corps nur die 1. Landstürmer bis 37 einberufen, zunächst kämen dann noch die bis 42 Jahren, ehe ein 2. Aufgebot erfolgte, und bezüglich dieses 2. Aufgebotes erfuhr ich, daß man nur an die von 19–25jährigen denke und auch die noch abweist, was der Sohn einer Bekannten beim Magistrat erfuhr. Es heißt, alle Älteren kosten wegen der eventuellen Familienversorgung zu viel, so daß man an diese gar nicht dächte. Lieber, halte Dich also an Deine, wenn auch illegitimen Familien, zu denen ich doch auch ein bisschen gehöre, denen Du diese staatliche Rücksicht verdankst, und hilf uns allen, unseren Mut behalten. Wie ich wieder wohl bin, will ich helfen gehen, wo ich kann. Hab Dir auch Vieles zu erzählen.

Ich küsse Dein liebes Rastelbindergesicht[4] und bin Deine treue Fri

1] Ihr Gedicht *Ihr Frauen*, ›Neue Freie Presse‹, 9. 8. 1914. · 2] Eugenie Hirschfeld. · 3] Stefan Zweig wurde bei früheren Musterungen für »untauglich« befunden, er machte aber Ende Juli 1914 die Eingabe, dass er bereit sei, seine Arbeitskraft dem Pressedepartement des k. u. k. Kriegsministeriums zur Verfügung zu stellen und diesbezüglicher Berufung Folge zu leisten. · 4] Rastelbinder: umherziehender Handwerker; Stefan Zweig ließ sich einen Vollbart wachsen.

Lieber,

heute will ich Dich um etwas bitten, schriftlich – denn vielleicht ist es mir nicht so leicht, Dir ausführlich mündlich das zu sagen, was mir so besser gelingt.

Du sagtest gestern, Deine Mama[1] hätte niemanden außer Dir, mit dem sie sprechen könne! Ich weiß nun nicht, meintest Du – plaudern – oder Aussprache intimer Dinge, wohl beides. Ich hoffe, sie wird Dich nicht lange entbehren, und will Dir's gar nicht leichter machen – freiwillig – fortzugehen, aber ich möchte Dich leise um etwas bitten. Schlag es ab, ohne zu fürchten, mir weh zu tun. Du weißt, Lieber, ich füg mich und vertrau Deinen Beweggründen immer so gut ich vermag, und wenn ich hier auf eine Principsache bei Dir stoßen sollte, will ich nicht weiter daran rühren. Aber mein Herz verlangt es, einen Versuch zu machen. Glaubst Du, daß Deine Mutter mir ohne das Mißtrauen, das Mütter meist gegen Freundinnen ihrer Söhne haben, begegnen könnte, wenn Du es gleich zerstreuen würdest, und glaubst Du, daß ich zu Zeiten, wo Du verreist, Deiner Mutter etwas bedeuten könnte?

Daß ich Dich mit diesen Fragen bitte, mich ihr zu nähern, hast Du wohl schon erraten, und daß ich Dich darum bitte – nicht wahr – das ist Dir doch ein Beweis, daß es ein ganz reiner Wunsch ist, daß ich, was Dein Wohl für jetzt und alle Zukunft betrifft, vor Deiner Frau Mutter das reinste Gewissen der Welt habe und Dich also darum bitten darf, ohne die geringste Unbescheidenheit zu begehen. Ich glaube auch, Lieber, daß Du es tun kannst, ohne Deine Mutter zu beleidigen, denn ich habe wahrlich nicht vor, compromettante[2] Dummheiten zu machen – und ich glaube es mit Bestimmtheit, daß ich nur meinen spießigen Brüdern[3] »verdächtig« bin.

Daß Du mir damit ein Glück bescheren würdest, magst Du ahnen und aus einer kleinen Episode entnehmen: Ich bewahre den Augenblick im Volksgarten, wo ich Dich Deine Mama mit einem Kuss begrüßen sah, wie eine andächtige Erinnerung. Ich kann es Dir nicht schildern, was ich damals empfand, ein Mann könnte das vielleicht nicht fassen – und vielleicht auch eine kinderlose Frau nicht.

Du wirst vielleicht nebst anderen Gründen dagegen einwenden, daß Dein Vater[4] mir gegenüber vielleicht mißtrauisch wäre, aber abgesehen davon, daß ich das vielleicht durch meine Lauterkeit besiegen könnte, würde ich es, ohne darüber verletzt zu sein, ertragen.

Du weißt, daß ich Deiner Mutter ein oder zwei Mal bei »Jours« begegnet bin. Sie wird sich ja nicht mehr an mich erinnern, aber ich weiß, daß ich es verstünde, mit ihr zu sprechen, ohne daß sie sich langweilt.

Ältere Damen können mich gut leiden, weil ich auch ältere Frauen und gar alte Frauen liebe. Dessen bin ich auch ganz sicher, daß ich niemals über Dich und Dein Tun und Lassen irgendeine Bemerkung machen könnte, die Dir nicht passen würde. All dies Lavieren an fremden Auffassungen, Mißverständnismöglichkeiten vorbei habe ich ja mein Leben lang üben müssen und einen Instinkt dafür, den ich sogar schon an meinen Kindern bemerke. Wärest Du einverstanden, müßtest Du eben eine Form finden, die jeden Verdacht an eine »familiäre« Angelegenheit ausschließt. Dabei hülfe ich Dir schon. Dein Bruder[5] hat doch wohl kein Mißtrauen gegen unsere Beziehungen? Also, Lieber, wähle Du nach Deinem Gefühl.

Deine treue Fri

Bitte bessere mir die Fehler in dem Brief an R. R. aus und sende ihn ab, wenn Du es nicht keck findest.[6]

1] Ida Zweig. · 2] Bloßstellend. · 3] Dr. Arnold, Dr. Karl, Rudolf und Siegfried Burger. · 4] Moriz Zweig, der 1904 die Leitung seiner Firma, Weberei M. Zweig in Ober-Rosenthal bei Reichenberg in Böhmen, seinem Sohn Alfred Zweig übergeben hatte. · 5] Alfred Zweig. · 6] Ihr Brief an Romain Rolland ist nicht aufzufinden.

Am 12. November wurde Stefan Zweig zum »Trainzeugdepot« in Klosterneuburg bei Wien einberufen. Er notierte:

Jedenfalls ist der Wunsch meiner Mama erfüllt.

Er bemühte sich aber gleich um Aufnahme in die literarische Gruppe des k. u. k. Kriegsarchivs, wo Propaganda betrieben wurde, und durfte dort bereits am 1. Dezember seinen Dienst antreten:

Heute zum erstenmale Uniform angezogen – ein seltsames Gefühl trotz alledem! Man kommt sich ein wenig lächerlich vor mit dem Säbel, wenn man nicht dreinhauen soll.

Annähernd drei Jahre arbeitete er im Zimmer 535 des Kriegsarchivs in der Stiftskaserne, Wien VII, Stiftgasse 2. Am 23. Dezember 1914 notierte er im Tagebuch:

Ernennung zum Corporal. Sehr nett, aber mir höchst gleichgültig.

[Heiliger Abend, 24. 12. 1914]

Lieber,

Ich danke Dir für Deinen guten Brief. Es war lieb von Dir, an die Kinder zu denken, doch die schlafen ja ab $\frac{1}{2}$ 8 Uhr. Ich gehe nachts gegen 11 Uhr mit den Brauns[1] zu einer Messe, treffe sie im kleinen Café. Später muß ich nachhause, weil sich für morgen zeitlich Herr v. M.[2] bei mir angesagt hat. Sonntag bin ich sehr gerne mit Dir, wenn Du mir sagst wann. Aber ganz wie Du willst. Wenn nicht, kann ich dann erst Montag abends oder Dienstag Nachm.

Allerlei zu erzählen dann.   Innigst Deine F.

1] Felix und Hedwig Braun. · 2] Walter von Molo.

[Baden bei Wien] 30. Dec. 14

Lieber,

zum letzten Tag im Jahr einen Gruß. Ich muß mit Gewalt wegdenken von jedem sentimentalen Rückblick. Ich will Dir jetzt in Gedanken einen Kuss geben und Dir darin einen heißen Wunsch einschließen: Dir mögen nicht versorgte Stunden, Kränkungen um Freunde im kommenden Jahr Deinen Frohmut verdüstern.

Mein guter Liebling, ich wünsch Dir alles Glück, das Du ehrlich genießen kannst. Und vor vielen anderen Wünschen noch: gute Arbeit. Du verstandest es nicht, als ich sagte, das könne auch mir helfen. Du bist manchmal so weit – in Deiner Arbeit aber halte ich Dich immer an meinem Herzen – Du wälzt so oft fremde Welten unerbittlich zwischen mich und Dich, Deine Arbeit wölbt mir goldene Brücken von Dir in mein Heim. Es ist ein Heim in den Wolken und doch in Deinem Herzen, in Deinem ungetreuen getreuen Herzen. Es ist nicht jene literarische Anbetung, die Du nicht magst (ich bin weniger kritiklos als Du glaubst: Dein Gedicht »Der Krüppel«[1] fand ich beinahe schlecht, und ich glaube, daß man es Dir überall zurückschicken würde, wenn Du es anonym einsenden würdest – man soll sich aber auf Deiner Höhe – nie seine Höhen zu Nutze machen, selbst nicht um einer Zeitung eine Gefälligkeit zu erweisen – und ein Stefan Zw. *lässt* sich eben nichts streichen.) Nein, es ist nicht das, daß ich auch (trotzdem) in Dir meinen Meister sehe, es ist etwas von einer gemeinsamen Heimat, in der wir uns Treue halten wollen für alle Zeiten. Der Krieg hat sie uns nicht verändert. Wir haben immer gleich gefühlt in unserer Menschenliebe und Gerechtigkeit. – Ich wünschte mir manchmal mehr Herzlichkeit, weniger Spott von Dir (aber er ist üblich in Deinem Kreise), ich weiß indessen, aus welchen Gefühlen Du oft spottest. Aber es wird schöner sein zwischen uns, wenn Du ihn [Spott] fahren lässt, weil er mich oft innerlich Schutzlose zu sehr erschreckt. [...]

Ich küsse Dich! Dein Lamm

1] Stefan Zweig: Der Krüppel, Neue Freie Presse, 25. 12. 1914.

Von März bis Anfang August 1915 hatte Friderike von Winternitz zwei Wohnsitze, Baden bei Wien, Mozartstraße 25, und Wien VIII, Lange Gasse 49, unweit der Kochgasse, verbunden durch den Schönbornpark, wo sich Stefan Zweig gerne aufhielt. Unerwartete Begegnungen waren nicht zu vermeiden.

[Wien, undatiert, Frühjahr 1915]

Lieber,

in Eile: gestern kam mir die Conzertkarte zu Rosé[1] zur Hand. Du vergaßest wohl, es ist morgen, Dienstag. Ich schreib's Dir, damit Du Dich frei hältst.

Als wir gestern allein waren, vergaß ich Dir zu sagen, wie es mit heute Nachmittag sich verhält. Ich muß gegen 6 Uhr bei der Sitzung[2] sein, bei der ich jetzt 2 Mal fehlte, bat daher Viola[3] um $^{1}/_{2}4$ Uhr zu kommen. Wir sind daher nur bis $^{1}/_{2}6$ Uhr da.

Meine Köchin kann nicht wieder kommen. Ich war so zufrieden und »settled« mit dem Haushalt. Aber es wird sich schon wieder machen.

Lieber, etwas geht mir nach: Du sagtest, Du schlichest mit Frauen durch weiß Gott was für Gassen, um mir nicht zu begegnen. Das tut mir weh. Du bist Dein Herr, wie oft soll ich Dir's sagen. Und will Dir's eben *heute* wieder sagen. Du wirst mir schließlich böse sein und mich als Fessel empfinden, wenn Du Dich »schleichst«. Lieber, ich hab doch mehr Vertrauen zu Deiner *Gesinnung* als Du zu der meinen.

So lange Du spürst, Du kannst es wieder (wie immer bisher) gut machen, wenn Du mich mit Frauen kränkst, hat's keine Not. Also schleich nicht, es verdürbe mir das Glück, Dir so nah zu wohnen.

Ich küss Dich F.

Ich komme morgen, falls Du mir nicht absagst, im lauf des Nachmittags.

1] Konzert des Rosé-Quartetts. · 2] Sitzung des Allgemeinen Österreichischen Frauenvereins. · 3] Viola Neumann.

Donnerstag früh [Wien, undatiert, Frühjahr 1915]

Ist's nicht seltsam, daß ich mich jetzt hinsetze, eilig Dir zu schreiben, wo ich gestern abends, beklommen wie ein kleines Mädchen, kaum habe zu Dir sprechen können, weil Dein waches Bild so jäh in der dunklen Gasse aufgetaucht ist. So nah wohnst Du –

und doch wie ist mir alles Märchen, was mir begegnet, unverhofft auch jede Begegnung nach einer Besprechung. Wo leb ich denn? Ahntest Du, wie sich mir die Umwelt, die nahe – auch die weite, wie fass ich die – verflüchtigt, Du würdest es begreifen, daß ich die Einsamkeit auf Dauer, nicht die zeitlich selbst gewählte, floh, denn jetzt ist dies nicht im Tag zuhause sein nicht mehr jugendliche Traumflucht – es ist schon Ausflug und Aufflug in das andere Leben, das ewige. Vielleicht, Stefan, hab ich ihn schon von je begonnen und hab doch diese Welt nicht meiden wollen, vielleicht mich doppelt an das geklammert, was mich in ihr hielt. Und vielleicht ist davon auch in meiner Liebe zu Dir (wie glatt ich's wage, dies seltene Wort zu schreiben) unendlich viel, daß Du mich hältst (daß ich mich um Dich gehalten fühle), und doch von jener Flucht Ahnung haben kannst.

Ich will nicht fliehen, ich weiß auch nicht, wie es ist, und will nicht daran denken. Ob ich jetzt so zu Dir sprechen soll, ob Du es jetzt spüren kannst. Du bist oft so grausam, nein, Du bist nicht grausam – aus einer Dumpfheit und Ahnungslosigkeit kommen Dir Scherze an meine Wunden. Aber ich verstehe auch so viel, glaub mir, Liebling, Liebster Du, ich weiß, wie Nerven an ihren Enden blutig gerissen sein können vom stündlichen Anrennen an irgendeine Haft. Nur liebte ich Dich so groß, daß Du zwischen Deine Nervenenden und die Welt einen Stacheldraht von Beherrschung legen könntest. Oh, wenn es wahr war, daß Du gestern arbeiten gingest! Du eiltest so. Obzwar, ich will's glauben, daß Du mehr zu Arbeit eilst, wenn Du sie gut spürst, als zu Frauen. Aber Du warst irgendwie verlegen, wie ich auch! Warum sind wir es? Ist's das Leben, das wir fremd voneinander mit anderen Menschen führen, das da plötzlich wie Verdacht (nicht Mißtrauen oder Mißgönnung) – oder besser Vermutung – zwischen uns ist. Und wenn ich's recht bedenke – nein – ich mag nicht denken. Mir gegenüber in die leis bewegte Morgenluft über den Bäumen strömt aus einem Fenster von süßer Frauenstimme gesungen – mein Lieblingslied aus dem Figaro, Cherubins Arie: »Feuer rinnt mir durch Bein und Mark.«[1]

Wie fühl ich so an den Wänden meiner Blutgänge Liebe und Gesang wohltuend rieselnd, nicht ganz in ihnen mehr – oder doch *jetzt* nicht. Meine 60 Pulsschläge machen das wohl, daß ich so wunderbar noch angeglüht bin von früherem Feuer, und es genießend spüre, ohne daß es mich wie früher oft versengt. Jetzt erst ist Erleben Genießen – Schmerz nur Wissen, Genuß: – Gewinn. Ich schreibe Dir aus dieser Morgenstunde, die mir auch gute Briefe brachte, und die ich Dir schenke, weil sie gut ist. Könnt ich Dir schildern, wie ich das andere in meinem Leben einschätze und wie Du mir doch einzig bleibst. Alles will's mir oft widerlegen. Ich sehe jetzt Deine Schwächen und hasse sie manchmal, weil Du glaubst, mit Aufrichtigkeit sie schon legitimiert zu sehen, d. h., ich wende mich nicht ab davor, im Gegenteil, die wüßte ich wie etwas zu Behütendes, zu Pflegendes und Heilendes zu achten – nein, dies »sich's auf die leichte Achsel schlagen« ist mir, Frau und schwache noch dazu – feminin. Liebling, Guter, sei mir nicht böse. Ich bewundere ja so himmelhoch so vieles in Dir, ich knie vor manchem in Deinem Wesen, das vielleicht unwiederholbar ist, ein einzig leuchtendes Menschenkristall ist in Dir. Wer weiß, wie es noch herausbrechen wird aus Schlacke, ein wunderbares Licht!

Könnt ich Dir jetzt Arbeitsruhe schaffen, ich zermartere mein Hirn danach. Die herrliche Arbeit, die Du vorhast: oh, machtest Du doch den Anfang, wer weiß, ob sie nicht so stark wird in Dir, daß sie alles besiegt. Das gibt es. Vielleicht bricht durch die Worte des Anfangs das Feuer in Dir aus. Ich bitte Dich, *versuche* alles.[2] Oh bitte, bitte. Glaub nur nicht, daß ich nicht das Opfer brächte, Dich nicht zu sehen, wenn Du Dich abschließen willst. Steife Dich nicht gegen das Mögliche, selbst gegen das Wunder darf man nicht mißtrauisch sein. Du, der Freie, darfst nicht verknöchert sein in diesem »Es geht nicht«. »Hier im Inland kann ich nicht« u. s. w. Bleib 3, 4 Tage zuhause, nach einem Sonntag – oder irgendwo in einem Zimmer, und melde Dich krank. Spürst Du nicht, wie der Gewinn dieser Tage tausendmal den Betrug rechtfertigen würde? Versuche nur einmal nach dem Amt, irgendwo hinauszufahren, nach Rodaun etwa, und setz Dich dort zwischen zwei guten Lokalen – Stelzer u. Roten Stadel – hin u. versuche zu arbeiten, nütze den Abend, übernachte draußen, da hast Du schon viele Stunden. Wenn Du allein bist, wirst Du arbeiten. Wenn das einmal gelungen wäre, gelänge es dann oft. Versuche es doch auch in Baden – in einsamerer Gegend –, aber dort ist alles angestochen von Erinnerung und Gegenwärtigem für Dich – aber wie immer: Versuche es. Mein Lieber, Du, ich geb Dir alle meine Grüße und freu mich um Dich, nach Dir, und bin Dir tausendmal gut.

Deine F. M.

1] Aus der Arie ›Non so più cosa son‹ (›Neue Freuden, neue Schmerzen‹/›Ich weiß nicht, wo ich bin‹. · 2] Sie ermunterte ihn zur Arbeit an der dramatischen Dichtung *Jeremias*.

In Stefan Zweigs Tagebuch-Eintrag vom 17. Mai findet sich folgender Hinweis auf seine dramatische Dichtung Jeremias:

Die Siege in Galizien[1] sind daneben Kinderspiel, die deutsche Front im Westen wackelt auch bedenklich – ich sehe einen Zusammenbruch. Ich denke jetzt an die Tragödie Jeremias,[2] die ich ja immer schon schreiben wollte.

1] Das österreichische Kronland Galizien und Lodomerien war Kriegsgebiet, das die russische Armee im Frühjahr 1915 räumen musste. · 2] Um 627 vor Christi Geburt trat der Prophet Jeremia als Mahner auf, zu seiner Zeit wurde Jerusalem erobert und der Tempel zerstört.

Vom 26. bis 28. Juni 1915 waren Friderike und Stefan in Gstettenhof bei Mariazell in der Steiermark. Er beendete dort den ersten Akt seines Stückes Jeremias.

Vom 14. bis 26. Juli machte er im Auftrag des Kriegsarchivs eine »Studienreise« durch Galizien. Anschließend erholte er sich von den Strapazen in Baden, wo er wie üblich im Palais Metternich logierte.

Vom 7. bis 31. August machte Friderike von Winternitz, die sich eine Infektion zugezogen hatte, mit ihrer Tochter Suse eine Kur im Sanatorium Dr. Bernhard Schwarzwald in Parsch bei Salzburg.

Parsch, 9. Aug. [1915]

Lieber,

nun, da ich anfange, zeitweise wieder ein Mensch zu sein, will ich Dir erzählen, wie es um mich aussieht. Es ist wirklich ganz entzückend da. Das Sanatorium, kein gar zu neuer Bau, liegt auf einer waldigen Anhöhe, ich glaube, dahinter ist der Gaisberg, vor dem Hügel Wiesenebene, von Salzburg abgeschlossen mit seinem immer wieder überraschenden Bild, eingerahmt von dem vielen Berggezack. Rechts dann noch ein gutes Stück salzburgische Landschaft, heiteren Ernst spiegelnd, Maria Plain, oder sonst eine Wallfahrtskirche, oder ein Schloß oder Herrenhaus auf Hügeln. Der Ort talwärts, Parsch selbst ist sehr hübsch und wäre reizend zu sommerlichem Wohnen, 9 Minuten von Salzburg mit der Elektrischen, kaum eine Gehstunde. Salzburg würdest Du kaum wiedererkennen, es ist nur Landschaft jetzt, die Fremden fehlen. Auch wenig Militär zu sehen. Hier in der Nähe gibt es kleine malerische Ortschaften als Ziel für Spaziergänge, schönen Wald. [...]

Gestern hab ich mit Suse einen Spaziergang ins Land gemacht, eine Straße, ähnlich der im lieben Gstettenhof,[1] lockte zum unaufhörlichem Weitgehen, auch das Kind ergriff solche Wanderlust; nachts hatte ich aber wieder Schmerzen und ging heute also doch zum Arzt, der mich zu meinem Entsetzen so gründlich als möglich untersuchte, Lungen und Herz vollständig in Ordnung fand; weitere Diagnosen stehen noch aus. Jedenfalls soll ich 2 Stunden im Tag mit einem Thermophor[2] liegen. Außer Vermeiden von Alkohol hab ich keine Diät. Morgen werde ich Weiteres hören. Ich arbeite noch nicht recht. [...]

Sei aus all meiner Liebe umarmt, Guter, süßer Liebling, mein Gartengott und Meister, im Besten und im Bösen, mein Lehrer in Stolz und Demut, meine Ruh und Unruhe, Du. Jetzt laufen wie Perlen mit allem erdenklichen klingenden Liebreiz Mozartsche Tonspiralen zu mir in den Wald her. Es ist, als würden sie mit den Sonnenflecken am Moos um die Wette flirren. Ich wollte, ich könnte sie einfangen und Dir senden, mit dem Wald und seiner feierlichen Luft. Ich muß aufhören, sonst drückt es mir das Herz ab, daß ich es besser habe als Du. Ich küss Dich leise und grüß Dich ganz und gar, Dich und Deinen geliebten Körper, Deine Arbeit und Deine Muße, die gut sein möge! Deine F.

1] Gstettenhof, wo Friderike und Stefan drei Tage verbracht hatten. ·
2] Wärmeflasche aus Gummi.

Im August 1915 wurde Stefan Zweig von Hugo von Hofmannsthal gebe-
ten, ihm eine Zusammenstellung der schönsten Briefe von Nikolaus
Lenau an Sophie von Löwenthal für den 16. Band der Reihe ›Österreichische Bibliothek‹ *vorzulegen. Zweig betraute seine Partnerin Fride-*
rike mit der Briefauswahl. Das Nachwort schrieb er selbst. Dieses erschien
*schließlich anonym (*Nikolaus Lenau an Sophie Löwenthal, Insel-
Verlag, Leipzig 1916*).*

Im September 1915 wohnte Friderike von Winternitz in Baden, Eli-
sabethstraße 18, wo sie sich als »k. k. Finanzkommissärsgattin« *angemel-*
det hatte (sie wollte offensichtlich nicht als geschiedene Frau auftreten).
Hernach wohnte sie mit ihren Töchtern wieder in Wien VIII, Lange
Gasse 49, in der Nähe Stefan Zweigs. Briefe überbrachte sein Diener
Josef. Er wurde, obschon ein älterer Familienvater, Ende des Jahres 1915
zum Militärdienst einberufen.

$^3/_4$ 5 Uhr nachts [vermutlich Weihnachten 1915]

Mein Liebling,

ich hab jetzt all die wachen Stunden in ruhiger Zärtlichkeit an
Dich gedacht und ganz ruhig auch, wie unter dem Schleier einer
Verklärung an unsere Nächte, die jetzt an einem Diener zuschan-
den werden sollen. Mein Liebling, ich will nicht klagen – sind
doch so viele Frauen jetzt ihres Liebsten auf Erden beraubt, auf
lange, auf immer oft, muß ich da nicht selig sein, daß Du geborgen bist. Und ich bin's auch. Was mich in den letzten Tagen auch
so aufgeregt, war, daß ich plötzlich das Blut des Krieges fließen
sah. Alix hatte arges Nasenbluten, und an diesem Kleinen fühlte
ich das entsetzliche Verbluten, fühlte in diesen Blutstropfen
meines Kindes, da mir um jeden leid war, den unermesslichen
Schmerz aller Mütter und Liebenden. Kannst Du das verstehen?
Und da ging es so wie ein großes Dankgebet von mir aus, daß ich
Dich habe. Denn sieh, ich hab Dich, weil ich mit allen meinen
heißesten Gebeten zwischen Dir und Gott bin. Ich weiß schon,
Liebling, daß man Dich nicht »*hat*«. Siehst Du, das ist wieder
Mißtrauen, das Du fürchten könntest, ich glaubte, ich hätte Dich
so wie einen rechtmäßigen Besitz. Mein Lieber, Du, Du willst
mein Mißtrauen als Geschenk, vielleicht *kannst* Du es mir auch
nehmen (dann gäb ich Dir's ja von selbst): wenn ich Dir Vertrauen

zu mir gebe, schwindet vielleicht auch jeder Anlass zu Deinen doppelsinnigen Bemerkungen, die Du »dummes Zeug« reden nennst. Ich sehe so oft die Befürchtung in Dir, durch Ansprüche, die sich in mir durch unser engeres Beisammensein ergeben *könnten*, in Deiner Freiheit gehemmt zu sein – nein, nicht ganz so ist es – in mir falsche Ansprüche – d. h. überhaupt welche in mir groß zu ziehen. Merkwürdig ist die Gleichzeitigkeit der Ereignisse, ich wollte Dir immer schon mein Tagebuch geben, um Dir über die Art meiner Gefühle keinen Zweifel zu lassen. Ich hätte es Dir oft, oft sagen sollen, dann wäre es nicht zu Deinen Befürchtungen für Deine Ruhe gekommen, die vielleicht, ohne daß Du es selbst weißt, immer wieder aus Deinen »Witzen« herauszüngeln. Liebling, ich will *nichts* von Dir, was Du mir jetzt gegeben hast, was Du mir gibst, würde ich als das größte Glück ansehen, wenn ich Dich darüber unbesorgt wüßte, über mein Später. Ich hab manchmal von einem Kind von Dir geträumt – auch jetzt ist das nicht erloschen, nur unwirklicher geworden, hab manchmal daran gedacht, daß, wenn Du einmal älter bist und ruhiger, wir ab und zu zusammenleben »würden«, auf Reisen z. B. für längere Zeiten – aber ich habe – dies schwör ich Dir jetzt aus wahrhaftigster Seele – *nie*, nie, nie daran gedacht, daß Du Dein Leben anders als durch Deinen inneren Willen dem meinen näherst, niemals dachte ich und verlangte ich auch nur allerheimlichst Legitimes. Nicht weil das so viel ist – es wäre auch nicht wenig meinerseits, weil es viel ist für einen Mann wie Du – nicht weil ich – wie Du letzthin sagtest – jetzt schon wüßte, daß es keine Freude sein würde – (ich habe niemals darüber nachgedacht, so fern ist mir der Gedanke) – also aus keinem anderen Grunde – weil ich Dich so lieb habe (»gern«, sagst Du immer), daß ich es gar nicht ertrüge, Dich nur irgend in Deinem Gefühl in der Welt (ich meine nicht Frauen gegenüber – das ist Dir ja seelisch gar nicht so viel) begrenzt zu wissen. Dich könnte doch *nichts* binden (und Ehe ist doch eben ein Band) als das, was Du selbst willst. [. . .]

Ich heirate nicht und will nicht, und ich bin, *was Du auch tust* und *was Du auch beschließt*, in diesem Punkt nicht zu beeinflussen. Mach mich doch frei von meinem *Mißtrauen*, indem Du es froh hinnimmst, daß ich – was immer Du fühlst und wie immer Du unsere Freundschaft *einrichtest* – Dich neben meinen Kindern als meinen innigsten Lebensinhalt empfinde. Nimm es hin, daß ich Deinem Leben beigesellt bleibe, ich will schon sorgen, daß Du es nur ganz leise spürst, als etwas, das Dir nur zum Guten sein kann, denn daß mir Gott Versuchungen schickt und ich nur lächle, weil ich sie gar nicht einmal spüre, nur sehe, daß alles, womit Du meine Festigkeit erprobst, an mir abprallt, das ist doch Beweis genug, daß *es so sein soll* und unabhängig von Dir und mir. Sei also sorglos für mich, so nimmst Du mir mein Mißtrauen. Lass mir die Hoffnung, daß ich immer Deine liebste Freundin, Dein liebster Freund bleibe, wohin immer sich Deine Leidenschaft auch regt. Nimmst Du mir diese Hoffnung nicht, wird auch mein Mißtrauen verschwunden sein.

Ich küsse Dich leise Deine F.

Friderike von Winternitz engagierte sich im Internationalen Komitee für dauernden Frieden (später umbenannt in Internationale Frauenliga für Frieden und Freiheit) und konnte – dank der Vermittlung Romain Rollands – Kontakte zur französischen Sektion herstellen.

Mitte Februar 1916 schickte Stefan Zweig das Manuskript seiner pazifistischen Erzählung Der Turm zu Babel *an Romain Rolland. Dieser leitete es weiter an den Schweizer Übersetzer Louis-Charles Baudouin, der gerade die Gründung der französischen Zeitschrift ›Le Carmel‹ vorbereitete. In den ersten Heften erschien Zweigs übersetzte Erzählung unter dem Titel* La Tour de Babel *(Genf, April und Mai 1916).*

Von Frühjahr bis Herbst 1916 wohnten Friderike von Winternitz, ihre Töchter Alix und Suse, ihr Kindermädchen Lisi (Elise Exner) und Stefan Zweig in zwei Rokoko-Pavillons in Kalksburg bei Wien (unweit von Rodaun). Er arbeitete dort an seinem Jeremias.

Anfang September 1916 war er in Berlin und Leipzig.

Sonntag,   [Kalksburg, undatiert, vermutlich 10. 9. 1916]

Mein Liebling,

einen guten Gruß zum Empfang! Du wirst vereilt sein, darum sag ich Dir nicht viel mehr. Die ersten Tage ging es halbwegs ohne Dich. Seit gestern leid ich recht nach Dir. Es waren, sind immer Gäste da, die mir willkommen waren, u. a. zwei Tage Käthe, Viola[1] – so daß Dein Haus nicht leer war – A. Engel (von dem ich Dir etwas sehr Wichtiges sagen muß), Antoine u. s. w.

Dank für die Berliner Karte. Das Vestibül vom Fürstenhof![2] Der Vorhof eines neuen Lebens. Hoffentlich erfahre ich bald, wann ich Dich vor dem Sptl. [Spital] sehe, ob Du herauskommst. Telefoniere eventuell zu Stelzer,[3] *falls* Du mich drinnen erwartest, wenn ich Dich nicht auf die oder jene Weise erreiche.

Es ist herrlich klar und schön hier und voll Wehmut jeder Hauch, der die gelben Blätter auf Deine Cigarrenstummeln streut, die überall im Garten als gute Erinnerung Deines nachdenklichen Lustwandelns verstreut sind. An jedem Baum hängt ein Jeremiasgedanke, an den Halmen und Gräsern Versflocken – überall bist Du und leider nirgends jetzt wirklich.

Komm bald, komm bald, Lieber, zu Deinem   Lamm

1] Käthe Prager und Viola Neumann. · 2] Der Fürstenhof in Berlin, wo Friderike und Stefan im November 1912 logierten. · 3] Gasthof Stelzer in Rodaun bei Wien.

Am 17. Oktober 1916 wurde ihm ein Urlaub bewilligt, worauf er und Friderike von Winternitz nach Salzburg fuhren. Die beiden logierten drei Wochen im Parkhotel Nelböck nahe dem Bahnhof. Sie machten Wanderungen auf den Kapuzinerberg, wobei sie das gegenüber dem Kloster inmitten von Bäumen stehende einstige Jagdschlösschen der Erzbischöfe aus dem 17. Jahrhundert wahrnahmen, das ihr gemeinsamer Wohnsitz werden sollte. Anfang November 1916 schrieb Zweig an Alfons Petzold:

Lieber Freund, ich bin noch in Salzburg oder eigentlich: in meiner Arbeit. Diese paar Tage Freiheit haben mir unendlich wohl getan, ich verstehe erst jetzt, ein wie mir selbst fremdes Leben ich nun seit mehr als zwei Jahren führe.

Im August 1917 erschien im Insel-Verlag zu Leipzig Stefan Zweigs Jeremias. Eine dramatische Dichtung in neun Bildern *mit der Widmung* »Friderike Maria Winternitz dankbarst, Ostern 1915 – Ostern

*1917«. Er widmete ihr auch sein in Leder gebundenes Manuskript. Es ist
seit dem Raub ihrer Wertsachen im Jahr 1938 verschollen; sie behielt aber
sein auf der ersten Seite eingetragenes Gedicht im Gedächtnis (vermutlich
unvollständig):*

Als rings im Land die Waffen starrten
Und Feuer unsere Welt verheerte,
Was war da mein, ein kleiner Garten
Und du darin, Geliebte und Gefährte.

Mein Werk gedieh in deiner treuen Hut,
Wie war ich müd, wie oft wollt ich erlahmen,
Du aber gabst mir immer neuen Mut
Zum Eingang schreib ich dankbar deinen Namen.

*Anfang September 1917 plante Stefan Zweig einen Aufenthalt in der neu-
tralen Schweiz. In seinem Gesuch um Diensturlaub erklärte er, der österreichischen Propaganda dienen zu wollen. Am 27. Oktober wurde ihm ein
zweimonatiger Diensturlaub bewilligt. Indessen war Friderike von Winternitz in Salzburg, um dort zu erkunden, ob der in Inseraten angebotene
»vornehme Herrensitz« auch jenes Traumschlösschen auf dem Kapuzinerberg sei, das sie im Herbst 1916 auf ihren Spaziergängen gesehen hatten. Am 27. Oktober 1917 unterzeichnete Dr. Stefan Zweig, Schriftsteller,
Wien VIII, Kochgasse 8, den Kaufvertrag über die 7816 m² große Liegenschaft Kapuzinerberg 5 mit Haus, Garten und Wald. Er hatte 90 000
österreichische Kronen in barem Geld zu bezahlen.*

*Am 4. November 1917 fuhren Friderike von Winternitz und Stefan
Zweig nach Salzburg. Sie besichtigten ihr künftiges Refugium, das sich
allerdings in einem desolaten Zustand befand und noch von der Gärtne-
rin des vormaligen Besitzers bewohnt war.*

*Am 13. November 1917 reiste das Paar in die Schweiz. Sieben Tage
logierten die beiden im Zürcher Hôtel ›Zum Schwert‹. Am 17. November schrieb Stefan Zweig an Romain Rolland:*

Eine weitere Angelegenheit, die ebenfalls freundschaftliche Offenheit erfordert: ich bin nicht allein. Frau von Winternitz ist bei
mir – Sie kennen sie von Paris her – sie bewundert Sie ebenso wie
ich, und sie hat während des Krieges großartige Dinge vollbracht.

Sie ist seit Jahren meine Frau – allerdings nicht vor unserem Gesetz in Österreich, das geschiedenen katholischen Frauen die Wiederverheiratung verbietet.

Am 23. November fuhren sie an den Genfersee, um Romain Rolland, der seit Kriegsbeginn im Hôtel Byron in Villeneuve lebte, zu besuchen. Stefan Zweig verfasste dort an seinem 36. Geburtstag sein »Testament des Gewissens« mit dem Versprechen, nie wieder Militärdienst zu verrichten.

Am 29. November ging die gemeinsame Reise über Lausanne nach Genf, wo sie vier Tage blieben, die Zentrale des Internationalen Roten Kreuzes besichtigten, den Dichter Pierre-Jean Jouve und den Grafiker Frans Masereel kennen lernten. Auf der Rückfahrt nach Zürich machten Friderike von Winternitz und Stefan Zweig in Bern Station, wo er die k. u. k. Gesandtschaft aufsuchte. Eine Verlängerung seines Diensturlaubs war ihm ein dringendes Anliegen. Dazu benötigte er eine glaubhafte Begründung.

Am 7. Dezember reiste Friderike von Winternitz zurück nach Wien. Dort führte sie Gespräche mit Ernst Benedikt, dem Herausgeber der ›Neuen Freien Presse‹, einem ehemaligen Schulkollegen Stefan Zweigs, über dessen Bewerbung als ständiger Korrespondent in der Schweiz.

Erster erhaltener Brief Stefan Zweigs, adressiert an Friderike von Winternitz, Wien VIII, Lange Gasse 49, mit dem Stempel der k. u. k. Zensurstelle Feldkirch 312:

Stefan Zweig Zürich, Hôtel Schwert   [25. 12. 1917]
Liebe,

    vielen Dank für Deine gute Nachricht. Ich freue mich sehr über die Verlängerung und hoffe nur, Du kommst bald. Ich bitte Alfred,[1] Dir eine gewisse Summe zu übermitteln, damit Du vollkommen freie Beweglichkeit in Deinen Plänen hast. Suse nimmst Du doch wohl mit: sie wird sich hier sehr wohl fühlen. Alles Nähere erfahre ich wohl telegrafisch und brieflich von Dir. Ich will jetzt bald mit eigener Arbeit beginnen: bis jetzt ging Alles hin in Aufsätzen, Übersetzungen, Warten und Schauen.

    Noch Eines: wenn Du das *richtige* Manuscript kennst, so bringe mir den Dostojewski[2] mit. Es ist der in einer blauen cartonierten

Mappe, wo jedes Capitel einzeln in einem Umschlag mit Motto ist und die Entwürfe dazu noch beiliegen. Aber nur, wenn es Dir ganz leicht fällt. Dann könnte ich diese Arbeit hier gut und definitiv fertig stellen.

Frau Albert[3] geht es leider *sehr* schlecht. Die Operation wird kaum zu vermeiden sein und ist lebensgefährlich. Ich habe heute an Rilke geschrieben. Ich habe hier viele Menschen kennen gelernt, zu viele fast. Maler, Dichter, alles mögliche. Ein Portrait von mir wird jetzt gemacht.[4]

Auch für Dich ist viel zu tun. Die Übersetzung eines Buches,[5] die Dir den Aufenthalt ganz decken wird, ist so viel wie sicher. Und würde Dir eine gute Beschäftigung sein.

Allen Dank für Deine Mühe. Hoffentlich gelingt es! Aber ich bin mit allem zufrieden. Und ich bin guten Mutes, es scheint sich alles zum Guten zu wenden. Unsere Valuta hat hier mächtige Sprünge nach oben gemacht, die Krone steht schon über 50. Herzlichst Dein

Stefan

Von der Neuen Freien Presse höre ich nichts.

1] Sein um zwei Jahre älterer Bruder. · 2] Sein schwieriger Essay über Dostojewski, den er 1910 begann, mehrmals unterbrach und 1919 beendete. · 3] Künstlerin Lou Albert-Lasard, die mit Rainer Maria Rilke eine Affäre hatte. · 4] Ölporträt Stefan Zweigs, das der Maler Walter Kornhas schuf. · 5] Jean-Jacques Rousseaus Roman *Émile ou De l'éducation*, den Stefan Zweig in einer revidierten Übersetzung unter dem Titel *Emil oder Über die Erziehung* herausgab (Verlag Gustav Kiepenheuer, Potsdam 1919).

Telegramm Stefan Zweigs an Friderike M. von Winternitz, Wien VIII, Lange Gasse 49, mit dem Stempel »ZENSURIERT WIEN«:

[Zürich, 27. 12. 1917]

werde mit neuer presse abschliessen bleibe jedesfalls und erwarte dich bald zweig

Stefan Zweig verdankte es guten Beziehungen, dass er von seiner »mi-
litärischen Dienstleistung« (im Kriegsarchiv) enthoben wurde und in der
neutralen Schweiz als ständiger Korrespondent der Wiener ›Neuen
Freien Presse‹ tätig sein konnte.

Nach einer Lesung in Davos fuhr er nach Buchs, um dort wie verein-
bart Friderike und deren Tochter Suse abzuholen, die am 11. Januar 1918
aus Wien angereist kamen. Bis 29. Januar weilten sie in St. Moritz − »in
dieser Protzenwelt«, notierte Zweig in seinem Tagebuch.

Anfang Februar 1918 begannen die Proben zu seinem Jeremias *im*
Zürcher Stadttheater. Die Uraufführung fand am 27. Februar statt. Die
›Neue Zürcher Zeitung‹ urteilte:

So ist auf unserer Bühne noch selten ein Autor bei der Premiere
gefeiert worden.

Vom 14. bis 19. April 1918 wurde in Bern vom Komitee für dauernden
Frieden eine Konferenz abgehalten, an der Friderike von Winternitz und
Stefan Zweig teilnahmen. Bei der Eröffnung hielt er einen Vortrag über
die österreichische Friedensnobelpreisträgerin Bertha von Suttner.

Friderike und Stefan logierten bis Anfang Juli im Hôtel Belvoir in
Rüschlikon am Zürichsee. Suse verbrachte vier Monate in einem Kinder-
heim in Zürich. Als es Friderike gelang, ihre Tochter Alix in die Schweiz
zu holen, zog sie mit beiden Kindern in den Bergort Amden bei Weesen
am Walensee. Ihre Briefe sind nicht erhalten. Die Briefe Stefan Zweigs,
der weiterhin im Hôtel Belvoir in Rüschlikon wohnte, gingen an ihre
Adresse in Amden, Pension Sonne.

[Rüschlikon, undatiert, nach 9. 7. 1918]

Liebes Friderikli,

ich sende Dir hier eine Karte. Sonst nichts Neues von Belang:
vorgestern war ich beim Abschiedsabend des Hôtel Schwert,[1] es
war nicht sehr glücklich, denn ich blieb im Hintergrund, um mit
Herrn Patschiner nicht an einem Tische sitzen zu müssen, unterhielt mich aber ganz gut mit Consul J., der offenbar meinen Defaitismus Aufsatz nicht kennt (der sonst mehr bemerkt wird, als
tunlich ist).[2] Bei Ragaz hatte ich einen ausgezeichneten Nachmittag: er glaubt, dass G.[3] nicht viel geschehen werde, dies alles

mehr Demonstrationen eines strengen Willens seien als der Wille selbst.

Paul Stefan schickt verzweifelte Telegramme: das Schweizer Consulat verweigert ihm das Visum (*für 8 Tage!!*), solange nicht vom Fremdendepartment Bern eine telegrafische Nachricht käme. Ich soll ihm helfen. Wie kann ich's? Wettstein spare ich mir selbst und dann – die N. F. P. hat mich da arg blamiert. Jetzt!! brachte sie den Aufsatz über die Züricher Ausstellung.[4] Oh Knechtschaft!!

Zu den schöngeplanten heitern Dingen habe ich gar keine Zeit. Ich arbeite an meinem Stück,[5] will die Rousseau Einleitung[6] und das Feuilleton[7] schreiben. Gestern bekam ich höchst unvermutet den Besuch von Dr. Paul Cohn, der aus Wien frisch da ist und von dem ich u. a. erfuhr, dass das berühmte Rückvisum nur sehr laue Garantie bietet. Man muss dann Alles noch einmal versuchen. Wenn ich kann, bleibe ich jedenfalls so lange wie möglich: die Preise, die er von drüben erzählt, sind wirklich schreckhaft.

Wir scheinen beide durch die Tatsache der Berghausung postalisch recht weit voneinander zu sein. Ich schreibe Dir diese Zeilen, ohne noch von Dir ausser den beiden Karten nähere Nachricht zu haben. Aber ich hoffe von Herzen, es geht Dir gut. Dein noch getreuer

Stefan

Auf der Post!

Eben erhalte ich noch Deinen lieben Brief und danke Dir vielmals. Bitte lass es Dir recht gut gehen, nimm das mit Alix nicht schwer. Was Dich so oft unglücklich macht (und doch Dich das Leben leichter ertragen lässt) ist die idealisierende Kraft Deiner Phantasie. Alles wird Dir aus der Ferne schön und geheimnisvoll. Je länger Du von Alix getrennt warst, umso begeisterter wurdest Du von ihr – dann gibt die erste Nähe Dir immer wieder einen Chok. Aber es bessert sich dann auch wieder. Denk immerhin gut an mich. Herzlichst Dein

Stefan

1] Hôtel ›Zum Schwert‹ in Zürich. · 2] Zweigs *Bekenntnis zum Defaitismus* (in ›Friedens-Warte‹, Zürich, Juli-August 1918) wurde vom österreichischungarischen Gesandten Musulin von Gomirje am 15. 7. kritisch beurteilt (Konsul J. wurde nicht ermittelt). · 3] Henri Guilbeaux wurde von Frankreich wegen Kollaboration mit dem Feind verfolgt, am 11. 7. in der Schweiz verhaftet und am 12. 8. 1918 entlassen. · 4] Stefan Zweig: Die Jahrhundertausstellung Wiener Malerei in Zürich, Neue Freie Presse 8. 7. 1918. · 5] Stefan Zweigs Kammerspiel *Legende eines Lebens*, das am 25. 12. 1918 im Schauspielhaus Hamburg uraufgeführt wurde. · 6] Jean-Jacques Rousseau: Emil oder Über die Erziehung, Verlag Kiepenheuer, Potsdam 1919 (Einleitung von Stefan Zweig). · 7] Stefan Zweigs Feuilleton ›Die Schweiz als Hilfsland Europas‹ (›Donauland‹, 2. Jg. H. 7, September 1918).

Stefan Zweig hatte den Auftrag des Verlags Gustav Kiepenheuer angenommen, eine bereits vorliegende Übersetzung von Jean-Jacques Rousseaus Roman Émile ou De l'éducation *(Emil oder Über die Erziehung) durchzusehen, neu herauszugeben und mit einem Vorwort zu versehen. Seine Partnerin Friderike sollte ihn bei dieser Arbeit unterstützen.*

[Rüschlikon, undatiert, vor 27. 7. 1918]
Liebes,
    ich danke Dir für Deinen lieben Brief. Und ich bitte Dich nochmals, plage Dich nicht: was ich brauche, sind einmal 100 erste Seiten des Emile, damit ich Kiepenheuer doch etwas schicken kann. Hat Haemig[1] nichts gesandt? Die ersten 30 [Seiten] habe ich durchgesehen – Deine noch nicht, es fehlt übrigens jede Aufschrift (Buch ect.) und selbstverständlich kann nicht mitten drin eine neue Paginierung beginnen.
    Gestern rief mich Frau Hofrat[2] aus Wengen an. Sie ist der einzige Mensch fast von allen »Freunden«, die auch an einen denken, wenn sie nichts wollen (Felix Braun natürlich auch.) Aber jetzt, wo die Post Wochen braucht, ich wichtige Erledigungen wegen meines Stückes[3] erwarte, bekomme ich nichts als Bitten, ich möchte Bücher recensieren (Csokor, Alma Koenig ect. ect.) Ich sehe darin eine solche Missachtung und muss mich hüten, in Menschenhass zu geraten.
    Liebe, sei mir nicht böse. Ich bin jetzt so geladen mit einer namenlosen Erbitterung gegen die Zeit: *nie war es so sinnlos wie jetzt*, dass die Schlächterei andauert. Die deutsche Niederlage war gut,

um dort die Macht Ludendorffs zu brechen, aber es herrscht jetzt in Amerika ein Jubel ohnegleichen. Sie haben Blut geleckt. Und jetzt wollen *sie* den Sieg, den die Deutschen noch vor zwei Wochen wollten, den grossen entscheidenden Sieg mit dem Gegner auf den Knien. Wirklich, wir sind alle Verbrecher, die jetzt schweigen, und vielleicht wird es nötig sein zu reden. Übrigens, die Sachen in der Fr[iedens] W[arte] *sind bemerkt worden* in Bern und sehr besprochen.[4] Ich glaube zwar nicht, dass die Herrschaften sich rühren werden, aber wenn – ich hätte fast Lust, einmal zu sprechen, laut zu schreien. Wir haben ja ohnehin übermorgen Weltuntergang. Paul Stefan erzählte mir aus Wien vom Elend, gleichzeitig schreibt mir Trebitsch, er fahre auf vier Wochen nach Karlsbad, dann nach Gastein. Für manche Leute ist eben ewiger Friede. Aber nicht lange mehr! Nicht lange! Ich glaube, für uns alle kommt jetzt die Entscheidung. Für jeden Einzelnen!

Du hast Pech mit Deinen Sachen wie gewöhnlich. Gerade jetzt dauert die Post wieder 3 Wochen nach Österreich und noch länger. Es gibt keine rechte Verbindung mehr. Dazu Sturz des Ministeriums, Sturz der Valuta, Verwirrung und Sinnlosigkeit.

Wann sehen wir uns? Stefan[5] fährt, glaube ich, Samstag. Du hörst noch Näheres zuvor. Ich war seit Tagen nicht in Zürich. Ich mag nicht. Und dann: es ist nicht ungefährlich.

Wie Du Dich irrst, dass ich die Zeit zur Heiterkeit nütze! Ich bin ganz gefüllt mit dem Gefühl der Welt – ich habe zu nichts Lust. Und arbeite wie ein Sträfling. Nächster Tage will ich mit Paul Stefan ein paar Gläser Wein trinken – er empfiehlt mir das Mittel sehr. Es soll in Wien sehr verbreitet sein, trotz der Teuernis, als einzige Schwebe über dem Abgrund.

Herzlichst Du Liebe, Selige, die Du Flügel hast in Dir, und den Kindern! Dein

Stefan

Ich hoffe, Suse geht es besser. Vielleicht ist das sogar gut, dass dies von Zeit zu Zeit auseitert. Glaubst Du, Du könntest oben für sie ein Dampfbad bekommen: das tut gut gegen derlei Dinge.[6]

1] Fräulein Haemig, Sekretärin. · 2] Berta Zuckerkandl, Witwe des Anatomen Hofrat Emil Zuckerkandl, dessen Titel auf sie ausgedehnt wurde,

daher auch »Hofrätin«, wohnte einige Zeit in Wengen. · 3] Stefan Zweigs
Kammerspiel *Legende eines Lebens*, das am 25. 12. 1918 im Schauspielhaus
Hamburg uraufgeführt wurde. · 4] Die österreichisch-ungarische Gesandtschaft in Bern verurteilte Zweigs Aufsatz *Bekenntnis zum Defaitismus* (›Friedens-Warte‹, Zürich, Juli-August 1918). · 5] Paul Stefan, Wiener Musik-
schriftsteller, war vom 20. bis 27. 7. 1918 in Zürich. · 6] Suse hatte vermutlich eine Stirnhöhlenentzündung.

[Rüschlikon, undatiert, August 1918]
Liebe,
    ich habe Dir heute schon einmal geschrieben und bin vom
Schreiben todmüde, aber Dein Brief muss doch beantwortet sein,
um der Aufrichtigkeit willen. Es soll zwischen uns nichts ver-
schwiegen sein. Deine letzten Briefe waren so lieb und warm und
schön – aber sie taten mir sehr weh. Ich will Dir offen sagen
warum.
    Sie sind Anklagen gegen mich, ohne dass Du es weisst. Ich
hatte das Gefühl, Du lebtest oben Deinen Kindern, der Freiheit,
tätest ein wenig Arbeit dazwischen. Und Du schreibst, »Du seist
angenagelt an die Maschine«, »es sei vorbei mit dem Spaziergе-
hen«. Und wie muss ich mich fühlen: als der böse Vogt, der Dich
an die Arbeit peitscht. Der Dir aus seinem Geiz und Geldwahn
die Ruhe stiehlt. Liebe, und ich glaube, im Untersten fühlst Du
Dich selbst so.
    Ich weiss mich frei von Schuld eigentlich. Ich habe Dich ge-
warnt. Dreimal, viermal gewarnt. Ich habe Dich *durch 5 Wochen*
gebeten, *einmal* das Buch[1] durchzulesen, ob die Übersetzung
brauchbar sei. Jetzt, zwei Wochen vor der Ablieferung, entdeckst
Du, sie sei schlecht. Ich habe Dich gebeten, das Ganze von Fräulein Haemig schreiben zu lassen. Aber doch, so frei ich mich
fühle, es verdirbt mir das Gefühl, Dich oben zu wissen. Ich habe
keine Freude mehr daran, nur *Gewissensnot*.
    Und dabei quälst Du Dich! Aber ich sagte Dir es ja: *der Sinn des
Opfers ist zerstört, sobald man es als Opfer empfindet*. Wenn man sich
jahrelang bewirbt, einem Gehilfin zu sein, Stenografie lernt und
dann ihm schreibt, »ich übe Stenografie, *aber es langweilt mich sehr*«.
Wenn man eine Arbeit übernimmt und klagt, man sei angenagelt

an die Maschine. Liebe, fühlst Du denn nicht, was Du mir damit tust! Ich bin vielleicht von Deinem Misstrauen schon angesteckt, ich sehe inmitten Deiner wundervollen Briefe nur diese Stellen, aber die verstören mir den Tag. Glaubst Du wirklich, dass ich je vermögen werde, Dich mit meiner Arbeit zu verbinden, jetzt wo ich fühle, dass Du so wie ich nur in eigener Arbeit frei fühlst?

Ich bitte und beschwöre Dich um unserer guten Freundschaft: *lass die Maschine sofort stehen.* Fräulein Haemig soll Alles schreiben, Du corrigierst, ich revidiere es. Diese Arbeit ist mir ein *Glück*, wenn ich weiss, dass Du nicht mehr an der Maschine sitzt. Ich verspreche Dir dafür, *300 Francs* vom Honorar mit leichtfertigen Mädchen zu vergeuden, sobald ich Zeit habe. Schreibe Kiepenheuer gar nicht, er bekommt die alte Übersetzung durchcorrigiert wie diese ersten dreissig Seiten.

Du schreibe Dein Stück![2] *Du weisst nicht, wie mir solche Vorwürfe weh tun*, Du seist vor den beiden letzten Scenen durch die – in Gedanken: von mir aufgehaltene – Arbeit stecken geblieben. Es verstört mir das bisschen Freude, das ich noch habe: am Rand des Tages an Dich froh denken zu können und mir vorzureden, Du habest es oben gut. Es macht mich melancholisch, weil ich die Schuld in mir erkenne, Dich verstört zu haben. *Bitte, wenn Du mich lieb hast, lass sofort die Maschine, schreib nichts als Dein Stück.* Wenn Du nicht mir nachgibst in diesem, bin ich *böse, ernstlich böse*.

Und über den Unsinn, dass Du bei Deinem Besuch anderswo wohnen willst, verliere ich kein Wort (ausser Du triffst in Zürich Dein Bubi). Herzlichst Dein

Stefan

Verzeih die Schrift – ich kann nicht mehr.

Kannst Du aus der Phantasie eine Besprechung von Reinharts »Garten des Paradieses« schreiben, für »Donauland«?[3]

1] Jean-Jacques Rousseaus *Emil oder Über die Erziehung.* · 2] Friderike von Winternitz verfasste vermutlich ein Theaterstück, es wurde jedoch keines veröffentlicht oder aufgeführt. · 3] Eine Besprechung von Hans Reinharts *Der Garten des Paradieses* in der illustrierten Monatszeitschrift ›Donauland‹ (k. u. k. Kriegsarchiv) konnte nicht ermittelt werden.

Liebe F.

ich habe zwanzig der neuen Seiten Rousseau mit schwerer Mühe corrigiert, d. h. fast ganz umgeschrieben. Die Vielzahl der notwendigen Correcturen zwang mich, Einsicht zu nehmen in die noch hier erliegenden fünfzig Seiten, die Du bereits corrigiert hast. *Sie sind total unleserlich.* Es gibt ganze Blätter, die ich überhaupt nicht verstehe, und es ist ausgeschlossen, dass ich ein derartiges Tohuwabohu unter meinem Namen erscheinen lasse. Lieber sende ich das Geld zurück und zahle noch 1000 Mark Pönale, als dass ich mich mit einer so schlampigen, falschen, undeutschen und unfranzösischen Übertragung *für ewig* vor der Welt blamiere. Ich will Dir keine Vorwürfe machen, ich weiss, in was für einer Unruhe Du die ganze Arbeit gemacht hast, aber wenn die ersten 100 Haemig-Seiten ebenso abgesendet wurden (ich konnte ja nur Stichproben machen), wie diese 50 von Dir corrigierten sind, so ist das eine Katastrophe.

Bitte sage mir, was ich tun soll? Dir Buch und Arbeit hinaufsenden? Wenn ich selbst das Ganze durchackern soll, brauche ich 8 Tage ganz allein dafür. Und habe ein Feuilleton zu schreiben, wollte den Dostojewski machen, weil Kippenberg in 8 Tagen kommt und ich Gelegenheit gehabt hätte, ihm das Manuscript mitzugeben.[1] Ich weiss nicht mehr wo aus und wo ein vor Arbeit, sonst hätte ich alles auf mich genommen.

Frau Hofrat sprach ich in einer Hetzjagd zwischen Kessler und Fried.[2] Sie grüsst Dich tausendmal. Es war eine infernalische Hitze, man bricht ganz zusammen. Wiesner ist in Pontresina, erzählte sie mir und viel anderes noch. Briefe lege ich Dir bei.

Bitte schreib mir bald, wie es Suse geht, ob und wann Du kommst. Es ist mir notwendig, Deine Dispositionen zu kennen, um die meinen treffen zu können und den verfluchten Rousseau zu erledigen:[3] Hoffentlich findest Du in Deinem Zwiespalt, den ich voll und ganz begreife, eine mögliche Lösung, die nicht Deine Nerven verbraucht und Dich endlich zu einer Ruhe kommen lässt. Viele Grüße Dein

Stefan

Nachschrift: Abends! Ich habe noch 30 Seiten durchgeackert und hoffe bei dringender Arbeit übermorgen das ganze von Haemig zu erledigen. Deinen Teil revidiere ich später. Lass Dich also nicht beunruhigen, ich werde im Notfall schon fertig, es ist nur eine bittere Pille für mich, weil ich gerade jetzt durch die Hitze irgendwie nicht die ganze Kraft der Arbeit habe und mich schon so sehr nach einer Pause sehne. Ach, diese Knechtschaft der Feuilletons, all diese Plackereien, die mich von meiner *wirklichen*, einer dichterischen Arbeit seit Monaten ablenken: ich bin nur aus diesen Gründen so verhetzt, so ungerecht und verärgert: meine ganze Sehnsucht wäre, wieder einmal so still in mir selbst, so gesammelt zu sein, dass ich ein Gedicht schreiben könnte. Aber das kommt wohl nie mehr. Und dabei politisch eine Unendlichkeit des Grauens vor einem, endlos, weglos und am Ende die Katastrophe! Entsetzlich, diese Tage!

Bitte schreibe mir auf jeden Fall die Adresse der Secretärin: ich muss einige rein manuelle Sachen machen lassen, die 7 Copien des Stückes, einiges im zweiten Exemplar Dostojewski nachcorrigieren lassen. Es kommt ja jetzt so furchtbar viel zusammen, weil ich Kippenberg Manuscripte mitgeben will, die ich per Post nicht senden könnte, und den Rousseau beschleunigen muss. Ich will auch mit Dr. Rieger[4] sprechen, der mir vielleicht hilft.

1] Zweig beendete im Juli 1919 seinen Dostojewski-Essay. · 2] Berta Zuckerkandl, Harry Graf Kessler und Alfred Hermann Fried. · 3] Jean-Jacques Rousseaus *Emil oder Über die Erziehung* erschien 1919 im Verlag Gustav Kiepenheuer (»Die Zusammenfassung des Romans besorgte Stefan Zweig nach einer revidierten zeitgenössischen Übertragung.«) · 4] Erwin Rieger, Wiener Schriftsteller und Übersetzer, Freund Stefan Zweigs und dessen erster Biograf (Stefan Zweig. Der Mann und das Werk, J. M. Spaeth Verlag, Berlin 1928).

Anfang September 1918 kehrte Friderike mit ihren Töchtern zurück an den Zürichsee. Alix und Suse konnten in Zürich untergebracht werden und blieben dort eine Weile in Obhut ihrer Gouvernante Loni Schinz. Vom 19. September bis 4. Oktober logierten Friderike und Stefan im Hotel Breuer in Montreux. Sie waren mehrmals zu Besuch bei Romain

Rolland in Villeneuve. Bis Mitte Januar 1919 wohnten beide in Rüsch-
likon am Zürichsee, sie in der Villa Seehalde, er im Hôtel Belvoir.

Stefan Zweig arbeitete an seinem Dostojewski-Essay und seiner No-
velle über einen Wehrdienstverweigerer (Der Zwang). Er registrierte auf-
merksam die politischen Vorgänge in Deutschland und Österreich, den
Waffenstillstand, die Auflösung der Habsburger-Monarchie und die
Gründung der kleinen Republik »Deutsch-Österreich«, die dem Deut-
schen Reich angeschlossen werden sollte (Tagebuch-Eintrag vom 3. 11.
1918):

Die Consequenzen unabsehbar, wenn Deutschösterreich zum d.
[deutschen] Reiche käme und sich von den andern Staaten iso-
lierte: totale Verarmung vor allem, Wien mit seinen 2 $\frac{1}{2}$ Millionen sinnlos gross und central am Ende des Reiches hängend wie
ein Wasserkopf . . .

Kapuzinerberg 5

Feldkirch 11 Uhr   [Grenzstation Feldkirch in Österreich,
                             17. 1. 1919]

L. F. [Liebe Friderike]
  hier bei einer wunderbaren Suppe, Paradeisschnitzel[1] mit Reis,
Apfelstrudel grüsse ich Dich herzlichst. Revision[2] hier gleich null,
in der Schweiz ganz leicht, gar nicht Kleider etc, also alles übertrieben. Von Innsbruck an haben wir ein gesondertes Coupé bis
Wien, respektive Salzburg, also die ganze Reise wohl ein Kinderspiel. Sei also ganz beruhigt, ich bin so vollgefressen wie seit Jahren nicht und fühle mich äusserst wohl. Nachrichten von mir bekommst Du regelmässig.
  Bitte danke noch einmal Herrn Spitz und Frau Stein. Herzlichst Dein

                                                          Stefan

1] Schnitzel in Tomatensoße. · 2] Grenzkontrolle.

*Am 17. Januar 1919 reiste Stefan Zweig von der Schweiz nach Öster-
reich. Er hatte vor, seine Eltern in Wien zu besuchen, machte Station in
Salzburg, wo er sein Haus auf dem Kapuzinerberg besichtigte, und fuhr
am nächsten Tag retour, weil sein Koffer in Innsbruck zurückgeblieben
war. Dort schrieb er seiner Mutter einen Brief über sein Verhältnis mit
Frau Winternitz, die er zu heiraten gedachte. Nach wenigen Tagen war er
wieder in Rüschlikon am Zürichsee, Hôtel Belvoir. Indessen zogen Friderike, ihre Töchter und deren Gouvernante Loni Schinz von Rüschlikon
nach Nyon am Genfer See.*

L. F. [Liebe Friderike]

das ist ein seltsam guter Zufall, dass wir einander immer entgegentelefonieren. Nur schienst Du mir etwas enttäuscht, dass ich hier raste. Nun, Liebe, es ist sehr still da, ich bin in meiner Arbeit, bei meiner Post, bin ruhig, weil ich in jedem Fall zur Hand bin und freue mich, endlich wieder einmal ruhig zu sein. Im Zimmer ist es, wie man in Berlin sagt, »pudelwarm«, Babettli legt mir ausserdem (als wüsste sie, dass mir etwas fehlt) jeden Abend eine Wärmflasche in das Bett, die Sorgen sind durch meine Gegenwart hier zerstreut – kurz, Liebe, es wäre töricht von mir, jetzt willkürlich diesen, der Arbeit und Sammlung förderlichen Zustand abzubrechen. Ich hoffe, Dir bald Einiges vom Rollandbuche[1] zur Copie schicken zu können.

Die Ehescheidungsreform ist von den Christlichsocialen gewaltsam vertagt worden, aber nicht erledigt.[2] Ich, den Du bösen Willens gerne beschuldigst, habe inzwischen meiner Mutter schriftlich von Innsbruck aus Mitteilung meiner Absicht gemacht, auch Dein Feind Alfred[3] hat mit ihr darüber gesprochen. Du hast, scheint es, ein wenig von mir angezogen und abgefärbt und siehst auch gerne schwärzlich. Ich bin nicht so schlecht, wie Du meinst. Und habe Dich sehr lieb, auch wenn ich ein paar Wochen mit mir und meiner Arbeit allein bleibe.

Bitte vergiss nicht, Rolland morgen zu telegrafieren. Auch solltest Du ihm eigentlich Dein Buch widmen.[4] Wir haben keinem Menschen mehr zu danken in dieser Zeit als ihm.

Auf die Freunde freue ich mich sehr. Aber ich fürchte jetzt, die Arbeit zu unterbrechen. Ich möchte sie am liebsten in einem Zuge wesentlich zu Ende tun. Ich fürchte Dostojewskis Schicksal.[5]

Leb wohl, Liebe, grüss die Kinder! Ganz Dein   Stefan

Vor Mitte März vom Genfer See fortzugehen, wäre unverzeihlich. Jetzt ist für die Kinder jeder Tag Gewinn und für uns alle. Wer weiss, was uns erwartet.

Rieger[6] grüsst Dich vielmals. Wir haben einen grossen Spazierweg gemacht.

1] Zweigs Biografie *Romain Rolland. Der Mann und das Werk*, Rütten und Loening, Frankfurt am Main 1921. · 2] Die Reform der österreichischen Ehegesetze scheiterte am Widerstand der katholischen Kirche und christlichsozialen Partei. · 3] Stefan Zweigs Bruder Alfred und Friderike waren nicht gut aufeinander zu sprechen. · 4] Friderike Maria Winternitz' Roman *Vögelchen*, der 1919 im Verlag S. Fischer mit folgender Widmung erschien: »Romain Rolland dankbarst für viele Güte und Freundschaft«. · 5] Anspielung auf die Verzögerung seiner Arbeit am Dostojewski-Essay für den Band *Drei Meister*. · 6] Erwin Rieger, Stefan Zweigs Freund, der auch in Rüschlikon wohnte.

Ida Zweig, die in Wien IX, Garnisongasse 10, wohnte, beantwortete den Brief ihres 37-jährigen Sohnes, den er auf seiner Rückreise aufgegeben hatte.

Wien, den 23. 1. 19.

Mein geliebter Steferl!

Der Inhalt Deines l. [lieben] Briefes hat mich sehr überrascht, wiewohl ich schon früher, von vertrauenswerther Seite,[1] von einem bestehenden intimen Freundschaftsverhältnis hörte. Nun sehe ich mich der Tatsache gegenübergestellt. Ich hoffe, daß Du als gereifter, ernster Mann diesen wichtigen Schritt wohl überlegt hast und eine würdige Wahl getroffen. So viel wir vernommen, steht die betreffende Dame[2] auf erheblicher Geisteshöhe, [ist] auch sanfter Gemüthsart, was Deinem Charakter nur zu Gute kommen kann. Du weißt, mein theures Kind, wie ich mit ganzer Seele an Euch, meinen theuren Kindern, hänge und Eure Zukunft meine stete Sorge war, deshalb wirst Du begreifen, wie nahe mir Dein Entschluß geht, so viele Fragen reif werden, für die der Raum des Briefes nicht Platz findet. Das müssen wir schon auf's Mündliche aufsparen. Der sehnlichste Wunsch einer Tochter ist nun in Erfüllung gegangen, deshalb begrüßen wir Deine Erwählte im Vorhinein als solche und freue mich innig, sie an mein mütterliches Herz zu ziehen. Möge Dir die Zukunft jenes Glück bescheren, das wir für Dich, mein geliebter Sohn, erflehen. Grüße mir bestens Deine l. [liebe] Braut, die persönlich kennen zu lernen mich sehr freuen wird. Für die uns übersandte herrliche Schokolade vielmals dankend, Deine Dich innig liebende

Mama

1] Von ihrem Sohn Alfred Zweig. · 2] Friderike von Winternitz.

Nach Erhalt dieses Briefes ging er daran, seiner Mutter mitzuteilen, dass er fortan in Salzburg leben wolle – »die bittere Salzburger Pille«, wie er Friderike berichtete.

[Rüschlikon, undatiert, Ende Januar 1919]

Liebe F,

ich erhalte eben beifolgenden Brief von meiner Mutter, aus dem Du siehst, dass ich, ohne Dir ein Wort zu sagen, ganz in Deinem Sinne gehandelt habe und dass ihrerseits, wie ich vermutete, keine Schwierigkeit vorliegt. Freilich habe ich heute die bittere Salzburger Pille auch senden müssen – es ist jetzt mit den Heimlichkeiten genug.

Ich sehe nichts nun dagegen, dass Du meiner Mutter einen längeren Brief schreibst, wie Du immer wünschtest (datiere ihn nur Rüschlikon[1] und sei nicht dümmer als Du sonst bist.) Selbstverständlich tue es nur, wenn Du Neigung dazu hast. Und vermenge es nicht mit Deinem Geldwahn.[2]

Der Präliminarfrieden[3] wird noch im März geschlossen. Das ist für mich das Signal zur Heimkehr. Nur dann kommt hoffentlich der andere Friede, der innere. Herzlichst Dein

Stefan

Grüsse les enfants. Est-ce qu'ils parlent déjà un peu? Je viens de recevoir ta lettre de Vienne.[4] Du weisst die Adresse Wien Garnisongasse 10

1] Sie wohnte allerdings in Nyon, Hôtel des Alpes. · 2] Ihr Anliegen, für sich und ihre Kinder selbst zu sorgen. · 3] Vorläufig abgeschlossener Friede. · 4] Grüsse die Kinder. Sprechen sie schon ein wenig [Französisch]? Ich erhalte soeben Deinen [an Dich adressierten] Brief aus Wien.

Friderike von Winternitz, deren Briefe aus dieser Zeit nicht erhalten sind,
bekam auf ihr Schreiben prompt Antwort von seiner Mutter aus Wien.

[Wien, undatiert, Anfang Februar 1919]
Liebste Frau Friederike!

Ihr so liebes Schreiben hat mich tief bewegt, umsomehr als die damit ausgedrückten Gefühle mit den meinigen übereinstimmen.

Kann ich auch nicht an Ihre herrliche Feder heranreichen, so doch rückhaltlos sagen, daß mich Stefans Entschluß, einen häuslichen Herd zu gründen, auf's Höchste beglückte. War es doch unser steter, leider bisher unerfüllter Wunsch nach einer Tochter, so ist die endliche Aussicht nach einer solchen, die wir als hohes Glück begrüßen, es umsomehr, als der Erhalt Ihres Schreibens so viel Gemüth, Zartgefühl, u. was mir als Mutter am Meisten willkommen ist, rührende Fürsorge für meinen geliebten Stefan bekundet. Das bietet Gewähr, an Ihrer Seite jenes Eheglück zu finden, welches liebevolle Eltern für ihre Kinder erflehen können.

Stefan bedarf auch einer ganz außergewöhnlichen zarten Behandlung, deren Nothwendigkeit Sie als kluge Frau wohl erkannt haben werden. Sein Herz ist gut, seine Denkungsweise eine edle. Die letzten Jahre haben ihm wie allen Menschen mehr oder weniger arg mitgespielt, ihn aus dem Gleichgewichte gebracht.

Ganz außer Zweifel ist es aber dem Umstande zu erwarten, daß einmal in Ruhe u. Behaglichkeit einer geordneten Häuslichkeit sich das Gleichgewicht wieder herstellen wird.

Ich kann den Moment nicht erwarten, Ihre persönliche Bekanntschaft zu machen, u. Sie, meine theure Friederike, zu umarmen u. Ihnen eine liebevolle Mutter zu sein. Von meinem l. [lieben] Moritz[1] folgen die herzlichsten Grüße, nicht weniger innig von Ihrer Sie schon liebenden

Ida Zweig

1] Ihr Ehemann Moritz (Moriz) Zweig, Alfreds und Stefans Vater.

Stefan Zweig hatte die Heimreise hinausgezögert. Gewiss ist, dass er, Friderike, ihre Töchter, die Gouvernante Loni Schinz und Erwin Rieger am 24. März 1919 in der österreichischen Grenzstation Feldkirch eintrafen, wo sie Augenzeugen eines historischen Ereignisses wurden: Um 16 Uhr reiste Karl, der letzte österreichische Kaiser, mit seiner Familie im Sonderzug in die Schweiz. Das Haus Habsburg-Lothringen wurde von der österreichischen Nationalversammlung des Landes verwiesen und enteignet. Seither dürfen in Österreich Adelsprädikate offiziell nicht mehr geführt werden.

Stefan, Friderike, ihre Töchter und Loni logierten nach ihrer Ankunft in Salzburg im Parkhotel Nelböck, da ihr Haus auf dem Kapuzinerberg noch nicht bewohnbar war. Zudem mussten sie als »Zuzügler« wegen der schwierigen Wirtschaftslage um Aufenthaltsbewilligung ansuchen. Nach viertägigem Aufenthalt fuhr Stefan nach Wien. Er schrieb Friderike einen Brief, den er in der Station Wels aufgab.

[Wels, Samstag, 29. 3. 1919]

L. F. [Liebe Friderike]

ich schreibe Dir noch aus der Bahn. Ich bin doch gefahren, weil Sonntag kein Zug geht und ich dann erst Dienstag zu meinen Sachen gekommen wäre und inzwischen explodiert vor Ungeduld. Mir ist es viel leichter noch einmal nach S. [Salzburg] zu fahren, sobald ich das *Aller*dringendste in Wien geordnet habe, vielleicht schon nächste Woche, wo ja mehr Züge gehen.

Zweite Classe war überfüllt, in der dritten fand ich bequem Platz. Es ist also nicht so arg und ich komme lieber, als dass ich wie ein Tiger rasend dort ins Ungewisse geblieben wäre.

Zu den Angelegenheiten nun dies

1) Spare nicht am Essen

2) Nimm Dir jemand zur Hilfe falls L.[1] unbrauchbar bleibt

3) Nimm einen Advocaten falls die Sache schief zu gehen scheint. Der Arzt wird Dir einen empfehlen

4) Die Koffer deponiere unter Versicherung bei einem Spediteur oder in einer Bank, falls dort nicht besondere Anmeldung nötig ist. Zu Hause lasse sie nur, falls die Kinder mit irgend jemandem dort bleiben. Ganz allein sie [Koffer] bei der Bank zu lassen, schiene mir zu gefährlich.

5) Bestelle alles, was wir vereinbarten. Das Haus soll wenigstens in gutem Stand und jederzeit bewohnbar sein, wir können entweder uns selbst daran freuen oder es besser verkaufen oder vermieten.

6) Bitte telegrafiere oder telefoniere *sofort*, wie Du mich brauchst. Ich komme dann ohne Vorwürfe. Nur das müsste einmal in Wien erledigt sein, aber wenn ich dort war, ist alles leichter, die Fahrt selbst nicht so arg.

7) Den ärgsten Fall, dass Du nicht bleiben darfst, will ich gar nicht ins Auge fassen, wir werden uns schon verteidigen, eventuell tue ich es öffentlich und processiere um Rückgabe der Steuer. Solltest Du aber fort *müssen*, so bleibt nichts übrig als Wien, wir werden dort unser möglichstes tun, um das Salzburger Haus zu erobern und von Wien wird das leichter sein. Die Kinder musst Du entweder in Salzburg unterbringen oder in Wien der Grossvater und Vater[2] sich ein wenig bemühen, sie zu versorgen. Ich will dem Grossvater jedesfalls sagen, er möge sich kümmern, Lisi die Einreise zu sichern.[3]

Ich hoffe, nichts vergessen zu haben, rufe Dich morgen gegen $^1/_2$ 9 und 9 Uhr an, man weiss ja nie genau, wann man die Verbindung erreicht, sei jedesfalls immer um diese Zeit zugegen.

Auf der Fahrt geht alles gut. Die dritte Classe ist viel gemütlicher. Ein schauerlicher Anblick war Attnang, wo die Leute brüllend wie eine Stierherde in die Restauration stürmten und sich buchstäblich prügelten um ein paar Fetzen schwarze Blutwurst.[4] Ein schauerlicher Anblick und wenig verheissend für Wien.

Liebe, sei nicht böse, dass ich nach Wien fuhr. Aber Du weisst, dass ich seit einer Woche unterwegs bin und nicht mehr weiter kann vor Ungeduld, dass ich hier tatsächlich *unendlich* viel und *Unaufschiebbares* zu tun habe. Ich weiss, wie stark Du bist, Du wirst Dir schon durchhelfen, spare nicht, aber vor allem ordne Alles so, dass Du dann ohne Sorge um die Kinder bist. Wenn sie nur zu essen haben, das ist jetzt das Einzig wichtige, Erziehung, seelische Behandlung, Lernen, das sind Nebensachen. Das Einzig wichtige *ist in Ordnung zu kommen*, in irgend eine, was für eine ist gleichgiltig, ob sie ein bisschen besser oder schlechter ist. Nur Ordnung muss es sein. Herzlichst

Dein Stefan

[Auf der Rückseite des Kuverts:] Die Rechnung für die Mahlzeiten habe ich nicht bezahlt, bitte besorge es für mich!

1] Loni Schinz fuhr nach Abklingen einer Blinddarmreizung zurück in die Schweiz. · 2] Jakob und Felix Winternitz. · 3] Elise Exner aus Wien, die für Salzburg eine Aufenthaltserlaubnis brauchte. · 4] Szene im Bahnhof Attnang-Puchheim.

Der folgende Brief wurde von der Hausgehilfin Lisi (Elise Exner) überbracht, als sie von Wien nach Salzburg umzog.

Donnerstag   [Wien, undatiert, vermutlich 3. 4. 1919]
L. F.

ich schreibe Dir durch Lisi ein paar Zeilen. Die Post ist entsetzlich, das Telefon ebenso. Ich kann Dir abends nie telefonieren, weil ich ins Gasthaus muss, die um 8 Uhr schliessen, und von dort kein Interurban[1] habe. Bis dato noch keinen *Strich* für Rolland.[2] Briefe aufgearbeitet, Bücher für 1200 Kronen verkauft, Besorgungen und Sorgen, dazwischen von früh bis nachts das Telefon. Aber ich bin heiter und gelassen, die Hofrätin[3] erkannte mich gar nicht mehr. Zuhause werde ich gefüttert und verwöhnt. Meine Eltern erwarten Dich in herzlichster Weise, Du wirst eine ganze Reihe von Möbeln bekommen, Vorhänge, Wäsche, Service, meine gute Mutter ist wirklich rührend, mein Vater sehr alt und geistig sehr zurück. Sonst ist alles übertrieben von Wien, freilich sehr teuer, aber trotz der Nachbarschaft des Bolschewismus[4] recht vergnügt. Jeremias[5] soll jetzt im Mai gespielt werden, ich habe wenig Neigung dazu, auch zum Vortrag nicht.

Sage mir, wann Du kommst. Ob Du bei mir wohnen willst. Ob ich Dir Geld senden soll, Lisi gebe ich 1000 Kronen für Euch und etwas für sie. Und ob Du bald kommst. Sorg Dich nicht zu viel um die Kinder, es wird auch ohne Dich ihnen dort gut gehen. Und wir müssen trachten, in Ordnung zu kommen. Die gute Frau Mandl[6] möchte auf *Erholungsurlaub* (also nicht auf meine Kosten) gerne zu uns kommen, es wäre mir *unschätzbar*, wenn diese tüchtige Frau mir dort das Archiv einrichten könnte und die Rolland-

Dostojewski Sache[7] zu Ende führen. Bettzeug brächte sie mit. Liebe, denk Dir aus, wie herrlich das für Stefan Pascha[8] wäre. Nur diese ersten Monate sind ja wichtig, den Karren aufzuzäumen, dann läuft er von selbst. Und sie ist eine prächtige Hausfrau. Ich glaube, Du bist ein wenig dagegen, aber sie ist der einzige Mensch von allen Freunden, der mir helfen kann. Rieger ist die Neurasthenie selbst.

Für das Packen bei mir werde ich den alten Trabanten Josef, Frau Mandl, Stockbauer einspannen, so dass Du *ganz* entlastet bist. Bei meinen Eltern fand ich einen Schatz: eine uralte herrliche eiserne Reisetruhe meines italienischen Grossvaters,[9] das was ich für meine Manuscripte erträumte. Seit 20 Jahren steht sie am [Dach-] Boden und ich ahnte es nicht. Auch bares Geld erhalte ich etwa 20 bis 30 [Tausend österreichische Kronen], was doch die notwendigsten Kosten deckt. So geht alles ordentlich und leidlich, falls der Communismus nicht schon übermorgen da ist. Komme also so bald als möglich, wir freuen uns alle sehr auf Dich.

Herzlichst Dein

Stefzi[10]

Esst so viel ihr könnt!!!

Frau Mandl hat bei einer Freundin sehr gute Matratzen aufgespürt, Decken hat meine Mutter, einen Teppich schenkt Dir Alfred, ich hoffe also alles wird gehen. Telegrafiere, dass ich Dich abhole.

1] Überregionale Telefonverbindung in Österreich. · 2] Vortrag über Rolland am 11. April. · 3] Berta Zuckerkandl. · 4] Räteregierung in Ungarn unter Béla Kun. · 5] Die *Jeremias*-Aufführung im Deutschen Volkstheater in Wien wurde auf den Herbst verschoben. · 6] Seine Wiener Sekretärin, die er nach Salzburg holen wollte, was Friderike nicht zuließ. · 7] Seine Rolland-Biografie und sein Dostojewski-Essay für den Band *Drei Meister*. · 8] Ironischer Kosename für Stefan Zweig. · 9] Samuel Brettauer, Großvater mütterlicherseits. · 10] Kosename für Stefan Zweig.

Am 11. April 1919 hielt Zweig im Konzerthaus einen Vortrag, der Romain Rollands Déclaration de l'indépendance de l'esprit *gewidmet war, die von prominenten Intellektuellen mitgetragen werden sollte.*

Mitte April trafen Friderike und Stefan einander in Wien. Bei dieser Gelegenheit wurde er ihrer Mutter Theresia Elisabeth Burger und sie seinen Eltern Ida und Moriz Zweig vorgestellt. Gemeinsam organisierten sie die Übersiedlung. Dem Insel-Verlag meldete er förmlich die Verlegung seines Wohnsitzes:

Ich bitte freundlichst und zuverlässig vormerken zu wollen, dass meine Adresse (bisher Wien, VIII., Kochgasse 8) ab 1. Mai 1919 ständig lautet: Dr. Stefan Zweig, Salzburg, Kapuzinerberg 5.

Dorthin gelangt man entweder auf der »Imbergstiege« oder auf dem »Knüppelweg«, entlang den Kreuzwegstationen, die beim Kapuzinerkloster enden. Hinter einem verschlungenen Garten mit alten Bäumen liegt das Haus Kapuzinerberg 5 oder »Paschingerschlössl«. Es hat drei Etagen. Die Herrschaften wohnten ganz oben, in der Beletage. Auf der Westseite waren Stefan Zweigs Intimräume, davor die große Terrasse und rechts davon der Rokokosaal, ein Salon mit der wertvollen Panoramatapete ›Monumente von Paris‹ aus dem Atelier Joseph Dufour, und angrenzend waren die Zimmer von Friderike und ihren Töchtern. In der mittleren Etage befanden sich der Speisesalon, die Bibliothek und Registratur. Das Parterre diente der Versorgung.

Am 1. Mai 1919 wurde im Mozarteum ein Festkonzert gegeben: Feierlicher Einzug. Marsch für Blechbläser und Pauken *von Richard Strauss. Der 23. Mai ist nicht weniger denkwürdig: Zweig las einige Passagen aus seinem Spiel* Der verwandelte Komödiant *im Mozarteum – sein einziger Auftritt in Salzburg.*

Im Juni 1919 war er wieder in Wien. Derweilen wurde das schadhafte Dach seines Hauses saniert und ein Telefon installiert. Friderike Winternitz schrieb erstmals einen Brief, den sie mit ihrem Kosenamen »Mumu« unterzeichnete.

6/VI [Salzburg, Freitag, 6. 6. 1919]

Mein Liebes,

Deine Telefon N° ist 598. Morgen hoffe ich, Dich in der Früh anzurufen. Auch sonst dürfte Mitte nächster Woche *alles* fertig sein. Die Maurer noch diese Woche. Beim heftigen Guß, der seit gestern Nachmittag herrscht, regnet es von oben keinen Tropfen mehr herein u. ganz minimal aus der Mauer u. nur mehr in der Bankgegend, wo ich heute draußen noch das Terrain tiefer abgraben ließ, so weit es dort der Felsen erlaubt, auf dem man beim Graben stieß. Aber da auch dort noch die Mauer nicht gedeckt ist, dürfte das auch dann behoben sein, wenn die Spengler dort fertig sind u. noch mehr Waldgrund abgetragen. [...]

Ich habe an der Cressida[1] gearbeitet und innerhalb eines Tages gemacht, daß das Telefon da ist mit Dauerglocke, so daß man bis in den Garten u. im ganzen Haus hört, wenn es läutet. Ich wurde von der Centrale gefragt, ob wir auch Telegramme herauftelefoniert haben wollen. Soll ich es? Ich fürchte nur, daß wenn nicht eben Lisi sie beim Telefon oder ich aufnehme, sie falsch verstanden würden. Ich werde fragen, ob dann trotzdem Zustellung möglich ist. Noch Eines, Liebes, erkundige Dich, ob Aufschub der Vermögensabgabe möglich ist, wenn man andere Verluste hat, u. ob man nicht als Betriebskapital etwas zurückbehalten kann, was doch im Interesse der Hebung der Industrie ist, also Staatsinteresse, u. daß Ihr in Tschechien oder sonst wo etwa Bezahlungen noch zu leisten habt. Grüße innig Deine lieben guten Eltern und Alfred, dem ich auch alles Gute wünsche in all den Angelegenheiten. Ich umarme Dich herzlich u. bin Dein

Mumu

1] André Suarès' *Cressida* wurde von Stefan Zweig in Zusammenarbeit mit Erwin Rieger und Friderike Winternitz ins Deutsche übertragen (E. P. Tal, Wien 1920).

»Dispensehe«

Die katholische Ehe von Friderike und Felix Winternitz war zwar zivilrechtlich annulliert worden (Beschluss des Bezirksgerichtes Baden bei Wien vom 28. 5. 1914), jedoch nach katholischem Kirchenrecht nach wie vor gültig. Gemäß dem damals geltenden »Allgemeinen Bürgerlichen Gesetzbuch« konnte allerdings bei Vorliegen »wichtiger Gründe« um »Dispensation« (Befreiung oder Nachsicht) von Ehehindernissen für eine Wiederverheiratung angesucht werden. Am 17. Juli 1919 erklärte Fride-

rike Winternitz ihren »freiwilligen« Austritt aus der katholischen Kirche,
in der Annahme, damit ein Hindernis beseitigen zu können. Noch am
selben Tag richtete Winternitz an die Salzburger Landesregierung das Ge-
such um

Erlaubnis der Wiederverehelichung mit dem Dichter und Schriftsteller Dr. phil. Stefan Zweig, damit die Möglichkeit eines nach
herrschenden Begriffen sittlichen Zusammenlebens geschaffen sei
und ihren Kindern aus ihrer geschiedenen Ehe wieder väterliche
Obhut und Familienleben vergönnt werde.

Nach der amtlichen Abweisung dieses Gesuchs nahm Friderike Winter-
nitz ihr Recht in Anspruch, beim österreichischen Innenministerium Be-
rufung einzulegen.
    Vom 26. September bis 11. Oktober 1919 war Stefan Zweig in Wien.
Schon am ersten Tag ging er ins Innenministerium zum Referenten Albert
Trentini, der die Akte »Dispensehe« bearbeitete. Die Akte (der Akt in
Österreich) musste jedoch zu Erhebungen zurück an Hofrat Baillou im
Amt der Salzburger Landesregierung. Dort zog sich das Verfahren in die
Länge.

[Wien, 26. 9. 1919]

Liebe Fritzi,
    ich war heute im Ministerium, liess mir den (unerledigten)
Akt suchen, verlange Zutritt zum Referenten – mich begrüsst
freundschaftlichst Trentini. Natürlich wie alle auf Urlaub gewesen, keine Ahnung vom Akt – verzweifelt, vor acht Tagen hätte
er es glatt erledigt. Heute muss er infolge des neuen Erlasses pro
forma ihn zu »Erhebungen« nach Salzburg zurücksenden. Ver-
spricht es noch *heute und dringend* zu tun. Ich schreibe gleichzeitig an Hofrat Baillou, gehe Du Montag oder Dienstag zu ihm,
die Erhebungen können, wenn er will, in einem blossen Protocoll mit Dir bestehen, wichtig ist, dass er die Sache jetzt führt.
Ferner: dass Du erfährst, wann der Akt von Salzburg wieder
zurückgeht, und dann Trentini (Ministerium des Innern, Abteilung VI, Marc Aurelstrasse 5) dies telegrafierst. Er wird es dann
sofort erledigen.

Abgekürzt hätte dies, wie er sagt, *vielleicht* durch einen directen Weg zum Minister Eldersch werden können. Doch hätte ich nur da auf Umwegen Protectionen zu besorgen. Trentini wird alles tun, wichtig ist:

1) Dass Baillou die Sache nicht in Salzburg verschleppen lässt, wozu anscheinend Neigung besteht.

2) Dass sobald der Akt erledigt ist, Trentini davon erfährt. Du musst also Montag oder Dienstag zu Baillou gehen und mit ihm reden. Schreibe mir dann alles Nähere.

Ich möchte Dir nochmals die Reise dringend widerraten. Das letzte Stück von 6–11 im Dunkel ist nichts für eine Frau (drei Viertel der Leute betrunken, die Gänge so, dass man kein Closet erreicht). Dabei für eine Einzelperson nichts zu essen und trinken. Rieger u. ich machten uns eben gegenseitig die Mauer. Mit Handgepäck im Dunkel schon gar keine Möglichkeit. Ohne Schnellzug halte ich jetzt die Reise für zwei Tage für eine unnötige Plackerei.[1]

Im Volkstheater war ich noch nicht heute, nur im Ministerium. Die Stadt *sehr* fröhlich, gut verpflegt, alles zu haben (Würste in den Auslagen, Chocolade ect), nur sehr teuer. Von Untergang keine Spur. Bei uns alles wie immer, Alfred sieht wieder Vaterfreuden entgegen.[2] Ich hoffe, von Dir bald das Gegenteil zu hören. Herzlichst

Stefan

Trentini erzählte mir, dass er Dein Buch[3] mit ganz besonderer Freude gelesen habe.

1] Friderike wollte der Premiere des *Jeremias* in Wien beiwohnen. · 2] Bezieht sich vermutlich auf Stefan Zweigs Cousin Alfred Brettauer. · 3] Friderike Winternitz' Roman *Vögelchen*, der im Sommer 1919 bei S. Fischer erschienen war.

Salzburg, 30./IX [1919]

Lieber Stefan,

Ich war heute bei Hofrat Baillou,[1] der mich sehr liebenswürdig empfing, aber leider scheint er vom Salzburger Tratsch doch einen Windhauch verspürt zu haben. Er meinte, es handle sich darum, ob meiner neuen Ehe denn auch Bestand zuzuschreiben sei, ob Du auch gut zu den Kindern wärest, denn die Kinder kämen hauptsächlich in Betracht. [...]

Dr. Egon Zweig[2] hatte ihm [Baillou] auch geschrieben. Der Akt war noch nicht da. Ich machte ihm [Baillou] schließlich klar, daß der beste Beweis die Zustimmung des Großvaters[3] sei, und er bat mich den alten Herrn[3] zu veranlassen, ihm zu schreiben. Er selbst würde Dir schreiben. Sprach sehr wertschätzend von Dir als Künstler.

Ich habe nun an den alten Herrn geschrieben und ihn gebeten, diesen Brief zu senden, der ihn gewiß wieder aufregen wird, den er mir aber nicht verweigern dürfte. Vielleicht sendest Du dem alten Herrn auch irgendein gutes Wort oder machst einen Sprung zu ihm ins Ministerium.

Gelingt der Brief, dürfte der Akt rasch zurückgehen u. die Sache in Wien dann bestimmt erledigt werden. Wenn Erhebungen gepflogen würden, stehe ich für nichts. Ich habe heute einen beschäftigten Tag. Nach Baillou kümmerte ich mich um Decken und Laufteppiche bei Gehmacher, erwarb auch Einiges. Zuhause war dann ein Schreck. Unser geliebtes Tigerli hatte ein Hühnerknöcherl in seinem Halsi stecken u. würgte. Suse war schon in der Schule, aber Alix war ganz außer sich und weinte in panischem Schrecken. Ich zitterte auch um das süße Viecherl, nahm ein Körberl und lief per Elektrische zum Tierarzt (bei der Bahn), in der Elektrischen durch die Erschütterung gelockert, gelang es einem lieben Fräulein, das Knocherl herauszuziehen. Dann war ich am Rückweg den Holzfuhrmann bestellen und Dein Betttischerl ansehen, das sehr gut ist, Preis weiß er aber noch nicht. Du siehst, ich bin für Dich tätig. Lass mich genau wissen, wann die Première ist.[4] Grüße die Eltern. Dich umarmt

Deine Friderike

1] Franz Baillou, der die Akte »Dispensehe« im Amt der Salzburger Landesregierung bearbeitete. · 2] Stefan Zweigs Vetter aus Olmütz. · 3] »Alter Herr« Jakob Winternitz, Beamter im Ministerium des Äußern. · 4] *Jeremias*-Premiere am 9. 10. 1919.

Liebe Fritzi,

ich danke Dir für Deinen Brief. Leider hast Du mir jenen der Concordia[1] bis heut noch nicht gesandt, so dass ich in der peinlichen Lage bin, ihr nicht antworten zu können, weil ich Form und genauen Inhalt des Schreibens nicht kenne. Mir schadet dieses nachträgliche Protectorat nur, aber ich kämpfe gegen nichts und niemand, ich kümmere mich nicht darum – peinlich ist nur mir, dass ich unhöflich sein muss und einen Brief nicht beantworten [kann] (es wird mir niemand glauben, dass ich ihn nicht nachgeschickt erhielt.)

Zu Proben ging ich bisher noch nicht, aber ich muss ins Theater zu verschiedenen Besorgungen. Im ganzen ist mir namenlos ekelhaft vor Theatern, Bühnen, Literatur. Leider wird man davon leben müssen und gezwungen, damit in stetem Contact zu sein. Felix B., Fräulein Eugenie, Victor, Lucka[2] habe ich für Samstag nachmittags in ein Café gebeten, den alten Herrn besuche in seinem Bureau, Deiner Mutter habe ich geschrieben, weiss noch nicht, ob ich dazukomme. Gestern abends war ich mit Unruh, soll heute zur Aufführung seines »Geschlecht« ins Burgtheater,[3] sonst ziemlich windstilles Leben. Zuhause alles unruhig, Alfred hat Geschäftssorgen, Mama weint um ihren Schmuck (es haben ihn tatsächlich fast *alle* auf Schleichwegen längst behoben), Papa und ich sind die einzigen Stoiker.

Von Deiner Widerpartin Frau Arthur S.[4] hörte ich Seltsames, das Dir leider wieder einmal Recht gibt. Alle Freunde sind in der gleichen peinlichen Situation wie ich, alle sehen und wissen, nur der Kenner der Höhen und Tiefen ahnt nichts. Ich habe mich auch noch nicht gemeldet, es soll jetzt recht peinlich sein, ich erzähle Dir das alles einmal.

Wegen Deines Herkommens hast Du nur Befürwortung meinerseits, wenn es operativ notwendig ist (in Salzburg kann man das nicht gut machen.) Sonst finde ich die Anstrengung etwas gross, widerspreche Dir aber nicht, weil ich Freiheit bei jedem Menschen ehre und achte. Meine Eltern würden sich natürlich freuen, Dich zu sehen.

Ich bitte Dich, aber zuvor nochmals gründlichst Revision zu

halten, was man noch vorkaufen kann. Es kommt eine Warenumsatzsteuer, ferner neuer Bahnaufschlag von 150%, alle Dinge *Gläser, Holz, Kohle* (ich hätte beinah geschrieben: Torf), Papier werden das Doppelte oder Dreifache kosten, jede Schaufel, jeder Rechen. Bitte nimm Dir Geld aus der Kasse und kaufe an Geräten ect., was Du kannst und für notwendig findest. Ich bringe von hier dann wieder Geld hinauf, damit Du während der deutschen Reise ganz sorglos bist (exclusive Eifersucht.)

Morgen muss ich zu Zifferer, der mir von St. Germain erzählen will.[5]

Herzlichst   S

Grüsse Rieger, Lisi, die Kinder!

1] Laut Presseankündigung galt die *Jeremias*-Aufführung als Veranstaltung des Journalisten- und Schriftstellervereins Concordia. · 2] Felix Braun, Eugenie Hirschfeld, Victor Fleischer und Emil Lucka. · 3] *Ein Geschlecht* von Fritz von Unruh im Burgtheater. · 4] Vermutlich Olga Schnitzler, die von Arthur Schnitzler getrennt lebende Frau. · 5] Paul Zifferer, Presseattaché der österreichischen Gesandtschaft in Paris, berichtete über den Friedensvertrag zwischen Österreich und den alliierten Mächten in Saint-Germain-en-Laye bei Paris.

Am 1. Oktober war Stefan Zweig zu Besuch beim »alten Herrn«, Jakob Winternitz, um dessen Unterstützung in der Sache »Dispensehe« zu erhalten.

[Wien, 2. 10. 1919]

L. F.

ich schreibe noch eine zweite Karte. Eben höre ich, dass der Sonntagsverkehr auf den Bahnen eingestellt wird, ich fahre also bestimmt Samstag, den 12. [= 11. 10.] früh, um keinen Tag zu verlieren, obwohl ich noch abends vorher im Volkstheater [für die] Grillparzer Gesellschaft lese. Den alten Herrn hatte ich schon gestern bemüht, heute versäumte ich leider Deinen Telefonanruf: ich freue mich, dass Deine Plage ein Ende hat und wir dann im wesentlichen ruhig in S. [Salzburg] leben können. Wegen unserer Sache hätte ich gar nicht den alten Herrn bemüht: wenn man mir nicht den Ernst zubilligt, den man 80000 Leuten innerhalb von

4 Wochen zugebilligt hat, so werde ich die Sache public machen und die Herrschaften [werden] etwas erleben. Ich habe gar keine Lust, in dieser Welt der Packeleien[1] mir etwas von Obrigkeiten gefallen zu lassen: mir war es nur um Beschleunigung zu tun, denn eine Ablehnung aus moralischen Qualitäten gedenke ich mir doch nicht bieten zu lassen.

Im Volkstheater alles widerlich, sie wollen das Stück in der nächsten Woche nur einmal spielen, am Sonntag geht es nicht wegen der Nachmittagsvorstellung, dabei waren die Sitze zur Première nach einer halben Stunde ausverkauft. Ach, wie mich der Ekel vor allem Geschäftlichen würgt, und dabei muss man jetzt kopfüber hinein in diesen entsetzlichen Zeiten. Die Drei Meister[2] Correcturen, die zweifellos *doppelt* kommen, hätte ich gern in einem Abzug gehabt, bitte schicke sie mir doch wie alles Wichtige hieher nach, es kommt da auf einen Tag nicht an und ich will doch ein so wichtiges Buch sehen, ehe es erscheint, das ist doch keine Neuauflage wie Tersites.[3] Herzlich

Stefan

1] Heimliche Abmachungen in der Sache »Dispensehe«. · 2] Stefan Zweig: Drei Meister. Balzac – Dickens – Dostojewski, Insel-Verlag, Leipzig 1920. · 3] Stefan Zweig: Tersites. Ein Trauerspiel in drei Aufzügen, Insel-Verlag, Leipzig 1907 (veränderte Auflage 1919).

Es ist anzunehmen, dass Friderike nach Wien reiste, um an der Premiere des Jeremias *teilzunehmen, die am 9. Oktober im Deutschen Volkstheater stattfand.*

Am 10. Oktober veranstaltete die Grillparzer-Gesellschaft eine Lesung Zweigs aus seiner Novelle Der Zwang *im Deutschen Volkstheater.*

Vom 19. Oktober bis 5. November 1919 machte Zweig seine erste Deutschland-Tournee nach dem Krieg.

[München, 19. 10. 1919]

L. F.

glücklich angelangt, fahre in drei Stunden weiter, bummle herum, schreibe Dir im Café. München ist mir wie immer antipathisch[1] – dabei alles *sehr* teuer für uns, eine Tafel Chocolade, wie die letztgekaufte, die ich mir für die Reise nehme, 6 Mark, im Café die Preise noch höher als bei uns in Kronen, also alles das Vierfache. Setze deshalb die Tätigkeit der beiden letzten Tage *emsig* fort, die Herrlichkeit wird nicht lange dauern. Lass es Dir gut gehen, ich tue das gleiche, freue mich der grossen Ordnung und Reinlichkeit des äussern Anblicks und bin neugierig auf den innern Einblick. Gruss an die Kinder! Dein encore fidèle

Stefan

Achète, je te prie, des cadeaux de Noël, pour moi peut-être des chaussures.[2]

Meine Reiselectüre ist das Cursbuch des deutschen Reiches, das ich stundenlang studiere, Du weisst ja, an mir ging ein Hôtel-portier verloren.

1] Widerlich. · 2] Bitte kaufe Weihnachtsgeschenke, für mich vielleicht Schuhe.

Vom 20. bis 22. Oktober war er in Leipzig, um sich mit dem Leiter des Insel-Verlags Anton Kippenberg (K. oder Prof. K.) über weitere Publikationen und die Buchserie ›Bibliotheca Mundi‹ zu beraten.

Leipzig [20. 10. 1919]

Liebe Fritzi,

in aller Eile Bericht. Fahrt von München III. Classe natürlich schlaflos, aber doch Sitzplatz und nicht so arg. Ankunft 5 Uhr morgens, ich fand Quartier nur in einem erbärmlichen Hôtel, aber man muss auch damit froh sein. Dann bei Kippenberg. Wir sprachen *nicht* von dem Hauptgeschäft,[1] das heben wir uns für heute abends im engsten Kreise auf. Aber sonst glänzendes Einvernehmen, er übernimmt den »Zwang«,[2] »Jeremias«[3] wird nach Weihnachten in den gewünschten 7000 Exemplaren gedruckt (also 20000 im ganzen dann), »Frühe Kränze«[4] Neuauflage, wegen »Komoedianten«[5] verhandeln wir noch, Verlaine[6] wird auch gemacht. Der Verlag geht fabelhaft, muss alles neu drucken und

nachdrucken, mit K. verstehe ich mich sehr gut. Er ist ein gross-
zügiger Mensch – jetzt bemüht er sich (dies im *strengsten* Vertrauen) Felix Braun ein grosses Stipendium zu verschaffen. Wir
speisten dann herrlich zu Tisch – K. zahlte für uns beide 50 Mark,
was also 250 Kronen bei uns entspricht. Du siehst, wir leben noch
im Schlaraffenland.

In Berlin werde ich Sonntag lesen (Matinée im Theater »Die
Tribüne«), in Hamburg Mittwoch, in Kiel Samstag und Sonntag.
Ich bin also reichlich versorgt, auch Mark bringe ich Dir mit
(hoffentlich). Vielleicht können wir uns in München Rendezvous
geben, ich würde Dir noch telegrafieren.

So – jetzt ist das Geschäftliche erledigt. Ich habe viel schon gespürt, vor allem den unendlichen Abscheu, den Deutschland vor
der gegenwärtigen Regiererei hat. Die Leute, besonders in Bayern, verlangen offen die Monarchie – nicht feig wie bei uns, sondern im Coupé wird jedes solche Wort allgemein bejubelt. Dabei
ist Fülle an allen Dingen, die Läden biegen sich von Waren, alle
Leckerbissen – freilich phantastisch teuer – sind zu haben, die Arbeiter rauchen eine Cigarre zu einer Mark hinter der andern. Die
Verlotterung ist nur verborgener. Auch hier hängt ein verborgener Bankrott am Himmel.

Bitte kaufe in Salzb. alles von der Lederhose bis zum Kinder-
schirm, Hausschuhe, Sardinen, Chocolade – es ist alles spottbillig
gegen hier. Aber tue es rasch, damit Du dann ganz frei bist und
Deiner eigenen Arbeit Dich ungestört hingeben kannst.

Grüsse die Kinder. Herzlich Dein unausgeschlafener   Stefzi

P. S. Ich muss noch die ganzen Dostojewski-Correcturen lesen!

1] Der Begriff »Hauptgeschäft«, der Goethes Tagebüchern entlehnt ist,
bezieht sich auf die Buchserie ›Bibliotheca Mundi‹. · 2] Stefan Zweig: Der
Zwang. Eine Novelle, Insel-Verlag, Leipzig 1920. · 3] Stefan Zweig: Jeremias. Eine dramatische Dichtung in neun Bildern, Insel-Verlag, Leipzig
1917 (Nachdrucke 1918, 1919, 1920, 1922, 1923, »endgültige Fassung« 1928). ·
4] Stefan Zweig: Die frühen Kränze. Gedichte, Insel-Verlag, Leipzig 1906
(1917, 1920). · 5] Stefan Zweig: Der verwandelte Komödiant. Ein Spiel aus
dem deutschen Rokoko, Insel-Verlag, Leipzig 1913 (1920, 1923, 1926, 1928). ·
6] Paul Verlaines Gesammelte Werke in zwei Bänden, herausgegeben von
Stefan Zweig, Insel-Verlag, Leipzig 1922.

Montag

L. F.

ich fürchte, es ist mir eine Dummheit passiert: in den Correcturen zu Dostojewski vermisse ich Übergänge und fürchte, dass im Manuscript ein ganzer Absatz »Realismus und Phantastik« vergessen wurde.[1] Bitt sieh im andern Mcpt.[2] nach, ob er dort enthalten ist und telegrafiere mir es eventuell (nur wenn *ja*) nach Hamburg. Es ist entsetzlich, Correctur eines solchen Werkes, wo ich wie *nie* Übersicht brauche, auf der Reise lesen zu müssen: es lastet schon ein Fluch darauf. Ich hoffe, dass es mir gelingt, den Satz in den Fahnen aufhalten zu lassen, bis ich wieder in Salzburg zurück bin und endlich das ganze Manuscript übersehe. Ich bin heute abends mit K., er scheint noch Bedenken zu haben, aber ich werde ein Ultimatum stellen.[3] Verzeih, dass ich so geschäftsreisend bin, ich habe wieder den ganzen Tag zu tun und nicht eine Minute geschlafen! Herzl. Stefzi

1] Stefan Zweigs Dostojewski-Essay für seinen Essay-Band *Drei Meister. Balzac – Dickens – Dostojewski*, der 1920 im Insel-Verlag erschien. · 2] Manuskript. · 3] Bezieht sich auf die Buchserie ›Bibliotheca Mundi‹.

Freitag,

Mein liebes Stefferl,

erst jetzt Freitag, 5 Uhr, habe ich seit Deinem Telegramm von der Leipziger Ankunft Brief und Karte von Montag aus Leipzig bekommen. Mir scheint, ich hab Dich doch noch recht lieb, denn ich bin schon mit ganz blödem Kopf herumgegangen und konnte gegen meine sonstige Gewohnheit jetzt hier nichts mehr arbeiten, so unruhig war ich. Von Leipzig bis Salzburg soll ein Brief von Montag bis Freitag dauern! Verstehst Du das!? Sofort habe ich das Manuskript in der roten Mappe nachgesehen und schreibe Dir die dort enthaltenen Kapitel: »Einklang«, »Antlitz«, »Architektur und Leidenschaft«, »Überschreiter der Grenzen«, »Menschen Dostojewskis«, »Gottesqual«, »Sinn seines Schicksals« – in »Sinn seines Schicksals« findet sich ein Absatz, der gestrichen ist, und dann heißt es weiter: Wer den Karamasow schuf, die Gestalten des Raskol. u. s. w.[1] – Du wirst natürlich meine rasche Antwort vermißt haben, worüber Dich mein heutiges Telegramm nach Berlin aufklären wird. Hoffentlich konntest Du den Satz noch aufhalten lassen, bis Du Klarheit hast. In allen andern Dostojewski Manuskripten und in Deinem Geschriebenen (seltsam wie mich diese geschriebenen Manuskripte, wo überall Deine Gedanken in allen Ecken und Rändern und in allen Tinten u. Bleistiftfarben herumfliegen, immer berühren, so wie Briefe aus ersten Tagen) habe ich fast gar keine Kapiteleinteilung gefunden. Ich erinnere mich aber auch dieses Titels und bilde mir ein, ihn abgeschrieben zu haben. Es wäre mir schrecklich, wenn ich es übersehen hätte. Ich habe aber mehrmals nachgesehen. Wenn ich nur nicht so unsicher geworden wäre, in allem was ich mit Deinen Schriften beginne. Das wird sich aber wieder geben.

Ich warte natürlich gespannt auf den Bericht mit Prof. K. Freue mich natürlich sehr über die starken Neuauflagen. Aus Wien höre ich von Besuchern späterer Aufführungen, wie groß immer der Beifall bei Jeremias ist. Die Ausschnitte sind alle eingeordnet. Sonst konnte ich wenig machen, weil ich Vormittag selbst arbeite, dann noch die vielen Besorgungen habe und all das Tägliche. Morgen bin ich in der Eheangelegenheit zur Polizei vorgeladen. Du kannst Dir denken, wie gern ich hingehe. Diese Bureauphobie[2] dürfte jedermann verständlich sein. Die Sache könnte jetzt schon endlich so oder so zur Ruhe kommen. Mir ist ja doch immer alles mehr als Formalität und daher peinlichst. [...]

Nun leb wohl. Grüß mir all das in Hamburg, das mir von damals noch in so zauberhafter Erinnerung leuchtet.

Ich grüße Dich und küsse Dich   Fri

1] »Wer den Karamasoff schuf, die Gestalt des Studenten aus der ›Jugend‹, den Stawrogin der ›Dämonen‹, den Swidrigailow des ›Raskolnikoff‹ ...« (Stefan Zweig: Drei Meister. Balzac – Dickens – Dostojewski, Insel-Verlag, Leipzig 1920). · 2] Stefan Zweig: Bureauphobie. Brief an einen Arzt, Neue Freie Presse, 6. 3. 1919.

Am 25. Oktober hatte Friderike Winternitz eine Vorladung vom Magi-
strat der Stadt Salzburg in der Sache »Dispensehe«.

Samstag, [Salzburg, 25. 10. 1919]

Lieber Stefan,

heute kam Deine Karte, offenbar von Dienstag, die schon bald
vor Deinem Wegfahren von Leipzig geschrieben sein dürfte. [...]

Heute Vormittag war ich bei einem, allerdings sehr taktvollen
Magistratsrat vorgeladen und mußte wieder freundlichst meine
Eingeweide zur gefälligen Besichtigung überreichen. Er wollte es
mir vermeiden, mittels Sicherheitswache die Erhebungen pflegen
zu lassen, ob meine Angaben richtig sind, meinte, daß dies nur an-
gebracht ist bei Leuten aus dem Volk, uns gegenüber könne ja der
Wachmann keinen Einblick gewinnen. Ob ich in Salzburg keinen
Vertrauensmann habe, der meine Angaben bestätigen könne. Ich
verfiel auf Rieger und der Magistratsrat war einverstanden. So ist
Rieger Dienstag bestellt und am selben Tag geht der Akt an
Baillou und dürfte dann bei Deiner Rückkehr erledigt sein.[1] Also
jetzt heißt es noch einmal überlegen mein Stefferl. Ich will mir
Mühe geben, mich noch nicht damit zu freuen. Ich muß Dich
auch noch sprechen, ob ich nicht vorher mit Felix ein neues Abkommen treffen soll. Er ist Finanzrat geworden, also auch materiell avanciert.[2] [...]

Jedenfalls käme ich sehr gerne nach München, nur um mit Dir
wieder zu reisen.

Es küßt Dich Deine Fri

1] Bei seiner Rückkehr war die Sache »Dispensehe« keineswegs erledigt, weil
die Salzburger Landesregierung (Baillou) darüber erst am 17. November
entschied. · 2] Ihr geschiedener Ehemann Felix Winternitz sollte für seine
Kinder Alix und Suse Unterhalt zahlen, doch Stefan Zweig lehnte dies ab.

Vom 23. bis 27. Oktober logierte Zweig im Hotel Westend in Berlin. Am
Sonntag, dem 26. Oktober, hielt er im Theater ›Die Tribüne‹ einen Vor-
trag über Romain Rolland (eine Wiederholung seines Wiener Vortrages
vom 11. April).

Liebe Fri,

der Vortrag über R. war ein grosser Erfolg, es mussten – obwohl natürlich die »Freunde« wie Lissauer, Molo, Stucken etc. fehlten – unzählige Personen weggeschickt werden, so dass mich die Leute bitten, mit doppeltem Honorar nächsten Sonntag noch einmal zu lesen, was ich aber nicht tue (das ist concertsängerhaft). Auch bat mich darauf sofort das Staatstheater, früher Königl. Schauspielhaus, um eine eigene Matinée – ich muss das noch besprechen und trachte jetzt, Kiel abzusagen, um vielleicht dort den Jeremias zu placieren. Dich lassen grüssen beim Vortrag Greiner, Chapiro, Servaes (der Deinen Roman jetzt zu lesen beginnt[1]), E. H. Jacob. Es war ein sehr schöner Erfolg, ganz rein: auch einige Gestalten aus jenem Lande, das Du bei mir nicht liebst, tauchten erinnernd auf, ich sehe bei solchen Gelegenheiten immer, dass mir durch Jahrzehnte freundliches Gedenken bewahrt wird. Morgen Montag fahre ich nach Hamburg, hoffe Kiel zu erledigen und abzustossen; Dich bitte ich, ganz unbesorgt zu sein, ich habe seit ich fort bin ausser Deinem Angsttelegramm noch keine Zeile von zuhause und bin ganz sorglos. Vergiss nicht, dass die Postverbindungen durch die Aufhebung des Sonntagsverkehrs jetzt ganz unmögliche sind und sich Nachrichten unendlich verzögern. Ich denke aber Mittwoch nächster Woche in München zu sein und grüsse dich inzwischen auf das herzlichste als Dein

St.

Es war sehr ungeschickt von mir, Felix Bloch als Adresse anzugeben, denn er wohnt am andern Ende von Berlin.[2]

1] Friderike Zweig versuchte noch in den 20er Jahren vergeblich, ihren dritten Roman (vermutlich *Riesen sind einsam*) zu publizieren. · 2] Felix Blochs Erben, Theaterverlag, Berlin-Wilmersdorf.

Montag, [Salzburg, 27. 10. 1919]

Lieber Stefan,
    heute schleierte schon ein paar Stunden Schnee herab. Die
Bäume sind dabei noch nicht gelb geworden. Gestern war ich mit
dem Gärtner im Nonntal draußen, habe einen Pfirsich-, einen
Weichsel- und einen Marillenbaum gekauft, damit wir uns doch
auch um unsern Grund und Boden verdient machen. Mir zur
Freude dann auch Blumenstauden. Ich möchte so ein wildes
Durcheinander an Buntheit wachsen lassen, wie ich es in den Ab-
bildungen englischer Schloßgärten gesehen habe. Auch lege ich
mir eine Chrysanthemenzucht an und 15 neue Ribisel- und Sta-
chelbeerstauden, für die der Boden sehr günstig ist, setze ich auch
jetzt mit dem Gärtner ein. [...]
    Ich lebe ganz einsam und fühle mich im Hause riesig wohl,
wäre es nicht manchmal mit Lisi[1] schwer, die zweifellos eifer-
süchtig ist, wenn ich es wage, mit Rieger ohne Beisein anderer etwas zu unternehmen. Wie ein Alp fällt es von ihr, wenn ich den
Abend allein verbringe. Tatsächlich kommt Rieger niemals weiter als bis an meine Türe. Wenn es für sie nicht so traurig wäre,
müßte ich lachen, daß für Deine Eifersucht so schön Ersatz geschaffen ist. Aber die Launen sind schon manchmal schwer zu ertragen, da sie sich ja dann auch gegen die Kinder wenden. Wenn
Du da sein wirst, wird das, wie in den 6 Tagen damals, sofort aufhören, denn dann ist sie beruhigt. Lieber, wie viel erlebst Du wohl
jetzt wieder! Ich werde so öde werden und so ganz eingekehrt in
meine Traumwelt, die Dich nicht mehr interessiert, wenn ich immer zuhause gelassen werde! Aber ich fühle mich nicht einsam
und mein Tag ist schön, auch die Nächte. Nur abgewandt bin ich
und abweisend geworden und das darf nicht stärker werden in
mir, weil diese Kraft Schwäche würde, da meine Schwäche Kraft
war.

Lebwohl Fri

Nimm Dir von der Insel Felix Brauns Novalis mit, der mir unendlich nahe kommt. Er sandte mir ihn heute.[2] Dann bitte bring
mir von der Insel wenn möglich die schöne Andersen Ausgabe
und dieses Buch über das Leben der Heiligen.[3]

1] Hausgehilfin Elise Exner. · 2] Novalis – Fragmente. Ausgewählt von Felix Braun, Insel-Verlag, Leipzig 1919. · 3] Hans Christian Andersens Märchen, Insel-Verlag, Leipzig 1909. – Der Heiligen Leben und Leiden, herausgegeben von Severin Rüttgers, Insel-Verlag, Leipzig 1913.

Vom 27. bis 31. Oktober war Stefan Zweig in Hamburg. Hier wiederholte er seinen Vortrag über Romain Rolland.

PALAST-HOTEL, Hamburg, am Alster-Bassin   [29. 10. 1919]

Liebe,

ich komme endlich dazu, Dir zu schreiben, wozu auch ein anständiges Hotel beiträgt, ich sehe reuig ein, dass auf Reisen alles Sparen Verschwendung bester Nervenkraft ist. Also zunächst: ich habe meine Pläne geändert, die Kieler vor ein Ultimatum gestellt: Vorlesung Freitag oder Absage, weil ich Montag in Berlin sein muss. Es ist so viel noch zu besprechen, das Staatstheater interessiert sich für den Jeremias, wir wollen auch jetzt eine eigene Bühnenfassung drucken lassen, auch eine Matinée im Staatstheater will besprochen sein.[1] Der wirkliche sensationelle Erfolg meiner Vorlesung hat eine gewisse Bewegung in alle Kreise gebracht – auch Reinhardt liess mich für Montag zu Tisch bitten, ich gehe aber nicht.[2] Es ist zuviel zu erledigen. Ich sehe, dass ich mit einer Reise nach Deutschland mir mehr richte als mit hundert Briefen, dabei sich auch das Materielle siebenfach einbringt. Ich müsste nur mehr Mut zu mir selber haben – leider habe ich ihn nicht und werde auch zu wenig aus mir herausgestossen. Ich könnte auch hier im Schauspielhaus, wo alles für mich ist, den Jeremias leicht durchsetzen – was hemmend ist, dass ich kein gestrichenes Exempl. habe, also wieder der bei mir chronische Fehler der mangelnden Organisation – mit so gekürzten Exemplaren *hätte* ich vielleicht sofort 5 Theater gehabt.[3] Aus allem sehe ich, dass ich mein Leben stärker auf Beweglichkeit, auf Ersparnis von Kraft und nicht von Geld stellen muss, ich kann, wenn ich nicht ewig der Sclave meiner Correspondenz und meiner Unordnung bin, gewiss mehr wirken als bisher.

Hier in Hamburg sind alle Leute reizend zu mir, von jener Zartheit, die einem so wohl tut. Im Theater sah ich all die lieben Freunde, hatte bei Kaemmerer angenehmste Stunden, die Vorlesung heute abends wird, obwohl der Saal zu gross ist, auch ganz nett werden, ich bleibe dann noch Donnerstag hier, fahre Freitag nach Kiel, Samstag abends bin ich in Berlin, Dienstag oder Mittwoch in Leipzig, vermutlich Donnerstag in M. [München], wo ich Dir eventuell zu begegnen hoffe, ich schlug Hotel Leinfelder vor (erbitte dafür Briefnachricht oder Telegramm).

Nun ein von Dir verbotenes Capitel überschlagend zu Euch! Cressida soll liegen bleiben, Tal kann warten, ich muss selbst das Mcpt[4] sehen und revidieren.[5] Ich darf mit meinem Namen nicht leichtsinnig sein. Warum schriebst Du mir nicht, was Du Rütten & Loening geantwortet hast? Jetzt soll ich ihm schreiben und weiss nicht, was Du seinerzeit ihm mitgeteilt hast. Du bist, verzeihe, in Briefdingen eben noch nicht genug erfahren, ich muss anscheinend mehr reisen, um Dich durch Erfahrung zu einer perfecten Nachsenderin und Correspondenzverwalterin zu erziehen. Sonst scheint ja alles in bester Ordnung zu sein, ich bin neugierig, Salzburg zu sehen, innerlich habe ich es ganz vergessen; wenn ich auf einer Reise bin, fällt alle Bindung plötzlich ab, ich fühle mich ganz unbeschreiblich zusammenhanglos und frei. Du kannst das nicht so fühlen, die Du Dich allein immer auch zugleich als verlassen oder als nicht – ganz fühlst, wie mächtig und rein und ohne jede seelische Untreue diese Empfindung in mir ist: Du möchtest mich vielleicht nicht darum beneiden (sie gehört auch nicht zu einer Frau), aber es ist etwas darin, das einen wunderbar aufhebt und belebt. Ganze vergangene Jahre kommen mit einmal zurück, es ist nichts abgetan, alles noch voll Beginn und Verlockung.

Leb wohl, grüss Alle vom   Stefzi

1] Sein Vorhaben wurde nicht realisiert. · 2] Stefan Zweig mied grundsätzlich Max Reinhardt. · 3] 1928 erschien eine gekürzte Version seines *Jeremias*. · 4] Manuskript. · 5] Das von Stefan Zweig und Erwin Rieger übersetzte Buch *Cressida* von André Suarès konnte erst Anfang 1921 bei E. P. Tal in Wien erscheinen (auf 1920 rückdatiert).

Donnerstag,   [Salzburg, 30. 10. 1919]

Lieber Steffi,
   ich schreibe Dir mit steifen Fingern, bin jetzt zur Abhärtung u.
notwendigen Hilfe sehr viel im Garten und Holzschlag tätig. Jetzt
eben mit dem Baumeister herum gestiegen, der Montag noch mit
einem Techniker käme und dann den Preis für einen Holzaufbau
u. eventuell neues Pförtnerhaus mit Auslug auf den Weg hinaus,
u. was meintest Du dann zu telefonischer Verbindung in die
Küche, um anzufragen, ob Du zu sprechen bist. Aber all das erst
nach ungefährer Preisübersicht. Anfang März könnte erst begonnen werden. [...]
   Cressida verbessere ich zu Ende, in Deinen Schriften ist viel geordnet, wenige Besorgungen noch in Schwebe. Ich hoffe Du
kommst wohlgelaunt zurück, daß man dann eine gute ruhige Zeit
hat. Wann ich nach Wien fahre, weiß ich noch nicht. Wahrscheinlich nicht so bald. Nach München käme ich recht gern, erwarte aber noch Deine näheren Angaben. Es könnte aber, wie
schon so oft, gerade sein, daß ich unpässlich wäre. Ich werde Dir,
falls ich nicht dort bin, zu Leinfelder telegrafieren. Es verkehren
jetzt nur 3 Schnellzüge nach München, bis Innsbruck überhaupt
nur ein Zug in der Woche. Nach den schlechten Erfahrungen getraue ich mich kaum, den Brief nach Berlin zu senden. Will Dir
jedenfalls nach Leipzig auch schreiben.

                         Sei nun herzlich gegrüßt von Fri

                                      [Hamburg, 30. 10. 1919]
Liebe F.
   der Vortrag war sehr schön, glänzend besucht und auch wirk-
sam, sosehr man doch unwillkürlich bei manchen den Widerstand
gegen die Ideen spürt. Frau Dehmel war auch da, Freunde er-
zählten mir, dass, wie ich im Vortrag sagte, Rolland habe sich an
Verhaeren und Hauptmann gewandt, die ablehnten, sie halblaut
sagte »Gott sei Dank!«[1] Meine Freunde sind reizend zu mir, von
einer rührenden Zartheit, auch die alten Freunde Silten, Montor,
Wlach wieder famos. Das Interessante[2] darf ich ja nicht erzählen,

also nochmals: ich bin Mittwoch oder Donnerstag Hotel Leinfelder, wenn Du auch kommst, bestelle Dir ein Zimmer voraus.[3] Wir können einander ja nicht verfehlen, komm aber nur, wenn Du guter Laune, frohen Gemütes bist und zwing Dich nicht. Frankfurt lehne ich ab. Ich will *selbst* meine Termine bestimmen. Herzlichst

Stefan

1] Ida Dehmel und ihr Mann Richard Dehmel vertraten eine andere politische Meinung über Krieg und Nation als Zweig. · 2] Frauengeschichten. · 3] Am 4. 11. fuhr er von Berlin nach München, wo sie einander vermutlich begegneten.

Noch im Jahr 1919 wurde zum Schutz des Hauses Kapuzinerberg 5 der Polizist Johann Trauner als Mieter aufgenommen (er wohnte dort bis Anfang 1922, ihm folgte der Polizist Franz Schirl). Im November 1919 engagierte Stefan Zweig eine Sekretärin, die fast zwei Jahrzehnte sein Vertrauen genoss: Anna Meingast, Kriegswitwe und Mutter (Sohn Willi), wohnhaft in Salzburg, Linzergasse 16, nahe dem Aufgang zum Kapuzinerberg. Zwischen ihr und der Gattin Stefan Zweigs bestand allerdings ein gespanntes Verhältnis.

Am 17. November 1919 entschied das Amt der Salzburger Landesregierung, dass dem Gesuch von Friderike Winternitz um Nachsicht von den Ehehindernissen nicht stattgegeben werde. Mit der Abweisung der Berufung befasste sich prompt das Innenministerium in Wien (Stefan Zweigs Schriftstellerkollege Albert Trentini):

Die erbetene Nachsicht ist hiermit erteilt.

Davon wurden Friderike Winternitz und Stefan Zweig telegrafisch benachrichtigt. Die Zivilehe sollte nicht im streng katholischen Salzburg geschlossen werden. Da die Braut die Zeremonie nicht ein weiteres Mal erleben wollte, musste der Bräutigam allein zu ihrer Trauung nach Wien fahren.

[Wien, vermutlich 27. 1. 1920]

Liebe Fritzi,

bin ausgezeichnet gereist, leider ganz unweiblich begleitet, kam pünktlich an, fand alles wohl, ging mit dem Concipienten[1] zum Magistrat, wo die Ceremonie für Mittwoch d. 28. I. 11 Uhr festgesetzt wurde. Felix und Consorten[2] sind bereits verständigt.

Deiner Mutter[3] konnte ich nicht telefonieren, weil Du mir ihre Telefonnummer nicht mitgeteilt hast, ich gehe aber morgen oder übermorgen hin. Hier ist es recht öde, die Leute haben eine Heiden*angst* vor dem Bolschewismus. Ich schreibe Dir über die Ceremonie, hole übermorgen Deinen bereits freigegebenen Schmuck.[4]

Herzlichst Dein   Stefan

1] Rechtsanwaltsanwärter. · 2] Felix Braun, Hans Prager und Eugen Antoine. · 3] Theresia Elisabeth Burger, Wien IX, Müllnergasse 15. · 4] Friderike hatte bei ihrer Ausreise in die Schweiz ihre Wertsachen als Pfand hergeben müssen.

Am Mittwoch, dem 28. Jänner 1920, vollzog ein Standesbeamter die Trauung im Wiener Rathaus. Anwesend waren der Bräutigam Stefan Zweig, Felix Braun als Stellvertreter der Braut sowie Eugen Antoine und Hans Prager als Trauzeugen (laut Trauungsbuch der Stadt Wien). Zweig blieb länger als geplant in Wien, da ihn eine »Zugsperre« von der sofortigen Heimreise abgehalten habe. Er bekam – zufällig – an seinem Hochzeitstag von Thomas Mann das Manuskript der Novelle Die Hungernden, *wie aus Friderike Zweigs erstem Brief an ihren Gatten hervorgeht (das Original ihres Hochzeitsbriefes ist leider verschollen).*

[Salzburg, 30. 1. 1920]

Mein Lieber,

Wie hast Du die Hochzeitsnacht verbracht? Steffi, jetzt fällt mir ein, daß ich vielleicht einen bräutlichen Brief an die Eltern hätte schreiben sollen. Aber ich kann nicht, das siehst Du doch wohl ein. Ich spüre so gar keine Veränderung. Das ist so, weil Du mir meine Sentimentalität abgewöhnt hast. Wäre sie eingeschaltet, schriebe ich Dir einen Brief, den Du Dir einrahmen könntest. Es schwebt mir so dunkel vor, was ich Dir darin sagen würde – aber wie gesagt, es ist nichts damit, und meine Gebete, mein Liebling, bete ich auch, wenn Du bei mir bist.

Gestern war Fräulein v. Lammasch da, um Dir für den Artikel im Berliner Tageblatt zu danken. Sie brachte mir ein allerdings schlechtes Bild [Photo] des Verehrten. Der Brief, daß Du zu ihm kommen sollst, war eben diktiert worden, ehe er starb.[1]

Leonhard hat mir den Artikel über mich im Berliner Tageblatt gesandt.[2] – Nun etwas Erfreuliches für Dich: Thomas Mann sandte Dir, da er von Eliasberg von Deiner Sammlung erfuhr,»als eine Gelegenheit Dir seine Achtung zu bezeugen«, die Handschrift einer Novelle»Die Hungernden« aus der Sammlung»Der kleine Herr Friedemann«. Die Handschrift ist sehr rein, doch auch recht persönlich, mit Verbesserungen. Ich freute mich sehr für Dich. [...]

Die Zugsperre ist recht ärgerlich. So sehr ich Dich Deiner Mutter gönne, ich wäre glücklich, Dich wieder hier zu haben. – Ich habe viel in Deinen Briefen getan. Riesige Stöße schon ausgeweidet. Mühe macht es, die Briefe von Freunden mit Verlagsaufschriften von geschäftlichen zu trennen. Da heißt es immer alles lesen, denn sonst kommen Berge zusammen und wieder keine Ordnung. Dir würde ja ein Blick zur Sonderung genügen. Sehr lästig sind mir beim Ordnen die Frauenbriefe aus der Zeit, wo ich dachte, daß neben mir nicht so viel anderes Raum hatte, andererseits sind Briefe dabei, die Dich in den Augen der biederen Frau M.[3] als Don Juan erscheinen ließen. Es ist also unmöglich, daß Du ihr die Korrespondenz zur Durchsicht gibst. Du hast selbst vergessen, was für und wie viel unmögliche Briefe darunter sind. Aber mit der Zeit kommt schon gute Ordnung in alles. Auch in die Bibliothek.

Grüß die Eltern herzlich. Bei meinem alten Mutterl wirst Du es recht verfallen gefunden haben. Alles was schön im Hause war, haben ihre 6 Kinder[4] weggetragen, aber hoffentlich hast Du etwas von ihrer sanften, einfachen Güte verspürt, die mir so heilig an ihr ist. Besonders die Einfachheit. Ich möchte Dich bitten, daß Du mir nichts von dem nimmst, was davon auch in mir sein könnte.

Hoffentlich bist Du, mein Liebling, mit allem Geschäftlichen zurecht gekommen, hast Dich nicht zu sehr abgemüht, sondern auch ein bißchen vergnügt. Aus Deiner Korrespondenz entnehme ich, daß Du nach Berlin fährst. Das ist mir ganz neu. Jetzt glaube ich, Dir alles geschrieben zu haben, was so der Tag mit sich brachte. Es küßt Dich

Mumu

1] Heinrich Lammasch, letzter Ministerpräsident der Habsburger-Monarchie, starb am 6. 1. 1920 in Salzburg. Von Zweig erschien der Nachruf ›Heinrich Lammaschs Heimgang‹ im ›Berliner Tageblatt‹ vom 20. 1. 1920. · 2] Vermutlich Leonhard Adelts Besprechung ihres Romans *Vögelchen*. · 3] Anna Meingast, Zweigs Sekretärin. · 4] Theresia Elisabeth Burgers Kinder Rudolf, Siegfried, Arnold, Karl, Leopoldine und Friderike Maria.

Im März verbreitete der Insel-Verlag einen Prospekt zur Buchserie ›Bibliotheca Mundi‹, die einige Dutzend »Meisterwerke der Weltliteratur in den Ursprachen« umfassen sollte. Von 1920 bis 1923 erschienen vierzehn Bände, darunter sechs Anthologien wie Russki Parnass *und* Anthologia Hebraica. *Außerdem ist bemerkenswert, dass Stefan Zweig als Redakteur ein spezielles Briefpapier benutzte, wie anhand eines Briefes an Hugo von Hofmannsthal zu ersehen ist:*

BIBLIOTHECA MUNDI / Redaktion / Salzburg, den 17. März 1920

Vom 5. bis 14. Juni 1920 wohnte Zweig im Elternhaus, Garnisongasse 10.

Freitag   [Wien, 11. Juni 1920]
Liebe Fritzi,
    obwohl Du Bleistiftbriefe infolge unangenehmer Erinnerungen nicht liebst, doch lieber einen solchen statt keinen, denn im Hause Zweig gibt es keine anständige Feder. Deinen Brief vom 9., also Mittwoch, erhielt ich als erstes Zeichen nach der Karte vom Sonntag, hoffentlich ist nichts dazwischen verloren gegangen, mir fehlt eigentlich Nachricht von Rolland.
    Den Wiener Aufenthalt ganz freudig zu geniessen, hindert

111

mich eigentlich nur die Familie. Es ist tieftraurig, diese alten Menschen zu sehen, für die alles zur Complication und zur Qual wird, die viel Unglück haben (Papa ist ganz allein, er hat alle seine Freunde verloren, findet sich nicht in die Zeit, Mama mit ihrer Taubheit) und zu schwerfällig sind, es sich zu erleichtern. Statt zu begreifen, dass sie an ihrem Lebensabend sind und es gleichgiltig ist, ob sie jetzt Gastein 180 oder 170 Kronen Pension täglich kostet, erschrecken sie täglich neu vor den Ziffern. Und das Komischeste: jeder der beiden durch Alter und Gebrechen unfähigen Menschen empfindet den *andern* als das Hemmnis. Besonders unverständig ist natürlich Mama. Auch Alfred[1] immer besorgt und verängstigt, auch er am besten Wege ein Sonderling zu werden. Er geht nie in ein Theater, nie in eine Gesellschaft, sein ganzes Leben geht ohne wirklichen Genuss zwischen Geschäft und Weiblichkeit dahin. Sein Desinteressement an allen geistigen Dingen ist geradezu peinlich. [...]

Heute gehe ich zu Ernst Benedikt, Sonntag zu Deinen drei Brüdern,[2] Ausstellungen und Menschen habe ich dann genug gesehen, ohne aber müde zu sein. Irgendwie geht mir das Faulenzen, selbst das Geniessen schon gegen die Natur – ist das eine Alterserscheinung; »denn da ich bin, muss ich auch tätig sein«, sage ich mit dem Homunculus.[3] Schade, dass ich Hofmannsthal[4] versäumte, in Rodaun kann ich ihn kaum besuchen, mir sind die Sachen auch nicht gar so wichtig. Ich mache alles lieber brieflich.

Lass es Dir gut gehen. Wenn ich Karten kriege, komme ich Montag mit dem Gasteiner Schnellzug und ich werde sie hoffentlich bekommen. Da Du im allgemeinen still und behaglich lebst, war mir gut zu hören, aber bald stört Deine Stille wieder die alte Brummfliege.

Stefan

Sage Frau Meingast, dass ich das Buch für ihren Sohn[5] bereits erhielt.

1] Sein um zwei Jahre älterer Bruder, Chef der Firma M. Zweig in Ober-Rosenthal bei Reichenberg (Liberec, Tschechoslowakei). · 2] Friderikes Brüder Arnold, Karl, Rudolf und Siegfried Burger. · 3] Künstlich erzeugter Mensch (Goethes *Faust II*). · 4] Hugo von Hofmannsthal, Rodaun bei Wien, Badgasse 5, der vergeblich versucht hatte, Zweig in Salzburg zu sprechen. · 5] Willi Meingast.

Am 22. August wurden die ersten Salzburger Festspiele mit der Aufführung des mittelalterlichen Spiels Jedermann *in der Bearbeitung Hofmannsthals und unter der Regie Max Reinhardts auf dem Domplatz eröffnet. Stefan Zweig beklagte sich über die*

Teufelswoche Jedermann in Salzburg, wo einem nicht Zeit zum Atmen bleibt.

Seine Abneigung beruhte wohl auch auf gestörten zwischenmenschlichen Beziehungen. Hugo von Hofmannsthal war immerhin einmal zu Besuch bei Zweig. Seit Sommer 1920 hatte das Haus Kapuzinerberg 5 einen weiteren Mitbewohner, einen Schäferhund, den Zweig als »meinen Sohn Rolf« titulierte.

Vom 15. bis 30. Oktober war Zweig in Deutschland. In Frankfurt, Mannheim, Stuttgart, Wiesbaden und Heidelberg hielt er Vorträge über Romain Rolland.

Hessischer Englischer Hof, Frankfurt a./M.

Sonntag 17. Oct. 20

Liebe Fritzi,

ich komme endlich dazu, Dir ausführlich zu schreiben – es geht mir gut und merkwürdigerweise tut einem die Atmosphäre von Luxus, die einen hier umweht, nicht so weh wie in Wien. Ich wohne ungebührlich gut und muss an Dein Wort denken, dass ich allein viel vornehmer bin, aber das war die Schuld der beiden Gesellen[1] – die Stadt ist sehr schön, voll der herrlichsten Läden, vieles natürlich teuer, manches (Strümpfe besonders und Confection) unvergleichlich. Leipzig und München wirken daneben ramschhaft.

Ich bin inzwischen »grosszügig« geworden, sage Düsseldorf ab, obwohl ich die Spesen auf mich nehme, lebe ich gut und freue mich des Lebens. Der Vortrag dürfte nicht die Berliner Wirkung haben, weil gleichzeitig Schreker ein grosses Concert gibt und die Leute nichts dafür taten – aber mir ist alles Finanzielle ganz gleichgiltig, ich habe mit Rütten & Loening sehr gute Bedingungen vereinbart, die das nebensächlich erscheinen lassen, mich auch vortrefflich mit ihnen verstanden.[2] Ich halte die Abmachungen für so gut, dass Du ruhig nach München kommen kannst mit der grossen Einkaufstasche. Ich *würde mich sehr freuen, Dich* dort bei Leinfelder zu finden. Hier hätte es Dir gewiss gefallen, aber die Reise wäre Dir zu viel geworden und die Versuchungen zu gewaltig.

Weniger erfreulich waren meine Eindrücke bei Victor.[3] Ich sah mit grossem Erschrecken, dass er genau wie als Student sein Leben ziemlich somptueux[4] in die Luft baut und gar keinen festen Grund unter sich hat (er wohnt in einer möblierten Wohnung, wo der Contract nur noch ein Jahr läuft, er hat Sorgen mit seiner Mutter, seine Verlagsdinge scheinen mir höchst zweifelhaft in der Wirkung, aber er lässt sich nichts abgehn und geniesst den Tag.) Seine Frau war mir nicht angenehm – ich kann mich nun eben einmal des Verdachts nicht erwehren, dass er, ohne es zu ahnen, da eine merkwürdige Rolle spielt. Dazu hat er noch eine Schwiegermutter zuhause.

Felix Braun soll vor paar Tagen hier gewesen sein – ganz gebrochen von der Schule. Leider konnten sich auch Rütten & Loening, die ihn sehr schätzen, nicht zu seinem Roman entschliessen – schade! Aber wann wird er erwachsen werden![5]

Ich hoffe, von Dir nur Gutes zu hören, lade Dich nochmals rechtzeitig nach München (ich dürfte 29. dort sein!), denn da ich hier koscheren Gansbraten esse und feudal wohne, ist nicht zu hoffen, dass ich Dir viel mitbringe – besser Du kaufst es Dir selbst. Grüsse mir Suse, aber nur, wenn sie meinen Sohn Rolf fleissig füttert, und lass es Dir gut gehen, plag Dich nicht. Im Frühjahr fahren wir dann nach Italien, ich bin jetzt so entschlossen wie nie – das Reisen schmeckt mir so ausgezeichnet, dass ich es einmal ganz auskosten will. Leb wohl, sei umfangen!

Stefzi

Grüsse alle Freunde!

1] Victor Fleischer und ein Freund. · 2] 1921 erschien im Frankfurter Verlag Rütten & Loening Stefan Zweigs Biografie *Romain Rolland. Der Mann und das Werk.* · 3] Victor Fleischer, verheiratet mit der Schauspielerin Leontine Sagan (Medi), war Direktor der von ihm gegründeten Frankfurter Verlags-Anstalt. · 4] Prunkvoll. · 5] Vermutlich Felix Brauns Roman *Die Taten des Herakles* (Rikola, Wien 1921).

Dienstag,   [Salzburg, 19. 10. 1920]

Mein liebes Stefferl,
ob Dich diese Briefe halbwegs zur Zeit erreichen? Von Dir habe ich bisher nur die Münchner Karte. Da ich noch nicht im Gast- oder Caféhaus war, konnte ich auch noch nicht nach Kritiken forschen. Ich lebe wie ein Engel, denn es ist auch himmlisch schön hier. [...]
Die Abendpost berichte ich Dir noch. Bin neugierig, was für Eindrücke Du von Deutschland hast. Die Wahlen[1] gingen geräuschlos vorbei. Mich hat irgend ein Grünschnabel, der auch wohl erst einmal gewählt hat, im Wahllocal, dem Laubinger[2] vorstand, ausgelacht, daß Du Deine Freude daran gehabt hättest. Ich ging nämlich geradewegs auf die »Urne«, eine alte geschlitzte Schachtel, zu, als mir bedeutet wurde, ich müsse hinter einer Art spanischen Wand erst meinen Zettel feierlich in ein Couvert stecken u. es dann einem dort sitzenden Mummelgreis in die Hand geben, der es, glaube ich, dann angeschaut hat. Vielleicht hat er nur sehen wollen, ob ich nicht ein Closetpapier hineingesteckt habe. Frau Meingast hat sich als eine Großdeutsche entpuppt. Die dienstbaren Geister aber haben socialistisch gewählt [...].
Nun, mein Liebes, leb wohl. Telegrafiere mir sofort, wenn Du weißt, ob Du nach Düsseldorf fährst, damit ich weiß, wann Du in München bist. Ich werde es mir vielleicht doch einrichten zu fahren, möchte aber nicht nur Allerheiligen u. -seelen dort sein, entweder am 29ten abends fahren oder falls Du später dort bist, dann einen Tag nach den Feiertagen bleiben (zu diesen Tagen wird viel Verkehr auf der Bahn sein), damit ich auch ohne zu kaufen gwölberln[3] kann. Städte sind Sonntag öde. Aber ich bin fast sicher zu kommen, weil ich mich schon auf Dich freue, was dann natürlich

mit einer Enttäuschung ausgeht. Also leb wohl Bö.[4] Suse grüßt u. küsst den »Papscha«,[4] wie sie sich ausdrückt. Bleib lieb

Deine Mumu

1] Am 17. 10. 1920 waren Wahlen zum österreichischen Parlament, an denen erstmals Frauen teilnahmen (Ergebnis: 85 Christlichsoziale, 69 Sozialdemokraten, 28 Großdeutsche u. a.). · 2] Fritz Laubinger, Kaufmann, Salzburg, Linzergasse 16 (Adresse Anna Meingasts). · 3] Gewölbe mit Geschäften. · 4] Kosenamen für Stefan.

In Stuttgart erhielt er die Nachricht seines Bruders Alfred, dass ihr Vater Moriz Zweig einen leichten Schlaganfall (»ein Schlagerl«) erlitt.

[Stuttgart, 21. 10. 1920]

Liebe Fritzi,

ich werde hier in Stuttgart durch einen nachgesandten Expressbrief Alfreds erschreckt, der mir mitteilt, Papa hätte wieder einen Schwächanfall gehabt, diesmal aber mit Lähmungserscheinungen. Selbstverständlich halte ich mich zu jeder Stunde bereit umzukehren – mir fehlt ja auch mit solchen Nachrichten im Rücken jede rechte Ruhe und Freude: Alfred ist wirklich in einer tragischen Situation, ganz ohne Hilfe mit der tauben alten Frau,[1] die sich gegen jede Gesellschafterin wehrt und nicht sieht, dass es bei Papa wirklich sich schon um *gefahrdrohende* Alterserscheinungen handelt. Ich weiss wohl, aus welchem dunkeln Gefühl ich mich so schwer entschliesse, Projecte zu machen und leicht wie die andern in Italien spazieren zu fahren, ich weiss warum ich auch in jener Sache so sehr auf meinem Willen bestand – es ist nicht leicht mit unserer Familie.

Hätte ich die Vorleserei nur schon hinter mir und sässe wieder in Salzburg, näher und ruhiger. Ich weiss, das wirkliche Freiheitsgefühl ist dahin mit solchen Sorgen im Rücken. Herzlich

Stefan

1] Ida Zweig, die an Schwerhörigkeit (Otosklerose) litt.

Mein Liebes,

jeder Tag ist restlos voll Beschäftigung, die mir lieb ist, weil sie mich nicht ermüdet. [...]

Alles wäre also gut, wenn Deine besorgte Karte und ihr Anlaß nicht wären. Ich telefonierte gleich nach Wien, bekam nach 5 Minuten Antwort, sprach Mama, die sehr ruhig und fast heiter sprach. Der arme Papa wurde, ob er fiel, weiß ich nicht, mittels Einspänner durch einen Wachmann nach hause geführt. Mama meinte, es sei, wie sie sich ausdrückte »ein kleines Schlagerl« gewesen, das ihn gestreift hätte. Aber ich glaube das nicht, da mir Marie sagte, Papa sei wie sonst und spreche und gehe herum, sei nur noch etwas schwach. Auch Mama sagte, es ginge so weit wieder gut. Du mußt wissen, mein Liebes, bei alten kränklichen Leuten macht man solche Sachen jahrelang durch. Mit meinem Vater[1] war es ebenso, nur wußten es außer meinem Bruder Arnold und mir niemand so genau. Ich hütete mich, meiner Mutter und Schwester von Gefahr zu sprechen. Es hätte Papa und den andern nicht geholfen. [...]

Ein langer Brief von Prof. Freud kam. Er bewundert Balzac und Dickens, ist aber mit Dostojewski gar nicht einverstanden, bei aller Anerkennung des Aufbaus. Für ihn ist es todsicher, daß D. kein Epileptiker war (angeblich seien die alle geistig dement), sondern ein typischer Hysteriker.[2] [...]

Das Feuilleton über das Tagebuch eines halbwüchsigen Mädchens ist schon erschienen.[3] Natürlich mit Deinem Namen am Schluß. Über so ein jüdisches Buch in die Presse – das wird wieder ein Feiertag für das Kaiviertel[4] gewesen sein. Darin sind wir anderen Geschmacks. Vielleicht wirst Du es auch noch. Es ist das gewiß nicht Rancüne über die Gemeinheit, die sie[5] mir angetan. Heute erst beim Briefordnen kam mir Ernst B's[6] Brief an den alten Herrn[7] in die Hand, wo er meint, ein so heikles Thema müsse sehr vorsichtig besprochen werden. Hast Du dieses ekelhafte Eingeweidebuch vorsichtig besprochen? Ich bekam das Feuilleton noch nicht zu Gesicht. Mein Liebes, ich wäre so froh, wenn Du jetzt überhaupt *alle* solche Sachen ließest und wenn Du auch tagelang scheinbar nichts tust – und Dich nur auf *Deine eigene* Ar-

beit besännest, nichts mehr »über« schriebest. Es ist an der Zeit –
auch wenn es etwas lange zum Reifen brauchte. Ich bitte Dich,
lass jetzt das Biographieren und lebe Dir selbst, horche auf Dich
selbst, mein Liebster Du.

Ich umarme Dich, sei nicht unruhig, es ist jetzt kein Anlass
mehr und behalte lieb

Dein Mumu

1] Emanuel Burger, der früh verstarb. · 2] Am 19. 10. 1920 bedankte sich
Sigmund Freud bei Stefan Zweig für die Übersendung seines Essaybandes
Drei Meister. Balzac – Dickens – Dostojewski. · 3] Zweigs Besprechung des
Tagebuchs eines halbwüchsigen Mädchens (von 11 bis 14 ¹/₂ Jahren), das die Psychoanalytikerin und Freud-Schülerin Hermine Hug-Hellmuth herausgab,
erschien in der ›Neuen Freien Presse‹, 20. 10. 1920. Später stellte sich heraus, dass die Herausgeberin das *Tagebuch eines halbwüchsigen Mädchens* selbst
verfasst hatte – demnach ein fiktives Buch. · 4] Justizgebäude in Salzburg. ·
5] Hermine Hug-Hellmuth. · 6] Ernst Benedikt, Herausgeber der ›Neuen
Freien Presse‹. · 7] Jakob Winternitz.

*Stefan Zweig fuhr am 20. Dezember nach Wien und blieb dort über
Weihnachten hinaus (Papas 75. Geburtstag am 28. Dezember).*

[Wien, 23. 12. 1920]

L. F.

herzlichen Dank für die Nachsendungen! Aus dem Mangel an
begleitendem Text sehe ich, dass Du sehr beschäftigt bist – bitte
Dich also nur E. & C. Paul den Erhalt der Sendung zu bestätigen.
Ich kann leider an den Feiertagen nicht fahren, weil es da keine
Schnellzüge gibt, hoffe nur, für Montag einen Schnellzugsplatz zu
erobern. Bei Deiner Mutter[1] will ich Feiertags vorsprechen, jetzt
habe ich allerhand Besorgungen noch zu erledigen, gehe heute
zum erstenmal ins Theater. Die Hofrätin,[2] Lucka und eine Menge
Leute lassen Dich grüssen, ebenso die Eltern und sogar der ständig vergessene Alfred.

Gute Weihnachtstage Dir und den Kindern St.

1] Theresia Burger. · 2] Berta Zuckerkandl.

Vom 9. bis 17. Januar 1921 war Stefan Zweig in der Schweiz.

Montag   [Zürich, 10. I. 1921]
Liebe Fritzi,

schöne Grüsse aus Zürich von mir, Faesi, Steinberg, Seelig und allen Sonstigen. Es ist hier rein, menschenleer, elegant, genau so teuer wie im Krieg, dabei eine schwere Krise, weil die Leute aus Geiz nicht mit den Preisen heruntergehn und niemand etwas kauft. Beim Umrechnen wird man einfach irrsinnig. Die Angelegenheiten hier sind erledigt, Mittwoch bin ich in St. Gallen, werde aber kaum vor Samstag, bestenfalls Freitag reisen können, da Seelig in unserer Sache eine recht peinliche Confusion gemacht hat, die ich hoffentlich rechtzeitig deichseln kann (dies entre nous).[1] Es war Zeit, dass ich gekommen bin. Wetter herrlich frühlingshaft, der See ganz blau in einen aprilenen Himmel hinein, Rüschlikon freundlich herwinkend; ohne die Teuernis hätte man Lust, hier zu bleiben oder wenigstens einen Abstecher zu machen. Wenn alles glücklich erledigt ist, hoffe ich vergnügt zurückzukommen und Dich ebenso zu begrüssen. Herzlichst Dein

                                                              Stefan

Zürich, Hotel Habis
telegrafisch Freitag erreichbar

1] Es gab Komplikationen bei der Buchserie ›Die zwölf Bücher‹, die Carl Seelig im Verlag E. P. Tal herausgab. Das von Zweig und Erwin Rieger übersetzte Buch *Cressida* von André Suarès konnte erst Anfang 1921 bei E. P. Tal erscheinen.

Vom 22. März bis 13. April 1921 weilte das Ehepaar Friderike und Stefan Zweig in Italien, vornehmlich in Florenz.
    Nach ihrer Rückkunft musste er mehrmals wegen seines Vaters, der sich in einem Sanatorium befand, nach Wien. Vom 9. bis 15. Juli war Friderike in Wien, wo sie am dritten Kongress der Women's International League for Peace and Freedom teilnahm. Deren englische Sektion veran-

staltete in Salzburg eine Sommerschule, die von Friderike Zweig organi-
siert wurde. Am 26. Juli, noch vor dem Eintreffen der Gäste, fuhr Stefan
Zweig über Wien nach Marienbad (Mariánské Lázně), um seine Mutter
zu besuchen, die dort in Kur war.

[Marienbad, 28. 7. 1921]

Liebe Fritzi,

in einer tropischen Hitze gereist, von der Du Dir keine Vorstellung machen kannst, leider unterwegs Maschinendefect, so
dass die arme Mama zweieinhalb Stunden am Bahnhof stand, voll
Angst es sei ein Unglück geschehen (Marie hatte sie leider nach
Hause geschickt). Hier ist es herrlich schön, wirklich elegant,
nicht wie in Reichenhall, sondern ganzer Frieden: ein Frühstück
hier mit Mohnkipfeln, Salzstangeln, herrlichem Café und ähnlichen Dingen unterscheidet sich in nichts mehr von der guten
Friedenszeit. Auch sonst finde ich Marienbad wieder eine der
schönsten Sachen der Welt.

Bisher entwickelt sich alles programmgemäss. Samstag fahre ich
nach Prag, wo mich Alfred im Auto abholt und wir fahren zusammen nach Reichenberg. Hoffentlich lassen Dir die Frauen[1]
Zeit, diese Karte zu lesen. Grüsse Jouve[2] und alle Freunde. Ich
fühle mich in der Hetzjagd irgendwie sehr wohl – nur die schönen gewissen Absichten scheitern an der Hitze, die sie unappetit-
lich machen würde. Du hast am lieben Gott einen guten Verbün-
deten gegen mich. Herzlichst

Stefan

[Nachschrift der Mutter Ida Zweig:] Liebste Fritzi, bin mehr als
zufrieden, mein geliebtes Sohnerl bei mir zu haben. Grüße Dich
herzlichst Mama

1] Teilnehmerinnen der Internationalen Frauenliga für Frieden und Freiheit
oder Women's International League for Peace and Freedom. · 2] Pierre-Jean
Jouve logierte im Haus Kapuzinerberg 5.

Freitag,

Lieber Stefan,

es ist wieder ziemlich viel Post, doch nichts Wichtiges. Eine Karte Ginzkeys sende ich Dir auf seinen besonderen Wunsch mit. Gib mir eventuell Directiven. Ich machte die Korrekturen von den miserabel übersetzten »Beichten« von Johannes Schlaf[1] und von dem Wilde-Zweig'schen Dialog über »Sadhâna«.[2] Wenn ich mir eine Bemerkung erlauben darf: es wirkt so, als ob Du das, was der Jüngere sagt, auch empfändest, Dich aber doch zu dem Ethos des Älteren bekennen wolltest, wobei Du Dich nicht zu getrauen scheinst, den Boshaften ganz unrecht zu geben. Kurz, eine gerade Sache ist es nicht, und das verdiente der Mann.

Hoffentlich hast Du angenehme Tage mit Alfred, den ich vielmals grüßen lasse. Ich fürchte, die Hitze auf den Fahrten wird Dir anstrengend sein. Heute umwölkt es sich zum ersten Mal bei großer Schwüle.

Von hier gibt es viel zu erzählen. Eben war Frau Bahr bei mir. Sie kam eigentlich sofort auf meinen Anruf, daß ich sie sprechen wolle, und war entzückend. Sie und wahrscheinlich er kommen zur Eröffnung der Sommerschule.[3] Heute Nachmittag kommen die 3 Japanerinnen und die liebe Chinesin zu mir. Alles greift schon sehr schön ineinander. Ich kann jetzt eigentlich die Wollust eines Feldherrn oder Großorganisators verstehen, wenn er den Riesenapparat für sich selbst mühelos functionieren sieht, dessen Räder er eigentlich mit leichten Griffen gestellt hat. Alix ist noch da – ihr Vater hat angeblich noch keine Wohnung gefunden – so habe ich sie der französischen Conversation wegen Frl. Pfenninger als Führerin beigegeben, auch sonst hilft sie mir ausgezeichnet. Suse ist noch nicht da.

Eine andere unangenehme Sache. Das Wohnungsamt hat eine große Commission zusammengerufen, um Mittwoch Nachmittag das Haus im Sinne der Wohnungssuchenden zu untersuchen.[4] Ich fürchte, daß es uns diesmal schwer werden wird. Jedenfalls werde ich (denn Jouve wird ihnen nicht imponieren) für diese Tage Metz bitten, heroben zu wohnen. Ich werde sagen, er wohne schon ständig da, ginge dann nur zur Zeit Deiner Rückkunft u. Jouves Hiersein wieder in sein altes Quartier. Ende August geht

Metz ja auf einige Wochen auf Urlaub, so ist dann wieder Zeit gewonnen. Ich fürchte Trauner hat da nicht so ausgesagt, wie er hätte können u. die fictive Einmietung von Metz nicht unterstützt. Du hast es immer abgelehnt, Dich mit dieser Gefahr zu beschäftigen und nun bin ich doch zaghaft, allein zu entscheiden, was Du mir immer verübelst. Mit Geld wäre die Sache ja wahrscheinlich zu machen. [...]

Sei umarmt von Deinem Fritz

1] Johannes Schlafs Übersetzung der *Confessions* (*Beichten*) für Paul Verlaines Gesammelte Werke, die Stefan Zweig herausgab (Insel-Verlag, Leipzig 1922). · 2] Zweigs Rezension ›Rabindranâth Tagores *Sadhâna*: Ein zeitgemäßes Gespräch‹ (›Das literarische Echo‹, Berlin 1. 10. 1921. Oscar Wilde wird darin nicht erwähnt.) · 3] Anna und Hermann Bahr, die an der Sommerschule teilnahmen. · 4] Eine Kommission hatte zu beurteilen, ob Wohnungssuchende in Privathäusern einquartiert werden könnten. Für die Zweig-Villa, wo nur eine Mietpartei, der Polizist Johann Trauner, wohnte, bestand die Gefahr der Zwangseinquartierung.

Vom 30. Juli bis 2. August war Stefan Zweig in Reichenberg (Liberec).
Er und sein Bruder Alfred machten einen Ausflug ins Isergebirge (Bad
Liebwerda, Jeschken).

Reichenberg Böhmen, 1. August 1921
Liebe Fritzi,
    ich empfing soeben Deinen zweiten Brief hieher in Sachen der Wohnung. Selbstverständlich biete ich den Zins als Ablösung und noch ausserdem einen Teil der Aufbauspesen für das Gartenhaus, falls man uns endgiltig in Ruhe lässt. Wichtig wäre gewesen in die *Vorschriften* Einblick zu nehmen (Ginzkey hat es getan), um zu wissen, was für Rechte man hat. Betone:

1. Werkraum für mich
2. Werkraum für 2 Sectretär*innen*
3. Unheizbarkeit der grossen Räume
4. Unmöglichkeit einer Abteilung

Ich bin ja *ganz* sorglos, weil wir keinesfalls etwas anderes als das Dachzimmer abgeben können. Josefine[1] muss als im Nachbarzimmer (das bei Tags der Secretärin dient) schlafend gemeldet werden (Dachzimmer im Sommer wegen Hitze, im Winter wegen Feuersgefahr unbenützbar.)

Die Combination Metz gefällt mir nicht, weil ich Trauner für absolut doppelzüngig halte und wir so unsere Position schwächen. Ich biete lieber *10 000* Kronen Beitrag für die Wohnbarmachung des Gartenhauses bei dem Recht, die Partei selbst wählen zu dürfen (offener Obstgarten!! Diebstahlsgefahr!). Dies und die Zinsablösung wird ihnen genügen.[2] Sei ziemlich energisch, wenn sie ein Zimmer wegnehmen wollen, und sage, dass ich sofort Recurs einbringe, weil ich in meiner Arbeit (Erwerb) gehemmt bin und als Steuerzahler das Recht habe, dass mein Erwerb geschützt wird. Im Zimmer, wo Frau Meingast arbeitet, häufe ausserdem Stösse Post und Briefe und Bücher auf, damit es als Arbeitszimmer wirkt. Stelle alle drei Schreibmaschinen nebeneinander auf die *drei* Schreibmaschinentische, um Bureaueindruck zu verstärken, sage, dass noch eine zweite Secretärin gelegentlich arbeitet, die jetzt auf Urlaub, sprich immer von *Secretärinnen* (Rieger!).

Mir tut es sehr leid, dass Du Alles auf Dich nehmen musst. Aber hoffentlich ist's dann zuende.

Hier heisses Wetter wie überall, aber ich spüre es nicht bei den herrlichen Autoausflügen. Gestern waren wir im Isergebirge und in Liebwerda. Vorgestern fuhr ich mit Alfred und Freundin von Prag her, heute lassen wir das Auto ausruhen und wandern auf den Jeschken, morgen fahren wir per Auto nach Dresden. Es ist riesig bequem, das Autofahren, aber mir irgendwie peinlich, hinter sich stinkenden Staub und die Flüche der Menschen zu lassen. Irgendwie mag ich nicht in die obere Classe der Menschheit, bleibe lieber in der Mitte. Die Fabrik in gutem Gang. Alfred hat sehr viel geleistet, lebt aber geistig zu viel daraus, am besten Wege ein Sonderling zu werden. Die Tüchtigkeit wird allmählich ein Wahn, der die Vernunft auffrisst. Merkwürdig, wir vier Zweige sind alle Narren, alle in einer andern Richtung: ich der einzige, der es wenigstens weiss.

Morgen Dienstag fahre ich früh per Auto nach Dresden, bin wohl Vormittag dort, fahre abends nach Leipzig weiter. In Leipzig bleibe ich Mittwoch den 3.; Donnerstag den 4. fahre ich entweder mit Kippenberg nach Weimar oder allein und will dann nachts oder tags nach München weiter, kann also schon am 6. spä-

testens 7. oder 8. in Salzburg sein. Hetze Dich nicht zuviel ab, sei
vielmals mit Kindern, Hund und Gästen und Freunden gegrüsst
und spare alle gute Laune Deinem

Stefzi

1] Hausgehilfin Josefine. · 2] Die Zwangseinquartierung von Mietparteien
im Haus Kapuzinerberg 5 konnte im Spätherbst durch Bezahlung einer
größeren Summe an den Magistrat der Stadt Salzburg abgewendet werden.

*Am 1. August 1921 wurde im Mozarteum die Sommerschule der eng-
lischen Sektion der Women's International League for Peace and Freedom
eröffnet, an der unter anderen Laura Jane Addams, Emily Greene Balch,
Blanche Reverchon, Madeleine Rolland, Paul Amann, Louis-Charles
Baudouin, Fernand Desprès, Pierre-Jean Jouve und Georg Friedrich Nicolai
teilnahmen. Der Eröffnungsredner, Landeshauptmann-Stellvertreter Robert
Preußler, würdigte Friderike Zweig als Organisatorin der Sommerschule.*

Montag   [Salzburg, 1. 8. 1921]

Lieber Steffi,

dieser *datierte* Brief ist der erste nach Leipzig, nach Marienbad
schrieb ich zwei Karten, u. einen ausführlichen Brief, der Dir viel
erzählt hat, nach Reichenberg und eine Karte. Außerdem
schreibe ich täglich an meine Mutter, weil sie ganz allein ist, und
schrieb auch an Deinen Vater.

Heute war *glanzvollste* Eröffnung. Mein Liebes, Du wärst krank
an dem Lob geworden, an den Glückwünschen, die man Deinem
Dorftrottel angedeihen hat lassen. Dieser Name fällt mir ein, weil
ich vorhin wieder mit dieser Sache hantierte, ob gut, weiß ich
nicht.[1] Sicher aber weiß ich, daß die Sache herrlich gewesen ist,
die sich heute im Mozarteum abspielte. Ich werde Dir alles
mündlich erzählen. Denn jetzt abends waren noch Jouve, Blanche
Reverchon, ihre Freundin Miss Bert, die Pfenninger, Desprès und
schließlich Mlle Rolland im Garten. Es war riesig lustig mit ihnen. Jouve explodiert vor Begeisterung und sein Applaus heute
Vormittag hat ihn geradezu berauscht. Mlle Rollands Vortrag war
leider undeutlich und für viele eine Enttäuschung. Wundervolle

vielartigste Menschen sind da, *ich werde es nie verschmerzen, daß Du sie nicht beisammen* gesehen hast. [...]

Mlle Rolland will spätestens Sonntag fort, wenn Du nicht kommst. Amann, Reverchon, viele warten heiß, daß Du am 7'ten kommst.[2]

Post nichts. Ein Buch Verhaeren von Bithell, Übersetzung von Kloster etc.[3]

Ich muss früh auf, deshalb zwinge ich mich zu schließen. Grüße Herrn u. Frau Kippenberg.

Ich umarme Dich   Fritz

!! Ich wurde verfilmt!![4]

1] Verhinderung der Zwangseinquartierung im Haus Kapuzinerberg 5. ·
2] Stefan Zweig traf am 8. August ein und gab am 11. August einen Empfang. · 3] Jethro Bithells Übersetzung von Émile Verhaerens Werken (*Das Kloster* u. a.). · 4] Laut Originalbrief »verfilmt« (= gefilmt).

Vom 17. bis 29. November war Stefan Zweig in Berlin.

[Berlin, Freitag, 18. 11. 1921]

Liebe Fritzi,

also einen Brief! Ich bin sehr gut gereist, wie ich Dir schrieb, überall Bekannte treffend, wohne *sehr* angenehm in einem kleinen Zimmerchen in dem reizenden Hotel Töpfer. Ach, wenn Du wüsstest, *wie* dort geheizt wird, nichts könnte Dich hindern, mir nachzueilen – ich habe Tag und Nacht die Fenster offen, so dampfen sie darauf los.

Berlin profondément antipathique.[1] Es gibt Städte, die das Stehenbleiben nicht vertragen – mein Gott, wie sieht der Luxus jener Cafés und Bierpaläste nach sieben Jahren aus und andererseits wachsen nicht mehr in neuem Tempo neue Luxusdielen heran – irgend etwas Abgestandenes und Ranziges in dem ganzen Leben der Stadt, obwohl dort mehr äussere Bewegung ist als jemals. Und *wie* ekelhaft die Menschen sind – mein Gott, mein Gott!

Ich war bei Camill – traf aber nur den sehr netten Hermann Ungar im Präsidium der Czechoslowakei.[2] Telefon ist absolut unmöglich: ich versuchte einige Leute zu bekommen, blieb aber erschöpft zurück, ohne eine einzige erreicht zu haben. Der erste, der mir Nachricht gab von allen, die ich verständigt, war wie immer der Geplagteste von allen – Rathenau, der mich für Sonntag zum Thee bitten liess. Ausser bei Camill war ich bei einigen Autografenhändlern, abends in »Manon Lescaut« von Sternheim und nachher in einem grotesken Café – genug für einen Nachmittag (ich kam erst um $^1/_4$ 12 Uhr an). Aber man nimmt von dieser Stadt doch unbewusst an Energie in sich auf.

Husten belanglos, fast schon ganz entschwunden, Allgemeinbefinden günstig. Ich bin nach wie vor entschlossen, es mir – nachdem ich den Busstag in Leipzig hinter mir habe[3] – hier reichlich gut gehen zu lassen.

So jetzt ist alles gesagt. Aber Du bist so wie jene Dame hier, die ich gestern in der Telefonzelle nebenan als Schluss eines Gespräches sagen hörte »Nu sag mir noch was Süsses mein Kleinchen«. Ich soll Dir wohl auch noch was Süsses sagen, mein Kleinchen – na also: sei herzlich umarmt von Deinem bisher noch getreuen

Stefzi

Grüße an alle

1] Berlin zutiefst unsympathisch. · 2] Sein Freund Camill Hoffmann war Pressechef der tschechoslowakischen Gesandtschaft in Berlin. · 3] Zweig machte am 16. November, Buß- und Bettag der evangelischen Christen, Station in Leipzig.

Im Café des CENTRAL-HOTEL   20. Nov. 21, Sonntag
BERLIN

Liebe Fritzi,

ich komme endlich heute Sonntag abends in einem Café dazu, Dir zu schreiben. Es wirbelt um mich von Mensch und Dingen, dazu täglich Theater, dann die Überraschung Victor[1] hier zu finden. Gestern war ich bei Harden – lange, sehr informative Gespräche, heute zwei Stunden bei Rathenau, der eben von der Reparationscommission kam: ich war wirklich ergriffen, dass er mir seine Zeit widmete und so freimütig viel erzählte.[2] Dazu noch die laute anstrengende schreiende Stadt, die mich ebenso fasciniert wie sie mich abstösst.

Ach, wen habe ich alles schon gesehen: Fischer, Kahane, Handls Frau und Tochter, Schauspieler, Dichter, dabei weiss man es erst allmählich, dass ich da bin. Alles das frischt auf und ermüdet gar nicht. Von Kaemmerer ein rührender Brief, es geht ihm schlecht, vielleicht fahre ich doch noch hinüber.[3]

Nun eine Sache, die Du belächeln wirst. Ich habe für die Stadt ein so merkwürdiges Gefühl von Feindlichkeit trotz aller Achtung, dass ich spüre, ich *kann* hier nicht vorlesen. Es ekelt mich. Und morgen will ich den schweren Gang tun und versuchen abzusagen, die Kosten den Leuten ersetzen. Diesen Luxus muss ich meinem Gefühl gönnen: ich mag nicht mehr anders als vor Freunden lesen. Ausserdem ist es ungeschickt arrangiert, der Leiter selbst nicht da — es graust mir, es graust mir, vor den Leuten zu sprechen. Hoffentlich gelingt mir die Absage! Bitte lache mich nicht aus, dass die Stadt eine so merkwürdige Wirkung auf mich hat, aber ich *kann* mich wirklich nicht überwinden, ich habe einen seelischen Chok von dieser preussischen Tüchtigkeit und Rührigkeit bei aller intellectuellen Bewunderung. Und dann — wie viel Bekannte habe ich hier, wie wenig *Freunde* (Camill reist morgen für 4 Tage nach Prag.) Ich fände es anständiger von mir, den lieben guten kranken Freund in Hamburg zu besuchen, als hier einem Häufchen Snobs vorzulesen. Die Ausrede für meine Anwesenheit hier brauche ich nicht, ich spüre, dass mir ein solches Intervall nötig war. Aber ich könnte hier auf die Dauer nicht atmen: das Betriebhafte (auch im Eros) ekelt mich, es ist *zu* viel Sauerstoff in der Luft.

Dabei fühle ich mich vortrefflich, leicht, jung, unermüdbar, belebt, angeregt und heiter, auch der Husten weicht allmählich. Lass es Dir gut gehen, ich freue mich auch wieder nach Salzburg — erst an solchen Intervallen lernt man die Ruhe schätzen.

Herzlichst Dir, den Kindern, den Freunden Dein   Stefzi

1] Victor Fleischer. · 2] Walther Rathenau, Leiter der deutschen Delegation bei den Reparationsverhandlungen, hernach Reichsaußenminister (er wurde am 24. 6. 1922 ermordet). · 3] Zweigs Hamburger Freund Ami Kaemmerer war krank.

[Berlin, 21. 11. 1921]

Liebe Fritzi,

Ernst Weiss war eben Zeuge meiner Blamage – ich ging feierlich meinen Vortrag[1] absagen, stiess auf die Sekretärin, ein bildhübsches Mädchen und meine Kraft war dahin, ich gab nach und werde also doch singen müssen. Und mir graut *so* davor. Für Deine Briefe tausend Dank, Du machst alles vortrefflich. Herzlichst Dein

Stefan

Herzlichste Grüsse und Empfehlungen Ernst Weiss
Ich hätte mich sehr gefreut, Sie wieder zu sehen. E. W.[2]

1] Sein Vortrag über Dostojewski. · 2] Ernst Weiss, Arzt und Schriftsteller aus Brünn, der in Berlin lebte.

[Salzburg] Montag, 21. Nov. 21

Mein Liebes,

also heute ist Hochbetrieb: in der Früh Organisierung der Holzeinbringung – mehrmals Wald – dann Modistin, Jahn (Weste 28 000 Kronen, ich schreibe zuvor an Masereel[1]) und Steuerbehörde, zu der Du Vorladung erhieltst.[2] [...]

Nun zu Dir mein Liebes. Ich danke Dir für Deine Karten. Die erste aus Berlin ist mit der, die Du mir Samstag schriebst, heute abends gekommen. Hoffentlich hetzt Du Dich nicht zu sehr. Bin neugierig, was Du von Rathenau schreibst. Ich bin froh, daß Du die alten Verbindungen und Anregungen wieder aufnimmst, Harden etc. und Victor – das ist nett, daß Du ihn trafst. Grüß ihn herzlichst, natürlich Hoffmanns. – Denk Dir, Liebes, Schmidtbonn kommt auf einige Wochen her. Metz erzählte es mir. Ich freu mich auf sie. Metz sehe ich kaum flüchtig, er arbeitet und Rieger ist in Wien, Faistauers, die mir noch die liebsten Freunde »?« waren, schweigen.[3] [...]

Mein Liebes sei umarmt und vergnügt und wenig untreu Deinem arbeitsamen

Mumu

1] Kauf einer Weste für Masereel bei Jahn in Salzburg. · 2] Vermögensabgabe, die Zweig schon bezahlt hatte. · 3] Maler Anton Faistauer und dessen Frau Emilie (Milli) aus Salzburg.

Mittwoch (6 Uhr kam Dein [Berlin, 23. 11. 1921]
Brief von Montag)

Liebe Fritzi,

endlich ein paar Zeilen – heute ist Mittwoch Abend, ich sollte zu Kahanes, habe aber abgesagt, um ein bisschen Ruhe vor den Menschen zu haben und 8 Stunden im Bett zu liegen, statt wie sonst nur dort fünf rasche Stunden zu schlafen. Zu meinem Vortrag, den ich mir abtreiben wollte, ist ein Zwilling gewachsen: die grosse Action für die Russenhilfe, die im Staatstheater einen grossen Vormittag (mit Durieux, Kortner, russ. Musik) für Dostojewski macht, zu der Karl Kraus die Einleitung sprechen sollte, bat mich dringlichst, als sie von meiner Anwesenheit hörten, und ausserdem Kraus nicht kommen kann, die Rede zu halten. Nun, Du weisst, was ich für ein Dilettant im Ablehnen bin – ich musste nachgeben und habe jetzt zu allem noch einen Vortrag zu zimmern, mitten im Trubel.

Nicht nur, dass ich unzählige Leute sehe, ich treffe noch jeden Augenblick durch Zufall Kurt Wolff, Victor Fleischer, Dr. Stiedry, den Dirigenten der Oper, auch mit Busoni, mit den Heymanns,[1] mit Tod und Teufel war ich. Im Theater meist bei unanständigen Stücken, Freitag will ich auf einen »Galaball« düsterer Kategorie mit Hermann Ungar – Freitag soll aber auch Kippenberg aus Leipzig kommen. Chaos, nimm mich hin! Dabei fühle ich mich innerlich sehr erfrischt und wäre der verdammte Katarrh schon fort – ich fresse jede Nacht Aspirin und drücke ihn allmählich in die Ecke – so würde ich noch mehr bummeln. So liege ich aber heute – oder ich will es zumindest – um 9 Uhr schon im Bett und arbeite dort meinen Vortrag.

Mein Liebes, was hast Du für Scherereien mit Haus und Hof. Über die Bezahlung der Vermögensabgabe habe ich eine Bestätigung, wenn ich nicht irre. In der ersten Lade oben rechts des Schreibtisches im Bibliothekszimmer findest Du ein Couvert, darauf steht Vermögensabgabe: darin muss sie sein, wenigstens die eine (oder bezieht sie sich nur auf das Einbekenntnis?). Übrigens hat das Ganze Zeit bis nach meiner Rückkehr, wenn Du sie aber findest – umso besser. Ich freue mich, Haus und Hof in so guter Ordnung zu finden: habe vielen Dank. Auf Schmidtbonns freue ich mich riesig – wenn F.[2] »böse« sein wollen, mögen sie! Ich hatte das zwar alles voraus gesehen und auf eine Absage an sie gedrängt – aber ich habe Ihnen geschrieben und wenn sie einfältig sein wollen, so mögen sie es sein. An Masereel schreibe *nicht*, das ist ja *meine* Sache: ich hatte mit Jahn ungefähr 10–13 000 Kronen (ursprünglich 8) in allerdings nicht ganz bindender Form vereinbart. Auf 24[3] zu steigern, wäre ein Wucher. Aber lassen wir diese Dummheiten des Geldes.

Im Ganzen: ich spüre diese zwei Wochen als starkes Tonikum. Leider wird die Fahrt über Wien eine arge Rackerei werden und den Schlafwagen Berlin-Prag (der dort in franz. Geld gezahlt wird und 1000 Mark kostet) zu nehmen, bin ich zu geizig. Vielleicht übernachte ich in Prag. Nun, wir werden ja sehen. Ich kann Dir nicht alles Einzelne schreiben, viel wird ja zu erzählen sein. Herzlichst Dein heiter gestimmter, Dir aber unvermindert zärtlich zugetaner

Stefan

Grüsse an Kinder, Hund und Haus, alles Herzliche den Freunden.
Der Zug nach Wien von Prag kommt erst um Mitternacht an und da kann ich nicht zu den Eltern!

1] Moritz Heimann, Lektor im S. Fischer Verlag, und dessen Frau Gertrud. · 2] Anton Faistauer und dessen Frau Emilie (Milli) aus Salzburg. · 3] 24 000 Kronen für Masereels Lederweste bei Jahn in Salzburg.

[Berlin, 25. 11. 1921]
Liebe Fritzi,
ich war gestern abends bei Fischer, wo Heymann zum erstenmal seit einem Jahr wieder in Berlin auftauchte. Er sprach sehr, sehr herzlich von Dir und bat mich, Dich vielmals zu grüssen, ebenso Herr und Frau Fischer.[1] Das Essen war prunkhaft, Berlin

W mit sechs Gängen, Gesellschaft, Jessner der Intendant, Wassermann (mein Graus!),[2] später Rathenau und Kerr. Im ganzen
ziemlich gelungen, obwohl ich diesen Typus Einladung verab-
scheue, der einen überdies 8 Stunden kostet, mit dem Hin und
Zurück.

Den Vortrag für das Staatstheater habe ich heute Freitag noch
immer nicht gemacht, aber jetzt kommt er endlich an die Reihe.
Ich fühle mich sehr wohl hier und bin ganz eins mit Hofmannsthal in der Meinung, dass hier eine stimulierende Luft ist –
schliesslich kommen ja alle Rasseneigenschaften aus der Atmosphäre. Auch bei Busoni war ich, freilich mit gemischtem Gefühl:
der wunderbare Mensch ist umlagert von einem Weihrauchwei-
berklüngel wie weiland Vater Liszt. Sonst noch viele Leute, die
alle pressiert an einem vorbeischiessen wie die Telegrafenstangen
an einem fahrenden Zug – ach, diese Geschwindigkeit in Berlin,
nicht nur im Geschäft, Du solltest auf der Strassenbahn die Fixig-
keit erotischer Abschlüsse sehen. Das geht alles klipp klapp ohne
Einleitung directemang darauf los auf die Schose. Wie in einem
Caroussell hat man Freude an der Geschwindigkeit, Freude und
Brechreiz zugleich.

Ich bleibe wohl bis Montag abends hier, will Dienstag nach
Leipzig, Dresden, Mittwoch oder Donnerstag in Wien, Samstag
oder Sonntag oder Montag in Salzburg sein. An Vorlesungen in
Brünn ect denke ich nicht im Traum. Bitte sei nicht ungeduldig
auf Deinen

Stefzi

Alles gedenkt Metzens[3] herzlich, Fischers ect. und ich nicht minder. Grüsse ihn und alle

1] Verlegerehepaar Hedwig und Samuel Fischer in Berlin-Grunewald. ·
2] Stefan Zweig und Jakob Wassermann waren nicht gut aufeinander zu
sprechen. · 3] Fritz Metz, Freund des Hauses Kapuzinerberg 5.

*Am Sonntag, dem 27. November, veranstaltete das Berliner Staatstheater
eine Feier zu Ehren Dostojewskis (100. Geburtstag). Zweig sprach über
ihn »als Anwalt des Leidens«.*

Liebe Gattin,

auch die Dostojewski-Feier ist überstanden und war, so weit ich mich bescheiden ausschalte, sehr schön, besonders ein russischer Schauspieler und eine Balalaikatruppe. Die Durieux walzte mein Gedicht gut pathetisch ab. Jetzt brauche ich nur mehr wegzureisen, wozu ich mich sehr schwer entschliesse, da es mir jetzt sehr gefällt und ich von Kippenberg noch keine Nachricht habe. Alles Weitere telegrafisch. Herzlichst Dein

Stefan

Ich bin bei Hoffmanns bei Tisch, wo ich schon wieder Gänsebraten bekomme (nimm Dir ein Beispiel.)

[Nachschrift von Camill und Irma Hoffmann, Unterschrift von Hermann Ungar:]

Stefans Vortrag war meisterlich und das Beste der Matinée. Ich freue mich sehr, Stefan in so ausgezeichneter Form zu sehen. Viele schöne Grüsse Ihres Camill Hoffmann.

Ich freue mich, Sie bald wiederzusehen! Herzlichst Irma H.

Hermann Ungar

Montag, [Salzburg, 28. 11. 1921]

Lieber Steffi,

freue mich Deiner guten Laune und hoffe, daß sie Dir in Wien nicht flöten gehen wird. Meine Geduld läuft aber schon langsam ab und war nur bis maximal Donnerstag eingestellt. Wenn Du wirklich mich an meinem Geburtstag[1] allein hier sitzen lässt, so werde ich alle Deine »Dir zärtlich zugetaner« oder »in unverminderter Zärtlichkeit« und dergleichen Unterschriften mehr als faulen Mumpitz betrachten. Nein, Spaß beiseite, Steffi, wie soll ich da das im Sommer so empfindlich erschütterte Vertrauen, daß Du Dir noch etwas aus mir machst, wiedergewinnen, wenn Du mich immer mehr in die Ecke drücken willst. Man darf nicht immer nur an sich denken und im Schwelgen vergessen, was ein anderer – ohnedies schon höchst reduziert – in Anspruch nimmt. Ich habe gehofft, Du wirst in 14 Tagen wieder da sein, nun schiebst

Du Tag auf Tag an. Ich schreibe Dir das, damit Du Dich in Wien nicht zurückhalten läßt. Wenn Du Dich darauf ausredest, ich sei krank, so ist das nicht so weit gefehlt. Ich lag mit Katarrh zu Bett und bin heute versuchsweise aufgestanden, und meine Kopfschmerzen, von Husten und Heizung und Kälte u. sonstiger Lebensweise sind auch kein Hund. Das läßt sich alles mit der Hoffnung auf Deine baldige Rückkehr ertragen, wenn Du aber jetzt nach Berlin auch noch in Wien *Zelte aufzuschlagen* gedenkst, so geht meine gute Laune flöten.

Daß ich Dir zu früh gratulierte, darfst Du mir nicht übel nehmen. Es entspringt jenem Abend in Lübeck, wo Du zwei Tage vorher, also am 26ten, erklärtest, wir müssten Deinen Geburtstag mit Champagner feiern.[2] [...]

Nun hoffe ich Deine Berichte bald mündlich in Empfang zu nehmen. Grüß mir die Eltern und Alfred herzlichst. Die Kinder bekamen heute von beiden Vätern Karten u. lassen Dir danken.[3]

Herzlichstes, mein Liebes, von Deiner

Mumu

Vergiss mein Kleid nicht.

1] Sonntag, 4. 12. 1921. · 2] Geburtstagsfeier im November 1912 in Lübeck. · 3] Alix und Suse erhielten Grußkarten von Felix Winternitz und Stefan Zweig.

Stefan Zweig, der seinen 40. Geburtstag in seinem Berliner Freundeskreis feierte, fuhr am 29. November über Dresden, Prag und Wien zurück nach Salzburg, wo er vermutlich am Sonntag, dem 4. Dezember (Friderikes Geburtstag), ankam.

Stefan Zweig hatte die Einladung, im Januar 1922 als Repräsentant Österreichs an der offiziellen Feier zum 300. Geburtstag Molières in Paris teilzunehmen, abgelehnt. Er zog es vor, als freier Schriftsteller an der Gründung des Cercle littéraire teilzunehmen. Am 20. März fuhr er mit der »Hofrätin« Berta Zuckerkandl über Strassburg nach Paris. Zweig verbrachte dort acht Tage.

Hôtel des Colonies,   Dienstag [Paris, 21. 3. 1922]
27, rue Paul Lelong

Liebe Fritzi,
      dies der erste Brief, da Du doch Berichte willst. Ich bin ganz
ausgezeichnet mit der guten Hofrätin gereist, in Strassburg über-
nachteten wir, sahen wieder morgens das herrliche Münster, fuhren dann in den ausgezeichnet leichten französischen Waggons
weiter, kamen pünktlich auf die Minute an. Desprès und
Bazal[gette] erwarteten mich, ich ging nur einen Sprung in das
sehr nette Hotel, wo ich ein hübsches Zimmer mit gefährlich
breitem Bett bekam, dann gleich spazieren mit den Freunden.
      Luxus, Glanz unerhört. Nie waren die Strassen so hell, so strah-
lend, der Geschmack so entwickelt. Nie habe ich die Distanz zu
unsern dunkeln, am Abend erloschenen Städten so gefühlt. Aber
merkwürdig – nur ein Gefühl der Antwort innen darauf, dass
mich diese Welt nichts angeht, nicht interessiert. Alle die Theater
spielen nicht für mich – sowenig wie für meine Freunde hier, die
jahrelang den Fuss nicht hinsetzen, all diese Herrlichkeit erregt in
mir nicht – wie bei den meisten – einen Funken Neugier oder
Spannung. Die kieselgrossen Edelsteine – ich möchte sie nicht
aufheben.
      Dieses Gefühl des Nicht-Haben-Wollens macht natürlich den
Aufenthalt hier viel schöner. Eine Modefrau aus Österreich müsste hier toll werden – wir haben ja alles vergessen, was es gibt und
gab. Dabei gar nicht teurer als bei uns – ich glaube, dass ich mir
z. B. Schuhe kaufen werde und Kleinigkeiten. Aber die Qualität
des Essens ist unbeschreiblich: Milch, Käse, Gemüse, Fleisch, das
hat alles Trefflichkeiten, die wir längst vergessen haben. Herrlich
leicht und doch voll alles und jedes. Ich werde Dir viel vorzu-
schwärmen haben.
      Die Freunde – Crucy & Jean R. Bloch sind für paar Tage fort –
soll ich alle gemeinsam bei einem Essen sehen, das Dienstag den
28. angesetzt ist, um allen Zeit zu lassen und alle zu vereinen. Am
29. mittags oder 30. will ich dann fort. Rolland sehe ich heute.
Lass es Dir gut gehen und grüsse alle

                                                                    Stefzi

Liebe Fritzi,

ich schreibe Dir herzlichen Dank für Deine Erledigung der Insel Sache und Amsterdam. Es geht mir hier sehr gut und ginge mir noch besser ohne die verfluchte Einfühlungsfähigkeit: ich sehe hier die Situation von Seiten Frankreichs. Man versteht viel, wenn man denkt, wie die Menschen hier unter den Zeppelinen gelitten haben und wenn man sich ausdenkt, von Salzburg bis Linz stünde nicht ein Baum, ein Haus, alles wäre dem Erdboden gleichgemacht.[1] Ich war stundenlang heute im Louvre: wenn hieher eine Bombe gefallen wäre! Oh, warum kann man hier nicht vergessen, warum erinnert alles so furchtbar, viel viel mehr als in Deutschland oder bei uns!

Samstag gibt der neue Cercle International Littéraire, den Anatole France präsidiert, sein erstes Déjeuner zu Ehren Galsworthys, der ihn dem englischen angeschlossen hat.[2] Als Symbol der Internationalität hat man mich geladen und zwar in der herzlichsten Form. Ich habe mich mit Händen und Füssen gewehrt, so dass sogar Rolland froissiert[3] war – ich will nicht Manifestation sein, nicht »begrüsst« werden. Aber ich kann wohl nicht anders – denn die Ablehnung wäre eine noch peinlicherer Manifestation und vor allem für die Freunde. So muss ich wohl oder übel mitparadieren – ich bat nur dringend, alle Ansprachen zu vermeiden. Du weisst, wie ich unter Öffentlichkeit leide. Glücklicherweise habe ich viele Freunde dort.

Das Hotel ist reizend: leider die Besitzer von jener kalten ablehnenden Höflichkeit wie damals in der Westschweiz. Man ist geduldet. Am liebsten zöge ich in das [Hôtel] Beaujolais hinüber, wo ich ein kleines Zimmer um 5 Francs haben könnte, aber ehe ich Euch von der Änderung verständige, sind Eure Briefe hier. Post ist eine Kette, es gibt nur Freiheit des Reisens ohne Briefe. Ich erzähle das nur Dir, nicht einmal den Freunden, die sich einbilden, man liebe die Österreicher. Schliesslich ist doch vor drei Jahren in der Nachbarstrasse eine Zeppelinbombe niedergefallen und hat 10 Leute getötet. Wie könnten die Menschen da herzlich sein. Wir müssen eben büssen für alle – dafür bleibt viele Schlechtigkeit, die man selbst begangen, für immer geheim. Ich weiss nicht, ob Du mich ganz verstehst – ich bin froh, dass ich auch die

Feindlichkeit fühle, denn die Liebe meiner Freunde könnte mich sonst leicht über die Situation täuschen. Es war doch gut, dass ich kam: nie habe ich es als notwendiger empfunden, weiterzuarbeiten in unserm Sinn. Es ist nötig, nötiger als je.

Heute war ich bei Zifferer mit der Hofrätin und meinem alten Freund Crommelynck. Wir haben viel Jugendzeit aufgefrischt: ach wie reizend war diese Stunde. Abends bin ich mit Bazal-[gette], nächster Tage noch einmal Rolland (der sehr leidend ist). Jouve und Arcos sind noch nicht aufgetaucht. Samstag bin ich bei Duhamel, abends bei Vildrac, Dienstag ist das gemeinsame Abschiedssouper. Mittwoch (spätestens Donnerstag) will ich reisen.

Nächste Briefe also Zürich, Hotel Royal Habis, eventuell St. Gallen poste restante Hauptpostamt, Telegramme bis 29. hierher an Zifferer oder Desprès (ich fahre möglicherweise nach Chartres und gebe das Zimmer früher auf.) Das Rückvisum, das mir blöderweise die Leute in Wien nicht hineinschrieben, besorgt mir Zifferer.[4] Zum Einkaufen komme ich wohl kaum, Deine Crème wird aber nicht vergessen, ebenso Dein Kleid, falls Du die Masse an die Hofrätin geschickt hast.

Ich freue mich sehr auf die Reise und freue mich auf die Heimkehr. Alles Gute den Kindern, Dir und Wuwu[5]

Stefzi

Mittwoch, 23. [= 22.] März

1] Bombardierung Frankreichs durch die deutsche Luftwaffe im Ersten Weltkrieg. · 2] Gründung des Cercle littéraire und Déjeuner am 25. März. · 3] Gekränkt sein. · 4] Paul Zifferer, Legationsrat der österreichischen Gesandtschaft in Paris. · 5] Rolf.

jeudi soir [Paris, 23. 3. 1922]

Chèrie,

spectacle unique à Paris – la fête de la mi-carème dans la neige. Tu ne peux pas te figurer l'exubérance de la joie: centaines des milliers de personnes en costumes dansant sur les boulevards, une inondation de lumière – jamais je n'ai vu un pareil delire de joie. L'impression de Paris est enorme: tout vibre, tout brûle d'ardeur, incomparable avec Berlin, où tout n'est que vitesse et travail.

J'étais aujourd'hui avec Martinet, puis chez le bon père Arcos, je ne verrai les Jouves[1] que Dimanche (ils font des grandes folies et ont loué ici un appartement très cher avec la même idée folle d'avoir des pensionnaires). Je suis très heureux de mon séjour ici, néanmoins que je ne pourrais plus y vivre – la ville est trop gaie, trop luxurieuse, trop triomphante. Mais je ne voudrais pas vivre sans la voir de temps en temps. Merci pour ta carte et tout.

S.

Einzigartiges Spektakel in Paris, das Fastnachtsfest im Schnee. Du kannst Dir den Ausbruch der Freude nicht vorstellen: Hunderttausend kostümierte Leute tanzen auf den Boulevards, eine Überflutung von Licht – noch nie habe ich ein derartiges Delirium an Freude gesehen. Der Eindruck von Paris ist enorm: alles vibriert, alles funkelt, nicht zu vergleichen mit Berlin, wo alles nur Hast und Arbeit ist. Ich war heute mit Martinet zusammen, danach bei dem guten Vater Arcos, Jouves[1] sehe ich erst wieder am Sonntag (sie machen eine große Dummheit, sie haben hier eine teure Wohnung gemietet mit der verrückten Idee, Pensionäre aufzunehmen). Ich bin sehr glücklich über meinen Aufenthalt, obwohl ich hier nicht mehr leben könnte, die Stadt ist zu fröhlich, zu luxuriös, zu triumphierend. Aber ich möchte auch nicht leben, ohne sie von Zeit zu Zeit zu sehen. Danke für die Karte und für alles.

S.

1] Pierre-Jean Jouve, der sich 1921 von Andrée scheiden ließ, lebte mit der Psychoanalytikern Blanche Reverchon zusammen (Heirat 1925).

Am 2. Mai heirateten Stefan Zweigs Bruder Alfred und Stefanie Duschak in Wien (wohnhaft in Wien IX, Ferstelgasse 6).

Papa Moriz Zweig befand sich vorübergehend in einem Sanatorium in Baden bei Wien. Mama Ida Zweig machte dort eine Kur.

Am 13. August wurden die Salzburger Festspiele mit Hugo von Hofmannsthals Mysterienspiel Das Salzburger große Welttheater *in der Kollegienkirche eröffnet.*

Vom 13. August bis 14. September weilten Friderike und Stefan in Westerland auf der Nordseeinsel Sylt.

Am 22. September fuhr er nach Wien, um Verwandte zu besuchen.

Lieber Stefferl,

wann wirst Du wohl in Wien angekommen sein! Bis 1 Uhr stand der Zug noch da. Ich hoffte, Du kämest noch einmal ans Gitter, um mir freundlicher Adieu zu sagen, mein Liebes. Dein Blick war eiskalt, als Du mir die Hand gabst, nur die Hand. Und warum, weil Du ein Paar Socken erwischt hast, das ich für Valerie zum Stopfen hingelegt hatte. *Dir* hatte ich sie ja in den Koffer gelegt und Dir *Tags zuvor*, das weiß ich sicher, ein Paar grüne gegeben, die ich noch ganz glaubte. Auf Lack,[1] das kannst Du jeden fragen, legt sich in wenigen Stunden Staub an und die Hölzer waren *alle* in den neueren und wertvolleren Schuhen. Dann, wie lange sind wir zurück und wie bald fuhr ich darauf nach Wien, wie viel Tage waren mit Gästen angefüllt und wie viel Stunden sitzt Meingast im Zimmer; dann war ich unwohl und hatte Schulsachen zu erledigen. Erinnere Dich doch auch: fast einen Tag räumte ich unten in der Registratur und Deinen Wunsch nach dem neuen Hausfaszikel[2] erfüllte ich sofort. Nein, mein Liebes, es war halt die übliche Reiseaufregung, mit der Du aber rechnen solltest, u. Sachen, die Du unbedingt immer mitbrauchst, wie Visitenkarten, sollten schon in irgend einem Reisebehälter immer bereit bleiben. Außerdem musst Du Gäste vor Reisetagen rücksichtslos hinauswerfen und niemandem Hoffnungen geben, da zu wohnen. Allerdings ist ein Zusammenhang mit Gästen und Verreisen, denn Du entfliehst ihnen gerne. [...]

Hoffentlich hast Du Alfred besser gefunden als in den Briefen. In Briefen ist ja immer das Maximum an Klage. Hoffentlich sind auch die lieben Eltern wohl. Einzeln könnte ich mir die Haare ausreißen, daß Du jetzt das *göttliche* Wetter versäumst. Hoffentlich hält es, bis Du kommst. Post von der Creditanstalt, Brief, den ich Dir einsende, u. Briefe an uns, 2 von Crucy u. Jouve (Andrée), beide voll Liebe u. Dank. Dann von Tante aus Wiesbaden.

Grüße herzlichst die Eltern, Alfred u. Steffi.[3] Dich, mein geliebter Stefferl, umarm ich

Deine F.

1] Stefan Zweigs Lackschuhe. · 2] Vermutlich Auflistung der Wertsachen oder Haushaltsbuch. · 3] Alfred und Stefanie Zweig.

*Vom 23. Oktober bis zum 3. November machte Friderike Zweig eine
Reise auf Goethes Spuren in Frankfurt am Main und schließlich in Weimar. Stefan Zweig, dessen zweiter Novellenband im Herbst ausgeliefert
wurde, schickte seinen Freunden Widmungsexemplare.*

[Salzburg, 25. 10. 1922]

Cara moglie,[1] um mich herum ist eine Paketpostanstalt – die
Amoke[2] laufen in die Welt. Auch die Terrasse wurde eingepackt,
so knistert und knattert es um mich her: ich aber werde gleich
gehen, um mich der *herrlichen* Sonne noch zu erfreuen, die heute
sich hieher verirrt hat. Briefe: von Deinem Mütterchen[3] diese
Karte, von meinen Eltern ein langer Brief Papas,[4] dem Du bei
Gelegenheit schreiben solltest, ferner will die Filmvertriebsstelle,
die mir [für mich] die Novelle verkaufte, auch ein Exemplar von
Vögelchen,[5] weil danach sich schon jemand erkundigt hätte. Ich
höre Dein geldhungriges Herz von Frankfurt bis hieher bei dieser Nachricht klopfen. Das Geld an mich haben sie gesandt –
anderseits sind die Goethe Bände von Leipzig, wie mir Hünich
schreibt, bereits abgegangen. Im Hause ist Alles in Ordnung, ich
werde sehr gefüttert, Metz langweilt sich und ein wenig auch
mich mit seiner Larmoyanz: Ich habe so ein Bedürfnis nach heitern Menschen, wie ich es nicht sagen kann, und bin immer von
Raunzern umgeben. Ich kann mich seit Wochen nicht erinnern,
einmal in Gesellschaft gelacht zu haben, obwohl ich innerlich
sehr dazu bereit bin. Aber die Literatur verdirbt wohl die Menschen und die Zeit tut ihr Übriges. Du hast an Victor[6] wenigstens einen guten Partner jetzt, lasst es Euch dort so gut als möglich gehen!

Vater Bahr blieb noch einen Tag hier, hat sich aber nicht gemeldet. Ich wollte nicht zudringlich sein. Auch freu ich mich der
Stille.

Von Dir erwarte ich morgen erste Nachricht. Nur diese Zeilen
für heute – grüss mir die Metzgerin und den Metzger[7] und gib
bei Goethes Deine Karte für mich ab. Herzlich

Stefzi

139

Eben Deine Karte aus Heidelberg. Dank! Brief Deines Bruders[8] habe ich geöffnet wegen Versicherung, Nachricht zu haben.

1] Liebe Gattin. · 2] Stefan Zweig: Amok. Novellen einer Leidenschaft, Insel-Verlag, Leipzig 1922 (Kollektivtitel: Die Kette. Ein Novellenkreis. Der zweite Ring). · 3] Theresia Burger. · 4] Moriz Zweig. · 5] Friderike Zweigs Roman *Vögelchen*. · 6] Fleischer. · 7] Leontine und Victor Fleischer. · 8] Vermutlich Dr. Arnold Burger.

Weimar, Mittwoch 5 Uhr [1. 11. 1922]

Mein Liebes,

eben erhalte ich Deine Karte und die Briefe der Kinder. Mein Liebes, hoffentlich bist Du nicht unzufrieden, daß ich nach Weimar gefahren bin. Rothenburg wäre nur Genießen gewesen, hier lerne ich genießend u. lerne eine Art von Genuß, der mich unerhört beglückt und auch, ja hauptsächlich, weil ich Deinem Wissen würdiger werde. Ich spüre Dich bei allem, was ich sehe und erfahre, und habe eine wahre Wollust, mehr und mehr zu wissen. Der Gedanke, zu Hause bei Dir alle oder die meisten Bücher zu haben und von Dir (ach sprächest Du doch mehr mit mir über solche Dinge) Fragen beantwortet zu bekommen, berauscht mich. Daß es zu einer anderen Zeit viel schöner sei, Lieber, ist ein Irrtum. Es ist ja jetzt hier noch Herbst, die uralten Linden um Goethes Gartenhaus noch belaubt. Ich bin heute, weil im Archiv nicht offen war, den *ganzen* Park abgegangen. Gerade diese letzte Herbststimmung bei hellster Sonne und großem weißem Mond am blaßblauen Himmel über diesen selten schönen Bäumen und den hervorleuchtenden Säulen und Gedenksteinen – mit fast keinen Menschen –, das ist so stimmungsvoll, wie man es sich nur wünschen kann. Mein Liebes, auch in Ober-Weimar war ich und habe eine Straße, die den Namen »Am Horn« führt, hinanklimmend zärtlichst Deiner gedacht. Ich wollte Nachmittag noch ins Goethehaus, bin aber so ins Spazierengehen gekommen, daß es schon dunkel wurde, u. ich hoffte, Nachricht von Dir u. Kindern zu haben. Nach dem Rothenburger Brief u. Karte jammert es mich: Ich lasse ihn mir nach Nürnberg, wohin ich Freitag Vormittag fahre, senden. Ich telegrafiere meine Abreise und wann ich anrufe. Hoffentlich kann ich Dich noch Freitag abends zu Hause telefonisch erreichen, aber *viel viel* lieber wäre es mir, Dich Freitag in Nürnberg innigst umärmeln zu können. Ich sehne mich mächtig nach Dir u. bin ja so riesig gerne mit Dir an fremden Orten und habe Dir endlos zu erzählen u. möchte es noch ganz frisch tun.

Du schriebst nicht ein Wort, wie u. ob Du arbeitest, heute las ich im Berliner Tageblatt, daß unter den bedeutenden Büchern, die am meisten gelesen werden, sind Hamsun, Wassermann, Bonsels, die beiden Mann und Stefan Zweig: [¹]. Die Drei Meister² liegen hier in einer herrlichen Buchhandlung inmitten der schönsten Bücher. Überhaupt herrliche Bücher sieht man da. Heute Vormittag war ich im Wittumspalais. Es ist *entzückend*. Was für Eindrücke! Ich hätte große Lust, mich ganz in diese Dinge zu vertiefen u. einen Curs »Weimar zu Goethes Zeit« zu halten. Vielleicht schreib ich's für die Kinder nieder. Dann, mein Lieber, war ich im Schillerhaus. Nun, ich konnte es eigentlich nicht ganz ohne Bitterkeit sehen. Hauptsächlich die Aufstellung über die Freunde, die seinen Sarg tragen sollten. Da steht in der Liste: *durchgestrichen* »Herr Riemer bei Herrn Geheimrat Goethe – wird die Entschuldigung mündlich vorbringen«. Am Schreibtisch das letzte Blatt »Demetrius«. Ob's ein gutes Stück geworden wäre?? In diesen Interieurs hätte ich gewesen sein sollen, ehe wir unsere Ofen setzten und sonst allerlei: Man lernt in jeder Hinsicht. Die Primitivität ist erschüttend, was das Waschen betrifft. Daß man die Figur der Goeschhausen nie verwertet hat!!³ Oder hat man es? Liebes, daß Du im schlechten Wetter bist! Hier ist die Natur noch gar nicht trist. Friedmann (immer gleich lieb u. munter u. gelahrt) hat morgen kein Colleg und kommt [aus Leipzig] herüber. Vielleicht gehe ich nach Belvedere hinaus, was in Begleitung angenehmer ist. Feiertage sind hier jetzt keine wie bei uns.⁴ Friedmann war mit Dujardin beisammen u. schwärmt riesig von ihm. Dujardin bat ihn nach Berlin. – Also, mein Liebes, endlos möchte ich Dir noch erzählen, kränke mich aber, von Dir so wenig zu wissen. Der Rothenburger Brief wurmt mich! Ich umarme Dich innigst

Mumu

1] Ausruf im Original unleserlich. · 2] Stefan Zweig: Drei Meister. Balzac
– Dickens – Dostojewski, Insel-Verlag, Leipzig 1920. · 3] Luise von Goeschhausen, bucklige Dame aus dem Dunstkreis der Herzogin Anna Amalia. ·
4] Allerheiligen am 1. November.

*Vom 18. bis 30. November war Stefan Zweig in Deutschland. Friderike
schickte ihm ihren Geburtstagsbrief nach Berlin, wo er mit Freunden
feierte.*

Salzburg 24. Nov. [1922]
Mein Liebes,

dieses soll ein Geburtstagsbrief sein, voll guter Gedanken für
Dich, die leider in die Ferne müssen. Dir Glückwünsche an
einem besonderen Tag? Immer tu ich's ja mit jedem Atemzug,
selbst wenn wir scheinbar böse sind. Aber sonst wünschen könnt
ich Dir doch mancherlei, vor allem ein weiteres Feld Deiner
Freuden und daß Dir die Seele Faustens nicht verlustig gehen
möge, wenn der Vergleich mit Mephisto doch auch nicht stimmt.
Aber Du verstehst mich schon. Und dann wünsche ich Dir, daß
Dir von außen und innen wieder die Ruhe zu einer größeren Arbeit kommt, einer milderen, aber doch ganz starken, einer erlö-
senden, die einem das Leben nicht nur geheimnisvoller und ge-
fährlicher zurückgibt, wenn man sie genossen hat, sondern *trotz
allem* beglückender. Ich wünsche Dir das umso heißer, als es mir
verloren ging und ich nicht hoffen kann, daß es mir wieder-
kommt. 3 Dinge lasten zu schwer auf mir und ich brauch ein gut
Teil immer meiner verminderten Kraft, vor allem die Enttäuschung so zu verarbeiten, daß man sie nicht nur an mir spürt, sondern daß sie auch noch fruchtbar werde. Mit mehr Freudigkeit
um mich ging das klaglos. Ich wünsche sie Dir und mir, mein Liebes, und wenn Du auch die gemeinsamen Quellen meidest, so
wünsch ich sie Dir mit dem einzigen Vorbehalt, daß sie uns einander niemals entfremden mögen. – [...]

Leb wohl, sei umarmt von Deinem   Mumu

Rolf hat Josefine fast umgerannt vor Wiedersehensbegeisterung.

142

Liebe Gattin,

mit meinem soliden Leben ist es zu Ende: Victor[1] verleitet mich zu den unerhörtesten Bummeleien. Sonst geht es hier zu wie in Salzburg (aber im August). Alle Leute dieser Erde, Hegner, Albrecht Schaeffer, Heymanns,[2] alle Verschollenen stehen auf. Ich danke Dir sehr für Rolf: den Kindern schreibe ich noch (wenn dieser Bummelfritze Victor mich nicht immer nachts herumschleifte, hätte ich es längst getan). Wir haben ein Restaurant entdeckt, wo man über die Polizeistunde hinaus bleiben kann! Herzlichst

Stefzi

[PS von Victor Fleischer:]
Liebe Friderike
Was mag dieser Bursche erst treiben, wenn er unbeaufsichtigt ist! Herzlichst Dein Victor[1]
28/XI. 22

1] Fleischer. · 2] Moritz Heimann, Lektor im S. Fischer Verlag, und seine Frau Gertrud.

Am 1. Dezember kehrte Stefan Zweig zurück nach Salzburg. Über Weihnachten hinaus (bis zum Geburtstag seines Vaters am 28. Dezember) war er in Wien.

Im Frühjahr 1923 trat Alix ins Klosterpensionat der »Englischen Fräulein« (Maria Ward Schwestern) in St. Zeno bei Bad Reichenhall ein. Die Erziehung Suses, die noch die Pflichtschule in Salzburg besuchte, bereitete Probleme, wie aus einem undatierten Brief Stefan Zweigs an seine Frau in Wien hervorgeht.

Montag.   [Salzburg, undatiert]

Liebes Fritzi,

anbei ein Brief, den ich Dir nachsende, sonst nur Drucksachen. Gestern Sonntag habe ich das schöne Wetter genutzt und bin mit

Fräulein Adler[1] einen Riesenweg (19 Kilometer) beinahe bis Lamprechtshausen gegangen und mit der Bahn zurück. Heute nebliges Wetter. Ich habe meine Arbeit unterbrochen, um eine neue Novelle anzufangen: ich bin jetzt geradezu bedrängt von Plänen.[2]

Suse sorgt dafür, dass ich anständig zu essen bekomme. Leider werde ich ihr heute ins Gewissen reden müssen, denn die Masslosigkeit und Hemmungslosigkeit ist bei den Kindern unheilbar.

Freitag: Freundin, Nachmittag spazieren, Nachtmahl mit Freundin, abends nahm ich sie ins Cafe, Freundin über Nacht.

Samstag nachmittags spazieren mit Freundinnen, zum Abendessen Hertha und Elsie hier, dann im Radio[3] mit Herthas Papa, Elsie hier über Nacht.

Sonntag vormittags mit Freundinnen fort, nachmittags drei Freundinnen zu Hause bis zum Abend.

Selbstverständlich keine Stenografieaufgaben etc. *Das geht nicht.* Sie hat Geselligkeit, indem sie vormittags mit 20 Mädeln zusammen ist, geht doch auch mit Freundinnen spazieren, aber es fängt schon wieder genau so wie früher an, dass sie *nie* allein ist und erst abends, schon übermüdet, die Aufgaben mit halbem Bewusstsein zurechtpatzt. Sie muss erst allein ihre Aufgaben machen, *ehe* die Vergnügungen beginnen. Da wird mir jeder Recht geben, dass das *tägliche* Mit-Freundinnen-Sein, wo sie doch schon 5 Stunden vormittags schwätzt, ein unhaltbarer *Unfug* ist, dem Du endlich [entgegen-] steuern solltest. Du hast doch gesehen, wohin das geführt hat!

Grüsse mir die Eltern, Alfred, Stefanie vielmals und wen Du von Freunden siehst (viel sind es ja leider nicht, die man so nennen kann). Und lass es Dir gut gehen! Herzlich

Stefzi

1] Gusti Adler, Sekretärin von Max Reinhardt. · 2] Nicht zu ermitteln. · 3] Vermutlich Radiozentrale.

Am 27. März 1923 war Thomas Mann zu Gast im Haus Kapuzinerberg 5. Er hatte auf Einladung Zweigs seinen Vortrag über Goethe und Tolstoi *gehalten und aus dem Roman* Bekenntnisse des Hochstaplers Felix Krull *gelesen.*

Am 20. Juni fuhr Zweig über München und Leipzig nach Berlin.
Dort erhielt er von seiner Frau einen kurzen Postbericht mit Autografen-
angeboten.

20./VI abends [Salzburg, 20. 6. 1923]

Lieber Stefan,

hoffentlich bist Du gut gereist u. hast bald trotz Eisberge Dein
gewohntes Wetterglück. Jedenfalls wiegt Dir die Freude, mit Deinem Freund[1] zu sein, Manches auf. Grüße bitte allerseits von mir.
Den Brief von Kra hast Du wohl erhalten, d. h. die Copie. Heute
kam aber ein sehr interessanter Maggs, den ich mir nicht nachzu-
senden getraue, ehe Du nicht Weisung gibst. Vielleicht kannst Du
ihn bei Henrici oder Breslauer einsehen.[2] Vasari scheint mir gut
und Tennyson-Dickens. – Byron wird Dir wohl das Wasser im
Munde zusammenfließen lassen. Beethoven ist, wie ich festgestellt
habe, aus der früheren Zeit.

Romain Rolland schreibt, er werde Dir bald schreiben u. die
Zeilen für Hermann Bahr senden.[3] Soll ich sie gleich der lieben
Berta Zuckerkandl weitersenden? Ich sprach heute eine englische
Dame, die hier ansässig ist, die in England viel mit Verhaeren zu-
sammen war u. allerlei erzählte, das Dich von ihr zu hören inter-
essieren dürfte. Gute Weiterfahrt und viele Grüße von

F. M.

»Wutzi« erhielt von Guido herrliches Futter.[4]

1] Camill Hoffmann. · 2] Autografenhändler Maggs Bros. in London, Henrici und Breslauer in Berlin. · 3] 60. Geburtstag Hermann Bahrs am 19. Juli. ·
4] Hausfreund Guido Fuchs fütterte Rolf.

Stefan Zweig, Hotel Habsburgerhof, Berlin   [22. 6. 1923]

L. F.

ich gebe Dir zu, dass Du doch auch anderes kannst als Krenreiben.[1] Vielen Dank für Kras Brief, bitte sende ihm die Antwort nach
Simon Kra, Paris IXeme 6 rue Blanche. Ich telegrafierte ihm bereits.

Hier in Berlin strömender Regen. Ich habe an der Nordsee nichts versäumt, dadurch dass ich hier Freitag blieb. Camill war sehr lieb, ich ging dann nur zu Henrici, der mir eine Reihe uralter Kataloge, die ich nie mehr zu finden hoffte, zum Cadeau machte.[2] Hôtel schon sehr teuer, 85 000 Mark im Habsburger Hof, ein mässiges Zimmer ohne Telefon, Bahnen überfüllt, ich bekam keine Platzkarte für morgen nach Hamburg mehr, muss also früh an die Bahn. Alles reist wie toll, da am 1. die Preise verdreifacht werden. Die Menschen hier grässlich, Camill fühlt es nach Paris wie einen bösen Traum. Heute beim Friseur ein Hühneraugenmittel gesehen: weisst Du wie es heisst? »Nu mal raus!« Kann eine solche Stadt vor dem lieben Gott bestehn, die solche Namen erfindet? Dabei kauft aber diese Nation meine Bücher: von »Amok« bekam ich das zwölfte Tausend in Leipzig bezahlt, muss also nicht wechseln.[3] Friedmann geht es materiell sehr flau, er selbst auf frischen Freiersfüssen (bitte dies discret.)

Ich bin also morgen Samstag auf der Fahrt und abends in Westerland. Wie lange ich bleibe, hängt vom Wetter ab. Lasse Dich in Deinen Dispositionen nicht stören und handle ganz frei. Ostseebäder erwarten ungeheuren österr. Ansturm, die entsetzliche Überfüllung ist hier chronisch. Ich hoffe, von Dir Gutes in Westerland zu hören, und grüsse Dich vielmals mit einigen eingestreuten Küssen

S.

Alles Herzliche an Suse, Metz, Josefine!
Freitag abends

1] Kren (Meerrettich) entwickelt beim Reiben starken Geruch, der sich alsbald verflüchtigt; Krenreiben (Gschaftlhuberei): bei reger Tätigkeit nichts zuwege bringen. · 2] Autografenkataloge zum Geschenk. · 3] Stefan Zweig: Amok. Novellen einer Leidenschaft, Insel-Verlag, Leipzig 1923 (11.–21. Tsd.).

Salzburg, Donnerstag 28. Juni 23
Lieber Stefan,

gestern, Mittwoch, Deinen ersten Brief aus Westerland vom Sonntag erhalten. Das geht doch rascher als Du dachtest und um-

gekehrt doch wohl auch. Du bist wohl unsicher, ob Du ab 1. Juli
noch 4 Tage bleibst? Länger braucht ein Brief gewiß nicht. Ganz
Dringendes würde ich jedenfalls immer telegrafieren. Ich hoffe,
Deine Post so zu erledigen, daß Du keinesfalls sie dringend beantworten mußt. Eine ganze Reihe von Briefen habe ich »über-
heblich und ungehörig« beantwortet und auch sonst eifrig kren-
gerieben. [...]

Schöne, d. h. Dich interessierende Bücher: Neuer Roman von
Wassermann[1] mit einer guten unsympathischen Figur als Mittelpunkt. Er beginnt mit einer Rettung im Ringtheater. Bahr:
»Selbstbildnis«,[2] »Phantom« von Hauptmann[3] und dann der dicke
Band Dehmelbriefe,[4] die mich außerordentlich interessierten und
fesselten. Besonders die Briefe während des Krieges sind sehr auf-
klärend. Im Ganzen geht die Gestalt außerordentlich rein und
rührend aus diesen Briefen hervor. Die Briefe an die 2. Frau sind
offenbar mit Cosimataktik[5] ausgewählt und überhaupt die Ver-
öffentlichung dieser Briefe gegen das Gefühl Dehmels, der
irgendwo sagt: »Es soll nicht von irgendeiner biographischen
Schnüffelnase ›gesichtet‹ werden.« Um irgendwie richtig informiert über die Haltung der Dichter im Krieg und Umsturz zu
sein, muß man diese Briefe gelesen haben. Ich muß gestehen, daß
für mein Gefühl Hofmannsthal, Mann, selbst Hauptmann viel
schlechter wegkommen als Dehmel, obwohl er sich uniformiert
hat. Man spürt doch bei ihm all die Zeit trotz allem den Horror
vor dem Krieg. Er warnt seinen Sohn (den eigenen), auch seine
Frau, vor romantischer u. sentimentaler Auffassung des Krieges.
Allerdings steht in dem letzten Brief an seinen Stiefsohn als letztes Wort (vor dessen Gang in den Tod) das forsche Wort »Vorwärts! Dein Dehmel«. – Die Briefe werden Dich sehr, sehr interessieren. An Dich sind etwa 5 darinnen, Verhaeren und Verlaine
betreffend und dann der Jeremiasbrief. Das Ewig-Erhitzte, das in
einem niedereren Niveau verschmockt[6] wirken würde, kommt
kindlich rein und eben sehr deutsch bei ihm heraus. Jedenfalls
eine der *besten* Erscheinungen unter unseren Dichtern.

Nun zu Dir, mein lieber Mann (nicht Männe, bitte!) Wie rein-
gewaschen mußt Du jetzt sein! Ganz wohl wirst Du Dich aber
doch erst fühlen, wenn Du das Reinwaschen symbolisch nötig
hast. Hoffentlich hast Du, mein lieber Kleiner, wieder ein Giraf-

fenweibchen von irgendeinem Kieler Me*hr*busen gefunden. Bring mir wieder ihr Photo mit, damit ich sehe, welche Wege Dein Geschmack einschlägt. Im Übrigen interessiert es mich mehr, mein Liebes, zu wissen, was Du arbeitest und *denkst*. Dein Brief war mehr als power (nicht pauvre), in der sichtlichen Absicht, mich und meinen Anspruch auf einen Brief schon vor dem Frühstück für den ganzen Tag loszusein. Deine Vertröstung, Du würdest mir allerlei mündlich erzählen, nimmst Du ja vorweg, indem Du mir nahe legst, möglichst nicht auf Dich zu warten u. eventuell eine $^{1}/_{4}$ Stunde vor Dir eben weggefahren zu sein. Dann werden wir aber vor September kaum zu einem ruhigen Zusammensein kommen. Tu l'as voulu Georges Dandin.[7] [...]

Nun weißt Du allerlei und nicht viel und bist eben im Geiste kräftig umarmt worden von Deiner   F.

1] Jakob Wassermann: Ulrike Woytich. Roman, S. Fischer, Berlin 1923. · 2] Hermann Bahr: Selbstbildnis, S. Fischer, Berlin 1923. · 3] Gerhart Hauptmann: Phantom, S. Fischer, Berlin 1923. · 4] Richard Dehmel. Ausgewählte Briefe aus den Jahren 1902 bis 1920, herausgegeben von Ida Dehmel, S. Fischer, Berlin 1923. · 5] Friderike Zweig war der Meinung, die Herausgeberin Ida Dehmel, zweite Ehefrau und Witwe Richard Dehmels, übe bei der Auswahl der Briefe ebenso Zensur aus wie die Witwe Cosima Wagner hinsichtlich der ersten Frau Richard Wagners. · 6] Auf Effekt angelegt sein. · 7] Das hast Du Dir selbst zuzuschreiben Georges Dandin [Molière: *Georges Dandin oder Der beschämte Ehemann*].

Stefan Zweig logierte zwei Wochen im Hotel Deutscher Kaiser, Westerland auf der Nordseeinsel Sylt.

Samstag 30. Juni.   [Westerland, 30. 6. 1923]

Liebe Fritzi,

ich erhielt heute Deinen Kartenbrief von Montag und einen (undatierten) Brief, beide voll erfreulich beruhigender Nachrichten über Dich und das traute Heim. Ich kann Dir von mir nur Gleiches berichten: ich fühle mich unglaublich wohl in der starken Luft, geniesse das Bad unerhört und schlafe wie ein Klotz, ja ich

148

merke erst, dass ich seit langem vergessen hatte, was ein tiefer, fester traumloser Schlaf für eine Herrlichkeit ist. Hier habe ich es wieder gelernt. Das Wetter ist unentwegt kühl, aber ich liebe die Sonne bei kalter Luft schon von Meran her leidenschaftlich: es ist die Mischung, die mir am besten behagt. Das richtige Curleben, d. h. Nachtlocalleben, beginnt jetzt allmählich seine Placate auszubreiten, aber man sieht viel angenehmere Gesichter als voriges Jahr – es fehlt eben noch der Stosstrupp Berlin W und Wien II und Prag-Smichov, der aber »im Anrollen« befindlich sein dürfte. Die Preise steigen scharf an, der sogenannte Index wurde von 9000 auf 11 000 gestellt, so dass mit einem Ruck alles ein Drittel mehr kostet (vom Friseur bis zum Bad und Briefblatt: tadellos orjanisiert!), natürlich noch immer für unseren heimischen Vergleich billig. Aber die Leute empfinden es doch sehr, und ich habe oft das Gefühl, wir schätzten es uns nicht genug, jenseits der Sorge zu sein, ob man den Sommer »durchhalten« könne, und nicht diese entsetzlichen Rechenkunststücke durchzuprobieren gezwungen ist. Das deutsche Publicum hat wirklich verminderte Kaufkraft – die Österreicher werden ihnen bundesbrüderlich die Saison retten müssen.

Mich hat nur innerlich die schlechte Verbindung gestört, der Gedanke des Isoliertseins von dem directen Eisenbahnstrang: ich würde, so sehr es mir gefällt, nicht mehr herkommen, ehe nicht die Bahnlinie vollendet ist. Mich ergreift unendliche Sehnsucht nach einem belgischen oder französischen Seebad: vielleicht lässt sich das doch in den nächsten Jahren verwirklichen. Denn Seeluft ist mir geradezu *nötig* zur Auffrischung, ich spüre hier die ganze Wollust des Gesundseins, ja selbst Jungseins gegenüber der Schlaffluft[1] von Salzburg.

Nun einiges Heitere. Jene Dame, von der ich Dir schrieb, hat sich als ein weiblicher Lissauer[2] herausgestellt, dick, leidenschäftlich, penetrant, Malerin, religiös katholisch aus Sinnlichkeit – erheiternd also, aber ich muss meine Erfahrungen aus der Josefslegende mir zu Nutze machen und nicht nur passive, sondern auch active Resistenz üben. Ich hätte mich ihrer gänzlich durch Unsichtbarkeit erwehrt, aber sie war so vorsichtig-unvorsichtig, mich mit einigen hellblonden Hamburger und dänischen Mädchen zusammen zu bringen (tout à fait mon typ, unliterarisch, sehr kindisch heiter, entzückendes Deutsch aus blanken Zähnen), mit denen ich unschuldig, halb-unschuldig beisammen bin, im Bade einen blonden Harem um mich versammelnd. Wir lachen sehr viel und ich erinnere mich, dass ich dieser Beschäftigung unendlich lange nicht nachging, und merke, dass es absolut dasjenige ist, was ich brauche. Entweder bedeutendes geistiges Gespräch oder heitere übermütige Blödelei mit netten Kindern, nicht diese melancholischen Expectorationen gelangweilter Fadiane.[3] Ich fühle mich inmitten der Heiterkeit melancholisch an meine Hamburger Tage erinnert – es ist doch eine Frische an diesen blonden Meermädchen, die mich entzückt, wie alles Fremdartige auf mich ausserordentlich wirkt. Über Deinen und meinen Lissauer aber möchte ich zusammen ein Lustspiel schreiben: es wäre lustig und grausam zugleich.

Nichtsdestominder werde ich am 7. Juli morgens nach Hamburg reisen, mittags dort eintreffen, mit Kaemmerers sein und nachts 11.20 weiterreisen. Der Zug ist 9 Uhr früh in Würzburg, 2.40 in München, ich bleibe entweder (um nicht in einem Zug zu fahren) in Würzburg oder ich stürze mich direct in Deine Arme, falls sie nicht schon in einer nordischen oder südlichen See Schwimmbewegungen machen.

Es wird sonnig draussen: mich ruft es zum Bade! Leb wohl, grüsse die faule Suse, die in 8 Tagen nicht einen Brief an mich aufbrachte, Josefine und Deine Trabanten. Sei umarmt von Deinem leidlich regenerierten alten

Stefzi

1] Schlaffe oder kraftlose Luft. · 2] Ernst Lissauer hatte einst Friderike Winternitz heftig umworben. · 3] Ergüsse fader Leute.

Friderike und Suse machten zwei Wochen Ferien in Warnemünde an der Ostsee.

Freitag, 13. Juli. Nachm.   [Warnemünde, 13. 7. 1923]
Mein lieber Stefan,
      nach der gestrigen, eiligen Karte heute ausführlicheren Bericht. Suse habe ich mit Milli F.[1] ans Wasser geschickt, so daß ich in herr-

licher Ruhe schreibe. Hoffentlich hat Dich die Linzer Fahrt in keiner Weise hergenommen. Ich wünschte auch so sehr, Alfred würde endlich sorglos.[2] Wie würde er einen Aufenthalt hier z. B. genießen können. Ich fange an, *riesig* zufrieden zu sein. Mit der Wahl des Hôtels habe ich großes Glück gehabt. Die Besitzer (sie sprechen alle s-t s-t aus) sind sehr feine Menschen, die Gesellschaft tadellos unprotzig. Überhaupt hier vorwiegend gute Gesellschaft und die unzähligen kleinen Kinder, die bis 8 Jahre splitternackt herumlaufen, meist weißblond und cafébraun, heiligen die ganze Nacktcultur. Manchmal glaube ich in einem der Teiche zu sein, wie sie in den »Fliegenden Blättern« abgebildet sind, wo der Storch die Babys holt. Das Bad war heute wundergöttlich. Ich habe den Schwimmgürtel mit und nehme ihn für Weitschwimmen, *ganz weit* ins Meer hinaus, und muß dabei fast überhaupt mich nicht anstrengen. Es ist eine Wonne!! Suse ist ganz Badefloh, läßt sich unausgesetzt photographieren und kann nicht genug haben. [...]

Wie lange ich hier bleibe, hängt von Nachrichten über Romain Rollands Kommen, die Deinen und die Wochenrechnung ab. Vielleicht mache ich noch irgendwo Zwischenstation. Ich fühle mich total sicher im Reisen u. Suse ist es auch, denkt an alles, vergißt und verliert nichts und wir lieben uns sehr. Essen kann sie den ganzen Tag. Das Essen im Hôtel hat sich zwar gebessert, aber es genügt für Suses Appetit nicht. Aber sie hat ein kleines »Körbchen«, in dem sie sich Semmeln u. Bananen (3000 Mark) kauft, u. dann kriegt sie kalte Milch, wo's eine gibt. Dankbarst denken wir an den Spender dieser Genüsse und grüßen ihn mit herzlicher Umarmung und Grüße an alle. Hoffentlich bist Du im Hause zufriedengestellt. Innigst

Fr.

1] Emilie (Milli) Faistauer, Frau des Malers Anton Faistauer aus Salzburg. ·
2] Stefan und Alfred Zweig hatten in Linz eine Besprechung.

[Salzburg, 14. 7. 1923]

L. F.

eben Deinen Brief aus W. erhalten. Also – da Bitten nichts gegen Deine Bedenken zu helfen scheint – ich *befehle* Dir, nicht zu sparen, zu der unzulänglichen Pension reichlich Magenfütterung beizustellen und Dir *Alles* zu leisten. Meiner Berechnung nach hast Du 200 cz. Kronen pro Tag zur Verfügung, also mehr als eine Million Mark nach dem jetzigen Kurs – da kannst Du flott leben, eventuell schicke ich Dir Geld nach oder Du nimmst das Rückreisebillet bei Kaemmerers auf Credit. Ich will, dass Du Deinen Urlaub ganz und voll geniesst.

Rolland schrieb, dass er am 28. von Zürich fort will, am 30. hier sein. Ich riet ihm ab, durch Bayern zu fahren, und freue mich *sehr* auf ihn.[1]

Für Dich kam heute eine Vorladung zum Bezirksgericht für den 17. wegen der Kinder (ob sie hier bleiben).[2] Ich antwortete schriftlich. Sonst nur eine Karte von Risa Rie an uns, Besuche wie Professor Reich ect, die, weil nicht vorangemeldet, kein Glück hatten. Die Hitze ist ausgiebig, aber das Haus sehr angenehm (nur würde ich Dich bitten, in Hinkunft in dem Zimmer, wo ich dictiere, nicht einzukampfern, denn bei geschlossenen Fensterläden entsteht eine dicke Pestilenz.) Rolfi liegt gebrochen in seinem dicken Pelz auf den Steinen und sieht mich vorwurfsvollen Blickes an, dass ich es nicht schon regnen lasse. Ich fühle mich aber bei der Wärme und auch sonst sehr wohl, komme abends früh nach Hause, weil ich die Salzburger Gesichter nach der angenehmen cultivierten Blondheit noch nicht ertragen kann. Gestern sprach ich den Strohwittwercollegen Faistauer, emeritierten Kirchmaler,[3] sonst sehe ich niemanden, der eine Fuchs ist in Wien, der andere in Liebe verschollen.[4]

Ich wünsche Dir Heiterkeit, Abenteuer, Arbeit, Wohlergehen, überhaupt alles erdenkliche Gute. Sei nicht böse, dass ich Dir nicht mehr schreibe, aber ich habe Papa, Mama, Alfred – eine ganze Familiencorrespondenz. Grüsse Suse und sage ihr, ich bestehe auf einem 4 Seiten langen Brief. Innigst   Stefzi
Zu Hause alles in bester Ordnung.

1] Romain Rolland fuhr mit dem Orientexpress via Zürich, Buchs, Innsbruck und Bischofshofen nach Salzburg, wo er am 30. Juli ankam. · 2] Friderike hatte eine Zeit lang Pflegekinder. · 3] Anton Faistauer schuf 1922 die Deckengemälde in der Pfarrkirche Morzg bei Salzburg. · 4] Emil Fuchs (Schachfuchs) und Guido Fuchs.

Vom 30. Juli bis 11. August 1923 war Romain Rolland zu Gast bei Fri-
derike und Stefan Zweig. Sie besuchten Mozarts Geburtshaus und hör-
ten Konzerte der Internationalen Gesellschaft für Neue Musik. Nach
Rollands Abreise wurde im Festspielhaus ein nationalsozialistischer Par-
teitag mit Adolf Hitler als Redner abgehalten. Stefan Zweig verbrachte
einige Tage in Zell am See. Anfang Oktober war er bei seinen Eltern in
Wien.

[Wien, 5. 10. 1923]

L. F.

Dank für die Briefnachsendung und Correcturen. Inselbrief
enthielt leider wieder Mitteilung über 5 Milliarden, die schon
wieder entwertet sind, ebenso wie die 250 M. im Schreibtisch und
weitere 250 in Reichenhall.[1] Aber ich kann nicht den ganzen Tag
herumlaufen und mir das Geld retten. Ich bat Dich damals, es auszugeben, aber dadurch, dass Du erst mit dem 10 Uhr Zug statt
dem 8 Uhr fuhrst, war keine Zeit. Bei meiner Rückkunft muss ich
doch selbst hinüber [nach Reichenhall] – es ist ein Jammer, wie
da eine Million nach der andern im Rauch aufgeht; auch hier vergeht mir der ganze Tag mit diesen verfluchten Dingen. Leider
muss man sich wehren und sich darum kümmern, auch schliesslich erlernen, wie man per Postsparkasse Geld überweist. Ich bat
Dich, Frau Meingast zu fragen, die es Dir gezeigt hätte, schliesslich bedienen sich in Österreich Millionen Menschen dieses In-
stituts und haben es alle erlernt, selbst die kleinsten Dorfladen-
mädel wissen damit umzugehen. Wohin es führt, wenn eine Frau
sich entwöhnt, sich um praktische Dinge zu kümmern und alles
vom Manne besorgen zu lassen, sehe ich leider zuhause an Mama,
die ganz desorientiert ist und auf Fremde angewiesen. Das sollte
eine Warnung sein. Herzlichst

Stefan

1] 250 Milliarden Papiermark, deutsche Währung; durch die galoppierende
Inflation wurde das Geld extrem entwertet. Zweig hatte ein Bankkonto in
Bad Reichenhall, Deutschland, nahe der Grenze zu Österreich.

Am 11. November hielt Stefan Zweig in der Österreichischen National-bibliothek einen Vortrag über Autografen (›Die Welt der Autographen‹, ›Neue Freie Presse‹, 7. 11. 1923).

Mitte Dezember fuhr Friderike Zweig nach Wien, um ihrer schwer kranken Mutter beizustehen. Theresia Elisabeth Burger, geb. Feigl, starb am 20. Dezember 1923.

Vom 25. Januar bis 6. Februar 1924 logierte Stefan Zweig im renovierten Hôtel Beaujolais (Palais Royal, Paris). Derweilen wurden im Haus Kapuzinerberg 5 eine Zentralheizung und ein Bad mit Bidet installiert.

Freitag, Nachmittag [Salzburg, 25. 1. 1924]
Mein lieber Stefan,

sehr, sehr erfreut über Deine Nachrichten, Telegramm als Morgengruß und dann Dein Brief in rasiertem Zustand.[1] Du ahnst nicht, mein Liebling, wie froh ich war, Dich gestern, an dem Prachttag, durch schöne Landschaft in hoffentlich sehr schöne Tage fahren zu wissen, denn – sei es, daß das Arbeitsfieber seinen Höhepunkt erreicht hat, sei es, daß Deine Abwesenheit in diesem Sinn befreiend wirkte, es begann ein wahrer Hexencirkus an Geräuschen, an Aus und Ein, Treppauf, Treppab, Hinaus, Herein, heute beginnend mit überlauten Diskussionen der Arbeiter um 7 Uhr früh, die gleich den Carbiddämpfen durch alle geöffneten Schleusen heraufdringen. Also sei froh der schönen Ferne! Die Kinder haben die Stadien Deiner Reise eifrig verfolgt, und Alix fragte heute Vormittag: »Geht der Stefzi jetzt schon spazieren u. wartet bis der Wachmann ihn über die Straße (Fahrdamm, meint sie) gehen läßt?« Unser Provinzgehirn hopst Dir solcher Art nach, aber erfreulicherweise unwirksam und unsichtbar. Ich hoffe, Du bist mit Deinem Zimmer zufrieden u. siehst alles wieder, was Dich wiederzusehen freut. [...]

Viele Küsse Deine F.

1] Nachrichten von der Bahnfahrt nach Paris.

Liebste Fritzi,

aus meinem herrlichen Zimmer – Blick in den Garten, prunk-
volle Türen aus dem alten Palais Royal – schreibe ich Dir spätabends. Ich war viel herum, habe viel Menschen gesehn, obwohl
ich gar nicht will – aber sie wollen alle. Zuerst Bazal,[1] der prächtig ist, dann war ich bei Kra, dessen Töchter Ligistinnen[2] sind, alles
von Dir und allen durch Madeleine Marx etc wissen, speiste mit
Bazal,[1] war nachmittags bei Billiet,[3] die neuen Masereel Bilder zu
sehen. Du kannst Dir nicht denken, wie herrlich seine letzen Por-
traits sind – man soll die Reproductionen verbrennen, so leblos
und farbtot wirken sie. Ich bin grenzenlos begeistert, und ein
grosses Bild hätte ich leidenschaftlich gern gekauft, aber lieber
lasse ich mich doch von M.[4] portraitieren. Das nimmt zwar Zeit,
aber ich bin glücklich, mit diesem wunderbaren Menschen beisammen zu sein. Er kam dann und wir sprachen lange: er ist nicht
mehr so heiter wie früher, irgendetwas Dunkles hängt über ihm.
Und dann, diese gigantische Arbeit. Dann sah ich noch Scheyer,
speiste bei Zifferer – alles an diesem ersten Tag, wo ich erst um
10 Uhr ankam, tausend Strassen und Dinge sah!!! Dazwischen will
mich morgen Fauconnier und die Hofrätin[5] sehen und Unruh
kommt und ich soll gemalt werden und zu Charavay gehen und
abends wieder verabredet: der Tag wird voll, aber ich nicht müde.
Fürchten tue ich mich nur vor Victor,[6] dem ich noch einmal ausdrücklich telegrafierte, dass ich keine Zeit für ihn habe, ich kann
nicht jemanden hier einkaufen führen und deutschredend her-
umziehen. Hoffentlich kriegt unsere jahrelange Freundschaft kein
Loch durch diese Tage – aber ich bin von früh bis abends verabredet, Sonntag in St. Cloud bei Kra und vielleicht auch Madame
Verhaeren, will Montag den kranken Martinet besuchen und will
Ruhe und Freiheit haben. Wie schade, dass einem die Menschen
durch ein Übermass immer die besten Beziehungen verderben!!
Mein Herrlichstes hier – flâner dans les rues, bouquiner[7] – lasse
ich mir nicht gern durch Verabredungen, Bindungen nehmen.

Gott, ist diese Stadt schön. Abends Lichterschwärme, ein Glanz
ohnegleichen in die Dunkelheit. Dazu diese milde süsse Luft – ich
atme mit dem Geruch meine ganze Jugend mit, beuge mich zum
Fenster mit mir selbst hinaus. Und sass im Januar nachts im Freien

in einem Café, nachdem ich 24 Stunden vorher noch im Coupé erbärmlich gefroren. Leb wohl! Es ist zwar zu schön, hier vom Fenster im Palais Royal, um zu schlafen, aber einmal muss es sein. Innigst

Stefan

1] Léon Bazalgette. · 2] Women's International League for Peace and Freedom. · 3] Galerie Joseph Billiet in Paris. · 4] Frans Masereel. · 5] Le Fauconnier und Berta Zuckerkandl. · 6] Victor Fleischer. · 7] In den Straßen herumschlendern, schmökern.

Samstag,   [Salzburg, 26. 1. 1924]
Lieber Stefan,

gestern abends kam ein Telegramm von Hoffmann[1] mit Anfrage nach Deiner Pariser Adresse, die wahrscheinlich Frau Irma[1] gerne wissen wollte. Ich wollte zuerst Dir telegrafieren, ob Dir recht sei, d. h. daß Du je nach Deinem Gutdünken antworten mögest, dann dachte ich aber, daß Du Camills[1] halber doch schwerlich Deine Adresse verheimlichen kannst – und sandte sie telegrafisch zurück. Wappne Dich also, wenn Du es nötig findest. Viktorl und Medi,[2] letztere sehr zerknirscht, schrieben mir einen sehr lustigen Brief, in dem sie auch der »da kann man halt nichts machen«-Hoffnung Ausdruck geben, Dich in Paris zu sehen. Sie versichern, daß sie mit Dir so mauscheln werden, daß sie niemand für Germanen halten wird, umso mehr als sie Angehörige einer siegreichen Nation sind u. Medi sehr gut englisch spricht. Aber schließlich ist ihr Urlaub noch fraglich. Wie aber, mein Lieber, steht inmitten der reiselustigen und genußsüchtigen Schar Deiner Freundesfrauen Dein »sogenanntes« Mutzi[3] da? Es steht aber gar nicht, sondern es sitzt im Wetterleuchten der Carbidflamme u. freut sich, daß heute Samstag ist u. ein Umsturz war, der den Arbeitern verbietet, Samstag Nachmittag mit Carbid zu wetterleuchten, Kaminfelsen auszustemmen und Plafonds zu begipsen. [...]

Hoffentlich, mein Liebling, hast Du es sehr schön. Sei tausendmal umarmt von

Deiner F.

1] Camill und Irma Hoffmann. · 2] Victor Fleischer und Leontine Sagan (verh. Fleischer). · 3] Sein Kosename für Friderike.

[Paris, 27. 1. 1924]

Liebe Fritzi,

ich fühle mich hier unheimlich wohl: nie schien mir Paris so schön, so sehr welthaft. Ich bin wieder wie berauscht. Heute sah ich Fauc.[1] und bin viel mit Frans. Nächstes Jahr – ich verspreche es formell – musst Du mitkommen. Es ist die einzige Stadt, die man leicht erträgt. Herzlichst

Stefan

Chère amie,

Dommage que vous ne soyez ici! Quand viendrez-vous? Je ne veux pas prendre trop de place ici, car Stefan aurrait aussi beaucoup à vous dire, mais je vous embrasse ainsi que les gosses, qui doivent être grandes.

Frans, Pauline[2]

Liebe Freundin,

Schade, dass Sie nicht hier sind. Wann kommen Sie? Ich möchte hier nicht zu viel Platz wegnehmen, denn Stefan wird Ihnen auch viel zu sagen haben, aber ich umarme Sie und die Kinder, die wohl schon groß sein dürften.

Frans, Pauline[2]

1] Le Fauconnier. · 2] Frans Masereel und dessen Frau Pauline.

Montag   [Paris, 28. 1. 1924]

Liebe Fritzi,

ich danke Dir sehr für Deinen lieben zweiten Brief: Victor ist inzwischen (ohne Gattin) eingetroffen, Irma *leider* ohne Gatten. Infolgedessen versuche ich die beiden zu verheiraten (armer Victor!!!) – habe mich hoffentlich bald aus der Affaire gezogen. Heute war ich bei Martinet, der gerettet scheint, morgen mit Arcos, Jouve,[1] Irma Hoffmann, ferner alltäglich die Sitzung bei Frans für mein Portrait. Dazu Crommelynck, ein notwendiger

Besuch in St. Cloud bei Madame Verhaeren, dann weiss Gott noch wer. Und zwischendurch Paris, göttlich strahlend schön wie nie, ein Meer von Licht und Farbe. Meine liebe Fritzi, ich bin *aufrichtig*, wenn ich Dir sage, dass ich jede Stunde bedaure, dass Du nicht da bist – es ist ein wie von Gott geschaffener Contrast zu Salzburg, und ich verspreche Dir, dass wir nächstes Jahr (wenn ich noch Geld habe, was zu hoffen ist) auf 14 Tage mit Dir im Winter herkomme (das heisst: wenn in S. Winter ist.) Hier frühlingt die Luft selbst im Januar. Und wir essen so *unmenschlich* gut.

Liebe, ich hoffe morgen mit Irma die Kleinigkeiten zu kaufen, sonst bringe ich Dir nur mein Portrait mit, das Dein Eigentum bleibt. Es sind so herrliche Sachen da, aber zur Trauer[2] passen sie nicht und das kann man nur selbst auswählen – also nächstes Jahr, meine Liebe, Gute, die Du im Gehämmer lebst, indes Dein Stefzi atmet und sich der linden Meerluft (mit Crevetten) freut. Wegen der Sommerreise sprach ich mit Frans, es wäre vielleicht möglich, dass sie – bei geteilten Kosten – für einen Monat am Meer irgendwo verlassen ein Häusel mieten, ihre Köchin mitnehmen und Du Dein Suserl. Darüber müssen wir noch reden. Die Reise ist nur entsetzlich weit ohne Schlafwagen. Und dann: die Augen gehen einem hier über.

Gekauft habe ich mir hier nichts (ausser alte Autografenkataloge) – ich bin nur wie besessen von einem Bilde Masereels. Aber ich esse sehr gut und bin trotz aller Hetzerei heiter und wohlgelaunt. Alle grüssen Dich innigst. Sage den Kindern alles Gute – Du siehst aus dem täglichen Schreiben in all der Hetze, dass ich an Dich denke. Innigst Dein

Stefzi

1] Andrée Jouve. · 2] Trauer um Friderikes Mutter Theresia Elisabeth Burger.

Freitag [Paris, 1. 2. 1924]

Liebe Fritzi,
    ich habe hier Menschen gesehen für acht Monate! Dabei soll ich heute ausser Crucy, einer Portraitsitzung bei Frans, einem Abendessen mit Fauconnier noch zu James Joyce zum Thee, ferner will

Madeleine Marx (jetzt Paz nach ihrem neuen Mann genannt) mich sehen. Vor all dem flüchte ich Sonntag nach Chartres, Montag soll ich nach St. Cloud zu Frau Verhaeren und Dienstag nachts heim zu Dir. Was für lärmende Tage hast Du gehabt, wie wirst Du glücklich sein, die Arbeiter aus und den fleissigen Stefzi, den Geräuschlosen, in dem Hause zu haben! Aber es hat mir gewiss sehr gut getan, die freundschaftliche Atmosphäre tut mir sehr wohl. Andrée Jouve hoffe ich Sonntag abends bei Jean Richard Bloch zu treffen, dann habe ich wohl so ziemlich alles erledigt und darf mich für einige Zeit in die Stille zurückziehen (soweit Stille im Hause sein wird). Victor stört mich insoferne nicht, als ich ihn nur morgens sehe, bei Tag bin ich immer unterwegs. Viel wird zu erzählen sein. Eigentlich freue ich mich schon sehr auf die Arbeit – ohne sie ist das Leben doch auf die Dauer sinnlos, selbst wenn es so farbig und vielfältig ist wie hier in Paris.

Ich bin also – falls ich nicht anders telegrafiere – Mittwoch Mitternacht in Salzburg. Komme nicht an die Bahn, es sind ja Verspätungen leicht möglich. Herzlichst Dir und Deinen Bobberles Dein

Stefzi

Portrait wird morgen fertig![1]

1] Nach diesem Porträt schuf Masereel einen Holzschnitt (Originale verschollen).

Freitag,   [Salzburg, 1. 2. 1924]
Lieber Stefan,

es war mir unmöglich zu schreiben. Zu wenig hätten meine Briefe mit den Deinen übereingestimmt. Es hat wieder 12° Kälte und heute arbeiten 11 Leute im Hause, Wolken von Schutt strömen durch das ganze Haus und, ohne daß was passiert wäre, ist auch glücklich etwas – ein Kessel zum Schweißen, glaube ich – auseinandergeplatzt. Du wirst verstehen, daß mir nicht gerade fröhlich zu Mute ist. Meine Nerven sind schon recht absonderliche Organismen geworden und werden lange brauchen, bis sie wieder mir zur Freude dienen können. Immerhin habe ich mich zu beherrschen gelernt. […]

Nun bitte ich Dich zum Schluss nicht vor Ende nächster Woche zuhause zu sein, wenn Du schon menschenmögliche Zustände antreffen willst. Auf energisches Zureden wurden die Arbeiter zwar verstärkt, aber ich glaube nicht, daß vor Donnerstag, Freitag Deine Zimmer heizbar (mit den alten Öfen) und in Ordnung sein werden. Glückliche Reise und auf gutes Wiedersehen Deine

F.

Post nichts Wichtiges, lauter vorteilhafte Nachrichten.

Anlässlich der Feier zum 60. Geburtstag von Richard Strauss weilten Stefan Zweig, Romain und Madeleine Rolland einige Tage in Wien. Sie besuchten auch Sigmund Freud in der Berggasse.

Wien, Montag, 12. 5. 1924

L. F.

vielen Dank! Ich komme zu gar nichts, weil ich sehr viel mit R.[1] bin, dessen Ankunft hier lang verborgen blieb und der bei R.[2] ausgezeichnet geschützt ist. Wir haben jeden Abend Loge in der Oper, ich strausse kräftig mit. Mittwoch sind wir bei Freud, morgen gebe ich das kleine Déjeuner, Mittwoch nachts *hoffe* ich zuhause zu sein. Alle Nähere telegrafisch. Herzlich

Stefzi

1] Romain Rolland. · 2] Erwin Rieger.

Stefan Zweig verbrachte acht Tage in Boulogne-sur-Mer (Pas de Calais).

Boul. sur Mer, Hôtel Christol & Bristol   19 Juillet [1924]

L. F.

nun bin ich da und es gefällt mir sehr. Ich habe einen geschulten Instinct: *gar* kein Luxus, ein leider sehr kleiner Badestrand, dafür hohe Dünen, die ganz mit dichtem Grün bewachsen sind, auf denen man (besser als unten im Sand in Westerland) liegen kann und bis nach England hinübersehen. Das Hotel *sehr* angenehm, ein Zimmer im vierten Stock, das über das Bassin mit den abfahrenden Schiffen schief auf das Meer hinaussieht, zwei Betten (hélas!!), still und comfortabel (20 Frcs im Tag), dann noch eine ganz herrlich belebte französische Provinzstadt mit Markt und Cafés und allem Sonderbaren Frankreichs, das man hier viel stärker spürt als in Paris. Dazu noch — und das finde ich ideal — der »chicke« Curort Paris-Plage $\frac{1}{2}$ Stunde weit,[1] so dass man bequem tagsüber hinüber fahren und dort baden kann, ohne an Zeit Menü und Hotelgesellschaft gebunden zu sein. Ich habe (wie in Ostende) so gerne eine Stadt im Rücken — Westerland ist ein ins Leere hineingebautes Vergnügungsbad ohne Fond. Hier aber ein ewiges Kommen und Gehen von Schiffen, das Ausladen und Abladen, Bewegtheit und *Leben*, nicht das bloss Hergetragene der Berliner und Tschechoslowaken.

Ich schreibe Dir unter dem Eindruck der ersten Stunden in einem Café, gegessen habe ich eben zu Mittag in einem Provinzrestaurant, wo die Handlungsreisenden speisen: aber was bekommen diese Knaben für herrliche Dinge. Man kann hier für ein Spottgeld leben, es gibt hier Pensionen für 18 Francs täglich und dabei die Höflichkeit und Stille. Ich hoffe, hier trotz alles Ausruhens auch für mich arbeiten zu können.

Ich bleibe wohl hier 7–8 Tage. Will dann nach Reims,[2] die Kathedrale sehen, bleibe in Zürich ein paar Stunden, wobei ich Dir die Uhren besorge (ich wollte sie nicht hin und her schleppen.) Schreiben kannst Du mir Zürich bahnhofpostlagernd, *aber nichts Wichtiges*, weil es nicht ganz sicher ist, dass ich hinkomme oder Zeit habe, mir die Post abzuholen. Gegen Ende des Monats bin ich wieder zuhause (wo ich wohl nichts Wichtiges versäumt habe).

Der Himmel spielt hier mit Wolken und Licht, aber er ist hoch und der Wind geht einem bis in die Lungen hinein. Möchtest Du etwas davon aus meinem Briefe spüren. Herzlichst Dir und allen

Stefan

1] Le Touquet unweit von Boulogne-sur-Mer. · 2] Er fuhr jedoch nach Amiens.

Frans Masereel leistete ihm einen Tag Gesellschaft.

[Boulogne-sur-Mer, 25. 7. 1924]

Chère amie,

Nous passons ici, Stefan et moi, une délicieuse journée, dont je suis tout à fait enchanté. À bientôt à Paris.

Frans

Je viendrai bientôt, bien que je me trouve ici excellent bien. Ton

Stefan

Liebe Freundin, wir, Stefan und ich, verbringen hier einen herrlichen Tag, von dem ich ganz und gar begeistert bin. Auf bald in Paris. Frans

Ich werde bald kommen, obwohl ich mich hier ausgezeichnet wohl fühle.
Dein   Stefan

Auf der Rückreise besichtigte er die Kathedrale von Amiens. Hierauf fuhr er über Basel und Zürich zurück nach Salzburg, wo er am 30. Juli ankam.

[Amiens, 27. 7. 1924]

En rentrant je t'envoie encore une carte d'Amiens. La cathédrale encore plus belle que celle de Chartres – je connais maintenant toutes. La ville est tout à fait petit-bourgoise et ennuyeuse. Je ne resterai que quelques heures à Zurich et dormirai à Feldkirch où à Innsbruck. À bientôt ton

Stefan

Auf der Rückreise schicke ich Dir noch eine Karte von Amiens. Die Kathedrale ist noch schöner als jene von Chartres. Ich kenne jetzt alle. Die Stadt ist ganz und gar kleinbürgerlich und langweilig. Ich bleibe nur einige Stunden in Zürich und werde in Feldkirch oder in Innsbruck schlafen. Auf bald, Dein   Stefan

Friderike verbrachte zwei Wochen in Bellagio und Varenna am Lago di Como.

[Salzburg, undatiert, vor dem 5. 9. 1924]

Liebe Fritzi,

ich erhalte soeben aus Florenz ein Telegramm von Martha Weissweiler, ob ich nicht kommen könnte, Leo Feld[1] ist dort im Hôtel plötzlich gestorben (ich war erst vor fünf Tagen mit ihm.) Ich *kann* natürlich nicht hin, ich muss mich jetzt mit den Zähnen gegen jede Möglichkeit, gegen jede Störung verteidigen (zehn im Tage, ich weiss wirklich nicht, was noch mir von meinem Leben gehört). Mir ist es natürlich sehr schmerzlich, Fräulein Eugenie in diesem Augenblick nicht zur Seite zu stehen, aber es gibt wirklich für mich kein Zurück mehr (Ende September muss ich nach Wien, die Berichte sind wirklich zum Verzweifeln, die mir Alfred sendet über die Situation bei den Eltern). Die Sache erschüttert mich sehr: man soll wirklich so voll und ganz leben als man kann, wenn einem solche Zufälle bevorstehen. Hier im Hause alles in bester Ordnung, das Wetter weiterhin schlecht. Hoffentlich geht es Dir gut: darüber habe ich wohl bald erfreuliche Nachricht. Innigst Dein

St

P. S. Von was für Geschmeiss Mama umgeben ist und wie gemein sie verletzt wird, eine Probe. Sie hat jetzt Alfred geheim gefragt, *wann* ich mich getauft hätte, ob das schon lange her sei oder erst jetzt. Sie hätte es von »jemandem« *bestimmt* gehört. Beachte die Unaufrichtigkeit, selbst *jetzt* nicht Alfred zu sagen, *wer* dieser holde Zubringer ist. Der Schwachsinn liegt leider offen zu Tage.[2]

1] Librettist Leo Feld, Bruder von Eugenie Hirschfeld. · 2] Zweig ist zu keiner Zeit zum Christentum übergetreten.

Lieber Stefan,

verzeih das Papier, auf dem Spaziergang aus meinem Arbeits-
heft entnommen. Aber es ist so göttlich schön hier, wo ich eben
bin, daß ich nicht länger zögern kann, es zu sagen, auf die Gefahr
hin, zu spät zum Mittagessen zu kommen. Ich habe heute Deine
beiden Briefe und einen von Lix erhalten, vielen Dank: Die
Nachricht ist schmerzlich. Die arme Eugenie.[1] [...]

Was Du von Mama u. Alfred schreibst, tut mir natürlich leid.
Aber sieh die Dinge, wie sie sind: Alfreds u. Stefanies[2] Horizonte
sind, bei aller Liebe, die sie verdienen – eng. Alles wird, was die
Garnisongasse betrifft, stark unterstrichen, auch um sich für Ab-
trünnigkeit (durchaus begreifliche) von dort zu rechtfertigen. Bei
Alfred tritt jetzt endlich die Reaction von zu großer Abhängig-
keit ein, die durch Güte u. mangelndem Selbstbewußtsein so
lange vorhanden war, bis er sich nun zu zweit stärker fühlt u. den
Gegenstoß erlebt. Aber wenn Du es genau ansiehst, so bist Du
mehr, viel mehr als er der Familie (der Wiener Familie) wegen zuhause oder in Wien, Du als Dichter. Lass Dich nicht zu viel mit
diesen Dingen beschäftigen, lass keinen Tratsch in Dein Leben
ein. Zu wertvoll ist Dein Leben u. auf jenem Punkt, wo Du es
noch ganz genießen kannst, auch ohne Gefahren, weil Du doch
mich hast, die eine Grenze bildet und die Dich abhält, Dich z. B.
in einem Abenteuer zu verlieren. Also bleib nicht im Regen und
in der Tratsch- und Dienstbotenaffairen-Atmosphäre. Wer hat ein
größeres Recht daran, wenn nicht Du. Der Schlafrock, gegen den
ich bin, ist mir Symbol: Tausch ihn gegen das Mobile. Dank für
alles u. viele Küsse in Liebe   Deine F

1] Eugenie Hirschfeld, Schwester Leo Felds. · 2] Alfred und Stefanie
Zweig.

*Friderike und Stefan reisten um den 24. November nach Villeneuve, be-
suchten dort Madeleine und Romain Rolland, und fuhren weiter nach
Paris, wo sie ihre Geburtstage feierten. Am 10. Dezember 1924 kehrten sie
zurück nach Salzburg.*

Victor Fleischer, der im Januar 1925 zu Besuch im Haus Kapuziner-

berg 5 war, wurde Zeuge eines Konfliktes. Suse und Alix gingen am Tag der Nachricht von einer schweren Erkrankung ihres Vaters Felix Winternitz wie vorgesehen ihren Vergnügungen nach, offenbar mit Duldung ihrer Mutter, worüber Stefan Zweig erzürnt war.

Vom 17. Februar bis 6. März 1925 war Zweig in Deutschland. Vorträge hielt er in Freiburg im Breisgau, Frankfurt am Main und Baden-Baden.

Darmstädter Hof, Heidelberg   Freiburg, 19. Febr. 1925

L. F.

erster Briefbericht. Freiburg herrliches Wetter. Der Abend im grossen Saal, der recht gut besucht war (ca 500 Personen), obwohl an dem Abend zwei Carnevalsfeste waren. Was Eintrag tat – überhaupt dadurch der Februar ein schlechter Monat für ernste Dinge. Aber ein famoses Publicum, wirklich *rührend* aufmerksam ohne ein einziges Husten den ganzen Abend. Professor Witkop und seine Frau waren reizend, auch Roniger sehr nett. Wenn Vildrac nichts wird, übernimmst Du den Thoreau Bazals[1] (das heisst, ich sehe Dich lieber nicht Deine Zeit mit solchen Dummheiten abschinden.) Freiburg – göttliches Wetter! – wunderbar, das Münster ein Meisterwerk ersten Ranges, ein schönes Museum. Nach Colmar wäre ich gern hinüber, aber die Verbindungen sind schlecht. Auch *sehr* sympathische Bevölkerung – ein *ideales* Hôtel, nobel und gar nicht protzig. Es hätte Dir gefallen! Ich bin gar nicht müde, vollkommen frisch, fahre jetzt Donnerstag spätabends von Freiburg weg und übernachte um 12 Uhr in Heidelberg. Morgen Freitag fahre ich nach Frankfurt und werde fast eine Woche städtisch leben und hoffe, auch arbeiten zu können. Tagsüber bleibe ich wohl in Heidelberg.

Dieser badische Teil ist sicher der beste Deutschlands und ich habe mich bisher *sehr* wohl gefühlt, ruhe mich jetzt gut eine Woche aus, lese mich dann durch die Städte (ganz ohne Lampenfieber, es geht mir spielend leicht) langsam wieder nachhause zurück. Bin gar nicht nervös, will nur vermeiden, in Frankfurt zu viele Menschen zu sehen, und zwei Tage dort (ausser vor Victor[2]) *vollkommen* anonym bleiben und mir eine Grossstadt wie ein

Fremder anschaun. Womöglich auch ein wenig nachdenken und mich concentrieren.

Ich hoffe, in Frkfrt von Dir gute Nachricht zu finden. Bitte lass Dich nicht von den Leuten abhetzen und ruhe Dich einmal *gründlich* aus, damit Du frisch wirst, mache Spaziergänge und hocke nicht den ganzen Tag bei den Dienstboten. Herzlichst Dein

Stefzi

Jetzt brav gepackt! Bisher vermisse ich nur eine Kleiderbürste.

1] Er vermittelte Friderike die Übersetzung von Léon Bazalgettes *Henry Thoreau, sauvage* (Paris 1924). · 2] Fleischer.

[Wiesbaden, Sonntag, 1. 3. 1925]
L. F.

bis heute Samstag war alles mit den Vorträgen gut gegangen – heute kam der erste Knacks. Als ich hier Samstag mittags ankam, war Vater Olden[1] an der Bahn und teilte mir erschüttert mit, dass wegen des Todes Eberts[2] – behördliche Absage aller Veranstaltungen – ich nicht lesen könne – was sie sehr bestürzte, weil der Saal fast ausverkauft schon im Vorverkauf war. Nun musste man es – was mir gar nicht passte – auf heute Sonntag verlegen, alle Plakate überkleben, die Zeitung verständigen – jedesfalls klappt es nicht mehr so gut.

Ich wohne hier fabelhaft im alten feudalen Hotel Vier Jahreszeiten, Riesenzimmer alt eingerichtet mit (ach zu breitem!) Bett und Badezimmer. Der Besitzer betrachtet alle Vortragenden des Vereins als seine Gäste, kennt alle meine Bücher: ich bin also hier nicht Passagier, sondern Gast des Hauses. In diesen Dingen, Bildung ect. [sind] die Leute hier in Deutschland fabelhaft – man ist bekannt bis zum Hotelportier. Allerdings gehen meine Bücher *besonders* gut, wie mir alle Buchhändler erzählen – ich habe Angst zu verbonseln[3] und ein Liebling der deutschen Mädchenwelt zu werden. Zwei Damen haben sich hier schon gemeldet und ihre Bereitschaft erklärt, das breite Bett zu teilen, eine (eine Jugendfreundin) will mich nach Stuttgart begleiten. Aber ich bin kein

166

grosser Freund von Aufwärmungen. Sonst Wiesbaden *sehr* sympathisch – eine Stadt, in der man ausgezeichnet leben könnte, weil sie viel Hinterland hat, Mainz, Frankfurt, den Rhein. Ausserdem der alte Antiquar Levi, bei dem ich entzückende Sachen sah (eine Serie Lavater-Farbenportraits mit seinen Beifügungen, ideal ein Biedermeierzimmer zu schmücken), aber nur ein Autograf kaufte. Kesser sah ich noch nicht, dagegen die sehr netten jungen Leute von der Bücherstube.

Ich fahre also heute Sonntag nachts nach dem Vortrag weiter, übernachte unterwegs oder fahre durch bis Stuttgart, bleibe dort Montag den 2ten und vermutlich den 3ten, hoffe abends am Dienstag oder Mittwoch vormittags in Nürnberg Hotel Victoria zu sein. Von dort kann ich Dir ja telefonieren. Im allgemeinen dürfte ich dann zunächst genug haben und nicht noch im widerlichen München mich lange aufhalten. Ich hoffe, also *Samstag den 7ten* abends um 7 Uhr von München abzufahren und noch um abends in Salzburg zu sein. Wegen Augsburg telefonieren wir noch, im allgemeinen scheint es mir nicht recht der Mühe wert, weil wir doch in München und Augsburg kaum beisammen sind (ich muss zu den Kammerspielen ect.), aber Du hörst mich ja hoffentlich telefonisch bis hin.

Es wird Einiges Heitere und Sonstige zu erzählen geben – ich fühle mich im allgemeinen sehr wohl und vollkommen frisch, ja sogar erfrischt. Es ist hier absoluter Frühling, Crocus und Schneeglöckchen überall – ein warmer Strich Himmel quer durch Deutschland. Hoffentlich fühlst Du Dich wohl und hast alle Calamitäten des Hauses besiegt. Herzlichst

Stefzi

Wegen der Correcturen ist alles in Ordnung, bitte erledigt mir die Folgenden sorgsam, damit endlich dieser Alp von unserm Hause abgewälzt ist: ich hätte diesen Dämon schon gerne niedergekämpft.[4]

1] Hans Olden, Vater von Balder und Rudolf Olden. · 2] Reichspräsident Ebert starb am 28. 2. 1925. · 3] Waldemar Bonsels wurde durch sein Buch *Die Biene Maja und ihre Abenteuer* weltberühmt. · 4] Stefan Zweig: Der Kampf mit dem Dämon. Hölderlin – Kleist – Nietzsche, Insel-Verlag, Leipzig 1925.

Nach dem abgesagten Vortrag war Zweig in Biebrich, Marbach und Nürnberg; am 7. März kehrte er zurück nach Salzburg.

[Biebrich am Rhein, 2. 3. 1925]
L. F.

ich freue mich meines versäumten Vortrags und sitze in der *Sonne*, in *strahlender* Sonne am Rhein, gerettet vor Literatur und Gesang. Herzliche Grüsse Euch allen zuhause

Stefzi

Stefan Zweig, Romain und Madeleine Rolland verbrachten vier Tage in Leipzig, wo sie am Händel-Fest teilnahmen, und besuchten hernach das Nietzsche-Archiv in Weimar (Villa Silberblick).

[Leipzig, 6. 6. 1925]
L. F.

wir waren eben mit R. R. in der Thomaskirche bei einer Bach-Motette, auch Deine Freundin Andro[1] haben wir dort getroffen. Sonst ist Leipzig Leipzig, womit alles gesagt scheint. Heute abends Belsazar.[2] Alles lässt grüssen! Zum Briefschreiben komme ich nicht – ich studiere noch den Fahrplan, ob ich mit R. nicht auch nach Kassel zu den Rembrandts fahre.[3] Herzlichst

Stefan

1] Therese (Risa) Rie, Pseudoym L. Andro. · 2] Händels Oratorium *Belsazar.* · 3] Er begleitete Romain und Madeleine Rolland nur bis Weimar und fuhr dann zurück.

Dienstag, 9. Juni [1925]
Mein Liebes,

vielen Dank für Deine Karten u. das Gute über Dich, das sie enthalten. Ich freue mich der schönen Zeit, die Du hast. Hoffentlich ist auch das Zusammensein mit Alfred und Stefanie wolkenlos und läßt Ihr Euch die Garnisonaden[1] nicht zu nahe gehen. Die

168

Hauptsache ist, daß die Eltern noch so gut als nur möglich von den Leiden des Alters verschont sind. Das ist ein so großes Glück, daß das Andere doch nicht so schwer zu nehmen ist. Alfred der Gute, Gewissenhafte, hat es sicherlich nicht leicht, weil er immer Verantwortung fühlt, ob nun dies oder jenes besser zu verändern sei, aber auch das soll er sich nicht zur Verärgerung auswachsen lassen, solange nur noch etwas da ist. Mamas Pension in Gastein ist so teuer, sie ist sehr bescheiden und die Bäder tun sehr wohl. Ich sehne mich geradezu nach ihnen und bin um 30 Jahre jünger. Also nicht wahr, Ihr ärgert Euch nicht zu viel. [...]

Grüße und küsse Alfred u. Stefanie und sei Du, mein Liebes, vielmals umarmt von Deiner sich sehr nach Dir sehnenden Fritzi

1] Dauerquerelen im Elternhaus, Wien, Garnisongasse 10, Ida, Alfred und Stefanie Zweig.

[Weimar, 10. 6. 1925]

Liebe Fritzi,

heute Mittwoch geht es leider mit Weimar und Rolland zu Ende: wir haben hier ausgezeichnete Stunden der Ruhe und Behaglichkeit verbracht, waren gestern im Nietzsche Archiv, wo die uralte Förster Nietzsche[1] sich wie ein Kind über Rollands Besuch freute und zu mir über mein Buch[2] ganz gegen meine Erwartung *rührend* und dankbar war. Sie hatte noch eilig ein paar Leute der Haute Société verständigt, und es waren wirklich ein paar Damen von einer vorweltlichen Courtoisie und Noblesse da: manchmal muss man hier wirklich staunen, was die kleinen Städte an Qualität bergen. In Leipzig hatte R. das erfreuliche Bild, 25 000 Jungmannschaften Parade abhalten zu sehn: es ist gut, dass die Gutwilligen auch die Gefahren kennen: er war von den Gesichtern beim Paradeschritt geradezu erschreckt, so starrten sie von Verbissenheit und gewaltsamer Anstraffung.[3] Heute abends nächtige ich in Dresden, bin morgen Donnerstag Reichenberg, Samstag Wien und hoffentlich Sonntag nachts zuhause. Herzlichst Euch allen

Stefan

1] Nietzsches Schwester Elisabeth Förster, die das Archiv verwaltete. · 2] Stefan Zweig: Der Kampf mit dem Dämon. Hölderlin – Kleist – Nietzsche, Insel-Verlag, Leipzig 1925. · 3] Parade anlässlich einer Tagung deutscher Burschenschaften.

Am 27. Juni reisten Friderike und Suse über Basel nach Paris, wo sie sechs Tage blieben.

PARIS – Hôtel Beaujolais, 15, Rue du Beaujolais
Palais Royal – Les Jardins vus de l'Hôtel
Royal Palace, Whole view of the gardens from the hotel

Montag 7 Uhr   [Paris, 29. 6. 1925]

Lieber Stefan,
    wir sind fast allein im Coupé gewesen, von Salzburg wohl bis Paris, haben in Basel 5 Stunden geschlafen. Wetter kühl und hell. Dir und Alix viele Grüße u. Küsse. Morgen mehr.

                                       Deine F.

                              Salzburg, . . . 1925.
Sehr geehrter Herr Doktor!
    Herr Dr. Stefan Zweig ist leider augenblicklich für einige Wochen verreist und wird Ihre freundlichen Zeilen sofort nach seiner Rückkehr beantworten.

                              Hochachtungsvoll:
                              die Sekretärin

Die getippte Karte wurde von »Stefzi« ergänzt, adressiert an Madame Friderike Zweig, Paris, Hôtel Beaujolais.

                  Salzburg, am Montag [29. 6.] 1925.
Sehr geehrte Frau!
    Herr Dr. Stefan Zweig ist leider augenblicklich für einige Wochen *nicht* verreist und wird Ihre freundlichen Zeilen sofort beantworten, wenn Sie ihm aus Paris oder aus Ihrer hoffentlich bald

gewählten Sommerfrische schreiben. Hier heute alles in bester Ordnung, ein halbes Kilo Briefe zum Frühstück (Erdbeeren mit créme d'Isigny wären mir lieber gewesen), gestern abends mit Scheyer, sonst Besuchsfriede. Ich arbeite eifrigst alle Restsachen weg, um für Grösseres Raum zu haben, fühle mich sehr wohl und hoffe von Euch beiden das gleiche. Grüsse Rieger und die Boulevards. Dein

Stefzi

Am 5. Juli fuhren Friderike und Suse von Paris über Le Havre und Deauville nach Villers-sur-Mer (Baie de la Seine). Sie logierten 18 Tage in der Villa Brise de Mer.

Montag, abends   [Villers-sur-Mer, 6. 7. 1925]

Liebstes,

es ist ganz außerordentlich schön hier und ganz so, wie ich es gern habe. Im Hause ist es sehr gemütlich. Wir haben zwei reizende Zimmer mit Waschkabinett, großen Fenstern auf das Meer, das nur durch eine dieser staubfreien Straßen, den hier schmalen Promenadedamm und, je nach Flut u. Ebbe, durch den Sandstrand getrennt ist. Jetzt abends 9 Uhr, wo es noch ganz hell ist, reichen die Wellen bis an den Damm, nachmittags ist unabsehbar Sand, was zu herrlichen Spaziergängen bis eine halbe Stunde zum Meer hinaus Möglichkeit gibt. Der Ort ist sehr lieb, hübsche Villen (hier in den neuen Bädern würdest Du nicht mehr sagen, daß häßlich gebaut wird, natürlich gibt es auch hier Geschmacklosigkeiten), hinter dem Ort sehr schöne Waldhügeln u. am Ende des Promenadedammes schon eine Art begrünte Klippenwildnis. Zum Bad gehen wir über eine Art Dienerstiege direkt vom Hause, hängen dann am Boden unsere Sachen zum Trocknen auf, was täglich 6 frcs. erspart. Das Hôtelrestaurant nebenan, mit reizender Terrasse, hat die Mahlzeiten zu 12 frcs. Wir aßen zu Mittag dort sehr gut. Heute hors d'œvres mit Crevetten, die ich Deinetwegen nur wehmütig verzehrte (Suse behauptete, sie äße nur die Herrn[1] darunter, so daß mir sehr viele blieben), dann Merlan

à la Colbert, lauter winzige gebackene Fischerl, offenbar die Ur-
enkerln eines richtigen Merlans, dann escalopes de Gigot mit
pommes frites u. fruits u. fromages. Der halbe herrliche Medoc,
den ich für 3 Tage habe: 3 frc. Alles sehr fein serviert u. viel.
Abends aßen wir in unserem Zimmer Sardinen, Butterbrot u. Bananen, was sehr gut schmeckte. Nachmittags konnten wir nicht
widerstehen, bloßfüßig durch all die Bacherln u. Seen bis weit
zum Meer hinauszugehen, wo wir uns dann mit Arbeit u.
Büchern auf einer Sandinsel niederließen. Es ist hier unvergleich-
bar schöner als in Westerland oder Warnemünde. Es wird auch
sehr viel mit Netzen gefischt, ein Buberl sahen wir auf einem
Esel, u. entzückende Frauen und Kinder gibt es. Meist Franzosen,
aber auch andere Nationen, wenig Deutsche. Man ist überall reizend zu uns u. die Leute freuen sich geradezu, daß auch Österreicher auftauchen. Es ist hier noch Vorsaison; im August ist alles
teurer. Wohl auch wegen der Rennen in Deauville. Von hier aus
sind circa 4 Orte bis Trouville, das man noch undeutlich sieht.
Heute war es so klar, daß man die Klippen in der Nähe von Le
Havre sah. Daß ich erst heute von dort gekommen bin, ist mir
ganz unwahrscheinlich, so eingewöhnt bin ich schon. Ich habe
schon an Thoreau zu arbeiten begonnen, obwohl ich auch sehr
Lust habe, für mich zu arbeiten.[2] Doch will ich Dir nicht mehr
lange damit ein Dorn im Auge sein u. mache hier, was ich kann,
ohne mich zu sehr um all dies Genußreiche zu bringen. [...]

Mein Liebes, ich freue mich schon auf Eure Briefe, die wohl
Mittwoch oder Donnerstag eintreffen werden. Bitte lebe gesund,
mein Liebes! Ich denke in großer Liebe an Dich. Sei lieb zum ver-
lassenen Lixerl,[3] das immer so nett über Dich redet. Suse schreibt
Dir morgen ausführlich. Sie macht bereits Aufgaben. Sei vielmals
umarmt u. bedankt u. sei bitte gut zu Dir selbst. Dein Dich sehr
liebendes

Mumu

1] Männliche Exemplare. · 2] Friderike Zweigs Übersetzung von Léon
Bazalgettes *Henry Thoreau* wurde nicht publiziert. · 3] Friderikes Tochter
Alix.

L. F.

heute Mittwoch abends Deine Karte von Donnerstag, nachdem ich schon von Samstag Nachricht bekam – die Post also nicht ganz verlässlich. Heute mit Auernheimer zwar nicht Gaisberg, aber sehr weit gewesen: das Wetter war zu unsicher. Sonst alles in bester Ordnung, Alix sehe ich wenig, weil sie doch immer vom Büro zur Tanzerei geht und schon schläft, wenn ich abends zuhause bin, hoffentlich schreibt sie Dir regelmässig. Die Versammlungen der Frauenliga in I.[1] sind wegen des Scandals behördlich verboten worden – eine Schande vor der ganzen Welt. Und das wird hoffentlich den idiotischen Älplern gründlich schaden. Bei uns alles vollkommen wohlauf, gar kein Grund, Dich zu sorgen oder zu eilen. Solltest Du noch etwas brauchen oder wünschen, so schreibe mir rechtzeitig, wohin ich Dir antworten soll, denn nach V.[2] geht es wohl nicht mehr. Bleibst Du in Paris oder fährst Du direct bis Basel durch? Vielleicht kannst Du Dir noch Rouen ansehen, die Kathedrale ist ganz herrlich. Jedesfalls ich verlasse mich auf Deine von mir erlernte Reisekunst und richte Dir für die Rückkehr die freundlichste Laune her. Bisher ist der Fremdenzustrom gering, das Salzkammergut ganz verlassen! Herzlich Suse und Dir Dein bewährter

Stefzi

1] Die Innsbrucker Tagung der Women's International League for Peace and Freedom wurde von nationalistischen Studenten massiv gestört und hierauf von der Polizei verboten. · 2] Villers-sur-Mer.

Vom 9. bis 18. August wohnte Zweig in Palmer's Grand Hotel, Zell am See. Er arbeitete dort an Novellen (vermutlich Verwirrung der Gefühle, Untergang eines Herzens *oder* Vierundzwanzig Stunden aus dem Leben einer Frau). *Indessen wurde das Festspielhaus mit einer Rede Hugo von Hofmannsthals eröffnet. Im neuen Haus wurden Max Reinhardts Inszenierungen* Das Salzburger große Welttheater *und* Das Mirakel *gespielt. Friderike und Alix nahmen daran teil.*

[Salzburg, vor dem 12. August 1925]

Lieber,

den Hatvanybrief[1] sende ich Dir nur deshalb nach, weil er Dich viell. wegen Coudenhove interessieren könnte. Sonst möchte ich, daß Du von der gleichgültigen Post verschont bleibst. Die vielen Vortragsengagements, die Du jetzt im Gegensatz zu den Nachkriegsjahren annimmst, stimmen gar nicht mit der Flucht ins Unbekannte.

Deine Novelle finde ich prächtig. Auch sprachlich vorzüglich. Noch höher qualitativ als Leistung als die »24 Stunden im Tag einer Frau«. Den Schluß (Selbstmord) wünschte ich geheimnisvoller, entweder nur vermutet oder dann vom selben Kaliber wie das Frauenzimmer, grotesker, unheimlicher, als der übliche Sprung von der Ferdinandsbrücke.[2]

Mama schreibt mir (ich hatte ihr Rosen gesandt), ich sollte doch ja zu ihr kommen. Sie bliebe, da die Hausfrau nun einen Schilling (per Tag?), noch nächste Woche u. fährt nicht nach Ischl. Ich schrieb schon vor der Karte, ich sei Dir unentbehrlich und könne nicht kommen. Entscheide Du darüber. Die Festspielkarten sind abgesehen von den von uns gewählten Veranstaltungen für den ersten Tag des Mirakels u. für den ersten Tag des Welttheaters.

Die Ausstellung ist recht interessant *für eine Provinzstadt*.[3]

Suserl lässt Dich grüßen, war per Auto auf dem Gut eines Vetters von Felix bei Klagenfurt zu Besuch.[4]

Sei umarmt u. bleib so zufrieden wie bisher in Zell. Innigst

F.

1] Brief von Lajos Baron Hatvany. · 2] Vermutlich Zweigs Novelle *Leporella*, darin Sturz der Titelfigur von einer Brücke in den Wiener Donaukanal. · 3] Ausstellung des Sonderbundes österreichischer Künstler in Salzburg. · 4] Suse war bei ihrem Vater Felix Winternitz in Sekirn am Wörthersee.

Zell a/See, am Mittwoch [12. 8. 1925]

L. F.

vielen Dank für Brief und Anruf. Hier lebe ich so isoliert wie kaum je, kenne niemanden, weder im Hotel noch im Ort – nur Piefkes[1] und Ungarn, Wien gleich Null – alles aus Leipzig und noch sächsischer. Mir aber ganz einerlei, ich arbeite und lese Einiges, nicht gar zu viel, wenigstens so lange es schön war. Die Novelle, die ich grundiere, ist unziemlich schwer, es reizt mich ja überhaupt nur mehr, das Complicierte anzugehen.[2]

Meine depressiven Zustände haben keine reellen Gründe, weder in Arbeit (die ist nicht so arg) noch im Nicotin, das ich jetzt übrigens zur Probe zwei Tage aussetzte. Es ist eine Alterskrise, verbunden mit einer allzu grossen (meinem Alter ungemässen) Klarheit – ich beschwindle mich nicht mit Unsterblichkeitsträumen, weiss wie relativ die ganze Literatur ist, die ich machen kann, glaube nicht an die Menschheit, freue mich an zu wenigem. Manchmal kommt aus solchen Krisen was heraus, manchmal kommt man durch sie noch tiefer hinein – aber schliesslich gehört [gehören] sie zu einem dazu. Ich sehe sie bei Leonhard[3] ebenso, der sich aber in dümmster Weise beschwindelt – man soll eben resignieren und hat zuvor durch die zehn Jahre Krieg und Nachkrieg nicht das zugehörige Mass an Freude und Jugend gehabt. Und dann sind unsere Kriegsnerven eben doch nicht mehr ganz reparabel, der Pessimismus reicht tief unter die Haut. Ich erwarte mir nichts mehr – denn ob ich 10 000 oder 150 000 Exemplare verkaufe, ist doch einerlei. Wichtig wäre etwas Neues neu anzufangen, eine andere Art Leben, andern Ehrgeiz, anderes Verhältnis zum Dasein – auswandern nicht nur äusserlich.

Die Vortragsreise ist ja wirklich nicht sehr klug. Ich habe sie gemacht aus Schwäche, aus Nicht-Nein-Sagen-Können und dann, um mich zu zwingen, ein wenig unterwegs zu sein. Ich möchte in den nächsten Jahren mich gewaltsam beweglicher machen – viel und kurz reisen, das tut uns am besten.

Lass es Dir gut gehen und sei vielmals gegrüsst   S.

Lucka will ich dieser Tage besuchen

Bitte beiliegenden Brief an Herrn *W. H. I. Maass* Altona zu senden und Adresse nachzusehen, die ich hier nicht habe.

1] In Österreich abwertend für Norddeutsche. · 2] Vermutlich die Titelnovelle des Bandes *Verwirrung der Gefühle. Drei Novellen*, Insel-Verlag, Leipzig 1927 (= Die Kette. Ein Novellenkreis. Dritter Ring). · 3] Leonhard Adelt.

Stefan Zweig reiste am 1. November nach Zürich, machte auch in Rhein-
felden und Basel Station, fuhr am 3. November über Lyon nach Mar-
seille, wohnte acht Tage im Hôtel Beauvau und arbeitete an seinem
Volpone (frei bearbeitet nach Ben Jonsons Volpone, or the Fox*).*

[Marseille, Donnerstag, 5. 11. 1925]

L. F

ich verwende dieses seltsame Briefpapier, um Dir zu zeigen,
dass ich die Bouillabaisse an der berühmten Quelle gegessen
habe.[1] Der Tag gestern war zauberhaft: ich habe nur sehr kurz gebadet, aber ich konnte nicht anders, das Wasser war so blau, die
Sonne so stark, dass ich glaubte, im Sommer zu sein. Die Stadt ist
hier herrlich, voll Leben und Intensität, voll Vielfalt und einem
richtigen Reich und Arm in unendlicher Auseinanderspannung.
Ich will nächster Tage Ausflüge machen, falls mir das schöne Wetter treu bleibt – auch heute strahlt wieder die Sonne. Dabei lese
ich gute Bücher, esse vorzüglich, habe Dir zu Ehren eine Langu-
ste geschmaust. In das Matrosenviertel konnte ich nicht viel gehn
– gestern abend, als ich in jene Gassen wanderte, trat ein Polizist
auf mich zu und riet mir, nicht allein zu gehen: diese Gassen sind
so unbeleuchtet und gespenstig wie bei uns in der Kriegszeit.
Mein Gott, wie billig kann man hier leben, ich sah eine Pension
de Tanulle, die 25 francs verlangt (nicht ganz 5 Mark), mit Zimmer auf das Meer! Und welcher Narr ist man in unsern unwirt-
lichen Klimas, sein Leben zu verfrösteln! Hier ist es viel leichter,
heiter zu sein.

Meine Reise wird wohl programmgemäss verlaufen, denn ich
fühle mich hier recht wohl, gearbeitet habe ich den ersten Tag
noch nichts, aber gelesen – eine Samenhandlung vermochte ich
zur Stunde noch nicht zu entdecken, suche aber danach.

Bitte lasst es Euch gut gehen. Ich frage morgen wieder bei der
Postcentrale nach Euren Nachrichten. Herzlichst

Stefan

Eben Donnerstag morgens Dein Brief von Montag. Dank!

1] Beilage Speisekarte: Restaurant BASSO, 5, Quai des Belges, Marseille,
MENU, du Mardi 3/11 1925

Dienstag abends
                                                    [10. 11. 1925]

Liebes Kind, ein kleines postalisches Wunder: ich habe Deine
Karte von Montag aus München *heute* abends bekommen! Und
telegrafierte Dir eben meine Reiseroute. Ich fahre morgen *Mitt-*
woch abends nach *Avignon*, bleibe dort bis *Donnerstag* 11 Uhr vor
mittags, bin um 6 Uhr in *Dijon* bei der Foire Gastronomique. Gefällt es mir dort und kommt Frans,[1] den ich ermuntert habe, so
bliebe ich noch über Freitag nacht, sonst bin ich schon *Freitag*
nachts in Villeneuve, so sehe ich noch zwei Städte, ohne mich an-
zustrengen.

Am 20. habe ich Schlafwagen von Zürich und bin am 21. morgens gegen 9 Uhr in Salzburg, wie ich hoffe, gut erholt. Weiss
Gott, es entlastet einen, nicht immer die literarischen, die jüdischen Themen discutiert zu hören – einmal die Realitäten des
Lebens zu spüren. Zwei Photos lege ich Dir bei, un peu flou,[2] ich
verstehe noch nicht ganz den Apparat, die eine von meinem Fenster, die zweite ein Schiff voller Cokosnüsse, das eben ausgeladen
wird.

Nach Hyères bin ich nicht gegangen, weil die See unruhig ist
– es war ein beispielloser Sturm bei strahlend klarem Himmel und
tiefblauem Meer und der wühlt noch weiter. Speien kann ich
auch zuhause, wenn ich die österreichischen Zeitungen lese: dazu
muss ich nicht nach Hyères fahren. So besuche ich wieder einmal
das Château des Papes, sehe mir den Spass der Foire an und lande
in Villeneuve, dem tröstlichen Hafen aller geistigen Unrast.

Holz schrieb ich eine Zeile, antwortlos bis dato: wahrscheinlich
weilt der wackere Weissbart in andern Départements. Mitgebrun-
gen[3] habe ich so viel wie nichts, meine Koffer sind voll und leider zeigen die Dinge hier einen stark linzerischen[4] Zug im Vergleich zu Paris. Das Schönste ist hier der Schmutz in den
Hafengassen: ich möchte eine solche Gasse schildern, wo neben
einem Zigarrengeschäft im Nachbarladen vier Kühe stehen und
die Kinder auf dem Rinnstein mit ihrem eigenen Kot spielen, indessen von allen vier Stockwerken die schmutzige Wäsche von
500 Personen pendelt und singende blinde Bettler zwischen dem
Gemüse und den räudigen Katzen herumstolpern. Dieser Ge-

stank ist Orient: nicht umsonst wurde dort das Räucherwerk erfunden: diese Gassen aber münden kerzengrad in die Boulevards.
Hier spottet die Faulheit noch der Nivellierung.

Leb wohl und bleibe heiter und so weiter, in Zärtlichkeit meiner gedenkend und Deine Küsse inzwischen an Suse verschen-
kend, übermütig und dennoch gütig, aber nicht mehr eifer-
suchtswütig, und sei gegrüsst in diesen arabischen Makamen mit
dem vertrauten Muzzinamen! Amen![5]

Stefzi

1] Masereel. · 2] Ein wenig verschwommen. · 3] Mitgebracht. · 4] Anspielung auf die österreichische Provinzstadt Linz. · 5] Gereimte Prosa (Makamen); Mutzi oder Muzzi: Kosename für Friderike.

[Salzburg, Freitag, 13. 11. 1925]

Lieber,

die Tage fliegen nur so. Heute rief Scheyer an, die ich abends
sehe u. Dich grüßen. Ebenso Metzl. Dann Post viel selbst erledigt.
[...]

Ich kann Dir heute nicht mehr schreiben, bin irgendwie innerlich aufgerieben vom »Betrieb«. Überall muß man dahinter
sein. André[1] muß fortwährend von der Stenographie aufge-
scheucht werden, Hanni[1] verblödet total. Suse nicht daheim und
wenn da, übermüdet. Ich brauche wieder eine Stütze. Aber steht
das dafür, wenn so wenig Menschen hier sind? Der Betrieb wird
aber doch nicht kleiner und das Haus auch nicht. Aber kaum
jemand genießt es, so schön es ist. Kaspar[2] benützt wenigstens alle
Fauteuils und ich mache Bewegung, ohne auszugehen. Auch etwas! [...]

Grüß innigst Rollands, das schöne Hôtel, die Dents du midi.[3]
Ich umarme Dich

Mumu

1] Pflegekinder. · 2] Kaspar, ein Springerspaniel, der seit Herbst 1923 im
Haus Kapuzinerberg lebte. · 3] Bergmassiv im Südwesten der Schweiz.

Vom 13. bis 19. November logierte Zweig im Hôtel Byron, Villeneuve.
Dort war er zu Besuch bei Romain, Madeleine und deren Vater Émile
Rolland. Hierauf fuhr er über Basel und Zürich zurück nach Salzburg.

Sonntag abends   [Villeneuve, 15. 11. 1925]

L. F.

vielen Dank für Deinen melancholischen Brief: mir ist nicht
recht klar, wieso das Haus so viel zu tun gibt und ausserdem
kommst Du doch gerade von München. Aber ich habe ja selbst
oft derlei Stimmungen und kenne sie zur Genüge. Das Hotel ist
beinahe vollkommen leer, von einer geradezu beängstigenden
Stille. R. sieht ausgezeichnet aus, auch Madeleine und der Papa,
der in diesem Jahr 90 Jahre wird, aber noch täglich nach Territet
frühmorgens um die Zeitung geht und von allen dreien der Rü-
stigste ist. Es wird viel zu erzählen sein. – Ich fahre 19. nachmittags von hier weg, wahrscheinlich noch einmal nach Basel, um
Roniger und einiges andere zu erledigen, bin programmgemäss
am 21. morgens in S. [Salzburg], wo ich Dich heiter anzutreffen
hoffe. Mit vielen Grüssen an Suse, Dein

Stefzi

Morgen sende ich keinen Brief, schreibe Dir aber noch einmal
vor der Abreise.

Anlässlich des 60. Geburtstags von Romain Rolland hielt Stefan Zweig
im Zürcher Schauspielhaus eine Festrede. In Emil Ronigers Rotapfel-
Verlag erschien das von Maxim Gorki, Georges Duhamel und Stefan
Zweig herausgegebene Festbuch Liber amicorum Romain Rolland
(Erlenbach-Zürich 1926).

[Zürich, 24. 1. 1926]

Liebe Fritzi,

das erste Freischwimmen ist trefflich abgelaufen, ausverkauftes
Haus, alte Freunde, die grüssen lassen, wie Morisse, Beran, Faesi,
Steinberg, dann mit Emil Ludwig und Roniger. Alfred heute

morgens mit Stefanie[1] abgefahren, alles in bester Ordnung –
heute abends Basel, morgen Frankfurt.

Gestern sprach ich telefonisch Rolland. Herzlichst   Stefan

1] Alfred und Stefanie Zweig.

Vom 25. Januar bis 7. Februar war Zweig in Deutschland, Frankfurt,
Wiesbaden, Bonn, Hamburg, Berlin und Lübeck, um Vorträge zu halten.
Friderike besuchte ihre Schwiegereltern und liebe Freunde in Wien.

[Wien] 29. Jänner 26
Mein Liebes,

ein schöner Tag ist heut für uns, für Dich aber wohl mühevoll.
Aber es ist doch ergreifend zu denken, wie heute an vielen Orten
Menschen stehen – Du in Berlin, Friedmann in Leipzig am Ra-
diosender, Erwin[1] hier u. viele andere, und wirklich aufrichtigen
Herzens, wie das bei Feiern so selten geschieht! Ihn[2] zu feiern. –
Dein Buch sah ich neben Rollands Bild und Büchern in vielen
Auslagen, wo man fast kleine Altäre für ihn aufgebaut hat. Felix[3]
sagte mir, in der Neuen Zürcher Zeitung seien so schöne Worte
über den Vortrag gestanden. Leider erhielt ich sie nicht. [...]

Sei nun, mein Liebes, vielmals gegrüßt u. hoffentlich ist Dir
Hamburg wieder lieb. Sei umarmt von

Mumu

1] Erwin Rieger. · 2] Romain Rolland. · 3] Felix Braun.

Hotel ›Stadt Hamburg‹ Lübeck   [1. 2. 1926]

Liebe Fritzi,

aus der Stadt der Erinnerungen einen guten Gruss.[1] Ich bin irgendwie verwirrt über den merkwürdigen Erfolg dieser Reise,
gestern zum erstenmal seit Jahren die Kammerspiele, heute hier
ausverkauft und ein Eingehen des Publicums wie der Zeitungen,
das mich fast beunruhigt, aber jetzt ist die Fahrt bald zu Ende,

morgen beginnt der hässlichere Teil, Berlin.[2] In Hamburg jede Nacht bis 4 Uhr in St. Pauli, unerhört lustig und vergnügt. Herzl.

Stefan

1] In Lübeck hatten Friderike und Stefan ihre erste gemeinsame Nacht verbracht. · 2] Er fuhr nochmals nach Berlin, hierauf nach Leipzig und am 8. 2. nach Salzburg.

Papa heute mittags plötzlich verschieden, ich fahre womöglich noch mit 2 Uhr 30, komme abends nach, nimm Dir Schlafwagen auch erste Classe.

Telegrafiere oder telef. Alfred, falls ich den Zug erreicht habe.

[Notiz von Friderike Zweig:] Zettel mir vor Abreise zuhause hinterlassen

Moriz Zweig, geboren 1845 in Proßnitz (Mähren), Begründer und Seniorchef der Firma M. Zweig in Ober-Rosenthal bei Reichenberg (Böhmen), starb am 2. März 1926 in Wien. Auf der Todesanzeige stehen die Namen der Trauernden: Ida Zweig, geb. Brettauer, Alfred und Dr. Stefan Zweig, Stefanie und Friderike Zweig. Nach der Trauerfeier verbrachte Ida Zweig einige Tage im Haus Kapuzinerberg 5.

Vom 25. März bis 15. April machten Friderike und Stefan eine Frankreich-Reise: Monte Carlo und Cannes an der Côte d'Azur, Marseille, Montpellier, Narbonne, Carcassonne, Toulouse, Poitiers und Paris, von dort nach Hause.

Am 7. August 1926 wurden die Salzburger Festspiele im neu gestalteten Haus mit Jedermann eröffnet. Vom 7. bis 25. August war Stefan Zweig in der Schweiz. Zwölf Tage logierte er in Riffelalp bei Zermatt. Dort begann er seine Biografie des französischen Polizeiministers Joseph Fouché zu schreiben.

L. F.

vielen Dank für Deine Nachrichten (V).[1] Hier ist unverändert schönes Wetter, ich gehe viel spazieren, arbeite vorbereitend an jener Scizze zu Fouché, spreche wenig und fühle mich sehr wohl. Freilich ist dies durch wunderbare Beständigkeit des Himmels gefördert – drei Tage Regen dürften hier schon in Eistemperaturen hinüberführen. Für stille Menschen herrlich. Einige Amerikanerinnen tanzen von früh bis spät (ausser wenn sie Tennis spielen) und haben jede ihr Grammophon mitgebracht. Denn Musik ist ja nur abends – allerdings diese eine mir sehr kostbare Überraschung. Eine Pianistin und ein Violinist aus Wien *allerersten* Ranges (sie gibt in Wien oft Concerte), die nachmittags alleredelste Kammermusik spielen, von Beethoven bis Mussorgsky, und dies ganz ohne Concessionen (so dass höchstens zwei Leute zuhören.) Abends müssen sie dann jazzen und charlestonen für die Bande – man ist wirklich erbittert, dass Künstler dieses Ranges solche Grammophonmusik schuften müssen. Eigentlich aber klug von ihr[2] – sie hat gratis Ferienaufenthalt, Verdienst und übt hier vor den Leuten ihr Programm ein.

Du möchtest nun wissen, wohin ich von hier gehe. Ich auch. Von Rolland habe ich noch keinen Bescheid. Wenn nicht zu ihm, gehe ich nach Süden, keinesfalls aber vor Dienstag: ich telegrafiere rechtzeitig. Die Post functioniert fabelhaft: Deinen Mittwochbrief hatte ich Freitag 3 Uhr.

Ich hoffe, es geht Euch gut. Von Leonhard las ich im B. T. nur paar Zeilen über den Jedermann.[3] Er sollte die Sache besser auswälzen.

Dies zunächst. Fortsetzung, sobald ich Brief von Dir habe. Herzlichst Euch allen

S

Eben Deine Karte VI und Brief von Rolland. J'hésite![4] Er lädt mich natürlich ein, klagt aber über die vielen Besuche und die Ermüdung seiner Schwester. Der Arme! Sie haben ihm diesjahr die Sommerschule an den Genfer See gesetzt und nächstes Jahr bauen sie vor das Hotel Byron unten am Strand 150 Cabinen mit Cafés und Tanzmusik, ein »Montreux-plage« – es geht ihm genau wie uns mit Salzburg: aus einem Retiro[5] wird ein Jahrmarkt gemacht. Andererseits sind es 2 Stunden Eisenbahnfahrt bis hin. Ich bin also noch nicht entschieden. Wenn ich am 18. z. B. zu ihm fahre und dort 19. 20. bleibe, käme ich zu früh nach Salzburg zurück, es sei denn, dass ich in Zell am See oder am Thuner See noch paar Tage bliebe. Italien liegt wieder genau auf der entgegengesetzten Seite wie Villeneuve und ich müsste die 2 Stunden wieder zurückfahren bis Brig, was ja weiterhin kein Unglück wäre; aber dann blieben für den Lago Maggiore nur 5–6 Tage. Nun, ich werde sehen und Dir telegrafieren. Ganz leicht fällt es mir nicht wegen eines Untertons von Menschenmüdigkeit in R.'s[6] Brief. Es ist eine herzliche Einladung, aber mir ist es, als hörte ich einen Seufzer dabei (wie ich's genau so tue) Herzlichst

S.

1] Nur ein Brief erhalten. · 2] Pianistin Louise Wandel aus Wien. · 3] Leonhard Adelts Bericht über die Salzburger Festspiele im ›Berliner Tageblatt‹. · 4] Ich zögere! · 5] Rückzug, Zufluchtsort. · 6] Romain Rolland.

Zweig war noch einige Tage in Villeneuve und in Gunten am Thunersee.

Villeneuve, Samstag [21. 8. 1926]

L. F.

vielen Dank für Deine beiden Briefe, die ich hier fand. Am liebsten möchte ich hier bleiben, so schön still und sommerlich warm ist es hier, aber ich fürchte doch, R.[1] durch meine Nähe zu stören. Ich gehe noch auf ein zwei Tage wo anders hin, dann komme ich (entweder Dienstag, falls ich den Arlbergexpress kriege) oder Mittwoch nach Hause. Ich habe gar keine Angst vor der Unruhe in Salzburg, ich bin diesmal sehr ruhig und ohne Sorge, da ich meine Arbeit klar sehe: Dagegen möchte ich, dass *Du* bald fortgehst, damit noch im September *endlich* reguläre Haushaltsformen eintreten. Ich möchte (auch bei den Kindern) endlich einmal geregelte Lebensformen, nicht dies ewige Hin und Her – ein Nichtdarandenkenmüssen an all das. Deshalb wäre mir lieber, Du würdest schon ab 26–28 August fort, damit wir endlich Mitte September zu einem normalen Haushalt kommen, wie ich ihn beanspruchen kann.

Auch das, was Du darüber schreibst, Du kämest nicht aus, hat mich sehr verwundert. Nachdem ich 18 Tage nicht da bin, keine vielverbrauchende Köchin zur Stelle ist, ich 1 Million für Theaterkarten zu [...][2]

1] Romain Rolland, bei dem Zweig am 20. 8. zu Besuch war. · 2] Brief unvollständig erhalten.

Friderike, Alix und Suse verbrachten drei Wochen am Lido Venezia (Hotel Bortoli). In Venedig trafen sie Felix Braun, dessen Schwester Käthe und Schwager Hans Prager, auch Benno Geiger, Arthur Kahane und andere Freunde.

Lido, 16/9 26

Lieber Stefan,

da ich unten am Strand schreibe und bewegte See, muß ich Bleistift benützen. Vielen Dank für die Karte von gestern und heute. Daß Du nach München fährst, hat mir freudig schon Leonhard geschrieben, auch daß Schmidtbonn hinkommt. Ich freu mich sehr, Dich unter diesen Freunden zu wissen.[1]

Die Kinder haben Dir gestern ja geschrieben, daß wir Freunde getroffen haben. Felix blühend aussehend, aber voll trauriger Erlebnisse, die aber durch die Pragerschen Nerven gesteigert gewesen zu sein scheinen. So egoistisch es klingt, ich bin froh, Felix meine Adresse nicht geschrieben zu haben und die seine nicht früher gewußt zu haben: es wären mir sonst die ersten 4, 5 Tage total verstört gewesen. Da waren nämlich Pragers, aus Levanto kommend, da u. beriefen Felix aus Florenz, weil ein Venezianer Arzt dem durch einen Unfall verletzten Auge Hans Pragers eine böse Prognose stellte u. er und Käthe (die den halben Sommer krank auf ihrem Berg festgebannt gewesen) einen Nervenzusammenbruch erlitten. So sehr ich sie bedaure, sind mir doch diese Erholungstage so wichtig, daß ich, so gut ich kann, sie mir bewahre. Felix konnte ich nun doch beruhigen und ihm vorhalten, wie viel er schon für Pragers getan. Und sich nun hier noch Ruhe gönnen könne, weshalb er noch 2 Tage länger bleibt. Gestern war Fête im Palazzo Geiger, wo demnächst Niederkunft des kleinen Kebsweibchen[2] aus Rodaun erwartet wird. Ich zog es vor, mit dem wunderlieben Ehepaar Kahane zu sein, weil ich wußte, daß Du sie liebst und schätzt. Ich glaube, daß er sich mir auch recht nahe fühlte. Den Brief, den Du ihm (wie Du mir sagtest) schriebst, hat er erst am 19ten in Berlin. Ich redete ihm zu, Euch alle in München zu sehen, er überlegte es aber schließlich negativ. Sie wollen einmal im Winter nach S. [Salzburg] kommen. Sie scheinen einander sehr gut zu sein, welches Glück, von dem Mann, den man liebt, 3 Söhne zu haben! [...]

Grüße alle in München. Wirst Du Bahr sehen? Kahane besuchte ihn in Garmisch, fand ihn gut aussehend. Sei nicht »bestens«, sondern innigst gegrüßt von

Mumu

1] In München wurde eine Komödie von Leonhard Adelt aufgeführt. ·
2] Kebse: abwertend für Geliebte.

Ende Oktober fuhr Stefan Zweig nach Wien, um sich im Burgtheater die Proben zu seinem Volpone *anzusehen (Albert Heine als Volpone, Raoul Aslan als Mosca). Bei der Uraufführung, die am 6. November stattfand, war vermutlich auch Friderike anwesend.*

Vom 24. November bis 14. Dezember 1926 machte Zweig eine Deutschlandreise (Dresden, Leipzig, Mainz, Wiesbaden, Köln, Aachen, Düsseldorf, Dortmund, Duisburg, Essen und Berlin). Er hielt Vorträge über Rolland, Goethe, Hölderlin.

Telegramm an Frau Friderike Zweig, Kapuzinerberg 5

Köln 2. 12. 1926, 16 h

Zweig kapuzinerberg salzburg
wohlauf aber vermisse brief bis samstag frueh
domhotel stefan +

Liebes,

ich schreibe fast jeden Tag; eben nämlich Dein Telegramm erhalten, daß Du keinen Brief hast. Sandte Brief und eine Nachsendung nach Köln, die Du gewiß nun schon erhalten hast.[1] Liebes, es ist viel zu tun und obwohl mir Suse auf Kosten ihrer Concentration hundert Handgriffe im Tag abnimmt, geht mir doch *ein* intelligenter, verläßlicher Mensch im Hause ab. Im Gegenteil habe ich gegen 3 unintelligente Menschen, Meingast u. die beiden Leute, aufzukommen. Ein Beispiel: Meingast adressiert beständig falsch, schreibt in Briefen Vertrag statt Verlag (worüber heute eine Anfrage kommt), legt in die Autorisationscouverts Abschriften von Briefen von Dir ein, ohne darauf zu schreiben, an wen die Briefe sind! Und dabei ist Fr. F.[2] frei und würde alles so verläßlich machen, ist ruhig bescheiden, discret, hat also auch alle guten Eigenschaften der Meingast, die eben nicht mit den Anforderungen wächst. Du solltest das überlegen, es würde ein Stück Geld wert sein, da umzuschalten. Ich sag das nicht, um mich einer Arbeit zu entziehen. *Ich bin glücklich mitzuhelfen*, wo ich nur kann, aber wie wunderbar könnte ich es, wenn ich mich für das freihalten könnte, was andere *nicht* können. Ich komme nicht zu der Concentration, die ich jetzt so notwendig für Dich brauchte, u. zwar nur deshalb nicht, weil es in diesem Lande der Höhlenabstämmlinge kein Sichverlassen gibt. Suse ist mir ein *Balsam*, aber die Leute lassen sich nichts von ihr sagen u. dann habe ich oft ein schlechtes Gewissen, sie schon zu stark auf das Praktische zu richten. Verkehr habe ich ja fast allen abgestoßen. Aber hie und da ist doch eine Stunde des Gesprächs gut und wichtig. [...]

Mein Liebes, ich schreibe Dir das alles nochmals, damit Du es sicher in Händen hast. Bücher kamen schöne. Ich umarme Dich. Gib Acht auf Dich. Innigst

Lamm u. Mumu

1] Undatierte Briefe (vermutlich vom 28. und 30. 11.) mit schwer verständlichen Postberichten. · 2] Rosa Fuchs, Aushilfssekretärin, mit der Friderike Zweig lieber zusammenarbeitete als mit Anna Meingast.

Mittlerweile erhielt er aus Salzburg zwei eingeschriebene (rekomman-
dierte) Briefe mit schwer verständlichen Postberichten.

Dom-Hotel, Köln Domplatz, 3. XII 1926

Liebes Kind,
   Deine Nachrichten dankbar empfangen – ich habe Dir aber
schon mehrmals gesagt, man muss *recommand*. Briefe *so* adressie-
ren: An das Hotel X. X. *für* Stefan Zweig, – dann, dass der Brief-
träger den Recommandobrief dort lassen soll. Sonst kommt er
immer wieder damit, ihn persönlich zu überbringen, und man ist
doch nicht immer zuhause – so bekam ich Deine Briefe erst am
Spätabend, die längst in Cöln waren. Auch inhaltlich bitte ich
Dich, entweder *nicht* zu berichten oder *deutlich*, »nicht Kayser will
etwas wegen Joyce« – lass doch einfach Frau Meingast die Briefe
*ab*schreiben, auch das, was Du querdurch vom Lobetheater in
Breslau schreibst, ist mir unverständlich – ich weiss nicht, ob ich
darauf hin etwas schreiben kann. Bitte, liebes Kind, da Klarheit
und Übersicht, eventuell durch Diktat: lieber *gar* keine Nachricht
als unklare. Ich weiss, Liebes, wie sehr Du Dich plagst, aber ich
werde Dir die Bleistiftbriefe mit den sieben Nachträgen dann in
S. [Salzburg] zeigen und Dich fragen, ob Du Dich selber da aus-
kennst.
   Mir geht es hier herrlich. Essen war mir uninteressant durch
den Vortrag (Goethe-Hölderlin, der, wie ich beim Lesen spürte,
nicht gut ist), dagegen hatte ich hier mit der Vorlesung eine
Art Erfolg, der noch jene in Hamburg übertraf. Trotz Kreisler-
Conzert ein überfüllter Saal, verspäteter Beginn, weil man Podi-
umssitze installieren musste, und ein ausgezeichnet hörendes Publicum, darunter merkwürdig viel Geistliche ect. Nachher musste
ich in ungefähr 70–100 neugekaufte Bücher meinen Namen ein-
zeichnen, darunter sehr hübsche Mädchen, die ich doch lieber
anders bedankt hätte. Seit 7 Jahren hat die gute Literarische Gesellschaft keinen solchen vollen Saal gehabt – ich wurde dement-
sprechend verwöhnt. Das ganze berührt einen so seltsam in einer
ganz fremden Welt, als die ich Cöln empfinde: die Menschen hier
lesen doch solider, treuer, lesen ein Werk *zurück*, von einem Buch

zum andern. Heute gehe ich noch ins Museum und den Dom-
schatz besichtigen, habe aber – siehe dies – doch Zeit, Dir mit
Tinte diesen langen Brief zu schreiben. Morgen bin ich Aachen,
Sonntag Düsseldorf, wo ich Viertel endlich einmal *wirklich* sprechen will (oder es versuchen).

Alles Gute für's Haus! Dein   Stefan

9. Dez. Berlin [Hotel] Prinz Friedrich Carl
Mir graut vor Berlin!!

Den Brief von Heck verstehe ich nicht. Ich habe nie ein Telegramm von ihm wegen eines Bachmanuscr.[1] aus Leipzig erhalten:
hat man derlei nachgeschickt und wohin? Am besten bitte die
ganze Liste der eingetroffenen Post auf einem oder mehreren
Blättern nach dem Datum geordnet als Einlauf zu registrieren, damit ich Controlle habe, wenn ich zurückkomme, was erledigt, was
nachgeschickt, was verloren gegangen ist.

Bitte mir doch klar mitzuteilen, *was* Stock schreibt: Du sagst
nichts als »einen vagen Brief«. Was habe ich von einer derartigen
Mitteilung?

1] Vermutlich ein Manuskript von Johann Sebastian Bach.

Kapuzinerberg 5, Salzburg   5. Dez 26,

Lieber Stefan,

gestern erhielt ich Deinen Vorwurfsbrief. Er beruht auf einem
Mißverständnis. Alles, was Du jetzt beantworten sollst, hast Du
deutlich genug erfahren. Ich habe ja Gynt selbst geantwortet und
auch an Geyer geschrieben.[1] Das genügte vorläufig. Das Couvert
für Berlin, wo darin schon die Couverts mit Briefen vorbereitet
sind, die Du abschicken kannst, wenn Du willst, ist vorbereitet, und
dorthin bekommst Du eine Liste von Angelegenheiten, die Du –
falls Du willst – oder falls Du länger in Berlin bleibst, erledigen
kannst. Unterwegs jetzt hast Du ja keine Zeit und Ruhe u. sollst die
wenigen Stunden, die Du allein bist, zum Ausruhen haben. Mit
Deingast[2] kann ich, wie Du weißt, nicht arbeiten. Sie gibt sich ja
jetzt Mühe, macht aber alles total kopflos. Ich halte mich ihr fern,

weil ich *mit ihr* die halbe Freude an der Arbeit habe und oft die doppelte. Ich gebe mir alle Mühe, diese Abwehr zu entkräften und ihre Vorzüge zu sehen, aber schon mit ihrer Schrift verdirbt sie mir die Atmosphäre, die ich um Dich will. Das hat sicher seine Gründe. Bei mir functioniert doch alles normal. Die Liste mache ich also selbst. Auch alle Schachteln übernehme ich. Überlasse ihr nur das Einschachteln der vorgeordneten Briefe u. das Ordnen der Feuilletons u. dazugehöriger Dubletten, will aber gelegentlich auch darüber eine Art Bibliographie machen. Die von Alix und mir gemachte große Bibliographie lass ich jetzt von Meingast auf Listen abschreiben, da man das häufig braucht und für die Monographie, auf die Du hoffentlich eingehst, brauchen wird.[3] [...]

Suse und ich umarmen Dich. Wir haben Schnee. Gib Du recht acht auf Dich, Liebes, und sei umarmt von Deinem   Mumu

1] Angelegenheit unklar (Schauspieler Walter Gynt, Theaterdirektor Emil Geyer oder Siegfried Geyer). · 2] Wortspiel: nicht ihre Sekretärin Meingast, sondern seine »Deingast«. · 3] Friderike hatte eine Monographie angeregt und Erwin Rieger als Autor empfohlen; dessen Buch *Stefan Zweig. Der Mann und das Werk* erschien 1928 in Berlin.

Am 4. Dezember 1926 hatte Friderike ihren 44. Geburtstag.

Telegramm   Dortmund 7. 12. 1926
                                      20.50 Uhr

        zweig kapuzinerberg salzburg
empfing hier brief habe geburtstag total vergessen
       verzeihung alles gute stefan +

                          [Berlin, 10. 12. 1926]

Gehetzt wie ein Wildschwein schreibe ich nur im Fluge. Premiere[1] ist am *18ten*, ich will aber kaum bleiben, gedenke schon am *Dienstag* abends abzureisen. Fest bei Donath sehr nett, ich vergass, Dich zu erinnern, ihm zu gratulieren, Victor[2] missmutig (mit Grund), Camill[3] entzückend. Unzählige Bekannte, dazu die Auswärtigen, Lernet, Polgar, Bruno Frank ect. ect. – ich bin aber unauffindbar. Die Sonntagsvorlesung schon Mittwoch ausverkauft – wirklich scheusslich, wie ein Tenor komme ich mir vor. Volpone einige Annahmen, Felix Bloch hofft auf weitreichenden Erfolg. Ich selbst sehr müde von zuviel Alkohol, Tabak, zu wenig Schlaf, dazu verschnupft und verkühlt von Zentralheizungen und kalten Zügen – in Duisburg musste ich einmal mitten im Vortrag unterbrechen, die Stimme war fort, aber die 700 Leute da. Samstag, einziger freier Abend, grosse Fête bei Fischers,[4] wo ich zusagte – heute nach dem Vortrag hoffe ich für zwei Stunden abzupaschen.[5] Sonntag Diner für mich im Bristol mit allen Bonzen – scheusslich, aber unumgänglich. Oh la gloire quelle saleté!, Quelle ordure![6] Aber bald in Salzburg, wie will ich's geniessen – die Grossstadt ist purer Irrsinn, besonders Berlin, wo *Alles* immer zugleich ist. Alle Freunde sind kaputt durch Telefon und tägliche Einladungen, alle stöhnen sie nach Schlaf – ich Salzburger gelte als der Erzweise. Und Du, mein Lamm, klage nicht, verzage nicht, wenn Dir das Herz auch bricht, vergiss mich nie, üb' Stenografie und ächze nicht und krächze nicht, es geht Dir besser als Deinem

Stefzi

Grüsse Suse und alle.

1] Zweigs *Volpone* an der Berliner Volksbühne. · 2] Victor Fleischer. · 3] Camill Hoffmann. · 4] Hedwig und Samuel Fischer in Grunewald. · 5] Zu verschwinden. · 6] Oh der Ruhm, welcher Schmutz! Welcher Dreck!

Am Sonntag, dem 20. Februar 1927, hielt Zweig im Münchner Residenztheater eine Gedenkrede für Rainer Maria Rilke (er starb am 29. 12. 1926 in Val Mont).

Anfang März 1927 reisten Friderike und Stefan an die Côte d'Azur. Sie logierten zwei Wochen im Hôtel Château Saint Georges in Cannes.

Am 3. April waren Madeleine und Romain Rolland, die an der Wiener Beethoven-Zentenarfeier teilgenommen hatten, zu Besuch in Salzburg.

Kurhaus Castell, Zuoz, Ober-Engadin   Freitag [5. 8. 1927]

Liebe Fritzi,

  also ich melde restloses Zufriedensein, nachdem ich endlich ein gutes Zimmer (mit Balcon, so dass ich im Freien arbeiten und lesen kann, sonneübergossen) heraushämmerte. Das Hotel sehr anständig vornehm, fast gar keine Juden, nur Schweizer und Deutsche: leider wurde ich von einem Karlsruher agnosciert, doch verstecke ich mich und gehe ausser zum Essen nie in die Säle.

  Zur Cur vorerst ein Geständnis: die Hauptcur habe ich mir in Salzb. – verordnet und seit dem Einsteigen in den Zug nicht mehr geraucht und keinen Tropfen Caffee getrunken. Alles andere mag nur Rahmen sein um dies eigentliche Krankheitssymptom der übermässigen Steigerungsmittel. Nun, dies ist mit einem Ruck abgedreht, ich trinke Hochgebirgsluft (stark durchsonnt) und kaue wie ein Americaner. Der Arzt fand meinen Blutdruck jünglingshaft, bei starker Bewegung kleine Ermüdungskurven (Du bekommst die Originalphotos meines Pulses für Deine Sammlung), und ordinierte mir gar nichts. Die Cur ist folgende: ich lasse mich um 7 wecken. Um $^1/_2$ 8 beginnt die Gymnastik mit Atemübungen (*sehr* intelligent und weit über dem Wald- und Wiesen Herumturnen) in einer Lufthütte (wobei ich zum Erstaunen auf jeden Sweater verzichte und in Höschen allein turne, während die andern noch in der Wolle frieren: wir sind doch unglaublich abgehärtet, vide flots bleus[1]). Um $^1/_2$ 9 habe ich anschliessend eine warme ins Kalte überfliessende Dusche, nachher wird man von einer hübschen Assistentin frottiert. Dann Frühstück, so dass man um 9 Uhr tun kann, was man will – die meisten machen ihre Curen um 10 Uhr erst in der Sonne, ich finde das aber rationeller. Gearbeitet habe ich noch nichts, aber alles vorbereitet[2] und fühle mich wirklich ausgezeichnet. Landschaftlich war Riffelalp schöner, die Luft noch stärker, aber hier habe ich ein geräumiges Zimmer mit grossem gedecktem Balcon, so dass ich auch im Falle Arbeit und im Falle Regen nicht im Zimmer bin: das Essen vortrefflich und so reichlich, dass ich immer ein bis zwei Gänge kürze. Heute mache ich blau und fahre nach Pontresina zu Ebermayer, falls wir einander verständigen können. Im Ganzen fühle ich mich erstens *sehr stolz* auf das heroische Nichtrauchen, ohne damit Dich noch andere nervös gemacht zu haben, und sonst zufrieden hier still zu sitzen und mich eines göttlichen Wetters zu erfreuen. Hoffentlich bleibt alles so und ich höre auch von Euch Gutes und Erfreuliches.

So, das war *der* Brief dieses Sommers. Jetzt kommen nur mehr Karten in alixartiger Knappheit,[3] denn hier dürfte das Leben vollkommen regulär und monoton verlaufen, als ich entschlossen bin, Bekannte auf das Energischste zu meiden und mich vollkommen zu isolieren. Herzlichst Euch allen   Stefan

1] Siehe blaue Wellen. · 2] Casanova-Essay. · 3] Alix schrieb bestenfalls Grußworte.

Dienstag   [Salzburg, 9. 8. 1927]

Mein Liebes,
    hab vielen Dank für den Brief und die Karten aus St. Moritz u. Zuoz. Heute habe ich die ganze bisherige Post erledigt u. heute ist gar nichts gekommen. Gestern ein Telegramm aus New York,[1] ob denn der Brief nicht angekommen: wir möchten kabeln. Ich schob den bösen Alp von mir, da ja der Brief indessen angekommen sein muss. Das Haus dröhnt vom Meißel der Gasleute. Ich durchsprach heute des Längeren noch alles mit dem Obermonteur und machte, da der Mann ja keinen Dunst hat, selbst den Plan der Röhrenleitung, u. zwar nicht oben, sondern durch die Pfanzelterverkleidung,[2] sodaß man überhaupt keine neue Leitung sehen wird. Doch wird eben in Deinem Schlafzimmer ein dicker »Tram« durchsägt. Bis 20ten versprechen sie sicher fertig zu sein.
    Heute war neuerdings Wassernot. Doch hatte ich vorgesorgt. Jetzt erwarte ich Liesl[3] u. freu mich auf sie, da ich mich jetzt wenig von zuhause wegrühren kann. Im rückwärtigen Garten stu-

diert jetzt 2 Mal im Tag Moissi, den Metzl herauf sandte.[4] Ich störte ihn nicht, konnte aber auch nicht meine decolletierte Gartensiesta halten. Mein Liebes, casanovre, so wie es Dir am Besten behagt, teils so, teils so, wird wohl das Vernünftigste sein.[5] Der Schreibtisch bleibt an seinem Fleck, das Andere ist nicht so stabil, wie Du ja oft beklagst. Sei tausendmal gegrüßt von

Mumu

1] Friderikes Schwester Poldi Mediansky, die in New York lebte, hatte finanzielle Probleme. · 2] Holzverkleidung des Tischlers Pfanzelter. · 3] Friderikes Nichte Liesl Burger. · 4] Jedermann-Darsteller Alexander Moissi und Richard Metzl, Assistent Max Reinhardts. · 5] Anspielung auf Zweigs Casanova-Essay und Freundschaft mit Erich Ebermayer.

[Zuoz, 12. 8. 1927]

Liebe F.

eben Deine Karte von Dienstag. Wegen der Gasleitung – ich möchte sie nicht in der Pfanzelterverkleidung,[1] weil sie da neben den heissen Rohren läuft, was gefährlich ist – ich habe seinerzeit mit dem Director alles besprochen und jetzt braucht ja ausser meinem Zimmer und Küche, Schlafzimmer nichts gemacht zu werden. Sonst nichts Neues – heute endlich Regen, es tut geradezu gut nach der zu vielen Sonne! Herzlichst

Stefan

1] Holzverkleidung des Tischlers Pfanzelter.

Sonntag   [Salzburg, 14. 8. 1927]
Liebes Bubili,

mein Geschmier aus der Bahn hast Du wohl erhalten.[1] [...]

Von den Festspielen habe ich Sommernachtstraum u. Kabale gesehen. Beides gute Abende, Kabale mit der unerhörten Leistung der Darvas, *außerordentlich*.[2] Gestern war alles erschüttert über Fidelio.[3] Die Leute heulten geradezu, Metzl noch nachher, u. viele wollten deshalb nicht zu dem Empfang nachher (von der Bayerischen Bank arrangiert), weil ihr Eindruck so stark war. Ich

glaube, dieses Jahr stehen die Festspiele unter dem Zeichen glän-
zender Leistungen u. haben wirklichen, verdienten Erfolg. –

Hoffentlich kommst Du mit vorhaltender Erholung zurück,
mein Liebes. Es freut mich, daß Du im September, während dem
ich weg bin, noch fort willst, denn sonst würden wir, da Du im
November »in Vorträgen reist«, mehr getrennt sein als zusammen,
u. das Gefühl der bloß Wirtschafterin und bloß Sekretärin würde
sich verstärken. Gott sei Dank sind die Maler nun aus dem Hause,
die Anstreicher noch nicht. Aber bis Mittwoch ist hoffentlich alles inclusive der Tapezier-Ausbesserungen vorbei. 5erlei Handwerker waren tätig. Da alles fertig werden konnte, ehe Du
kommst, hatte es keinen Sinn, ein zweites Mal das Haus zu ver-
wüsten. Die Dienstleute waren sehr brav. Unausgesetzt wurden
Schuttkübel geschleppt, und sie arbeiteten vorgestern bis Mitternacht. Hoffentlich ist jetzt (bis auf mein Zimmer im September)
alles in Ordnung.

Post berichte ich Dir dann nach der morgigen, mein Freund.

Sei innigst umarmt u. von uns allen gegrüßt, besonders von
Deinem

Mumu

1] Friderike besuchte ihren Bruder Arnold Burger, der in Mallnitz Urlaub
machte. · 2] Max Reinhardts Inszenierungen *Ein Sommernachtstraum* und
Kabale und Liebe; Lili Darvas als Lady Milford. · 3] *Fidelio* anlässlich des
Beethoven-Jahres.

Brief Friderike Zweigs in Maschinenschrift:

[Salzburg] 16./8. 27

Mein Liebes,

das war wirklich goldig von Dir und eine meiner grössten
Freuden der letzten Jahre, dass Du mich angerufen hast. So gut
hab ich Deine geliebte Stimme gehört, dass ich ganz verwirrt war
über das Wunder. Und wie süss von Dir, weil Du wusstest, dass ich
in Bedrängnis bin. Ich bin noch heute direkt glücklich darüber.
Heute Dienstag haben die Arbeiter wieder begonnen, nur mehr
5 an der Zahl. Gestern war der neue Hausmeister[1] da und wir ha-

ben noch einmal den von mir aufgestellten Vertrag besprochen und ich habe mir die Frau heute für Ende Woche zur Hilfe bestellt, denn Du machst Dir keinen Begriff über die Verwüstung des Hauses. Ausser dem Saal und Deinem Winterarbeitszimmer ist das *ganze* Haus in Mitleidenschaft gezogen. Der Mörtelstaub wird durch das Kotwetter draussen zu Brei im Hause und ein Zimmer muss nach dem anderen als Magazin dienen. Von Bad, persönlicher Bedienung keine Rede, obwohl die Kinder überall anpacken. Aber es ist ein Chaos und ausserdem haben wir Wohnungsvermittlung für Leute, die, wenn sie kein Quartier bekommen, bei uns wohnen würden, ob man will oder nicht. [...]

Nun, mein Liebes, sei innigst gegrüsst. Hoffentlich erhält sich Dein Wetterglück. Bei uns schnürlt es,[2] was mir gar nicht lieb ist, weil jetzt die Reineclaudenernte wäre.

Hab noch vielen Dank für Deinen lieben, guten Einfall und sei herzlichst umarmt von

Mumu

1] Ehepaar Agnes und Adolf Fißneider. · 2] Berüchtigter Salzburger Regen.

Am 8. September reisten Friderike und Suse über Zürich und Interlaken an den Genfer See. Sie verbrachten drei Tage in Gland und hierauf acht Tage in Evian (Hôtel Beau Rivage).

Sanatorium, Gland 12. Sept. [1927]

Lieber,

also gestern Mittag vor der herrlichen Einfahrt in Lausanne entschloß ich mich, gleich in den See hineinzufahren u. Evian, das mehrmalige Überfahrt nach Ouchy hat, u. das mir von Friedmann empfohlene Hôtel anzusehen. Evian ist ganz reizend, erinnert an Cadenabbia, ist aber geräumiger u. hat schöneres Hinterland. Das Hôtel gefiel uns sehr gut, wir ließen das Gepäck dort, sie verlangen 50 frcs per Tag per Person; das geht doch an. Wir freuen uns sehr hinüber. Der See hat noch 18° Wärme. Die Fahrt über Nyon war dann sehr schön. Das Sanatorium sieht sehr gut

195

aus, ist unerhört still, der Garten herrlich. Aber es riecht nach Äther u. wir hatten eine traurige Nachbarschaft. Als Suserl um 9 Uhr abends von der Toilette zurückging, sah sie in das Zimmer nebenan einen Sarg hineintragen. Sie war total verschreckt u. ich brauchte lange, sie zu beruhigen, u. als sie endlich bei mir einschlief, konnte ich eigentlich kaum schlafen. Aber ich bin vorläufig, ich schreibe noch im Bett – nicht müde. Wir wollten heute noch hier übernachten, werden aber vielleicht von Genf direkt nach Ouchy zurückfahren u. Dienstag früh nach Evian, wo ich 8 Tage bleiben will. Das Hübsche dort ist die herrliche Seepromenade und neben den Alleen die schönen Hôtels, die alte Stadt, die ganz französisch anmutet. – Die Post habe ich leider noch nicht wegen des abendlichen Schrecks. Wir wollten nicht mehr aus dem Zimmer. Liebes, hoffentlich bist Du gut zurückgekommen und es geht Dir nichts ab u. Du hast gutes Wetter u. Ruhe, auch von den New Yorker Telegrammen.[1] Es ist schrecklich, dieser Alp, aber die Eindrücke der Reise haben meine ewig flackernden Nerven doch sehr beruhigt u. hoffentlich wird der Zwischenfall gestern bald von Suse u. mir vergessen sein. Grüß alle. Du, mein Liebes, sei vielmals geküsst von

Mumu

1] Friderikes Schwester Poldi Mediansky, die finanzielle Probleme hatte.

Alix hielt sich in Wien auf. Stefan Zweig hütete das Haus Kapuzinerberg 5.

[Salzburg, 20. 9. 1927]

L. F.

ich schreibe heute Dienstag noch nach Nyon. Scheussliches Wetter seit drei Tagen – Regen, Regen, Regen, immer noch mehr Regen, aber es stört mich eigentlich nicht. Von Poldi kam noch ein Telegramm, sie möchte wissen, ob Ja oder Nein, ich habe es nach Wien an Alix zur Mitteilung an die Verwandten gesandt, übrigens muss sie in vier Tagen meinen Brief haben: die Wiener rührten sich anscheinend überhaupt nicht und drücken das Gesicht unter den

Pelz, den sie, ohne nass zu machen, waschen wollen. Die Arbeit geht langsam fort, Tolstoi in zweiter Fassung fertig, jetzt kommt die endgiltige dritte, ebenso Casanova, so dass ich Ende Oktober diese beiden Lasten wohl abgewälzt habe – es bleibt dann noch der Dritte.[1] Wäre ich nur leicht und leichtsinnig wie früher – die Literatur sagt mir aber nicht mehr viel, mein Ehrgeiz ist dahin und nur ein Verlangen nach Aufhören des Betriebs, Unbekanntsein, also wahrhaft Menschsein. Publicität zernervt das Leben, besonders wenn man wie wir sie nicht als Glückssteigerung empfindet. Lass es Dir gut gehen und versuche, besseres Wetter als wir zu haben. Mir geht es ganz still und gut, ich habe nicht zu klagen, Scheyers sind noch da, aber ich sehe sie nur abends, sonst glücklicherweise keine Besuche. Desbordes[2] ist erschienen, sieht sehr hübsch aus, den Einakter[3] lasse ich bei Kiesel nur für mich drucken: ich habe gar kein Interesse daran.

Herzlich St.

Grüsse Suse, der jetzt bald ihr Stündlein schlägt!

1] Stefan Zweig: Drei Dichter ihres Lebens. Casanova – Stendhal – Tolstoi, Insel-Verlag, Leipzig 1928. · 2] Stefan Zweig: Marceline Desbordes-Valmore. Das Lebensbild einer Dichterin, Insel-Verlag, Leipzig 1927 (mit Übersetzungen von Friderike Zweig). · 3] Stefan Zweig: Die Flucht zu Gott. Ein Epilog zu Leo Tolstois unvollendetem Drama ›Das Licht scheinet in der Finsternis‹, Felix Blochs Erben, Berlin 1927 (Druck R. Kiesel, Salzburg).

Vom 20. September bis 1. Oktober wohnte Friderike in Nyon, unweit von Gland am Genfer See, wo Suse in das englische Quäker-Pensionat eintrat.

Nyon, Hôtel de Nyon   21/9 27

Mein Liebes,
    eben komme ich $^1/_2$ 7 Uhr abends aus Gland zurück, wo man mich bis 6 Uhr zurückhielt, und nun danke ich Dir von meiner

herrlichen Terrasse, angesichts des wolkenlos abendrötlichen Montblancs, für Deinen poste restante u. pünktlich ins Hôtel überstellten Brief. Alle Neuigkeiten interessieren mich sehr. Hoffentlich haben Dich die Arbeiter nicht gestört.[1] Es ist mir leid, daß Du mit dem Hausmeister[2] verhandeln mußtest. Ich hatte ihnen aber gesagt, daß sonst nichts gemacht wird. Hoffentlich machen sie Dir auch einen guten Eindruck. Bist Du im Hause sonst zufrieden? Küche? etc.

Nun will ich Dir von Suse berichten, d. h. vom Pensionat. Es machte uns heute einen entzückenden Eindruck. Das Wetter ist auch seit gestern göttlich. Alles durchstrahlt von Sonne, Blumen, Jugend u. jenem Mr. Smith, der mir immer schrieb, ein strahlender Blondkopf, mit den herrlichsten blauen Augen. Alle Lehrer jung u. die Leiterin, eine besondere Freundin von Rollands, Miss Thomas, eine entzückende Frau. Die Katze, von Rolland gespendet, heißt Jean Christophe.

Vor Suses Haus ist eine Badeterrasse mit Hafen und Schiffen. Die Kinder gehen bis 3 x im Tag baden. Suse heute 2 x. Suse wohnt mit 2 reizenden englischen Kindern (d. h. eine ist Amerikanerin) in einem luftigen Zimmer. Letztere war drei Monate mit ihren Eltern in Klessheim,[3] u. ihr Vater, Mr. Cheney, ist Schriftsteller u. ein Begründer des Guildtheaters. Es sind keine Dienstboten, bis auf einen einarmigen Gärtner, der auch halb Schüler ist und bei Tisch sitzt, eine Köchin, deren Kinder auch Schüler sind. Sonst machen die Kinder u. die Lehrer *alles* gemeinsam. Durch Schülerrat u. Lehrerrat wird gemeinsam alles eingeteilt. Morgen z. B. geht Suse mit der Direktorin die Milch holen. Die Kinder haben zu sechst ihr eigenes Badezimmer, heizen sich aber selbst *jeden* Tag abwechselnd ihre Bäder. Arm u. reich ist absolut ununterscheidbar, da sie alle strumpflos in Kitteln (auch die Lehrer viele bloßfüßig) oder weißen Leinensachen herumlaufen. Die Kinder dürfen sich essen holen, so viel sie wollen, auch das Obst von den Bäumen holen. Die Stunden sind in ganz kleinen Klassen. Ein junger Schweizer unterrichtet Geschichte, u. sie haben ein Orchester. Nebenausgaben sind nur die paar Ausflüge. Ich habe 1000 frcs erlegt[4] u. bestätigt erhalten. [...]

Du würdest staunen, wie Suse in der letzten Zeit schon französische Fortschritte gemacht hat. Englisch muß sie, ob sie will oder nicht, da es eigentlich eine englische Schule ist und ihre Zimmercolleginnen weder deutsch noch französisch sprechen.

Sei, mein Liebes, umarmt von Deinem Lamm

1] Installierung eines Haustelefons für interne Gespräche. · 2] Ehepaar Agnes und Adolf Fißneider, das alsbald einzog. · 3] Schloss Klessheim in Salzburg. · 4] Bezahlt.

Donnerstag [Salzburg, 22. 9. 1927]

Liebe Fritzi,

ich habe Dein Telegramm, Deine Karte und dafür von hier gar nichts zu melden. Mein Leben verläuft, Du weisst es, jenseits aller grossen Bewegtheiten, es sind jetzt auch keine Besuche, mein Hauptfreund ist jetzt Herr Casanova. Ich arbeite aber noch immer nicht mit jener vollen Geistesgeschwindigkeit, mir ist, als sässen die Schrauben lockerer in der Maschine: am besten wäre, sie im fünfzigsten Jahr ganz abzustellen und noch einmal den Versuch zu machen, die Welt zu erfahren, statt sie zu schildern. Ich bin voll Misstrauen gegen die unablässige Literatur, sie ist ein unnatürlicher Zustand, wenn man nicht ehrgeizig ist. Je weniger ich von dem Spiegelwesen St. Z.[1] höre, desto mehr bin ich mein Ich: einmal möchte ich es noch ganz und gar sein. Am 26. kommt Geigy-Hagenbach, ich will wegen Deines Neffen[2] mit ihm reden, sonst ist eigentlich niemand angemeldet ausser Reisiger, der auf eine Stunde morgen hier eintreffen will. Ich freue mich *so* sehr Deines Wohlbefindens, wie Du es gar nicht weisst, ich habe oft das Schuldgefühl, Dich mit meinem Métier in mehr Arbeit und Menschen und Briefe, also auch in die grässliche Maschine zu verstricken, als mir lieb ist und ich verantworten kann. Von Paris höre ich nichts – glücklicherweise, denn meine Reiseneigung ist gering.[3] Ich möchte gern jenes Buch bis Januar fertig haben, um dann einmal eine Erlebnisreise zu machen. Innigst

Dein Stefan

Grüsse »la prisonnière«, die verpensionierte Suse.

1] Stefan Zweigs ›Flüchtiger Spiegelblick‹ (autobiografische Skizze im Prospekt des Insel-Verlags 1927). · 2] Friderikes Neffe Alfred Burger. · 3] Zweig fuhr erst im März 1928 zu Gesprächen über seinen *Volpone* nach Paris.

SZ   Salzburg, Kapuzinerberg, 26. Sept. 1927.

Liebe Fritzi!

Ich bestätige Dir zunächst zwei Karten und einen Brief, also grossen und besonderen Schreibfleiss, den ich nur unzulänglich erwidere. Dein kleiner Verdacht, dass ich Deine Briefe nicht genau lese, mag vielleicht nicht ganz unbegründet sein, denn ich habe überhaupt die Fähigkeit genauen Lesens unter dem Andrang verlernt: heute Montag vormittag kamen geschlagene 35 Briefe und nachmittags dürfte sich auch noch einiges ereignen. Du weisst ja, wie ich über diese Landplage denke, und hast ja auch die Erfahrung aus dem Briefe von Jaloux, dass ich Details oft überlese, wenn sie nicht in markanter, übersichtlicher Form gebracht sind. Und Du sparst etwas mit Papier, d. h. Du schreibst alles so eng zusammen, dass ein Irrtum meinerseits nicht ausgeschlossen ist.[1]

Deinem Bruder habe ich gestern telefoniert. Du kennst meine Abneigung gegen halbe Aktionen, aber nun ist es jawohl beschlossen und ich darf und will mich nicht ausschliessen.[2]

Sonst geht alles in bester Ordnung. Heute kommt Geigy-Hagenbach zu Tisch und ich zweifle nicht, dass die Köchin sich bewähren wird. Ich war schon gestern mit beiden abends beisammen. Mir ist es leid, dass Du immer die netten Leute versäumst und die unangenehmen auf den Hals bekommst.

Von Alfred[3] habe ich recht gute Nachrichten; er scheint sich gesundheitlich wohler zu befinden und auch leidlich vergnügt.

Dies mag nun wohl als das Wesentlichste gelten, nur damit Du Nachricht hast und nicht bekümmert dem Postboten auf die Tasche blickst.

Herzlich Dein Stefan

Grüsse Susanne und habe nicht zuviel Mitleid mit ihr, sie wird sich bald eingelebt haben und der Aufenthalt ihr von unendlichem Vorteil sein.

1] Friderikes überlange und eng beschriebene Briefe sind schwer leserlich und verständlich. · 2] Er überwies ihrem Bruder Arnold Burger eine größere Summe für Poldi Mediansky in New York. · 3] Sein Bruder Alfred Zweig.

Donnerstag,   [Nyon, 29. 9. 1927]
Mein lieber Freund,

trotz Deines sträflichen Eingeständnisses, Du läsest die, nein, *meine* Briefe nicht genau, schreibe ich heute, weil Du den morgigen Brief Sonntag wegen nicht rechtzeitig erhieltest. Aber wie kann man nur so etwas eingestehen! Monologe führe ich wahrlich schon genug und habe dazu vor allem meinen Roman (über den ich Dich mit »Gackern« verschone.)[1] Ja, schad wegen Geigy, besonders da ich wieder sehr schweizfreundlich bin. Jaloux habe ich für morgen, sie mich für Samstag zum Dejeuner geladen. Ich warte die morgige Post ab, ihnen zu antworten, die Briefe haben sich X [gekreuzt]. Der Kaiserin Elisabeth Roman[2] würde bei uns Erfolg haben, aber nur des Motivs wegen. Er ist psychologisch fein, aber fällt zu sehr in 2 Stücke mit einem angekleisterten Ende, also unlebendig. Aber wie alles von ihm unverlogen, d. h. unverschönernd. Hatte gestern eine herrliche Fahrt nach Genf, wo ich bouquinisterte,[3] bringe zu Tausch etwas mit, auch Rilkebriefe. Genf ist entzückend, man zeigte mir das alte. Heute zu Suse, die ich seit Montag morgens nicht sah. Viele Küsse, ich telegrafiere mein Kommen Dein

                                                          Mumu

Heute Feuilleton in N. Züri Zeitung »Zur Entst. des Volpone«.[4]

1] Ihr dritter Roman (vermutlich *Riesen sind einsam*) wurde nicht veröffentlicht. · 2] Edmond Jaloux: Soleils disparus, Paris 1927. · 3] Besuch von Antiquariaten. · 4] ›Zur Entstehung des Volpone‹, ›Neue Zürcher Zeitung‹, 28. 9. 1927 (Abendblatt), anlässlich der Aufführung im Zürcher Schauspielhaus.

Samstag. [Salzburg, 1. 10. 1927]

Nur dies Kärtchen noch. Von Poldi kam Telegramm, sie benötige 800 statt 600,[1] dann reiche es aus, ich glaube, Dein Bruder wird das ordnen. Ich sandte heute 2300, Montag noch 200[2] (hatte sie nicht zur Hand). Sonst nichts, sogar gar nichts Neues, also wenigstens nichts Ungutes. Zuhause wirst Du alles in bester Ordnung finden, inclusive den Unterzeichneten. Dein Vorwurf wegen schlechten Brieflesens trifft mich nicht sehr hart: Du wirst beim Einordnen sehen, dass sie meist aus Postscripten bestehen, die überquer sich in den Text wuzeln. Zürich scheint Volpone nach Faesis Karte endlich gegangen zu sein: das Haus ist dort selten voll, es wird nun eben keine Theaterstadt. Ich werde Dich, falls Du nicht allzu matinal[3] einlangst, an der Bahn mit Kaspar[4] erwarten, der verwöhnt durch das viele Mitgenommenwerden überhaupt nicht mehr zuhause bleiben will. Mit Erwin[5] habe ich gesprochen, dass er Ende Oktober für paar Tage kommt, um manches zu ordnen – er leidet sehr an Wien und sehnt sich heraus. Da er gar nicht stört und Suses Zimmer frei ist, wird seine Anwesenheit ein wirklich Erfreuliches sein. Herzlichst, Dein Schlechtleser

S.

Nimm Dir Arlberg![6]

1] Dollar für Friderikes Schwester Poldi Mediansky in New York. · 2] Schilling. · 3] Früh am Morgen. · 4] Spaniel Kaspar (Rolf war schon tot). · 5] Erwin Rieger. · 6] Arlbergexpress von Zürich nach Salzburg.

Friderike und Suse besuchten zuerst Edmond Jaloux in Lausanne und hernach Madeleine, Romain und Émile Rolland in Villeneuve.

Lausanne 3. Okt. 27, 9 Uhr früh

Mein Liebster,
  eben Deine beiden Karten, die gestern in Nyon (Sonntag) ankamen, hierher nach Lausanne nachgesandt bekommen. [...]

Aber das Wichtigste: der Tag bei Rollands war herrlich in *jeder* Beziehung. Er sieht recht gut aus, hustet gar nicht mehr, spricht etwas leiser, aber ist scheinbar viel weniger ermüdbar. Zuerst war ich, wie immer, wie auf den Mund geschlagen, dann sprachen wir wunderbar zusammen. Auch mit Madeleine Rolland u. Papa Rolland (der seht gut aussieht u. aufrechter ist als damals) war alles sehr schön, wirkliches Freundschaftsgefühl, dabei ein göttlicher Tag. Ich wollte Dir nachher telegrafieren, so wunderbar war es, u. Suse wollte Dir gleich schreiben. Sie war auch ganz gefangen, horchte mit ihren neuen französischen Ohren u. sagte »wie er so dort gesessen ist, habe ich das Gefühl gehabt, ein Gott sitzt da.«

Wir waren von $^1/_2$ 11–5 Uhr dort, weil sie uns durchaus nicht wegließen. Ich muß Dir auch viel über Rilke erzählen, teils von Val Mont (Rolland), teils von Jaloux. Überhaupt, wirst Du mich anhören? »den Wasserfall«, ich habe so viel zu erzählen.

Heute muß ich noch einiges für die frierende Suse einkaufen (sie hat sich schon die Zehen erfroren). Sonst ist ja alles so nett dort. Freu mich Deines guten Wetters, hier ist es (gestern z. B.) sommerlich heiß, dann wieder, besonders nachts, direkt kalt. Es soll sogar einmal gefroren haben, wahrscheinlich paar 100 Meter höher. Gland, Nyon ist nämlich wegen der Jura Nähe viel kälter als z. B. Villeneuve, das geschützteste beste Klima. Wenn ich nicht anders drahte, komme ich also mit dem Arlbergexpress.

Viele Küsse u. Dank für alles

Mumu (sehr ungeduldig auf Dich!)

Gepäck sandte ich von Nyon nach Zürich.

Zürichhôtel wußte ich noch nicht, als ich gestern bei Durchreise hier drahtete. Habe aber Schauspielhaus, d. h. Volpone angegeben.[1]

1] Friderike besuchte in Zürich eine Vorstellung und fuhr am nächsten Tag nach Hause. Suse blieb bis Ostern 1928 im Quäker-Pensionat in Gland am Genfer See.

Am 5. November hielt Stefan Zweig in München den Vortrag Tolstoi,
die Tragödie eines Gewissens.

[München, 6. 11. 1927]

Liebe Fritzi,

ich telefonierte noch vor der Abfahrt, erreichte Dich leider
nicht. Der Vortrag war glänzend besucht, auch Thomas Heinrich
Mann Ponten[1] ect anwesend, ich leider nicht sehr in Form, weil
ich wilde Sprünge und Kürzungen improvisieren und im Rie-
sensaal Stimme erhoben werden musste. Immerhin ca. 1500–1800
Personen. Morgen werde ich an den Erfahrungen gelernt haben.
Mittags bei Bruno Frank, nachher bei Leonhard, dann bei Thomas Mann. Leonhard hat zuhause Krach gehabt wegen Ver-
führung der neuen Stütze,[2] er scheint Null zu arbeiten, hat über
meinen Vortrag unter dem stupiden Titel berichtet *St. Z im
Kino*!!!, den ich ihn sofort express in Wien etc zu inhibieren[3] bat
– was habe ich mit dem Kino zu tun!! Nur Tolstoi! Abends fut-
terte ich Grieben und Gansleber bei Schwarz,[4] die mir als Gast-
gabe einen jüdischen Kuchen auf die Reise mitgaben.

Lass es Dir in Wien gut gehen und sei viele Male gegrüsst von
Deinem

St.

Grüße Mama & Alfred

1] Thomas Mann, Heinrich Mann und Josef Ponten. · 2] Sekretärin von
Leonhard Adelt. · 3] Verbieten. · 4] Jüdisches Restaurant, München, Schlos-
serstraße 2.

Friderike besuchte ihre Schwiegermutter in Wien.

Wien, 9. Nov. 27,

Lieber Stefan, mein liebes Gutes,

hab mich sehr gefreut, daß ich gestern von Dir schon einen
Brief mit den guten Nachrichten aus München hatte. Hoffentlich

ist alles bisher gut vonstatten gegangen und Du noch nicht über-
müdet. In das Hôtel Vier Jahreszeiten[1] sende ich Dir besondere
Grüße und Gedanken. Mehr muß ich Dir ja nicht sagen, mein
Liebling. Es ist 15 Jahre her, einer dieser Tage, daß wir dort in der
Halle die Lübecker Fahrt besprachen, nach diesem süßen Brief
von Dir. [...]

Also, mein Liebes, sei vergnügt und gesund und vorsichtig mit
Deinen Kräften. Ich umarm Dich 1000 mal und wollte, ich wäre
mit Dir in jener Halle des Anbeginns, Dein liebes Gesichterl leib-
haftig zu erspähen.

Dein Mumu

[Ida Zweig in Kurrentschrift:]
Viele herzlichst innigste Grüße, freue mich sehr mit meiner lieben Frizzi, die ich nicht so bald wieder hergebe. Schone Dich
doch ein bisserl, nicht jeden Abend Vorträge halten, das macht
sehr nervös. In Liebe Deine alte Mama

1] In Hamburg, von wo beide im November 1912 nach Lübeck reisten.

*Er setzte seine Vortragsreise fort: Frankfurt, Darmstadt, Bremen und
Hamburg.*

Hotel Vier Jahreszeiten
Restaurant Haerlin, Hamburg [Freitag, 11. 11. 1927]

Liebe Fritzi,
ich vermute, das Briefpapier wird Dir Freude machen, in Erin-
nerung vergangener Zeiten. Ich erhielt eben Deinen lieben Brief.
Es ist überall sehr gut gegangen, hier im Norden habe ich ja eine
Art Heimat. In Bremen war ich Gast in dem herrlichen Hotel
Hillmann, hatte ein Fürstenappartement à l'oeil,[1] hier empfing
mich im Zimmer ein Blumenstrauss mit der Visitkarte des Herrn
Haerlin, des Besitzers, und ein herrliches, nur boshafter Weise
zweischläfriges Zimmer. Und man wird gefüttert – entsetzlich!
Gestern in Bremen ein Diner mit Champagner und Caviar bis

$^1/_2$ 2 Uhr nachts, heute musste ich zur Strafe um 7 Uhr aufstehen und das Schlafen ist ohnehin mein schwacher Punkt: hier wird das Bummeln wohl fortgesetzt, ich bleibe deshalb nur einen Tag in Berlin, um Huebsch zu sehen, werde wohl sogar Camill & Victor[2] beiseite lassen müssen. Meine Bücher gehen noch gut, werden momentan durch den Riesenerfolg von Arnold Zweigs Roman[3] noch ergänzt, man hat jetzt einen unangenehm öffentlichen Namen und ich sehne mich immer mehr nach Rückzug, will auch trotz aller Annehmlichkeiten mit allem Öffentlichen Schluss machen. Auch mit der Briefschreiberei und Herumtuerei: ich denke mir (mit dem Blick auf die Alster), wie herrlich es sein müsste, wieder ganz privat zu leben, sein Leben, und zu reisen ohne Pflichten und Menschen. Hoffentlich können wir es uns erfüllen: dieses künstliche und künstlerische Imschwungsein zerstört innerlich viel Kostbares in uns allen. Vor mir reist Werfel: wo ich lese, war er tags zuvor, und ich begegne ihm also nie, nur die gleichen Portiers bringen dem einen das Gepäck heraus und dem andern herein: ein Symbol des Betriebs! Ich eigne mich gar nicht für das Repräsentative und den Betrieb, weil mir der Ehrgeiz fehlt und ich dem Wert sowohl meiner Arbeit als jener Öffentlichkeit zu sehr misstraue. Mit Keyserling hatte ich zwei gute Stunden, er reist auf Monate nach Amerika, 60 Vorlesungen zu halten: ich kam mir da sehr weise vor im Vergleich zu diesem professionellen Philosophen. Heute Nachmittag bin ich zum Thee bei Frau Kaemmerer und will sonst mich möglichst zurückhalten, lieber mit Maass[4] aber nicht mit Mass in St. Pauli bummeln – geschlafen wird dann in Salzburg und in bestimmter, Dir nicht unerwünschter Form.[5]

Frau Fuchs schickt mir sparsam und regelmässig die Post nach, so dass ich gar nichts zu erledigen habe. Nun noch viele Grüsse an alle von Deinem

Stefzi

1] Ohne Rechnung. · 2] Camill Hoffmann und Victor Fleischer. · 3] Arnold Zweigs Roman *Der Streit um den Sergeanten Grischa*. · 4] Joachim Maass. · 5] Zweig fuhr nach Berlin, Leipzig und Breslau und kam am 19. 11. 1927 zurück nach Salzburg.

In der Schwebe

Im Frühjahr 1928 erschien Zweigs Buch Drei Dichter ihres Lebens. Casanova – Stendhal – Tolstoi *im Insel-Verlag. Er arbeitete nach wie vor an der Biografie des französischen Polizeiministers Joseph Fouché. Vom 25. März bis 8. April war Zweig in Paris. Friderike, die er wegen ihres Klagens als »Jammerpepi« titulierte, verbrachte einige Tage in Wien, um ihre Schwiegermutter, ihre Tochter Alix und Moritz Scheyer (Monju) zu besuchen.*

[Paris, Sonntag, 25. 3. 1928]
L. F.,

ich melde Dir meine glückliche Ankunft. Gut gereist, vortrefflich sogar, sehr nettes Zimmer, keine Briefe, Freiheit, laues Frühlingswetter, cela suffit amplement.[1]

Jetzt ins Bœuf à la mode,[2] dann spazieren und zwischendurch gutes Erinnern an meine Jammerpepi at home. Grüsse Mama und alle

Stefzi

Hausschuhe einzupacken vergessen, ich kaufe neue.

1] Das ist völlig ausreichend. · 2] Restaurant in Paris, Rue de Valois.

Montag   [Wien, 26. 3. 1928]

Lieber Stefan,

komme eben von Monju, wo ich zu Nacht aß und bin ganz glücklich über ihn. Bisschen fiebrige Augen, aber rosige Wangen (ein Leberpräparat hilft ihm vorwärts). Dabei menschlich beide prächtig und voller Dank für Dich u. jeden, der teilnahmsvoll war. Er war beim Nachtmahl auf und dann noch eine Stunde, frisch und gesprächig. [...]

Dein Gorki erschien Sonntag (ich sende ihn morgen an ihn), teilweise sehr gut.[1] Zu wenig über sein Leben, über seine Technik oder Nichttechnik und Häufungen. Über die Ursache dieser [Wiederholungen] dachte ich nach: ich bin darauf gekommen, daß sie keiner Angewohnheit entspringen, sondern identisch sind mit der Eigenschaft, immer wieder auf etwas zurückzukommen, um den andern bestimmt zu bekehren (aus Zweifel, daß er genügend aufhorcht). Eine Eindringlichkeit allgemeiner Natur, die bei einer Gesamtlockerung Deines allzu gespannten Wesens nachließe. Hoffentlich findet diese Lockerung jetzt unter angenehmsten Bedingungen ihren Anfang. –

Ich war heute mit Mama[2] im Prater und wuchsen ihr stracks in der Sonne rote Bäckchen. Lix ist noch sehr heiser. »Jonny«[3] habe ich für Monju gern geopfert. Morgen ist Familienabend, also bleiben mir nur 2 Abende. –

Wenn Du den guten Vorsatz, zu Andrée[4] zu gehen, ausführst, so geh durchs Bois de Boulogne zurück u. ein Viertel, wo ich gerne wohnen würde, bei Auteuil.

Bitte, bring Mama u. mir feine Hautcrèmen (nicht fette).

Ich wünsche Dir alles Gute und umarme Dich innigst   F.

Monju ist goldig, Gott schütze ihn!

1] Stefan Zweig: Rede zu Ehren Maxim Gorkis. Zum sechzigsten Geburtstag des Dichters, Neue Freie Presse, 25. 3. 1928. · 2] Ida Zweig. · 3] Ernst Křeneks *Jonny spielt auf* im Wiener Operntheater. · 4] Andrée Jouve.

                                        [Paris, Donnerstag, 29. 3. 1928]
L. F.

Dank für Deinen Brief. Die Wiederholungen im Gorki Aufsatz habe ich selbst gespürt, die Sache wäre geordnet gewesen, sobald ich hätte Correcturen lesen können (im Schreibmasch. Mcpt.[1] sehe ich über den Schreibfehlern gar nichts). Hier lebe ich in herrlichem Zimmer sehr angenehm, eine Reihe Leute sind glücklicherweise verreist, ich war mit Masereel, der reizend ist, aber sich wie ich immer mehr von den Menschen in die Arbeit zurückzieht, heute bin ich mit Romains, der Volpone kräftig vertritt. – Jouvet[2] wollte einen minder guten Termin ansetzen, gehe zu der grossartigen Bildhauerin Hannah Orloff, deren Sachen jetzt die Sensation von Paris sind, mir ihr Atelier ansehen. Desbordes V. ist bereits erschienen.[3] Ich hole vieles in jeder Beziehung nach und verjünge mich nach dem Recept des Königs David, gehe viel spazieren. Es war Paris das Klügste, das ich tun konnte und genau in der Form wie ich's tue. Herzl.

Stefan

1] Manuskript. · 2] Louis Jouvet war Leiter der Comédie des Champs-Elysées, doch *Volpone*, von Romains ins Französische übersetzt, wurde im Théâtre de l'Atelier gespielt. · 3] Stefan Zweig: Marceline Desbordes-Valmore. Son œuvre, portrait et autographes, Document pour l'histoire de la littérature française, La Nouvelle Revue Critique, Paris 1928.

Friderike Zweigs Brief vom 2. April 1928 ist der einzige in der umfangreichen Korrespondenz, in dem für das Haus Kapuzinerberg 5 die Titulierung »Villa in Europa« aufscheint (sie stammt angeblich von Jules Romains).

[Salzburg, 2. 4. 1928]

Lieber Stefan,

heute Deine dritte Karte erhalten, etwas kühl, wie bei so eifriger Verjüngung ja begreiflich. Ich bitte Dich sehr, Deiner Mutter eine liebe Karte zu schreiben; sie bat mich, Dir es *nicht* zu sagen, *wie sehr* sie sich über Dein Schweigen zu ihr kränkt, u. auch ihre so treue Freundin sagte es mir mit aller Bewunderung für Dich im Vertrauen. Also gutmachen!

Schade, daß Du Regen hast, hier ist lauer April. Eben erwarte ich den jungen Pariser Kunsthändler, den ich morgens ins Museum schickte. Post berichte ich Dir rückseitig.

Ich habe alle Hände voll Arbeit, da ich durch Unpässlichkeit Zeit verlor. – Pongaz hat eben bei mir gespeist, ein ganz prächtiger Mensch, in Genf erzogen und Mitarbeiter der La Feuille[1]. Er wohnte bei Monju. Masereel wird Dir ihn ja auch gelobt haben. Ich genieße die Menschen, die einem etwas geben und sein

könnten, doch nie richtig, wenn Du da bist, weil begreiflicher-
weise der Kontakt sich da bestenfalls zwischen Dir und ihnen her-
stellt. So lebt man eigentlich darbend am Tisch des Reichen. Dies
Zusammensein hat mir diesmal sehr wohl getan. – Ich bin nicht
recht in der Lage, Dir einen anständigen Brief zu schreiben. Verzeih! Doch wirst Du es leicht entbehren. – Frau Junger ist weggefahren, auch die lieben Kinder, teils nach Bozen, und kommt
erst am 12ten. Ich bin daher etwas alleine, da bei Magda[2] Grippe,
habe aber vorläufig keine Zeit für Verkehr, da Franz[3] schon Mittwoch die »Villa in Europa« gegen die Kantine der Gaisberg-
Straßenarbeiter eintauscht. [...]
Nun leb wohl, lass Dir's weiter vortrefflich gehen und bleib gesund und froh.

Herzlichst Deine F.
Bitte, vergiss nicht, Mama zu schreiben.

1] Genfer Tages-, später Wochenzeitung. · 2] Magda Grasmayr, geb. Maut-
ner-Markhof. · 3] Der Polizist Franz Schirl, Mieter im Haus Kapuzinerberg 5, war beim Straßenbau als Wachmann eingesetzt.

[Paris, 8. 4. 1928]
L. F.

ich hoffe Dich mit Suse gut in S. [Salzburg] angelangt und
Deine Sorge schon beseitigt.[1] Hier geht alles confus – Rolland telegrafiert, er könnte Sonntag nicht, Geigy er könne Dienstag
nicht, so geht alles durcheinander; ich habe mein Zimmer aber
schon für morgen abgesagt. So ist es möglich, dass ich Villeneuve
ganz beiseite lasse und lieber schon direct nach S. fahre auf die
Gefahr hin, Dir unbequem zu sein. Die Tage in Paris waren ausgezeichnet, ein wenig ärgerte ich mich, dass jeder Brief von Dir
(Du wirst es sehen) mit Klagen und Lamentationen erfüllt war,
doch Paris blieb stärker. Alles Nähere erfährst Du telegrafisch, ich
habe wenig Lust, in Villeneuve im Haus nebenan zu sitzen und
R.[2] nicht zu sehen und das Gefühl zu haben, ihn durch meine
Gegenwart zu stören. Bleibe ich aber Montag noch, so muss ich
auch Dienstag bleiben und kann in Zürich nichts erledigen. Pec-
cato![3] Ich telegrafiere also, wann ich komme – die Ostern machen

einen argen Strich im Concept. Aber Paris war herrlich. Herzlichst

S.

1] Friderike war vor Ostern nach Gland gereist, um ihre kranke Tochter
Suse nach Hause zu bringen. · 2] Romain Rolland. · 3] Schade!

*Im August 1928 waren Friderike, Suse und Stefan gemeinsam in Belgien und
Holland unterwegs. Nach ihrer Rückkehr schrieb er an Romain Rolland:*

Mein teurer Freund, im Moment erhalte ich die Einladung der
Sowjets, Österreich zur Hundertjahrfeier Tolstois zu repräsentie-
ren, und meine Entscheidung war schnell getroffen: ich nehme an.

*Am 8. September reiste Zweig mit der Bahn über Wien und Warschau in
die Sowjetunion. Er blieb zwei Tage in Moskau, fuhr am 12. September
über Tula nach Jasnaja Poljana, Geburtsort von Leo Graf Tolstoi, war
hierauf weitere drei Tage in Moskau, reiste am 16. September nach Leningrad und am nächsten Tag zurück nach Österreich. Indessen wurde im
Garten seines Salzburger Hauses ein »Lusthäuschen« aufgestellt.*

[Salzburg, Montag, 10. 9. 1928]

Mein Geliebtes,
  bin besorgt, weil nach dem lieben Warschauer Telegramm
heute, Montag 1/2 1 Uhr, noch kein zweites da ist. Hoffentlich
bald und Adresse, würde sonst an das österreichische Consulat
oder Botschaft senden. Bildete mir ein, Dein Verlag[1] hätte auch
eine Moskauer Adresse. Wir hätten eine ausmachen sollen. [...]
  Wichtig u. eiligst ist eine Stunde nach Deiner Abreise von
Wien telegrafische Anfrage Reclams nach dem Vor- oder Nachwort. Ich lasse es von Meingast mit meiner Kürzung u. neu ge-
machtem Schluß abschreiben und Dir express senden. Du mußt
es ja nicht lesen, telegrafiere mir nur (Du wolltest es ja jedenfalls
paar mal), ob ich es Reclams einsenden kann. Ich schrieb natürlich gleich, wie es sich verhält. Auch laden uns Reclams zur

100 Jahrfeier des Verlages am 1. Oktober u. bitten um Antwort. Brüssel, Kassel, Budapest, Hamburg wollen Vorträge.

Liebes, hier hat alles Schnupfen, sonst geht es gut. Mit meiner Übersetzung[2] bin ich programmgemäß fertig, so daß ich mich ungeteilt Deiner Correspondenz widmen kann.

Sei innigst umarmt, auch von Suse. Gib Acht auf Dich in jeder Weise, vergiß nicht, daß Du mein Kleinod bist.

Mumu

1] Verlag Wremja in Leningrad, von 1927 bis 1932 erschienen dort zwölf Bände unter dem Titel *Sobranie sochinenii Stefana Tsveiga* (Vorwort von Maxim Gorki). · 2] Friderike Zweigs Übersetzung des Romans *Dich hätte ich geliebt* von Edmond Jaloux (Philipp Reclam jun., Leipzig 1928).

[Moskau, 11. 9. 1928]

L. Fritzi,

gestern angekommen. 2 Uhr wurde ich durch die Nachricht überrascht, dass ich noch am selben Abend über Tolstoi und das Ausland sprechen sollte. Nun, vorbereitet hatte ich nichts, aber nach kurzem Überlegen entschloss ich mich, frei zu sprechen – allerdings das grosse Opernhaus (das herrlichste, das ich jemals sah mit seinem 4000 Personenraum)[1] und die Blitzlichter und elektrischen Scheinwerfer des Kinematografierens[2] tat Einiges, um einen verzagt zu machen, aber schliesslich ging es für eine Ansprache nach 54 Stunden Eisenbahnfahrt ganz anständig. Die Feier begann um 6 Uhr, um 11 Uhr hatte ich meine Rede, um 1 Uhr ging ich schliesslich schlafen. Wunderbar dieses herrliche Publicum! Bei uns wäre ein solches gespanntes Zuhören unmöglich. Und das Orchester, ich habe nie ein besseres gehört. Heute sehe ich Einiges an, um 12 Uhr Eröffnung des Tolstoi-Hauses, abends Concert, um 12 Uhr nachts Fahrt nach Tula, wo wir übernachten (ankommend drei Uhr), um mit Autos nach Jasnaja zu fahren. Du siehst, die Zeit wird hier gut ausgenutzt, dazu habe ich heute Prachtwetter.

Herzlichst Stefan

1] Bolschoi-Theater. · 2] Filmen, gefilmt werden.

Grand-Hôtel   Dienstag, Mitternacht
Moskau, Platz der Revolution, 1–2.   [11. 9. 1928]

L. F.

rasch ein paar Zeilen. Angekommen Montag 3 Uhr, begrüsst, photografiert, cinematografiert, gewaschen, geplaudert, gegessen, um sechs in das herrliche Opernhaus, das viertausend Personen fasst, drei Stunden auf der Tribüne den Reden zugehört, dann selbst eine improvisiert, während sechs Scheinwerfer einem die Augen blendeten und neben einem der Kinematograf curbelte, vor einem das Radio und 4000 Personen standen, dann um 1 Uhr nachts noch durch die Stadt. Morgens Dienstag Dostojewskimuseum, das herrliche historische Museum, dann das Tolstoi Haus eröffnen geholfen, tausend Leute kennen gelernt, dann ins Tolstoi Museum (mein Tolstoibuch[1] wird an allen Strassenecken für 25 Kopeken verkauft und wie die »Stunde«[2] von Colporteuren ausgerufen). Nachmittags bei Boris Pilniak[3] mit allerhand Russen, nachher bei Antiquaren und über alle Strassen in der Droschke, abends Opernhaus Eugen Onegin, jetzt 12 Uhr Abfahrt nach Tula, Ankunft morgen Mittwoch 6 Uhr, mit dem Auto dann nach Jasnaja Poljana, nachts wieder Schlafwagen zurück (was ist ein Bett), Donnerstag 4 Museen, 10 Besuche vorgesehen, auch zu Gorki, abends Theater, nachts Bummel, Freitag ähnlich viel, ebenso Samstag. Samstag abends, von meinem Verleger geladen, »Ausflug« nach Leningrad, 12 Stunden Schlafwagen, Sonntag Rembrandts[4] und Leningrad, Sonntag abends im Schlafwagen 12 Stunden zurück, Montag (falls der Zug geht) im Schlafwagen nach Warschau, Dienstag Schlafwagen nach Wien bis nachmittags, Donnerstag spätestens Freitag Salzburg.

Wann soll ich da für Herrn Reclam Vorreden schreiben? Alles rasend interessant. Ich bin glücklich alles gesehen zu haben, es ist ein Eindruck für das ganze Leben. Mach also Du mich von Reclam los, beantworte alle Briefe mit dem Vermerk, ich bliebe noch einen Monat aus. Mir geht es gut, ich fühle mich durch die Intensität der Eindrücke frisch und besser als je. Herzlichst

Stefan

Schreibe Mama und Alfred, ich komme zu nichts.

1] Pevets svoei zhizni Lev Tolstoi, Leningrad 1928. · 2] Wiener Boulevard-
zeitung 1923 bis 1938. · 3] Boris Pilnjak, der 1938 in sowjetischer Haft umkam. · 4] Eremitage in Leningrad.

Vom 22. bis 26. November war Stefan Zweig in Paris. Die von ihm be-
arbeitete und von Jules Romains ins Französische übertragene Komödie
Volpone *hatte im Théâtre de l'Atelier Premiere – »ein triumphaler Er-*
folg«.

    Am 19. Dezember reiste Zweig in die Schweiz, er traf sich in Zürich
mit seinem Bruder Alfred und seiner Schwägerin Stefanie, und fuhr am
folgenden Tag nach Montreux, wo er 14 Tage – über Weihnachten und
Neujahr hinaus – im Grand Hôtel Monney logierte. Er war mehrmals
bei Romain Rolland zu Besuch.

[Zürich, 19. 12. 1928]

Liebe F.,
    anderthalb Stunden Verspätung und der Anschluss war futsch.
Ich benutzte die Gelegenheit, Stefanie & Alfred aufzusuchen, wir
waren bis 10 Uhr beisammen, dann ging ich, mir ein Dictaphon[1]
zeigen zu lassen – herrlich, aber man müsste doch Garantie für
Reparaturen haben. Jetzt also zunächst nach Montreux Adresse
poste restante. Wichtiges telegrafiere, aber sende erst nach, bis ich
stabil wo bin, falls ich es überhaupt sein werde. Wetter fies,
scheusslich und regennass! Viele Grüsse

Stefan

1] Diktiergerät.

Sonntag   [Montreux, 23. 12. 1928]

L. F.
    vielen Dank für den nachgesandten Katalog. Gestern war ich
bei R., der herrlich aussieht, sogar beschämt sich ein kleines
Bäuchlein zugelegt hat – rührend le vieux papa und Madeleine.[1]
Ebenso wie in seinem Brief erschien mir R. etwas kälter als sonst,

ich habe das Gefühl, als ob irgendwer oder irgendetwas ihn geheim gegen mich verstimmt hätte. Und nun ist das einer der wenigen Puncte, wo ich reinen Gewissens bin. Er arbeitet furchtbar viel, steckt ganz im Indischen und Religiösen – was er von Bazal[gette] erzählt, ist traurig, jetzt will der Arme etwas für sich tun, jetzt, wo es zweifellos schon zu spät ist.[2]

Heute schneeregnet es, ohne mich zu stören, ich bin doch spazieren gegangen, habe mir auch einen Anzug bestellt, Sport, der hoffentlich erträglich ausfällt. Ich werde kaum vor dem 3ten oder 4ten in S. [Salzburg] sein, mir behagt die Solitude ausserordentlich und die ganze Weihnachterei zu überschlafen bereitet eine besondere Art von Genuss. Deine Rinder[3] umbrüllen Dich, ihre zarte Hüterin, heute wahrscheinlich schon und Du bist glücklich – so vermisse nicht allzu sehr Deinen

S.

1] Romain Rolland lebte mit seinem alten Vater Émile und seiner Schwester Madeleine zusammen. · 2] Léon Bazalgette starb im Januar 1929. · 3] Alix und Suse.

Grand Hôtel Monney, Montreux 28. Dez. [1928]

Liebes Kind,

vielen Dank für Deinen und Alixens Brief – ich muss die Sache wohl in Wien selbst ausproben – mir schien sie ausgezeichnet.[1] Auch R.[2] interessiert sich dafür.

Heute finde ich in einer französischen Zeitung folgenden Ausschnitt, je trouve cela »un peu vif« de la part de notre Jules.[3] Aber wenn er tatsächlich einen Filmer auftreibt, muss ich wohl mit ihm teilen.[4] Dank für die Kataloge – Du weisst, ich war leichtsinnig bis zum Excess und habe für die 5 Seiten Dickens aus den Pickwickiern 12 000 Mark geboten, wurde aber mit – – – – 140 000 Mark überboten. Ich Autografus muss das schon als gelinden Irrsinn empfinden.

Die Arbeit geht noch immer nicht recht, etwas ist in allen meinen Sachen seit 1 1/2 Jahren verknaxt und ich habe nichts als einen Haufen Fragmente. Mir fehlte jemand, der mir den entscheidenden Fehler sagen kann. Aber ich bin gar nicht nervös, die absolute Stille hat mir wohlgetan. Wie weise sind diese Engländer von 50–70 Jahren, die ihr Haus ihren Kindern überlassen und ihre Geschäfte, still hier nur an der Riviera sitzen, langsam ihre Bücher und Zeitungen lesen, ehrgeizlos ein bisschen Sport treiben und abends Bridge spielen! Ich hätte Lust, einer von ihnen zu werden – heraus aus dem »Betrieb«, der mich nicht lockt, weil ich allen äussern Ehrgeiz hinter mir habe. Vom 1. Januar an hört alles Mittun und Helferspielen auf – ich habe ein Vierteljahrhundert gedient allen möglichen und meist unmöglichen Leuten, jetzt kündige ich auf! Herzlichst

Stefzi

Heute so mild, dass ich ohne Rock zu Fuss nach Vevey ging. [Beilage: MENU du DINER, NOEL 1928]

1] Dictaphon (Diktiergerät), das Alix in Wien ausprobierte. · 2] Romain Rolland. · 3] Ich finde das etwas heftig von Seiten unseres Jules Romains. · 4] Die Verfilmung des *Volpone* in der Fassung von Romains und Zweig kam erst 1941 unter der Regie von Maurice Tourneur zustande.

[Salzburg, undatiert, um den 15. 3. 1929]

Lieber Stefan!

Ich habe bereits begonnen Briefe zu ordnen und ersehe, daß Du Viktor, Vallentin, Zarek bereits über Deine Anwesenheit, die Du doch anonym haben wolltest, verständigt hast.[1] Ich bat Alfred,[2] Viktor nichts zu sagen. Entheb ihn also dessen, damit kein Pallawatsch[3] herauskommt. Du bist doch manchmal gar nicht mehr der Alte und man kann gerade auf das Entgegengesetzte schließen, wenn Du etwas des öfteren betonst. So habe ich auch wieder gesehen, daß Du Dich wieder mit Angelegenheiten belädst, die Dir auf das Unnötigste Deine Post vergrößern und damit Deinen Klagen über diese Du selbst allzu viel Boden schaffst. So ist auch das Dictaphon[4] noch immer nicht bestellt und ich bitte Dich, mir dazu die Autorisation zu geben.

Herzlich F.

1] Zweig beabsichtigte, nach seinen Vorträgen in Brüssel, Den Haag, Göttingen und Hannover nach Berlin zu fahren und dort Victor Fleischer, Antonina Vallentin und Otto Zarek zu treffen. · 2] Sein Bruder Alfred Zweig. · 3] Durcheinander. · 4] Das Diktiergerät wurde noch im Jahr 1929 in Wien angeschafft. Zweig bemerkt in einem undatierten Brief: »Mit Dictaphon heute 3/4 Post bereits erledigt.«

Vom 15. bis zum 17. März 1929 war Zweig in Brüssel. Im Palais des Beaux-Arts sprach er über Die europäische Idee in der Literatur. *Der belgische PEN-Club gab für ihn, den Biografen und Übersetzer Émile Verhaerens, ein Bankett. Zweig besuchte noch Marthe Verhaeren und Felix Timmermans. Hierauf fuhr er nach Den Haag in Holland, wo er seinen Vortrag wiederholte.*

['s Gravenhage/Den Haag, 18. 3. 1929]

L. F.,

vielen Dank für Deine (wie gewöhnlich etwas gereizten) Nachrichten. Ich habe eben fleesch[1] gefrühstückt und mich ausgeschlafen, Brüssel war eine Leistung: was habe ich alles getan in 2 Tagen; Vortrag gehalten (ein erstaunlicher Erfolg, der bestbesuchte der Saison), ein Déjeuner des Penclub, ein Déjeuner mit den Ministern Huysmans und Vandervelde, Besuch bei Frau Verhaeren und im Museum, noch zwei Besuche und Interviews, dann mit Herren v. Bülow u. Metz nach Lier, im Auto Felix Timmermans besuchen und mitternachts erst Haag. Heute muss ich hier Karten abwerfen beim österreichischen & deutschen Gesandten, die mich beide eingeladen haben, aber ich sause ja nach Utrecht und besehe in freier Zeit lieber das Mauritshuis[2] noch einmal. Dann wird es duster, denn Mittwoch muss ich +++ um 6 Uhr 30 morgens schon abreisen (komme wahrscheinlich erst um 1 Uhr nach Hause) und abends Göttingen lesen – es ist weiter als ich dachte, auch ich weiss nicht genug Geografie, dann Hannover. Vielleicht reise ich dann gleich um 3 Uhr morgens weiter nach Berlin, um Zeit zu gewinnen. In Berlin werde ich nur Zarek, meinen bewährten Führer, Frau V.[3] sehen – vielleicht auch Victor[4]: was ist das für jemanden, der in Brüssel in zwei Tagen 20

Leute absolvierte und hier in Haag wie ein Schneider seine Kunden bedient. Bisher bin ich noch durchaus beisammen: das Wetter zauberisch, aber ich habe wenig davon. Herzlichst

St.

Adressen hast Du ja.

1] Fleisch. · 2] Gemäldesammlung. · 3] Antonina Vallentin. · 4] Fleischer.

['s Gravenhage/Den Haag, 19. 3. 1929]

L. F.,

ich war hier 1) in Delft 2) in Scheveningen 3) in Utrecht 4) bei einem Déjeuner der Gesandtschaft 5) Thee bei einer Buchhandlung 6) Vortrag 7) Souper nachher, ausserdem mit 70 Leuten, überdies habe ich, weil Du diesmal aus Zorn Dich nicht um mich gesorgt hast, einen tadellosen Autozusammenstoss gehabt, bei dem der andere Wagen in Trümmer ging, während uns nichts passierte. Heute nachts endet das Souper um 1 Uhr früh und um 1/2 6 muss ich bereits aufstehen. In Berlin bleibe ich ganz kurz, in Göttingen will ich 12 Stunden zuvor schlafen, 6 nachträgliche für Den Haag und 6 voraus für Berlin.[1] Danke für Post und viele Grüsse Deines

Stefan

1] Zweig war nach seinen Lesungen in Göttingen und Hannover eine Nacht in Berlin und kehrte am 24. März zurück nach Salzburg.

Vom 7. bis zum 17. Mai waren Friderike Zweig und ihre Tochter Suse in Gardone am Lago di Garda, wo sie im Savoy Palace Hôtel logierten.

Gardone, 9. Mai [1929]

Lieber Stefan,

so wie es jetzt aussieht, scheint das Wetter sich zu bessern. Wir hatten bis knapp nach unserer Ankunft sehr heiß und schön, aber seither Strichregen wie am Meer. Jetzt ist es kühl und klar und das gewisse Glanzlicht auf Häusern und Felsen in der Ferne und dem

Schnee am Monte Baldo. Vormittag waren wir in Sopra Gardone. Um die Kirche ist eine Art Bastei mit Aussichtsterrassen. Landeinwärts liegt knapp vor einem d'Annunzios Villa. Im Park der graue hohe Mast und was sonst noch dazugehört – jenes Siegesschiffes. Die ursprünglich wohl schöne Villa ist durch häßliche Anbauten verunstaltet. Zwei überkostümierte Gendarmen gehen vor dem Eingang auf und ab und ein Hund an einer Kette (die an einer Stange über dem Vorhof der Garage angehängt ist) bellt sehr wild. Aber ich denke doch mit einer gewissen Bewegung an den Menschen, in dem ein so großer, eigenartiger Dichter gelebt hat. Sehen möchte ich ihn lieber nicht, allenfalls in tiefer Dämmerung in einem der herrlichen Gärten hier von Granatäpfeln und von seltsamen Wolken sprechen und von jener Stimmung in Büchern, die einem wie ein ewiges Gut bleibt und einem das Leben erträglicher macht. – Schade, daß Du nie da warst. Es ist wirklich sehr schön, wenn auch nicht so geheimnisvoll blau wie am Comosee, sondern viel weiter, heller und freundlicher. Zum ganzen Genuß bin ich noch nicht gekommen, da ich stark erkältet bin. Tomasellis[1] zu treffen, hat mir viel Spaß gemacht, da es wirklich ein unglaublicher Zufall war, daß wir das Hôtel wählten. [...]

Ein wenig sorg ich mich, ob Du mit der neuen Köchin auch kulinarisch gut versorgt bist. Johann[2] brauchst Du ja wirklich nur zu sagen, wenn Dir etwas nicht passt u. ich hoffe zuversichtlich, daß Du im Garten ruhig und nach Wunsch arbeitest und so wenig Störung als möglich hast. Grüß alle, besonders Fuchs.[3] Ich schreibe allen ein paar Worte noch.

Dir sende ich ein Herz voll Liebe, das es Dir zwar nicht recht machen kann, aber das nun doch nicht anders kann, als alles Schöne mit Dir in Verbindung zu bringen, z. B. jetzt dieses Licht am See und der Insel mit dem weißen Schloß der Fürstin Borghese und unglaublichen Wolken darüber. So küss ich Dich denn. Bleib gesund Lieber.

Mumu

Hoffentlich ist Sonne – dann sitz bitte nicht nur im »Hütterl«. Lass Dir bitte den Streckfauteuil in den Saal stellen, damit Du ihn zur Hand hast.

1] Schauspieler Richard Tomaselli und dessen Frau aus Salzburg. · 2] Johann Thalhuber, »Herrschaftsdiener« im Haus Kapuzinerberg. · 3] Emil und Rosa Fuchs.

[Salzburg, 13. 5. 1929]
L. F.,

dank für Deinen Brief. An Post nur eine Karte von Guido Fuchs aus Palermo, Grüsse von Carossa, Wetter unentwegt schlecht, ein grauer Nieselregen, verhangener Himmel. Heute ist Josef Roth zu Tisch, sehr angenehm, klug und interessant, abends bin ich bei Latzko,[1] Donnerstag kommt Alfred,[2] – die Arbeiten im Haus soviel wie fertig, es gab nur noch Schornsteine zu reparieren. Johanns[3] Zimmer wird nett – wir müssen ihm nun ein paar bessere Möbel hineinstellen, damit er ein wirkliches Heim hat, denn er ist ja gern und viel zu Hause. Barbra[4] in Berlin, ich konnte sie nicht mehr sehen.

Ich freue mich, dass Du es gut getroffen hast und an den Tomasellis angenehme Gesellschaft; hoffentlich kommst Du mit den Moneten aus, sonst sende ich Dir noch nach. Eile Dich nicht, man versäumt hier nichts. Herzlichst

S.

1] Andreas Latzko wohnte von 1918 bis 1931 in Salzburg. · 2] Alfred Zweig. · 3] »Herrschaftsdiener« Johann Thalhuber. · 4] Barbra Ring, norwegische Übersetzerin.

Am 24. und 25. Juni war Zweig in Wien, um kurz am Kongress des Internationalen PEN-Clubs teilzunehmen und vor allem um die angebotenen »Reliquien« Ludwig van Beethovens, Schreibtisch (Sekretär), Schreibpult, Geldschatulle, Geige und anderes mehr, für sein Haus zu erwerben. Davon berichtete Zweig umgehend seinem Sammlerfreund Karl Geigy-Hagenbach:

Jedesfalls rückt damit eine gewaltige Freude ins Haus und wird festlich in unserm grossen Saal museal aufgestellt und wohlgehütet.

Stefan Zweig blieb im August 1929 zu Hause, flüchtete diesmal nicht vor den Festspielen. Hernach verbrachte er einige Tage in Gastein. Im Spätsommer erschien seine Biografie Josef Fouché. Bildnis eines politischen Menschen. *Am 13. Oktober hielt Zweig im Burgtheater eine Gedenkrede für den verstorbenen Dichter Hugo von Hofmannsthal. Am 19. Oktober reisten Stefan, Friderike und Alix nach Paris. Nach einer Woche gemeinsamen Aufenthalts fuhr er allein zurück.*

Am 10. Januar 1930 reisten Friderike und Stefan nach Italien. Sie verbrachten etwa vier Wochen in Neapel und Rom. Am 25. Januar waren sie zu Besuch bei Maxim Gorki und Baronin Budberg in Sorrent. Am 8. Februar kehrten sie zurück nach Salzburg. Am 9. März 1930 fuhr er allein nach Berlin. Von dort machte er einen Abstecher nach Breslau, um sich im Lobe-Theater die Proben zu seiner Tragikomödie Das Lamm des Armen *anzusehen.*

[Breslau, 12. 3. 1930]

L. F.,

ich sah hier die Probe zu einem sonderbaren Lustspiel, das mich ein wenig an das Lamm der Armen erinnerte. Es hat rosa Mascherl um den Hals und eine grässliche Dilettantin blökt die Bellilotte,[1] die Männer recht gut. Ich bin die Nacht hieher durchgefahren, sause jetzt um 6 wieder nach Berlin, von dort morgen nach Hannover. Berlin ist inzwischen soviel wie geordnet.[2] Herzlichst

S.

1] Weibliche Hauptrolle, Frau des Leutnants Fourès. · 2] Die Berliner Aufführung seiner Tragikomödie kam nicht zustande.

[Im Zug von Berlin nach Hannover, 13. 3. 1930]

L. F.,

ich schreibe in der Bahn, deshalb (und nicht, weil wir so viel gebummelt haben) ist die Schrift so wacklig. Also – ich fahre eben nach Hannover, bleibe dort bis Sonntag früh. Dann geht es noch einmal nach Berlin und zwar nur, weil Einstein erfahren hatte, dass ich da bin und zu meinem Erstaunen ein leidenschaftlicher

Leser meiner Bücher ist. Er hat, um eine Begegnung möglich zu machen, eigens eine Einladung abgesagt – so bin ich Sonntag um 5 Uhr bei ihm und fahre abends direkt nach Salzburg. Nach Hannover kommen Hilpert, Ebermayer, Maass, Hünich, Beierle – nach Breslau Fritz Engel und Diebold, nach Prag fährt Dr. Horch (der nicht ahnt, dass ich abgeschlossen habe und nur den Abschluss geheim halte). Francés[1] traf ich auf der Strasse, als ich eingehängt nachts mit einer Dame aus unserm Hôtel trat, und diese beiden Blindschleichen agnoscierten mich sofort, ich versuchte auszuweichen, aber sie nehmen ja die ganze Strassenbreite ein – Romains war muffig und ekelhaft, Budberg reizend. Am Dienstag kommt Herterich wegen der Regie nach Salzburg.[2] Schade, dass Hilpert nicht dabei sein kann. Ich selbst treffe Montag 11 Uhr und die üblichen Minuten ein, falls alles, wie ich hoffe, klappt.

Innigst

Stefzi

1] Annie und Raoul Heinrich Francé, die Zweig in Berlin traf, wohnten von 1923 bis 1931 in Salzburg. · 2] Franz Herterich, Direktor des Burgtheaters, inszenierte *Das Lamm des Armen*; die Wiener Erstaufführung fand am 12. 4. 1930 statt.

Das Lamm des Armen wurde am 15. März 1930 in Hannover, Lübeck, Breslau und Prag uraufgeführt. Zweig, der an der Premiere in Hannover teilnahm, fuhr am nächsten Tag nach Berlin, um Albert Einstein zu besuchen, und zurück nach Salzburg.

Im Juni 1930 beendete Zweig seinen Essay über Franz Anton Mesmer. Hierauf begann er seinen Essay über Sigmund Freud zu schreiben. Friderike Zweig fuhr Anfang Juli in die Schweiz, um mit ihrer Tochter Suse, die in Gland am Genfer See Säuglinge pflegte, Ferien zu machen. Vom 5. bis 18. Juli logierten sie im Park-Hotel Waldhaus in Flims (Graubünden).

Liebes,

es ist ziemlich zweifelhaft, daß Du ausführliche Briefe liest, aber vielleicht interessiert es Dich doch halbwegs, wie es uns hier gefällt. Ich muß zugeben, daß mehr als in anderen großen Hôtels hier eine »Insel der Seligen« etabliert ist, ein in die Urlandschaft gestelltes Luxusschiff ohne Zwischendeck. Und was der größte Luxus ist: es ist derart viel Raum, daß trotz Jazz, Roulett, Tennismatches, anfahrender Packards[1] und Zustrom riesiger Gepäckstücke vollkommene Stille herrscht. Wenn Suse (wir lesen hier auch medizinische Zeitschriften im Lesezimmer) von ihren Säuglingen erzählt, für die man das Milchgeld oft nicht einmal aufbringt, so graust mir, daß ich hier auch Passagier bin und so was mitmache. Aber der See hier ist herrlich. Ein nicht kaltes, prickelndes unwahrscheinlich blaugrünes Wasser, mit Inseln, so daß man sehr weite Strecken schwimmen kann, weil man ja immer ausruhen könnte. [...]

Bist Du wohl, mein Liebes? Bitte, ja – und schreib bald ein paar gute Worte. Suse, mit der ich viel englisch spreche, befindet sich noch in abwartender Stimmung. Sie ist wie immer ein lieber Kamerad, grüßt Dich und dankt Dir. Sei umarmt, mein Stefferl, von Deinem

Mumu

1] Amerikanische Automarke.

SZ   Salzburg, Kapuzinerberg 5, am 7. Juli 1930

Liebe Fritzi!

Ich hatte gehofft, dass bei den afrikanischen Temperaturen die Leute schreibfaul würden, aber anderer Menschen blauer Montag ist für mich noch immer schwarz-weiss von beschriebenem und bedrucktem Papier. So diktiere ich Dir nur neben andern sechzehn Briefen, dass hier alles in bester Ordnung ist, und ich gestern, Sonntag, dem Bum Bum eines Steirerfestes und zweier sonstigen Fahnenweihen auf einem Ausflug entflüchtete. Von keiner Seite wichtiges Neues und endlich heute der erlösende Regen. Ich habe mit meiner Freud-Arbeit angefangen und hoffe, damit energisch fortzukommen. Besuche keine, nur morgen werde ich wohl der Höflichkeit willen Aslan sehen müssen, der hier ein Gastspiel gibt.[1]

Bei der Schweizer Pünktlichkeit zweifle ich nicht, dass Dein Koffer eingetroffen ist, aber wieder einmal hat sich meine Voraussage erfüllt, dass es immer gut tut, Gepäck entweder voraus zu schicken oder im Zuge zu überwachen, doch habe ich keine Besorgnis, weil ja die Schweizer in diesen Dingen ungemein kulant sind.

Kippenberg hatte abgesagt und kommt erst diesen Freitag, ehe er zurückfährt.[2] Wir werden Deiner herzlich gedenken. Viele Grüsse an Euch beide,

Stefan

Alix hat gestern einen Ausflug gemacht. Sie beginnt »die Natur« zu entdecken, etwas spät und auf angenehmem Umweg! Mein Sohn Kaspar[3] scheint eine Schandtat begangen zu haben. Dank seiner List dürfte dieser Schurke in einem unbeobachteten Augenblick die Clausur durchbrochen haben, denn Henny[3] zeigt verdächtige Anzeichen eines beabsichtigten Wurfes. Mir war schon seinerzeit das plötzliche Nachlassen seiner Irritation aufgefallen: ja, es scheint heutzutage unmöglich, die Weiblichkeit in ihrer Tugend zu erhalten!

Johann[4] ist sehr bestürzt, dass seine Wachsamkeit betrogen wurde, er vermutet, dass jemand böswillig oder mitleidig die Sperre gebrochen hat.

1] Gastspiel des Burgtheaters mit Raoul Aslan im Salzburger Stadttheater. · 2] Anton Kippenberg war am 11. 7. 1930 zu Besuch bei Zweig. · 3] Spaniels im Haus Kapuzinerberg 5. · 4] Thalhuber.

SZ   Kapuzinerberg 5, Salzburg, am 9. Juli 1930

L. F.,

darf ich bescheidentlich anfragen, weshalb Du Dein Brieflein so giftig beginnst »es ist zweifelhaft, dass Du ausführliche Briefe liest, aber vielleicht interessiert Dich doch halbwegs etc etc«? Man würde dergleichen eigentlich animos nennen, was aber nicht von animo im Sinn von Vergnügtheit noch von anima, also Seele, abzuleiten ist. Kurzum: hast Du Raupen im Kopf, dass Du mit Grobheiten beginnst? Ich bekam gestern ebenso einen Brief von Victor[1] – die ganze Welt ist beleidigt und haut mir auf den Kopf, wenn einer mir schreibt, so beginnt jeder mit einer solchen Phrase wie »Du interessierst Dich ja ohnehin nicht etc«, und das Resultat wird schliesslich sein, dass alle diese Schreiber Recht haben werden.

Hier im Hause leider Dachreparatur und zwar ziemlich reichliche. Zu Mittag musste ich heute Aslan bitten, da ich nicht ins Theater gehe. Sonst wenig Besuche, angedroht am 15. Dr. Meng, gegen 20. Bartlett, dem Du seinerzeit schriebst, im allgemeinen also Ruhe, die ich sehr brauche, denn die Freud-Arbeit geht schwer vorwärts, ich muss erst die Gliederung herauskriegen. Eigentlich möchte ich gern unterbrechen und anderes schreiben, aber ich komme jetzt nicht weg davon. Das Wetter sehr angenehm und die Briefe nicht belästigend.

Ich glaube Du wirst bald wissen, ob Flims das Rechte ist: es hängt wohl ganz von der Zufälligkeit der rechten Gesellschaft ab. Der grösste Fehler wäre, Dir selbst Zwang anzutun und länger zu bleiben, als es Dir gefällt. Es ist jetzt *nirgends* überfüllt, Du hast die ganze Schweiz zur Wahl, vielleicht ein paar Tage Hochgebirge (Zermatt) mit der neuen Bahn, es muss herrlich sein oder Bodensee Bad Schachen, das sehr belebt und beliebt ist. Was ich im August mache, weiss ich noch immer nicht, vielleicht fahre ich ganz ziellos mit einem Koffer ins Blaue und bleibe, wo es mir passt. Herzlichst Suse und Dir

Stefzi

1] Victor Fleischer.

Freitag,   Flims, 11/VII 30

Nein, mein lieber Stefferle, animos war das nicht gemeint, sondern basierte auf einem Erinnerungsmoment gewisser uneröffnet vorgefundener Briefe aus unserer »Liebe Wonnemond« oder das,

was man so nennt. Und dann, daß Du wirklich Briefe flüchtig liest. Aber Vorwurf war es u. sollte es keiner sein. Mit Viktor[1] ist das doch etwas anderes, er fühlt sich beschämt wegen jener abgeschlagenen Bitte. – Ich freue mich, daß Du gut arbeitest. Merkwürdig, was Du von der Unterbrechung der Freud-Arbeit sagst, ich dachte letzthin, ob Du nicht wieder mal an Deine Postfräuleingeschichte denkst.[2] Es ist sehr lieb von Dir, daß Du sagst, ich könne auch anderswohin. Ich habe hier den Widerstand zwischen 400 Menschen zu leben, die nur die Interessen der reichen Leute haben u. da ich, bis auf die Gäste, gewohnt bin, nur les Salzbourgeois um mich zu sehen, so bin ich doch nicht uninteressiert genug, überhaupt an Menschen vorbei zu sehen. Will ich aber Suse etwas Gesellschaft verschaffen, muß ich mich unter diese Oberenhunderttausend setzen. Gestern hat sie nun endlich 2 Tänzer gehabt, einer von ihnen ist wirklich sehr nett, u. sie war glücklich. Vormittag haben wir einen kleinen Bergausflug gemacht, u. nächste Woche will ich dann einmal allein über den ganzen Tag auf eine Alm, mir das Essen mitnehmen und hoffe dann später die allzusatte Menschheit besser zu vertragen. Du wirst mich verstehen, wenn ich Dir sage, daß fast nur J . . . .[3] da sind u. die meisten aus Berlin, Teplitz-Schönau u. Ungarn. Also nichts, was außer den Kleidern und die sehr variiert. Für Mama, die mir heute sehr lieb schreibt, wäre es hier herrlich. Ebene Spaziergänge und die unabsehbaren Abendmäntel und Hermelincapes würden ihr sehr gefallen. Auch sind enorm viele alte Damen da. [...]
Ich umarme Dich, mein Liebes, vielmals   Mumu

1] Victor Fleischer. · 2] Zweig beginnt erst nach Fertigstellung seines Freud-Essays an einem Roman (Postfräuleingeschichte) zu schreiben. · 3] Juden.

Park-Hotel Waldhaus Flims   Dienstag [15. 7. 1930]

Liebster Stefferl,
    der Mesmer macht sich sehr gut. Ich kauf mir heute noch ein Exemplar,[1] um es gründlicher lesen zu können u. eventuell etwas anmerken zu können. – Ist Dir bei den Freud-Vorlesungen[2] aufgefallen, wie er fast jede damit beginnt, den Unglauben u. die Ab-

lehnung der Studenten niederzukämpfen, und der Aufbau jeder einzelnen Vorlesung immer darauf angelegt ist, Einwände im Vorhinein aus dem Weg zu räumen. Einerseits werden sie[2] dadurch sehr klar u. auch einem Laienpublikum zugänglich, andererseits werden sie sich später einmal so lesen, als wären sie 50 Jahre früher gehalten u. hätten es mit Analphabeten zu tun gehabt. Wenn man vollends nicht nötig hat, überzeugt zu werden, kommen einem diese Dinge als Erwachsenem, als Mutter, als aufrichtiger, in diesen Materien nicht unerfahrener Mensch, wirklich *allzu* populär vor. Manchmal habe ich überhaupt das Gefühl, daß unsereiner, mit Ausnahme von puren Gedächtnisstoffen, so manche Fakultät spielend durchlaufen würde. – Suse pflügt sich langsam durch die »Fehlleistung«. Das Kapitel Vergessen macht ihr natürlich Eindruck. Aus diesem Kapitel wäre für die Unterrichtspädagogik sehr viel zu holen. Daß z. B. Schüler umso leichter einen Stoff vergessen, als die Begleiterscheinungen des ihnen Eintrichternwollens des betreffenden Stoffes ihnen unangenehm waren. Daß also enorm viel vom Lehrer abhängt und der Stimmung, die die Lehrautoritäten verbreiten! – Auf wie viel Gebiete die Freudlehre übergreift, ist überhaupt unglaublich. Ich stoße nur überall an diese eine capitale Grenze, die er für mich hat, des Übernüchternen. Z. B. würde die Überschätzung des Ödipuskomplexes, die so viele Leute abstößt, nicht eintreten, wenn er zulassen würde, daß es – um nur ein Beispiel zu wählen – bei einem kleinen Mäderl auch mütterliche Instinkte geben kann, die ganz angeboren sind u. ohne sich an eine Person zu knüpfen, von der sie angeblich herrühren sollen, also nicht von dem Bedürfnis vom eigenen Vater ein Kind zu haben, was ich also schon widerlich absurd finde und total ablehne. Solche Sachen haben seine so eminent nützlichen Erkenntnisse enorm geschädigt, u. ich kann mir nicht vorstellen, daß ein ganz objektiver, nicht von diesen Dingen doch etwas sexuell getrübter geistiger Organismus solche Abstrusitäten als Norm u. nicht als Ausnahme hinstellt, wo Freud doch sonst Sexualität an sich geradezu zum Fundament seiner Lehre macht u. den Begriff als erster formuliert (mit zu viel Cautelen, auch er noch). [...]

Morgen hoffe ich von Pontresina u. Vitznau, wohin ich schrieb, Antwort zu haben. Zermatt ist mir zu weit für wenige Tage, da ich doch paar Tage Dich noch in Salzburg genießen u. Dir vor der Abreise behilflich sein will, mein Geliebter.

1000 Küsse Mumu

1] Vorabdruck des Essays über Mesmer in der ›Neuen Freien Presse‹ (13. 7.– 17. 8. 1930). · 2] Sigmund Freud: Vorlesungen zur Einführung in die Psychoanalyse (Die Fehlleistungen, Der Traum, Allgemeine Neurosenlehre).

[Flims, 18. 7. 1930]

Bitte, gleich u. ganz lesen.

Liebes,

den »Louis Lambert«[1] lesend, wundere ich mich, daß Du mich nie darauf aufmerksam gemacht hast, dieses bemerkenswerte Buch zu lesen. Gerade jetzt interessiert es mich, nach der Lectüre Deines Mesmers besonders. [...]

Bei der Lectüre des »Lambert« u. gestrigen Gedanken über Deine Freunde Victor[2] etc. fiel mir andererseits schwer aufs Herz, daß Dich kein Mensch – außer mir – wirklich kennt, und daß einmal die hohlsten, blödsinnigsten Sachen über Dich geschrieben sein werden. Allerdings läßt Du Dir ja auch wenige mehr nahe genug kommen und bist, was Deine eigene Person betrifft, verschlossen (nur zu begreiflich). Dein Schrifttum ist ja nur ein Drittel Deines Selbst, und auch das Wesentliche daraus für die Deutung der anderen zwei Drittel hat niemand erfaßt. Der arme Roth, der gescheit und hellseherisch genug wäre und mir auch etwas Charakteristisches über Dich sagte, ist zu sehr eingesponnen in die Dämonenwelt, in die er sich und seine Frau[3] verstrickt hat. – Ich selber brauchte Concentration, Alleinsein, Zwanglosigkeit, um das, was mir zu sagen lieb wäre, zu formulieren. Und wenn es so weit wäre, wüßte ich erst recht nicht, ob ich einige Widerstände überwinden könnte und ob ich es nicht, wie schon so Manches, wieder eines Tages vernichten würde. [...]

Ich hab Dich lieb und umarme Dich innigst   Mumu

1] Roman von Honoré de Balzac. · 2] Victor Fleischer. · 3] Friederike (Friedl) Roth, geb. Reichler, war an Schizophrenie erkrankt.

Stefan Zweig reiste Ende Juli 1930, knapp vor der feierlichen Eröffnung der 10. Salzburger Festspiele, über München und Augsburg an die Nordsee. Vom 2. bis 24. August wohnte er in Hamburg, Alsterglacis 10, wo er an seinem Freud-Essay weiterarbeitete.

[Hamburg, 2. 8. 1930]

L. F.,

heute, Samstag, hier eingetroffen, heute auch Dein Brief. Augsburg war entzückend, abends entfloh ich vergnügt München und fuhr schlafend wie eine Schildkröte nach einer Mass Bayr. Bieres nach Hamburg.

Meine Wohnung zauberhaft. Alsterglacis, einst vornehmste Gegend – das Haus, in dem Hans v. Bülow sieben Jahre wohnte, Schlafzimmer nach rückwärts in einen Garten, Speisezimmerchen und Kabinett nach vorne auf die Alster, Badezimmer – die Besitzerin, eine feine alte Dame, vorkriegsreich. Eine gute Bibliothek in den Zimmern, Philosophie, Geschichte, Literatur und unermesslich viel Rücksicht und Stille. Die alte Dame blieb heute da, mich in alles einzuweisen, morgen reist sie ab. Da sie sonst auch vermietet, ist alles eingespielt; kurzum, ich könnte es nicht besser haben.

Und die Stadt zum Brüllen schön! Silberlicht über dem Hafen, herrliche Schiffe, alles was das Herz begehrt. Mit Maass speiste ich herrlich bei Ehmke[1] zu Mittag, es gab dort sogar Känguruschweifsuppe, aber an der ass ich vorbei. Ich sehe ihn wieder erst morgen abends, er stört gar nicht.

Dem Leipziger Mann schicke ich selbst die 800 Mk. Er verlangte 1000 und nahm also mein Gegengebot an. Ein unglaublich seltenes Stück.[2]

Bitte, lass Dich nicht quälen. Julien Green dachte ich, würde Dich interessieren.[3] Ist der kleine Vildrac nett?

Telefon im Hause: Amt Nordsee 7488. Du erreichst mich jedenfalls immer zwischen 8–10.

Es soll eine glänzende Flugverbindung nach Kopenhagen geben. Vorläufig denke ich noch nicht daran. Viele herzliche Grüsse

S.

1] Restaurant Ehmke, Hamburg, Gänsemarkt 50. · 2] Zweig erwarb ein
E. T. A. Hoffmann-Autograf. · 3] Julien Green beabsichtigte, Stefan Zweig
zu besuchen.

Kapuzinerberg 5, Salzburg, 5. Aug. [1930]

Lieber Stefan,

Meinem eiligen Vermerk von gestern lasse ich heute einen längeren Bericht folgen, dem beiliegender Brief von Rolland (bitte
mir zurücksenden) keinen erfreulichen Zusatz gibt. 2 riesige kamen von Mme Guilbeaux, in denen sie mir die ganze Verantwortung aufládt, wenn G.[1] etwas zustößt. Leider Stefan muß ich Dir
in diesem Falle G.[1] den Dienst aufsagen. Du warst (ohne Wertur-
teil darüber) wieder einmal unklar, hast scheint es, chaleureux[2]
Versprechungen angedeutet und kannst jetzt die Folgen nicht
durchhalten. So gerne ich Dir helfe, kann ich dieses Erbe nicht
antreten. [...]

Auch in anderer Post finde ich oft unklares Ausweichen und
dadurch, daß Du vage Versprechungen gibst, dahin u. dorthin zu
kommen. Sei doch um Gottes Willen zurückhaltender, einsilbi-
ger. Du verärgerst die Menschen nur mit solchen scheinbaren
Liebenswürdigkeiten, die Dir überdies constant u. überflüssigster
Weise ein schlechtes Gewissen geben. Du klagst, *ich* verstünde
Dich nicht mehr. Da hast Du Recht. Ich verstehe Deine Ängstlichkeit den Menschen gegenüber täglich weniger und bringe gegen die Folgen Deiner Schwäche immer weniger Mitleid auf,
umso mehr als ich als Frau meiner Art u. als Frau, die ihre Ansprüche zurückstellen mußte, aufs Äußerste darauf angewiesen
bin, Dich als Mann zu sehen. Ich gebe es zu, daß ich Deine
Überempfindsamkeit (die sich an mir aber nur ganz selten in
Zartheiten u. Rücksicht äußert) als unmännlich empfinde. Dies
nur als Antwort auf die Klage, ich verstünde Dich nicht mehr.
Natürlich verstehe ich Dich, aber was ich verstehe, gefällt mir
nicht und Mitempfinden ist ein falscher Ersatz für die Aufrichtigkeit, Dir zu sagen, daß Du diesem Zustand des »in unangenehme Situationen kommen«, des Überlaufenseins, des Sich-
herauswindenmüssens, mit seinen Folgen von Übermüdung,
Gereiztheit, Unfrohheit, eben durch Aufrichtigkeit u. Geradheit

stark abhelfen kannst. Du wirst sagen, Du seiest jetzt vergnügt. Gewiß, aber der Ausnahmezustand gilt nicht. Rolland ist ein herrliches Vorbild. Aber er scheint Dir moralische Lasten aufzuerlegen, die *Du* nur tragen kannst, wenn Du sie besser dosierst. [...]

Es ist mir aufrichtig leid, daß wir nie zu einem ruhigen Briefschreiben, so riesig selten zu durchaus erquicklichen Gesprächen kommen. Ich bitte Dich *vielmals* auch da zu versuchen, Abhilfe zu schaffen. So, wie Du Deine Jahre noch nützen willst, will auch ich endlich zum *Ernten* kommen, ehe es zu spät ist. Ich will ruhig mit Dir leben und sei es in einer Mansarde. Ich kann mich nicht dauernd mehr mit irregulären Verhältnissen abgeben, denn ich vertiefe mich ja in sie, wenn man sie mir überantwortet. Vergiß nicht, ich habe schon viel mitgemacht, ehe ich mich Dir zugesellte u. seither auch, trotz allem Schönen, nicht wenig. Und ich habe Kinder, die ihre Komplikationen noch vor sich haben und für die ich noch Elastizität behalten will. Außerdem werden für mich irgendwann jene Jahre kommen, die mir gewiß nicht leichter fallen werden als anderen Frauen. Mir zuliebe also, *übernimm* Du Dich nicht. Schon einmal in den letzten Monaten in der Schweiz habe ich Dich aus Diskrepanzen (hie Revolutionär, hie Kapitalistensohn) herausgerüttelt. Ich versuche nun die Diskrepanz Heiliger u. Nervenmensch neuerlich zu entwirren. [...]

Sei vielmals gegrüßt u. geküßt u. verzeih meine aufrichtigen Worte. Antworte darauf nicht. Ich weiß schon alles Für und Wider. Innigst

Mumu

1] Henri Guilbeaux, französischer Germanist, der eine Zeit lang in der Sowjetunion und dann in Deutschland lebte, befand sich in einer prekären Situation, weshalb ihn Zweig mehrmals finanziell unterstützte. · 2] Warmherzig.

Friderike Zweig arrangierte die Sonderausstellung Frans Masereel, die am 11. August 1930 im Salzburger Künstlerhaus mit einer Rede Paul Stefans eröffnet wurde.

Salzburg, Kapuzinerberg 5 [12. 8. 1930]

Liebes,

mir ist bang nach Dir. Nach 14 Tagen, die manchmal sogar angenehm beginnen, fang ich an, Dich rasend zu entbehren u.
möchte manchmal die Wände hinauf kriechen. Hoffentlich hast
Du auch, wie wir heute, seit langem wieder, gutes Wetter. [...]

Vormittag war der ganz von mir veranstaltete Vortrag von Paul
Stefan, der wirklich hervorragend war u. die sehr netten Leute,
die anwesend waren, begeisterte. Cirka 50 Leute hatte ich zusam-
mengebracht, um Masereel zu feiern. Auch Servaes (Dr.) war da.
Eduard H. Jacob nicht, und Paul Stefan, der sich wieder als so verlässlich erwiesen hatte, war es sehr darum zu tun, daß in der
Neuen Züricher, Berliner Tageblatt u. Wien etwas erscheint. [...]

Durch Vermittlung Francés habe ich heute bis 1. Sept. ein Radio, mit dem man alle Concerte herrlich hören soll, u. so werde
ich mir heute Abend hoffentlich schon das Bruno Walter Concert gut anhören können, ohne daher die Schmocke[1] zu sehen.

Donnerstag kommen Schaffgotschs u. Nilsons zu viert, Thie-
nen u. Langes abends um 9 zum Thee etc. Angesagt sind Metz u.
Friedmann, letzterer wohl flüchtig und Vorms für einen Tag.
Wreede rief an u. kommt in 10 Tagen wieder. Du wirst dies
hören, wie Platzregen unter Dach. – Nun, mein Liebes, wann soll
ich kommen? Ich schrieb Barbra, wann, wie und wo.[2]

Leider habe ich einen sehr lieben, aber traurigen Brief von
Roth, der Dir wohl auch schrieb. Einen sehr reizenden von Jannings, der »Hiob«[3] bereits liest u. einen warmen, vereinsamten von
Erwin.[4] Richtig, Kippenberg schrieb mir auch sehr lieb, Magre
perfekt, aber Katharina[5] naht gleichfalls. Vielleicht spreche ich
mich diesmal besser mit ihr. Deine Post ist schmal u. diesmal so
gut wie keine Arbeit damit.

Ruf bald wieder an, mein Liebes, gib Acht auf Dich u. sei umarmt von   Mumu

---

1] Abwertend für Gesellschaft oder Journalisten (Jiddisch: Dummköpfe). ·
2] Zweig war von seiner Übersetzerin Barbra Ring zur Premiere der
Komödie *Volpone* nach Oslo eingeladen. · 3] Roths Roman *Hiob*, der 1930
im Verlag Gustav Kiepenheuer erschien. · 4] Erwin Rieger. · 5] Ehefrau
Anton Kippenbergs.

Donnerstag   [Hamburg, 14. 8. 1930]
L. F.,

ich wiederhole nur: ich hätte es nicht besser treffen können.
Zwar regnet auch hier der Regen jeglichen Tag, doch mit Intervallen, und ich kann immer spazieren gehen, in allerhand sehr sau-
bere und sehr düstere Lokale, Zeitungen lesen, habe eine totenstille
souvraine Wohnung mit guter Bedienung, eine famose, universa-
lisch gebildete reizende Secretärin und dazu noch das Bewusstsein,
dass ich auf Riffelalp oder an der See jeden Tag verflucht hätte. Es
scheint, dass über meinen Reisen ein freundlicher Stern lächelt,
deshalb könnte man sogar einmal das Inderland wagen.

Von Roth habe ich keine Zeile, ich weiss nicht, wo er zur Zeit
sich abschindet. Und die Liste der versäumten Besucher hat mir
noch kein einziges verzweifeltes »wie schade« entlockt. Dass Du
auf Borg Radiotin[1] geworden bist, habe ich vernommen: auch
hier sitzt einer im Hause und gurgelt auf einen Druck sofort
Operetten und ähnlichen Mist. Gott behüte uns vor all diesem
Unfug! Ich bin hier nicht eine Achtelsecunde je nervös gewesen
und die Welt kommt mir so vor, als ob sie mich nichts anginge,
was, weiss Gott, doch richtig ist, während ich in Salzburg sie wie
einen Alp auf der Brust spüre. Auf Norwegen habe ich nicht viel
Schneid: ich möchte gerne schon fertig sein.

Lebe wohl und sei vielmals gegrüsst!   St.

Wie steht es mit den neuen Enkeln?[2] Diese Explosion dürfte
doch bald bevorstehen!

1] Abwertend für Radiohörerin (Friderike Zweig hatte sich ein Radio-
gerät geborgt). · 2] Junge von Kaspar und Henny.

                    Salzburg, Kapuzinerberg 5, 17./VIII [1930],
                    1/2 1 Uhr abends
Liebes,
    eben waren Docent Aschner, Kalkreuth, Ewald, Ernst Fischer,
Matuschkas[1] beim Abendthee. [...]
    Einiges ist mir ja in der letzten Zeit doch wieder an Hilfe ge-
lungen. Nur mit Roth quäle ich mich ab, und werde ich mich

noch viel kränken müssen. Denk Dir, Fischer sagt mir, er hätte von einem Nervenarzt (der sie[2] angeblich nicht selbst behandelt) gehört, seine Frau[2] sei ein hoffnungsloser Fall mit kurzen möglichen Besserungen, aber doch unheilbar. Das ist doch schrecklich. Aber wenn ich Roths Briefe lese, habe ich das Gefühl, er erhält sich nur für die Frau, vielmehr für die Geldbeschaffung für sie. Er will, wie er sagt, Deine »heitere Güte« nicht verstören und schreibt Dir daher nicht. Aber er quält sich, weil er so schwer schreibt und September, Oktober kein Geld mehr hat. Jetzt hat er noch 500 Mark und bekommt, wenn er noch einige Artikel geschrieben hat, wofür er 4 Wochen brauchen wird (ich glaube 12), noch 1000 Mark, 300 Mark schickt er jede Woche nach Wien. Das ist für den Tag 70 Schilling. Hältst Du eine solche Wurzerei für möglich? Von Kiepenheuer kann er erst im November Geld haben. Vielleicht sollte man ihm doch unter dem Vorwand, jemand interessiere sich für moderne Autografen, das Hiobmanuskript abkaufen. Er will jetzt 4 Wochen in Frankfurt zu Freunden, d. h. in deren Nähe arbeiten. An Salzburg denkt er wie an eine verschollene Oase. Er wäre wohl nach Norwegen gefahren, weiß aber nicht, von was dort leben, und muß auch wohl erst die Artikel für die Kölnische Zeitung schreiben. In jedem Brief schreibt er von Todessehnsucht, und ich sitze da und schwätze mit X u. Y und kann diesem kostbaren Menschen nicht helfen, da ich ja selber überall Mißerfolge habe. Wenn ich den Roman anbrächte, könnte ich es verantworten. Du selbst sagst ja, daß man ihm nicht helfen kann. Glaubst Du das wirklich?? Vielleicht schreibst Du ihm jedenfalls ein Wort, auch daß Du über Hiob als einziges Buch schreiben wirst (Adresse: Kiepenheuer, Berlin NW 87, Altonaer Str. 4), das wird ihm wieder etwas Mut geben.[3] [...]

Gesundheitlich bin ich nicht mehr so frisch. Das Wetter spielt einem mit. Es trübt sich leider wieder. Aber heute war es unerhört schön. Viele Küsse, Liebes, von

Mumu

Bitte, schick Roth den Brief des Krankenpflegers.

1] Viola Neumann, gesch. Ewald, verh. Gräfin Matuschka. · 2] Roths Ehefrau Friedl war an Schizophrenie erkrankt. · 3] Stefan Zweig: Ein Hiob von heute, Neue Freie Presse, 12. 10. 1930.

L. F.,

Deinen Jammerbrief beantworte ich bei herrlichem Wetter – ich habe die Arbeit jetzt unterbrochen, weil mich dieses ewige Herum im psychischen Zirkel etwas graust. Die Vorarbeit ist jetzt so gut wie fertig, jetzt heisst es durcharbeiten und dann schreiben. Froh werde ich sein, bis alles hinter mir liegt.

Also Barbra[1] habe ich abgesagt, lügnerisch eine Vorlesung vorschützend. Es sind doch zwei Tage Reise hin, zwei zurück, dazu noch das Gefühl, an Stockholm und all dem vorbeizugehen. Vielleicht gehen wir lieber nächstes Jahr den ganzen August hin. Mir ist es wegen Barbra[1] leid.

Heute kommt Friedenthal, der hier einen Vortrag hält, ich werde also gescheiter werden: brauchen könnte ich es. Sonst lebe ich hier sehr angenehm, gehe viel spazieren und sehe tausend interessante Sachen. Nichts Herrlicheres als in einer Stadt leben und doch nicht darin sein; überhaupt, wie viel herrlicher das Aussen- als das ewige In-der-Mittesein.

Ich denke, am Montag früh nach Berlin zu fahren, dort bis abends zu bleiben und Dienstag vormittags in S. [Salzburg] anzukommen. Bist Du Deine Besuche los, so könnten wir gleich Mittwoch nach Zell am See für ein paar Tage, bis der Rummel glücklich abgeströmt ist. Bitte, bereite, wenn es Dir recht ist, alles in diesem Sinne vor. Ich dachte einen Augenblick daran, mit dem Flugzeug 1 3/4 Stunden nach Kopenhagen und dann ans dänische Meer, aber ich bin durch die Affaire Oslo gehemmt, noch näher an Norwegen heranzukommen.

Herzlichst und auf bald St.

Roth *kann* man nicht helfen: seine Narrheit ist ein Fass ohne Boden. Man darf eine Marotte wie die, 300 Mark pro Woche für eine Irrsinnige[2] auszugeben, nicht noch bestärken. Ich konnte heute nicht telefonieren, weil ich auf der Bibliothek bin.

1] Barbra Ring. · 2] Joseph Roths Ehefrau Friedl.

Friderike und Alix folgten der Einladung Max Reinhardts zu einer
Soiree im Schloss Leopoldskron. Die Tanzvorführung Tilly Loschs wurde
von Herbert von Karajan am Klavier begleitet. Unter den illustren
Gästen befand sich Mrs. Ethel Snowden, Sozialistin, Frauenrechtlerin,
Ehefrau des britischen Schatzkanzlers Philip Snowden.

20. Aug. 30

Liebes,

Frau Meingast hat sich Urlaub für den Untersberg genommen,
so sende ich Dir selber die Post und lasse sie teilweise durch Lix
beantworten. [...]

Gestern war Csokor zu Gast, der immer gescheiter wird und
endlich Erfolg hat. Jacob[1] machte Besuch. Abends waren ich und
die Kinder zu Reinhardt geladen. Leider hatte das Suserl wieder
ihr geschwollenes Auge. Das Arme hat wirklich jetzt schon zweimal hübsche Sachen dadurch verpatzt gehabt. Es war gerade gestern so arg, dass sie nicht gehen konnte. Es war ein herrlicher
Abend draussen mit Serenade im Park. Eingeladen waren Salzburger, die Schauspieler und etwa zwanzig Ausländer und die üblichen Mastdarmtouristen.[2] Das Büffet märchenhaft. Wunderschön der Tanz der Tilly Losch. Missis Snowden – man sollte es
nicht für möglich halten – hatte buchstäblich ein Diadem auf und
war jeder Zoll Königin (Ote-toi delà que je m'y mette[3]). Ob es
an uns liegt, daß wir uns nicht wohl fühlen in Leopoldskron oder
daran, dass wir verwöhnt und Reinhardt ja immer nur Cur hält:
Helene Thimig war sehr nett. Aber es war natürlich niemand, der
mir nicht seine Verwunderung aussprach, dass Du weg bist. Das
hängt mir schon beim Hals heraus.

Heute sagen sich Friedmanns an, deren Postablage wir bereits
seit einigen Tagen sind. Natürlich soll man Zimmer mieten und
sie womöglich dann wieder abbestellen.

Barbra[4] telegrafiert, wir sollen warme Mäntel mitnehmen u. sie
sei schon in Oslo und die Premiere sei am Samstag. Ich hoffe, Du
rufst heute an, damit wir endgültig beschließen. Ich möchte auf
alle Fälle ein paar Tage mit Dir jetzt demnächst von Salzburg weg
sein.[5] Ich bitte Dich, es einzurichten. Ich habe seit Monaten kaum
eine ruhige Stunde mit Dir, möchte sowohl bald Dich wieder-

sehen, als auch das in Ruhe u. abseits vom Trubel, der Dich hier noch erwarten würde. Willst Du nicht nach Norwegen, so telegrafiere bitte ab. Barbra baut ja darauf. Aber laß mich wissen, was Du vorhast, ob wir uns treffen oder ob und wann Du zurückkommst. Daß Du zurückkommst und wieder weggehst, wird so schnell nicht gehen und mich gewiß um die erhofften paar Tage mit Dir bringen. Aber tu natürlich wie Du willst, worauf ich mich ja übrigens verlassen kann. Unzählige Leute geben mir Grüße u. Bestellungen an Dich auf, aber mein Kopf ist in diesem Zersiebtsein jeder Stunde von Besuchen, Telefon, Briefen (Meingast versagt wieder u. ich bin froh, daß Alix da ist), Handwerkern, Wetterunsicherheiten, Pyramidon zu verwirrt, als daß ich sicher bin, alles zu behalten. Dabei fällt mir so viel ein, u. ich hätte so Lust, meinen Roman[6] zu schreiben. Aber ich sollte umschalten auf Nichtschreiben. Von selber vergeht das Bedürfnis danach trotz allem nicht.

Hoffentlich bist Du noch zufrieden. Daß Du nicht schreibst, setzt noch allem die Krone auf. Aber auch das verstehe ich ja. Herzlichst

F.

1] Heinrich Eduard Jacob. · 2] Noble Umschreibung für Arschkriecher. · 3] Platz da, jetzt komme ich. · 4] Barbra Ring. · 5] Nach seiner Rückkehr am 26. 8. verbrachten beide einige Tage in Zell am See. Sie reisten also nicht nach Oslo, wo am 30. 8. die *Volpone*-Premiere stattfand. · 6] Vermutlich Friderike Zweigs Roman *Erik Neergard und die Schwestern* (Wien 1951).

Am 17. Oktober führte Zweig ein Gespräch mit Sigmund Freud in Wien, hierauf fuhr er nach München. Indessen las Friderike seinen Essayentwurf.

Kapuzinerberg 5, Salzburg, Sonntag, 19. Okt. 30

Lieber Stefan,

noch warm von der gleich nach Deiner Abreise begonnenen Lektüre des »Freud«, möchte ich Dir schreiben, nachdem ich heute nochmals den Anfang gelesen habe.

Ich finde den Aufsatz außerordentlich und fast möchte ich Dir, wie alle Leser es tun werden, besonders danken. Zuerst war ich etwas mißtrauisch, das erste Kapitel ist, wenn es mir auch bei der zweiten Lektüre besser gefiel, das schwächste. Vielleicht kannst Du noch etwas mehr Farbe, ja vielleicht noch mehr humorvolle Zeitkritik hineinbringen, etwa die Schilderung der seinerzeitigen Dessous als Symbol, den Unterricht in der Naturgeschichtsstunde oder dergleichen. Möglicherweise wird das Kapitel aber schon durch die sprachliche Durchfeilung und Kürzungen anregender. Wie immer ist Dir das »Bild« wieder äußerst gelungen. Es kann neben dem Tolstois bestehen und gerade *dies* Bild ist wichtig. Ganz außerordentlich ist das Kapitel über den Traum. Sowohl Aufbau als Darstellung der Lehre sind so klar und bei ziemlicher Sachlichkeit spannend. Dort, wo Du persönliche Werturteile gibst, habe ich aber wieder die alten Einwände. Diese, finde ich, wirken in ihrer Superlativität gegenüber der geradezu edlen Sachlichkeit wie Formfehler. Sie schwächen eher ab, weil sie den nüchtern genießenden Leser eher abstoßen, weil er ja stark mit dem Verstand genießt. Den Freudianern wirst Du allerdings zu kühl erscheinen, ihnen aber durch diese entschiedene, aber leidenschaftslose Einstellung viel größere Dienste erweisen. Zwei Widersprüche habe ich aufgedeckt und einen hinkenden Vergleich.

Dieses Essay, so interessant und neu die zwei anderen sind, überragt sie nicht nur, weil der Stoff viel größer und schwieriger war. – Zum erstenmal spüre ich da auch, daß Du Philosophie mit Erfolg studiert hast (oft zweifelte ich nämlich daran). Freilich sagst Du nirgends, daß das Unterbewußte der Pädagogenpsychologie nicht fremd war und daß die katholische Kirche viele ihrer Lügen auf ihrer Kenntnis aufbaute, ist nur in der Anspielung auf die Dämonen gestreift. Aber da genügt vielleicht auch jene Superlative: Freud war der *erste* oder der *einzige* – wie es da und dort heißt –, noch einmal genauer anzusehen. – Jedenfalls ist Dir aber Erstaunliches gelungen, vielleicht gerade durch den Verzicht auf persönliche detaillierte Stellungnahme.

Mir ist es traurig zu denken, daß ein Mensch, der wie Du so besonders glückliche Gaben besitzt, der also den Göttern immerzu danken müßte, auch mit Zufriedenheit und Ausgeglichenheit, so unbedenklich ist, Menschen in seiner nächsten Umgebung so schwer zu verkränken und zu demütigen, dazu noch arglose und reine Menschen. Denn in diesem Freudessay hast Du wie in keiner Deiner bisherigen Arbeiten ein *weises Maß*, eine ruhige Überschaulichkeit (mit diesen kleinen erwähnten Einschränkungen, die ja der *ersten* Fassung gelten), die auf einen gütigen, nicht autokratischen, einen *objektiven* (für mich das höchste Lob) Menschen schließen lassen könnten. Von neuem sehe ich darin, wie unpass ich nun schon in Deinem Leben geworden bin. Ich gebe lieber mir die Schuld, die ich nicht mehr die Kraft habe, mehr Güte, mehr Aufmerksamkeit herauszufordern. Alles Gute für München. Telefonisch sprechen wir ja über Post etc. Gute Grüße, auch an Kippenberg schönen Gruß, Deine

F.

Im Dezember 1930 konnte Zweig seinen Freud-Essay fertig stellen. Vor Weihnachten fuhr er nach München, weiter nach Frankfurt, Bad Homburg und Kassel. Am 28. Dezember kehrt er zurück nach Salzburg.

Hôtel Englischer Hof, Frankfurt a. M.   [25. 12. 1930]

L. F.,

allein nicht nur in einem Coupé sondern in einem Mitropa-Waggon gereist, belastet mit einem fabelhaften Schwarzessen.[1] Ich lege Dir den neuesten Roth[2] bei, da Dir der Schwarz fehlte. Herzlichst S.

1] Jüdisches Restaurant Schwarz in München. · 2] Vermutlich Joseph Roths ›Der Merseburger Zauberspruch‹, ›Frankfurter Zeitung‹, 25. 12. 1930.

In der Silvesternacht 1930 waren Erich Ebermayer und Emil Jannings Zeugen eines Vorfalls: Stefan Zweig, der seinen Gästen die Kostbarkeiten im weitläufigen Haus Kapuzinerberg 5 zeigte, vernahm plötzlich Grammophonmusik. Friderikes Töchter und deren Salzburger Kreis feierten Silvester, wie sich herausstellte, und dies trotz ausdrücklichen Verbots

durch den Hausherrn. Die Mutter war allerdings in die Sache eingeweiht
– ein Vertrauensbruch für Stefan Zweig.

Am 13. Januar 1931 reisten Friderike und Stefan über Paris und Barcelona
nach Palma de Mallorca, wo er in aller Ruhe an seiner Postfräuleinge-
schichte arbeiten wollte. Der Lärm vertrieb die beiden an die Côte d'Azur.
Sie blieben neun Wochen in Cap d'Antibes und waren häufig mit Joseph
Roth beisammen, der dort seinen Roman Radetzkymarsch *schrieb. Am*
22. März kehrte das Ehepaar zurück nach Salzburg. Mittlerweile erschien
das Essaybuch Die Heilung durch den Geist. Mesmer – Mary Baker-
Eddy – Freud *im Insel-Verlag. Stefan Zweig beabsichtigte, auch im Fest-*
spielsommer ungestört an seiner Postfräuleingeschichte zu arbeiten. Er mie-
tete ein Haus in Thumersbach bei Zell am See, wo er annähernd sieben
Wochen wohnte (unterbrochen durch den Besuch der Premiere der Oper
Orpheus und Eurydike *bei den Festspielen am 15. August).*

[Thumersbach, 5. 7. 1931]

L. F.,

heute telefonierte ich vergebens. Nachmittags schweres Gewit-
ter, jetzt wieder schön. – Ich lebe völlig zeitlos, da ich meine Uhr
beim Aufmachen des hart lackierten Fensterladens zerbrochen
habe; bis Montag wird sie gerichtet, es ist ein sonderbares und, wie
ich glaube, gutes Gefühl. Die Arbeit ist noch nicht recht begonnen, aber doch viel geschehen, weil ich beim erstmals ruhigem
Nachdenken erkannte, was alles im ersten Teil falsch war, und
hoffe jetzt zu wissen, wie es richtig gemacht wird. Das ist schon
Einiges. Auch sonst fühle ich mich hier ausgezeichnet, bade, gehe
spazieren, lese und gehöre endlich ein wenig mir. – Da die Kritik
von Kracauer, wie Du sagst, lesenswert ist, möchte ich sie lesen.[1]
Bitte, schicke sie mir. Auch Unerfreuliches störte mich hier nicht
in der Arbeit.

Montag rufe ich zwischen 1–2 Uhr an und hoffe, von Dir
Gutes zu hören; mit der Hitze ist es wohl auch in Salzburg jetzt
vorbei. Herzlichst   S.

Karte mit Poststempel 11 Uhr war um 5 Uhr hier. La cuisine est
excellente, tout bien et comfortable.[2]

1] Siegfried Kracauer: Über Erfolgsbücher und ihr Publikum, Frankfurter Zeitung, 27. 6. 1931. · 2] Die Küche ist ausgezeichnet, alles gut und komfortabel.

[Thumersbach, undatiert, Juli 1931]

L. F.,

vielen Dank! Hier alles in bester Ordnung – zu Deiner Beruhigung schlafen jetzt zwei Mädchen in jenem Zimmer, was mir lieber ist, als mit einem lieben kleinen jungfräulichen Tepperl allein zu sein – one never can tell.[1]

Was Du von Erw.[2] sagst ist mir nicht neu, er führt ein tragisches Leben, il est traqué et sans doute toujours la proie des maîtres chanteurs. Cela finira mal un jour, je le sens.[3]

Im Hause alles gut, auch nebenan Leute etc. ausgezeichnet, nur grässliches Volk, Unterdeutsche. Die Hakenkreuzlerei hat den Mittelstand ergriffen, bei dem alles – Sozialismus, Religiosität, Bildung – zur Caricatur wird, es zäumt diesen Menschen, die nur durch grosse Bescheidenheit erträglich wären, ein stupides Herrentum oder Ich-möchte-Herrentum auf. Immerhin interessant, von der Nähe zu sehen. Leid tut mir Silbergleit – er bekam hieher die Nachricht, dass die winzige fixe Stellung bei der Funkzeitung »rationalisiert« wird, das heisst, er abgebaut! Immer geht es auf die Ärmsten – man kann gar nicht radical genug sein.

Meine Arbeit geht teils-teils – es ist da in der Mitte ein grosser breiter Graben, über den ich nicht hinüber kann, und vor dem ich seit einem Monat stehe wie ein scheuer Gaul.

If you wish to come you are welcome, only it has no sense, if the weather is not fine.[4] Herzlichst

S.

1] Man kann nie wissen. · 2] Rieger. · 3] Er ist gehetzt und zweifelsohne immer die Beute von Erpressern. Das wird eines Tages schlecht enden, ich fühle es. · 4] Falls Du kommen möchtest, bist Du willkommen, doch bei Schlechtwetter ist es sinnlos.

Friderike Zweig verbrachte einige Tage in Marienbad, um ihrer Schwie-
germutter Ida Zweig beizustehen. Im Haus Kapuzinerberg 5 logierte
Alexander Moissi, der seit 1920 bei den Festspielen die Titelrolle im
Jedermann spielte. Er erwirkte die Erlaubnis des Primararztes Ernst von
Karajan, im Salzburger Landeskrankenhaus einer Entbindung beizu-
wohnen, um diese Erfahrung in seinem Roman über Frauen anschaulich
darstellen zu können.

[Salzburg, Samstag, 8. 8. 1931]

Lieber Stefan,

die Maschine ist mit Moissis Roman verbarrikadiert, also rasch
geschmiert. Anbei nur das, was Dich nicht stört. [...] Unmenge
Kritiken, u. a. eine, die verkündet, daß Du unter die Kommuni-
sten gegangen wärest und in der Roten Fahne schreibst – es folgt
dann die Antwort, die Du auf die Rundfrage gabst.[1] Vielleicht
solltest Du Dir diese Sache näher ansehen, da es doch eine offensichtliche Lüge ist, diese Citierung als Mitarbeit zu bezeichnen.
Ich lasse diesen Ausschnitt aber auf Dich hier warten. Es ist nicht
so wichtig. [...]

Ich habe die Tage in Marienbad sehr genossen. Die Fahrt nach
Karlsbad hat Mama sehr gut überstanden, u. die dortigen unerhört
luxuriösen Läden haben ihr sehr viel Vergnügen gemacht, trotz
großer Hitze. Sie war sehr lieb, und ich war wirklich glücklich, ihr
Freude machen zu können. Gott sei Dank, daß mir noch ein bis-
sel Herzensüberschuß bleibt, auch dann warm sein zu können, wo
ich mir wenig Illusionen mache. Und ich halte daran fest, wenn
man den Mann lieb hat, hat man auch die Mutter lieb. Ich sage es
Dir eindringlichst, es schreit zum Himmel, wie man sich zu
Mama benimmt. Sie weint Tage u. Nächte darüber, man bereitet
dieser uralten Frau unnötigen Kummer, das ist ein Frevel. Kannst
Du schon nichts dagegen tun, so tu auch nichts dafür: stimme nie
zu, wenn man klagt u. äußere Dein Bedauern, daß Stefanie[2] sich
nicht zu ihr hingezogen fühlt. Das kann etwas helfen. Ich will Dir
nicht Langes u. Breites erzählen: aber glaub mir, Alfred[3] wird,
wenn Mama einmal nicht mehr sein wird, als der gute Mensch,
der er ist (oder ist er es nicht?), sich schwere Gewissensbisse machen. Wie berechtigt auch alles mögliche sein mag, so muß man

doch immer das hohe Alter bedenken und nicht vergessen, daß man später nichts mehr gut machen kann.

Ich schreibe Dir morgen weiter.

Tausend Grüße Deine   F.

1] Rundfrage der ›Roten Fahne‹, Berlin, Antwort Stefan Zweigs unter dem Titel ›Schriftsteller für die Sowjetunion (Zum 1. August): Stefan Zweig‹, 30. 7. 1931. · 2] Ida Zweigs Schwiegertochter Stefanie Zweig. · 3] Alfred Zweig.

Stefan Zweig unterbrach seine Arbeit an der düsteren Postfräuleinge-schichte (Mitte der Dreißigerjahre nahm er sie wieder auf, hinterließ je-doch ein Fragment, das 1982 unter dem Titel Rausch der Verwandlung *veröffentlicht wurde). Anfang September 1931 begann er seine Biografie* Marie Antoinette *zu schreiben. Friderike und ihre Töchter machten zwei Wochen Ferien an der Kvarnerbucht in Jugoslawien. Derweilen drang ein Geheimnis in die Öffentlichkeit: Der Schauspieler Moissi habe in Arztkleidung einer Entbindung im Landeskrankenhaus beigewohnt. Die Ortsgruppe Salzburg der »Hitlerbewegung« (NSDAP) machte dar-aus einen Sittenskandal:* »Die Entbindung einer Christin als Schauspiel für den Juden!« *Die antisemitische Kampagne zielte darauf ab,* »den Ju-den« *– Moissi war Katholik – aus Salzburg zu vertreiben.*

[Salzburg, Sonntag, 6. 9. 1931]

L. F.,

nur ein paar Zeilen, ich habe heute, Sonntag, noch keine Nach-richt, die Post scheint schlecht dort unten. Die Affaire Moissi regt alle Blätter riesig auf, heute wieder endlose Artikel, grosse Hetze, wenn es nur nicht dem Dr. L.[1] dort schadet – ich sehe nur, wie klug ich war, in den 11 Jahren eine solche Übervorsicht zu ge-brauchen und mich von allem wegzuhalten. In Wien riesige Auf-regung wegen der Publication der Gläubiger der Amstelbank[2] in den Zeitungen, man fordert furchtbare Massnahmen gegen Steu-erflucht, wobei doch wirklich jeder sein Geld vor dem Schilling zu retten suchte, die Sache Insel[3] gefällt mir immer weniger, ich werde morgen einen energischen Brief schreiben, der ihr keine Freude machen wird, mich auf das Gutachten eines Rechtsfreundes berufen und ihr drohen, dass ich bei österr. Buchhändlern die dortigen Schulden an der Insel aufkaufe. Eine widerliche Zeit, wo einem der Kopf von solchen Geschäftlichkeiten bedrängt wird, ich arbeite aber trotzdem weiter. Gestern ein zweistündiges gutes Gespräch mit Prof. Schrödinger, das eine Wohltat war – einmal Menschen hohen geistigen Formats aus anderer Sphäre. Heute kommt Rieger, ich freue mich schon sehr.

Herzlichst S.

1] Dr. Rupert Leitinger, Arzt in der Gebärklinik. · 2] Beim Zusammenbruch der holländischen Amstelbank kam die Kapitalflucht aus Österreich zum Vorschein. · 3] Wegen der restriktiven Devisenbestimmungen in Österreich konnten ausländische Forderungen nicht überwiesen werden.

SZ   Salzburg, Kapuzinerberg 5, am 12. September 1931

Liebe Fritzi,

ich komme von einer Hetzjagd. Ich bin vorgestern abends nach Wien gefahren, habe in Wien gestern alle die (nicht leichten) Verhandlungen durchgeführt, die hoffentlich in absehbarer Zeit zu einem Resultat führen werden. Eine Stunde zwischendurch benützte ich, um eine Dokumentenkasse zu kaufen, die zwar nicht im höchsten strengsten Sinn einbruchsicher ist, aber feuersicher. Sie hat nicht die dicken Stahlplatten gegen solche Künstler mit Sauerstoffgebläsen, aber ist ganz nach allen Seiten dicht mit Asbest gefüttert, und wenn ein Brand nicht gerade drei Tage dauert, so übernehmen die Leute jede Garantie. Von dem ganz grossen Typus bin ich abgegangen, weil er doch zu riesenhaft ist und auch die Transportierung schwierig (diese wiegt mit Verpackung etwa 370 Kilo). Sehr schön sieht sie nicht aus in einem Zimmer, ich will dann von Pfanzelter,[1] so, wie es Mama hat, eine Holzverkleidung darüber machen lassen, damit nicht ein bürohafter Eindruck entsteht. Erwin[2] hat eben mit mir die Masse genommen, es wird sowohl der Schreibtisch als auch der Bücherkasten an der einen Wand Platz haben und nur das kleine hässliche Rollpult verschwinden müssen, das Dir ohnehin schon ein Dorn im Auge war. Die Lieferung dürfte in zehn Tagen erfolgen.

Merkwürdigerweise hast Du mir gar nichts gesagt, und ich habe es durch einen Zufall erfahren, dass Agnes und ihr Mann[3] am Dienstag ausziehen. Ich vermisse auch über den Ersatz Deine zukünftigen Dispositionen. Vielleicht ist es besser, wenn wir über den Winter hin gar nichts vornehmen, um die Spesen nicht zu erhöhen und erst im Frühjahr eine definitive Entscheidung treffen. Mama fand ich ausgezeichnet aussehend, sie fühlt sich recht wohl und ist auch recht zufrieden. Über manches andere werden wir mündlich reden. Die Schwägerin[4] ist wirklich nicht sehr erfreulich.

Die Sache mit Moissi kommt nicht zur Ruhe, *täglich* Artikel in allen Wiener Zeitungen, angeblich will man jetzt noch eine Klage einbringen gegen die Ärzte oder das Spital, wegen Umgehung des Berufsgeheimnisses, es ist lächerlich zu sehen, wie die Leute hier plötzlich sittlich und moralisch werden. Jeden Tag auch hier spaltenlange Aufsätze: es ist gewiss, dass er beim »Jedermann« nicht mehr mitwirken kann. Von Deinem Neffen Georg[5] kam heute an uns eine Mitteilung seiner Verlobung, ich schreibe ihm sofort. Von Arens an Dich eine Mitteilung über einen Sohn Knut.

Ich freue mich, dass Ihr schönes Wetter habt, von uns ist das gleiche nicht zu sagen, aber ich spüre es zur Zeit nicht und fühle mich auch sonst recht wohl in Gesellschaft der Dauphine,[6] die ich bald hoffe, zur Königin zu machen. Nächste Woche wird Ludwig XV umgebracht, allerdings all dies erst im ersten Entwurf, dann tritt sie die Regierung an.

Herzlichst   Stefan

Morgen kommt (Du hast Glück!!!!) Beierle! Es wird lustig werden und anscheinend diesmal nicht kostspielig. In Wien gefiel es mir gar nicht – die Stadt beginnt wie ein ausgedörrter Sumpf nach Armut zu riechen. Pseudoeleganz und besorgte Gesichter. Gesprochen habe ich niemanden.

Deinen Töchtern Dank für die Briefe! Heute feiern wir Riegers 42. Geburtstag. Ich war damals jünger als er. Alles Gute!

1] Franz Pfanzelter, Tischler in Salzburg, Rudolfskai 14. · 2] Rieger. · 3] Agnes und Adolf Fißneider, Hausmeister. · 4] Stefanie Zweig. · 5] Georg Burger. · 6] Marie Antoinette, die 1770 den französischen Thronfolger (Dauphin), späteren Ludwig XVI., in Versailles heiratete.

Vom 22. Oktober bis 6. Dezember 1931 führte Stefan Zweig ein Tagebuch:

Die Gründe dafür das Vorempfinden, dass wir kritischen, kriegs-
tagsähnlichen Zeiten entgegengehen [...]

Verdruss bereiteten ihm auch Alix und Suse (damals 24 bzw. 21 Jahre alt).
Ihr gestörtes Verhältnis zum Stiefvater kommt in seinem Eintrag vom
1. November zum Ausdruck:

Ärger bei Tisch mit A. & S. Unerträglich in dieser Atmosphäre
von Dummheit und feiger Anmaßung zu leben, ich ersticke darin
und vor allem alles Active in mir. Etwas Atempause täte gut.

Außerdem wollte er unbehelligt von Gratulanten seinen 50. Geburtstag
begehen. Er fuhr am 17. November nach München und logierte zwölf
Tage im Hotel Leinfelder.

[München, Mittwoch, 18. 11. 1931]
L. F.,

vielen Dank für Telefonat. Hoffentlich ist jetzt die Corciade-
Sache[1] erledigt. Also: R. Strauss schreibt mir sehr lieb eben, dass
er noch einmal nach München muss, ich bin Freitag hier mit ihm
abends zu Elektra eingeladen, sehe ihn vielleicht Samstag
nochmals – das heisst, dass ich die ganze Woche hier bleibe. Ich
fühle mich sehr wohl – weil ich mir nur gute Dinge *dosiere*, gestern weisses Rössel mit jenem jungen Mädchen,[2] heute abends
Carossa, Donnerstag Bruno Walter Concert, Freitag Richard
Strauss[3] und abends Elektra – kann man es besser haben? Dazwischen schalte ich dann noch Adelt ein und Bahr, dann darf man
dies doch einen ganz klugen Aufenthalt nennen. Mit der Arbeit
ist vorderhand noch nicht viel los, dafür rauche ich jetzt schon
den zweiten Tag nicht und trinke nicht Café. Du siehst, ich bin
vernünftiger als Du meinst.

Von Deinen Töchtern trafen die üblichen Kärtchen ein, weil
wir wie gewöhnlich bei der Abreise uns nicht verabschieden
konnten. Ich lasse sie grüssen und vielmals den wackeren Rieger.
Herzlichst

S.

Wohin soll ich dann Sonntag gehen? Das muss noch erwogen sein. Italien-Meran steht wirklich nicht dafür. Vielleicht bleibe ich länger hier – nur fürchte ich, dass, wenn einmal Adelts wissen, dass ich da bin, ist alle Ruhe vorbei.

Vielleicht schickst Du Mama ein Ex. der Bibliografie.[4]

1] Mysteriöse Angelegenheit in Paris. · 2] Mit Lotte S. in Ralph Benatzkys Operette *Im weißen Rössl.* · 3] Gespräch mit dem Komponisten Richard Strauss über ein Textbuch für eine heitere Spieloper (*Die schweigsame Frau*). · 4] Exemplar der Bibliografie Stefan Zweigs »Dem Dichter zum fünfzigsten Geburtstag dargebracht vom Insel-Verlag, 28. Nov. 1931«.

Carl Zuckmayer arrangierte im Münchner Restaurant Schwarz, das Zweig sehr schätzte, zu dessen 50. Geburtstag eine gesellige Runde. Auch Friderike (Fritzi), die ihrem Mann nachgereist war, nahm daran teil. Er notierte am 28. November:

Der dunkle Tag. 50 Jahre. Mittags bei Schwarz mit Zuckmayer, der uns zwei famose Circusmadeln vom Circus Knie mitgibt, Champagnerspende des Herrn Schwarz und sonst viel gute Laune. Frizi [Fritzi] geht zu Kakadu, ich zum Café. Abschied nehmen [...]

Am 20. Dezember fuhr Zweig nach Paris, um in der Nationalbibliothek Materialien für seine Biografie Marie Antoinette *zu sammeln. Er logierte sechs Wochen im Hôtel Louvois. Friderike suchte ebenfalls der unbehaglichen Atmosphäre des Hauses Kapuzinerberg 5 zu entfliehen. Sie nützte ihre guten Verbindungen zur Women's International League for Peace and Freedom, deren Generalsekretariat in Genf war.*

[Salzburg] 31./XII 31

Lieber,

nochmals ein so gutes künftiges Jahr als es in diesen Zeiten, bei Deiner Teilnahme an der Dich umgebenden Atmosphäre, möglich ist! Ich selber möchte Dir so gerne Ruhe geben, aber ich bin nicht mehr zuversichtlich, denn ich kann mein eigenes Gleichgewicht jetzt nicht recht im Stillesitzen finden. Dies Haus ist mir nicht genug Heim, ich habe zu wenig zu sagen, ich habe kein Besitzrecht, es ist mir zu groß, ein zu weiter Mantel über einer oft frierenden Seele. Daß ich meinen guten Willen daransetzen will, es Dir leichter zu machen und meine Pflichten zu vereinigen suchen werde, das verspreche ich Dir. [...]

Mein Liebes, ich bitte Dich anzumerken, daß meine Adresse ab 5ten abends Genf, Maison Internationale, 12 rue du Vieux Collège, ist; Telefon 45652, Telegr.: Genf Wilpf. Falls Änderung, drahte ich von Bern. Freue mich, Dir näher zu sein, mein Liebes. Von Erwin nicht ganz erfreuliche Briefe. Zieht über Monju her.[1] Ich mahnte ihn, nachgiebig zu sein. Verwies ihn auf die Versicherung, da er eine Rechnung für sie einsandte. Unerfreulich. Wäre man doch kühler.

Tausend Grüße Deine   Fr.

1] Erwin Rieger konnte das Benehmen Moritz Scheyers nicht ertragen.

Friderike Zweig nahm sich vor, einen Essay über das Wirken von Louis Pasteur zu schreiben. Dazu trat sie in Kontakt mit Etienne Burnet, der am Pasteur-Institut in Paris und Tunis tätig war und Hygienekommissionen des Völkerbundes leitete.

[Salzburg, 1. 1. 1932]

Lieber Stefan,

vielen Dank für Dein Telegramm. Hoffentlich enthält die Lectüre Deines Briefes nach der Nachtreise nicht allzu Unerfreuliches. Eben schrieb ich an Dr. Burnet. Pasteur versetzt mich in solche Begeisterung, daß ich, wenn ich mich bald hinsetzen könnte, wahrhaftig imstande wäre, anderen diesen Heiland im rechten Licht zu sehen und sich an diesem Licht zu erquicken.

Suses Koffer ist abgegangen und zwar direkt nach Genf. Es kostete nur 14 Schilling und dort eine kleine Nachnahme, denn sie berechnen erst dort die Gebühr ab Buchs. Sie hat sich alles allein gerichtet; es mußte aber weder verzollt noch revidiert werden, da sie nur alte Kleider und von mir einige Kleinigkeiten hatte, also gar keine Scherereien und viel bequemer. Ich war so frei, den kleinen Koffer zu nehmen, der Dir gehört, den wir, glaube ich, in

Westerland mithatten. Solltest Du es verübeln, so wird er wieder zurückgeschickt.

Bitte, mach Dir in keiner Weise Sorgen. Ich brauche wirklich Deine Hilfe und Sorge nicht, mein Liebes. Arbeite und denk gar nicht daran, wie wir uns einrichten. Es wird alles in Ruhe und Vernunft vor sich gehen, ohne Dich zu tangieren. – Oh, könnte ich doch jenes Essay schreiben! Wie gut würde mir das innerlich tun. Wäre mir doch noch einmal vergönnt, mich concentrieren zu können und bisschen inneren Reichtum zu verschenken. Vielleicht kann ich mir schon in Genf an den Bibliotheken Vorarbeiten machen. – Es freut mich auch sehr, zu Rollands eingeladen zu sein. In der Maison Internationale bin ich ja fast Gast, so daß es doch möglich ist, selbst ohne Mittel eine Weile zu bleiben. [...]

Bleib gesund, trinke ja kein Wasser. Ich höre, die Gesundheitsverhältnisse sind in Paris nicht besonders.

1000 Grüße u. Küsse Deine   Fr.

Alix ist hier, wenn Du etwas brauchst. Etwa von der Bank.

Am 4. Januar reisten Friderike und Suse nach Genf. Sie wohnten vorübergehend in der Maison Internationale. Suse durfte erst nach Erteilung der Arbeitserlaubnis ihre Stelle als Pflegerin in einer Klinik antreten.

Mittwoch abends   [Genf, 6. 1. 1932]

Lieber Stefan,

Vielen Dank für Deine zweite, gestern aufgegebene Karte. Ich bin so froh, so nahe von Dir zu sein, mal so rasch Deine Nachrichten zu haben. Ich fühle mich viel ruhiger. Freue mich sehr, daß Du Dich so wohl fühlst. Ich möchte die Letzte sein, die Dir etwas von diesem Wohlbehagen nimmt. Wenn Du mal entschlossen bist, bis 30sten zu bleiben, brauche ich ja nicht vor 20sten – 22sten [nach Paris] zu kommen oder gar nicht. Ich lasse das also noch offen. Die Telefonverbindung hatte ich sofort. Ich bin hier, ob mit oder ohne Suse, nicht allein in diesem mir so vertrauten

Milieu angenehm u. billig untergebracht. Vielleicht gehe ich auch auf ein paar Tage in den Jura; es sind ermäßigte Wintersportkarten: 10 frcs Tour u. Retour. Also fürchte nicht, von mir gestört zu werden. Suses Angelegenheiten werden sich morgen entscheiden. Bern ist ihr offen und würde mir lieber sein in puncto Gefahrlosigkeit. In Genf wäre es die Sprache, die sie à fond erlernte. Ich lasse sie alles allein machen, was alles eher als leicht ist. Ich verlange nicht einmal eine Tramwaykarte u. ließ sie allein, u. a. den Koffer beim Zoll erledigen. Ich hatte ja nur den Photoapparat darin. Alles ging völlig glatt. Alle Deine Besorgnisse waren ganz u. gar nichtig. Ich verstehe nicht, wer Dir diese Sachen in den Kopf setzte. Jedenfalls habe ich auch alles klug gemacht, u. Du siehst, Du kannst Dich auf mich verlassen. Hoffentlich kann ich Dich morgen telefonisch erreichen. Wegen Masereel Küstner[1] keine Sorge. Bedaure ihn sehr. Gandhi war auch hier auf Einladung der Liga.[2] Morgen weiter.

1000 Grüße u. Küsse   F.

1] Paule Küstner. · 2] Gandhi war auf Einladung der Women's International League for Peace and Freedom in Genf und zu Besuch bei Romain Rolland in Villeneuve.

[Paris, 12. 1. 1932]

L. F.,

ich komme nicht zum Briefschreiben, es ist recht viel zu tun! Erstens muss ich zu den Verlegern, morgen déjeuniere ich bei dem (kranken) Grasset, übermorgen mit Stock, jeden Abend andere Leute, abends Jouglet, Vorbereitung des Radiogesprächs (15. Jän. 7.30) sehr kurz und vage, wird dann ausgearbeitet für die Nouvelles Littéraires,[1] Donnerstag mit Frans[2] und Luchaires, gestern bei Channa Orloff und Salvador Dali (ein Kapitel für sich.) Morgen hat mich die Marquise d'Uzès zu sich gebeten, um mich mit den Historikern bekannt zu machen – ich habe abgesagt, weil ich so »foine« Häuser fürchte und mich dort nicht wohl fühle. Wetter herrlich. Heute in der Bibliothek das Wesentliche erledigt, ich kann (oder könnte) jetzt weiterarbeiten, aber der Andrang dieser Woche ist etwas stark. An Mad. Jouve[3] kann ich nicht denken, müsste eher Wanda Zifferer doch aufsuchen. Vielleicht bleibt dazu noch Zeit. Von Wien und Salzburg höre ich nichts Ungutes, von Dir Notdürftiges, und hoffe, bald Deine Dispositionen zu kennen, ob oder ob nicht, wann und wie. Jedesfalls, wenn Du kommst, schleppe nicht die Wintersportsachen ect mit, sondern schicke sie nach Zürich, wo man sie auf der Rückreise abholt. Alfred ist in Reichenberg – kommt auch nie zur Ruhe. Welche Wohltat dagegen Paris, obwohl es voll Angst steckt und alle Leute jammern, aber dieser Jammer ne m'effleure pas la peau[4] – »ihre Sorgen möcht ich haben«, kann da nur der Austriacus lächelnd sagen.

Vale fareque – zu deutsch, lebe wohl und bleibe mir gewogen!
Ste.

Bei Stock ergibt die Abrechnung doch reichlich Geld, ich habe also keine Finanzsorgen sans toucher à la Länder.[5] Ich würde also doch bis cca. 28. abends bleiben, dann ein Tag Zürich, dann Dein masslos geliebtes Gmachlville.[6]

Eine Dame fragte mich im Ernst, ob in Deutschland auch so eine Krise sei!!!!!

1] Frédéric Lefèvre: Une heure avec Stefan Zweig. Le Rôle de l'intellectuel dans la crise actuelle, Les nouvelles littéraires, artistiques et scientifiques, Paris, 23. 1. 1932. · 2] Masereel. · 3] Andrée Jouve. · 4] Aber dieser Jammer geht mir nicht unter die Haut. · 5] Ohne bei der Länderbank Geld abzuheben. · 6] Provinznest Salzburg.

Am 14. Januar war Friderike Zweig zu Besuch bei Madeleine und Romain Rolland in Villeneuve.

Donnerstag, ¹/₂ 6 Uhr   [Genf, 14. 1. 1932]
Lieber Stefan,
ich schreibe im Zug, von Rolland kommend. Wunderschön seine Nähe, sein stärkender Blick. Er sieht nicht schlecht aus, hüstelt bisschen, spricht aber lauter. Erfreulich: eine junge, hübsche Francorussin als Sekretärin ganz im Hause, wie es scheint.[1] Weniger erfreulich eine ausgesprochen gereizte Stimmung zwischen

den Geschwistern.[2] Madeleine leider mit dem Herzen und den Nerven durch Übermüdung schwer lädiert, das Unwiederbringliche fühlend. Sie hat mir viel davon gesagt. Er erzählte von panischer Angst der Deutschen. Friedmann[3] z. B. in Leipzig fürchtet schon Ausweisung u. soll außer sich sein. [...]

Nun leb wohl, bald mehr. Es umarmt Dich   Fr.

1] Romain Rollands Sekretärin Maria Pawlowna Kudatschewa, geb. Michailowa-Cuvillier (später Marie Romain Rolland). · 2] Madeleine und Romain Rolland. · 3] Wilhelm Friedmann, geb. 1884 in Wien, Romanist in Leipzig, emigrierte 1933 nach Frankreich.

Friderike Zweig verbrachte fünf Tage in Les Rasses bei Sainte Croix (Jura). Ihren Brief vom 16. Januar unterschrieb sie mit »Deine Exmumu«.

Les Rasses, 16./I 32

Lieber Stefan,

vor der unerhörtesten Bergkette, die ich je vor mir aufgereiht sah, schreibe ich Dir in stärkster Bergsonne. [...]

Nun, Lieber, vielen Dank für Deine Karte, Brief von Genf u. Brief hierher. Mich schaudert geradezu vor den vielen Namen, die Du aufzählst, vor all diesen Menschen, die Du siehst, und ich sehe, daß es die begreifliche Reaktion auf »Gmachlville« ist. Aber, mein Guter, Du hast plötzlich den Curs geändert. Du schriebst mir anfangs zu kommen, aber Du sagtest im Vorhinein, daß Du volle Freiheit auch für die Mahlzeiten haben wolltest, und nun retardierst Du Verabredungen, obwohl Du ja weißt, daß ich erst gestern, Freitagnachmittag hierher kam, also der Montag etwa in Paris doch gar nicht für mich in Betracht kommen kann. Bitte, gib doch noch 2 Tage zu, damit ich hier noch 6 Tage bleiben kann und Dich dann abhole und 6 Tage mit Dir bin. Ich würde Freitag hier wegfahren u. wäre Samstagfrüh in Paris. Dann möchte ich vielleicht noch am Rückweg 8 Tage in St. Anton bleiben. Ich fühle mich ja schon umso vieles besser, aber ich sage es Dir aufrichtig, wie nach einer schweren Sache, immer noch nicht kräftig wie früher, aber geradezu *glückhaft besser*, ohne Kopfschmerz, ohne daß jener Schmerz im rechten Arm, der die letzte Zeit in Salzburg mich so irritierte, wiedergekehrt ist. Ich war nie müde in Genf. Wenn ich dorthin wiederkehren wollte, war es der besondern Menschen in der Maison Internationale wegen. Du würdest es verstehen, wenn Du Mme. Drevet kenntest. Und dann sind dort ja jetzt die interessanten Konferenzen. Anfangs Februar geben wir bei großer Völkerbund Tagung die 4 Millionen Unterschriften ab, zu denen Salzburg allerdings höchstens 150 beigetragen hat. Aber nun habe ich ja Genf hinter mir gelassen. Freitag gab Wertheimer mir noch eine Gesellschaft, bei der ich aber absagen mußte. Mit dem Eindruck von Rolland wollte ich hierher in die Berge. Ich denke viel an ihn u. an die veränderte Atmosphäre dort. Welche Jugend hat er sich erhalten, u. wie wahr und falsch ist sein Weltbild zugleich, wie unter den Kristallisationswirkungen, die rechts und links Ausschläge geben, wirkt seine Sonnenbestrahlung, in eine höhere, allzu hohe Wirklichkeit gerückt, die keine Allgemeingültigkeit hat und schon in Wolken zu verschwinden droht. –

Schade, daß Du nicht ein paar Tage hierher kommen willst, ich meine zu ihm und nach Genf. Es ist doch in mancher Hinsicht gerade jetzt wieder »das Herz Europas«,[1] freilich kein ganz gesundes, aber eines, das sich mit mehr oder weniger Aufrichtigkeit zu curieren sucht, bevor es sich verloren gibt. Ach, wärest Du doch dazu zu haben, am Ufer des schönen Sees, wo jetzt im Jänner Blumen blühen, ein kleines Haus zu kaufen. Ich habe ein ganzes Heft von einem Realitätenbüro. Es ginge ganz legal mit einer Stelle hier. Ach, es kommen schlechte Zeiten, und ich habe in bösen Nächten schon Hitlerbomben auf unser Haus herabfallen sehen. Wann hätte man je gedacht, daß man die Wiederwahl Hindenburgs in sein Gebet einschließen wird![2] Und es ist keine Zeit zu verlieren, Entschlüsse zu fassen. Eile nicht zurück! Du fändest 100 Sekretärinnen dort oder in Genf. Und wirklich, die Briefpost ist totaliter aufschiebbar. Ich sehe es doch an den Copien der Postberichte. Mich trifft der Vorwurf nicht, daß Du zu wenig gearbeitet hast. Es hätten doch kaum mehr Bücher von Dir und noch erfolgreichere erscheinen können. Du bist von Jahr zu Jahr in den Büchern gewachsen. Der Mensch in Dir ist vielleicht karger geworden aus Routine, aber er wird wieder aufleben, wenn Du Kleinlichkeiten wieder von Dir weist. Dem Arbeiter in Dir bist Du nichts schuldig geblieben. Seitdem Du mit mir bist, Lieber, ist in *ununterbrochener* Kette Deine Arbeit *gewachsen*, und ich habe Dir, wenn auch keine Stenotypistin, doch wirklich alles gegeben, was an Umwelt der Ungestörtheit ein Künstler braucht. Von allein ist das nicht [gekommen]. Unterschätze das nicht, indem du dafür eine Stenotypistin aus mir machen möchtest u. schon gar jetzt noch mit meinen weißen Haaren. Zu bisschen Briefhilfe reicht es deshalb dennoch. [...]

Sei umarmt, Liebes u. von Suse gegrüßt   Deine Exmumu

1] Stefan Zweig: Das Herz Europas. Ein Besuch im Genfer Roten Kreuz, Max Rascher Verlag, Zürich 1918. · 2] Paul Hindenburg wurde in Deutschland wieder zum Reichspräsidenten gewählt; Adolf Hitler erhielt allerdings im 2. Wahlgang 36,8 % der gültigen Stimmen.

[Paris, 16. 1. 1932]

L. F.,

ich erhalte soeben Dein Telegramm, dass Du Donnerstag abends [in Paris] ankommst. Um alle unnötigen Missverständnisse gleich aufzuhalten – ich bin seit vorgestern bei Frau Eliat für Donnerstag abends eingeladen (mit der Clausel, eventuell Du, falls Du frei gewesen wärest), und da hier alles immer eine Woche voraus fixiert wird und sie mir einige Leute eingeladen hat, die mich interessieren, kann ich Dich *nicht abholen.* Du hast aber das Zimmer neben mir (212), und ich werde anordnen, dass man Dir auch den Schlüssel zu meinem (211) gibt, damit Du ein Bad nehmen kannst. Dein Zimmer ist kleiner als meines, aber Du hast das ganze Badezimmer zur Verfügung. Ich nehme an, dass Du um 10.05 abends kommst. Ich selbst bin erst nach Mitternacht zuhause, da die Einladung erst um $^1/_2$ 9 Uhr beginnt. Mir ist leid, dass Du sie versäumt hast, denn Helene Eliat ist eine charmante zarte Frau (Du kennst ja ihren Roman[1]), und sie führen ein sehr interessantes Haus. Er gilt als der gescheiteste Finanzier Deutschlands und vertritt hier das Reich, die Deutsche Bank, ist eigentlich der finanzielle Gesandte Deutschlands in Frankreich.[2] Ich werde da viel hören.

Noch ein Vorschlag! Kannst Du nicht in der Früh fahren und ein paar Stunden in Dijon unterbrechen? Sehr sehenswert! Eine wunderbare Stadt, schönes Museum etc. Aber wenn es Dich abhetzt, dann nicht: Du sollst nicht zu ermüdet ankommen.

Den Rest der Woche habe ich freigehalten – einmal müssen wir mit Masereels sein, einmal zu Schalom Asch, einmal mit Schiffs,[3] vielleicht Vorms, einmal Andrée Jouve, einmal Luchaires und eigentlich Kra, was mir aber nicht recht passt und ich abdrehen werde. Ich natürlich muss noch zu Grasset, Stock, Charavay, diverse andre Dinge, die sich aber alle bei Tag machen lassen – von Abenden behalte ich höchstens einen für mich. Möge nur das Wetter so bleiben, wie es bisher war.

Wegen Suse sorge Dich nicht. Sie soll lernen, sich ihre Angelegenheiten allein zu ordnen, wie alle anderen Altersgenossen, vor denen sie den Vorsprung hat, dass sie sich nicht wie die andern noch um das Materielle sorgen muss. Dein Hinterhersein und Alles-Abnehmen hat Deine Kinder so inactiv gemacht und in ihnen die Vorstellung erweckt, dass im Leben alles von selbst geht. Es wäre Zeit, dass sie lernen, sich zu bemühen und sich selbst durchzusetzen und nicht sich überall den Weg durch Protectionen und Nachschiebereien ebnen zu lassen: Du schädigst sie schwer, indem Du ihnen immer (seit allem Anfang an) das Nachdenken abnimmst. Du meinst es ihnen gut und handelst im letzten gegen ihren innersten und eigensten Vorteil. Lass sie schwimmen! Einen Schwimmgürtel hat man ihnen umgetan, dass sie nicht untergehen können, also in Not geraten – um alles andere kümmere Dich nicht, dann werden sie selbst genötigt sein, sich durchzuschlagen. Erinnere Dich doch, was andere in ihrem Alter zu leisten haben! Nur da keine falsche Wehleidigkeit.

Ich freue mich also, Dich Donnerstag nachts zu begrüssen, hoffentlich wohl, vergnügt, gebadet und ausgeruht.

Dein S.

1] Helene Eliat: Saba besucht Salomo, Ullstein, Berlin 1930. · 2] Bankier Ernst Eliat. · 3] Alice und Walter Schiff.

Friderike Zweig war vom 21. bis zum 28. Januar in Paris, fuhr hierauf
mit ihrem Mann zurück nach Österreich; er traf am 30. Januar in Salz-
burg ein, sie blieb anderthalb Wochen in St. Anton am Arlberg und einige
Tage in Kitzbühel.

[Salzburg, vermutlich 13. 2. 1932]
L. F.,

Post blüht und gedeiht wie rumänischer Weizen. Rieger bot
Gesellschaft Abfindung 500 Schilling, riet ihm anzunehmen. An
Besuchen Wlach, der sich am Theater bewirbt (ahnungslos),[1]
morgen Herr von Ullmann, Haus in Ordnung und trotz 18° unter Null gut geheizt, wahrscheinlich durch die vielen Bücher, die
sich aufhäufen, austapeziert. Sonst nichts Neues, mache keine Ski-
sprünge, eher Seitensprünge, falls es Dir gelingt.

Grüsse St.

1] Der Wiener Schauspieler Hermann Wlach bekam 1932 ein Engagement
am Salzburger Stadttheater und emigrierte 1933 in die Schweiz.

Stefan Zweig war vom 2. bis zum 7. Mai in Florenz und Mailand.

EXCELSIOR HOTEL FLORENCE   [3. 5. 1932]

L. F.,

herrliches Wetter, die Frauen und Männer im Frühling so
schön, dass man wiehern könnte vor Freude. Den Einladungen
weiche ich möglichst aus, nur *Donnerstag* früh fahre ich mit dem
jungen Olschki und Frau Selden, ihre Einladung freudig ausnüt-
zend, per Auto nach *Siena* (1 $^1/_2$ Stunden durch das Toscanische),
bin gegen 4 Uhr zurück, fahre um 5 nach Mailand und am nächsten Tag mitternachts dort ab, wäre also in *diesem* Falle Samstag
14.10 oder 14.20 in Salzburg (aber man sollte doch in Florenz
wohnen). Alles lässt sich hier gut an, gar nichts von dem, was wir
befürchteten, wirklicher Takt von allen Seiten. Die Frauen zum

Verzweifeln schön! Oh, ich habe schon Angst vor unseren Berg-
ländlern – ein Glück, dass Du nicht mit bist, Du hättest mir auf
der Zupfgeige das Lied von Salzburg den ganzen Tag vorinstru-
mentiert. Herzlichst

S.

*Am 5. Mai hielt Stefan Zweig im Palazzo Vecchio (Palazzo della Si-
gnoria) den Vortrag* Der europäische Gedanke in seiner historischen
Entwicklung.

EXCELSIOR HOTEL FLORENCE [5. 5. 1932]

Liebe Fritzi,

also, es ist überstanden, und ich muss wirklich selber sagen, es
war erstaunlich. Der göttliche Saal der Signoria, ein Traum di bon
dio[1] und überdies gefüllt zum Bersten, über 1000 Personen und
dabei gar keine Deutschen, nur Italiener und was für fabelhafte
Frauen – grand événement artistique,[2] ich musste dann etwa 200
Bücher unterzeichnen, dem Podestà[3] und allen denkbaren Mar-
chesen und Principessen Einladungen ablehnen und habe, glaube
ich, wirklich gut gesprochen und wahrscheinlich besser als die andern, insbesondere Ludwig,[4] dessen Italienisch und dessen Gesinnung wenig geschätzt werden. Das Ganze hat ein unglaubliches
Cachet[5] gehabt, ich kann mir nicht denken, dass an irgendeinem
Ort der Welt dies zu überbieten gewesen wäre. Schade, dass Du
nicht dabei warst – mit Moscau im Operntheater war es doch das
Eindruckvollste meiner alternden Existenz.

Siena lasse ich wahrscheinlich fallen wegen des schlechten
Wetters und dann, weil schliesslich das Italienisch von früh bis
nacht, die fortwährenden Besuche mich doch sonst anstrengen
würden, zur Zeit bin ich frisch wie Kaspar,[6] wenn er in die Stadt
gehen darf. Eine Reihe heiterer Dinge erzähle ich Dir a casa.
Herzlichst

S.

Also Samstag, falls Alles klappt.

1] Ein göttlicher Traum. · 2] Grosses künstlerisches Ereignis. · 3] Bürgermeister. · 4] Emil Ludwig. · 5] Ein besonderer Stil. · 6] Spaniel im Haus
Kapuzinerberg 5.

Am 10. Mai reiste Friderike Zweig nach Genf, um ihre Tochter Suse zu
besuchen, die dort seit Januar in einer Klinik arbeitete.

Genf, 11./v, Donnerstag [= 12. 5. 1932]
Lieber Stefan,

trotzdem ich den Eindruck hatte, daß auf den Landstraßen weniger Autos fahren und eine gewisse Ruhe auffällt, mutet dies
Land doch wieder wie eine Insel der Seligen an. Hier wird überall gebaut, scheinbar nur, um Geld zu verwerten und Arbeit zu
schaffen, denn viele Häuser, große mit allem neuesten Comfort,
stehen leer. Die Menschen sehen meist üppig, wenn auch nicht
ganz sorglos aus. Die Preise sind auch hier gesunken und die
Menschen wie überall ratlos, was werden soll. [...]
Suse lässt vielmals grüßen. Als ich ihr gestern von Dir erzählte,
wurde sie ganz weich, kriegte Tränen in die Augen und wollte
Dir (es war im Restaurant) auf der Stelle schreiben, so kam ihr
plötzlich die Sehnsucht, Dich zu sehen. Der gestrige Tag mit mir,
obwohl es regnete u. wir wenig im Freien sein konnten, trotz
ihres Lufthungers, war ihr ein großes Fest. Diese Clinique ist eine
riesige Schinderei, und so glänzend die Verpflegung, kann keine
lange bleiben, weil Arbeit von $^1/_2$ 7 Uhr früh bis meist 8 Uhr
abends mit manchmal nur $^1/_2$ St. Mittagsruhe u. oft 2 Wochen keinen freien Tag zu viel ist. Der Grund ist hauptsächlich, daß die
Clinique sehr gut besucht ist u. die Pflegerinnen hochbezahlt, so
daß sie keine aufnehmen, die Gemeinde aber Volontärinnen verbietet. Dadurch, weil Mangel an Arbeitskräften ist, sind die Pflegerinnen genötigt, manchmal alles eher als hygienisch zu arbeiten, u. Suse, mit ihrer strengen Wiener Schule, ist darüber entsetzt.
Besser, daß sie hier aufhört, ehe sie ihre gute Pflegeerziehung ver-
schlampt. Natürlich redet ihr ihre Chefin sehr zu, zu bleiben, weil
sie sie so gut brauchen kann. Ich bin aber strikte dagegen, es lange
hinzuziehen. Französisch spricht sie mit der größten Selbstver-

ständlichkeit und auch Englisch. Aber sie sagt, sie fühle sich nie ganz gesund und ihre Nerven, *so finde ich*, leiden unter dem Mangel jeglichen Privatlebens. Aussehen tut sie, ohne mütterliche Eitelkeit, sehr lieb, u. ich sehe, daß das auch andere finden. [...]

Eben erhalte ich Deinen Brief. Vielen Dank. Hier ist es auch kalt, am Weg überall Neuschnee gewesen. Auch das Wetter hat eine Weltkrise. Ich habe nie geleugnet, daß Lix nicht zuspringlich[1] ist, aber ich weiß, daß sie sich bessern *will* u. weiß, daß dieses Blut eine Veranlagung ist, die sie vom Vater[2] hat. Den Kreuzberg-Vertrag[3] hatte ich ihr [Alix] paar Tage vor Deinem Kommen gegeben, da ich dachte, man würde vielleicht eine Kopie für Amerika (Hübsch) brauchen. Jedenfalls wäre es gut gewesen, diese Kopie zu haben.

Sei nun innigst gegrüßt, mein Liebes, von Deiner Dich sehr liebenden   Mumu

1] Lix (Alix) sei nicht hilfsbereit. · 2] Felix Winternitz. · 3] Lola Kreutzberg-Film konnte die Verfilmung von Stefan Zweigs Novelle *Der Amokläufer* mit dem Berliner Schauspieler Alfred Beierle wegen der politischen Verhältnisse in Deutschland nicht realisieren (stattdessen 1934 französische Verfilmung unter dem Titel *Amok*).

                                                    [Genf] Samstag, 14./V. 32

Lieber Stefi,

sitze schon früh auf meiner von Clematis umwachsenen Terrasse, um Dir zu schreiben und Dir zu sagen, daß ich mich außerordentlich frisch fühle. Ich hoffe, daß auch in S. [Salzburg] wieder gutes, helles Wetter ist u. Du hütterln kannst und im Garten auf u. ab gehen bei der Arbeit und nicht zu viel dringliche Post ist, die Du nicht für Erwin[1] aufheben kannst.

Heute erhielt ich einen recht befremdlichen Brief von Hede Sch.[2] Sie hätte Puthon[3] zugesagt, *mir*! zu schreiben, ich möchte Moissi veranlassen, selber abzusagen.[4] Ich finde das sehr merkwürdig und denke nicht daran. Ich schreibe, indem ich es so auffasse, als meinte sie, daß ich ihn hier spräche, daß er hier längst abgefahren ist. Sie sollen ihre Feigheit selber ausbaden. Moissi war ganz reizend zu Suse, bemerkte sie schon während der Vorstellung

u. lächelte ihr zu; nachher sprach er mit ihr und schrieb ihr noch außerdem, er hätte den Abend mit ihr verbracht u. wäre nicht wieder nach Lausanne zurück, wenn er gewusst hätte, sie sei da. Ließe uns sehr grüßen, und die »Meute« scheine es also doch durchzusetzen, daß er nicht spiele. Hede tut das wohl aus Liebedienerei für die Festspielgemeinde. Aber mich kann sie dazu nicht haben, u. ich glaube, sie muß Fieber gehabt haben, als sie geschrieben oder es zugesagt hat. Warum tut sie es nicht selber? [...][5]

1] Rieger. · 2] Schaffgotsch. · 3] Heinrich Baron Puthon, Präsident der Salzburger Festspiele. · 4] Moissi sollte wegen der gegen ihn seit September 1931 geführten Rufmord-Kampagne von sich aus seinen Rücktritt als Jedermann erklären. Er weigerte sich jedoch, weshalb die Festspiele die Absage aussprechen mussten. Sein Nachfolger wurde Paul Hartmann. · 5] Schluss mit Unterschrift fehlt.

Vom 15. bis 19. Mai war Friderike Zweig in Grenoble, wo sie als österreichische Delegierte am 7. Weltkongress der Women's International League for Peace and Freedom teilnahm.

HÔTEL MODERNE & DES   Le Dienstag 17. Mai 32
TROIS DAUPHINS GRENOBLE

Lieber Stefan,
    mein Liebes, endlich 2 Briefe von Dir. Freue mich, daß Du vergnügtes Zusammensein hattest. Viele Grüße an Friedenthal; bedauere, ihn zu versäumen. Ich reise Donnerstag nach Genf zurück, was ich Dir drahte, damit ich dort Nachricht habe. Bitte dann wieder Genf, die alte Adresse. Wenn das Wetter gut u. wir den Ausflug zu den Narzissenfeldern machen, bin ich doch Samstag abends von dort zurück in Genf, Pension Laurelles.[1]
    Liebes, brennend interessant der gestrige und heutige Tag. 2 prachtvolle Chinesinnen haben heute gesprochen. Welche Weltweite diese Menschen alle bringen, trotz eigener Enge oft und wie wunderbare *Menschheit* zu spüren, welches Glück bei allem

Weltunglück, das ist u. zu kommen scheint. Die Französinnen sind prachtvoll. Oh, wenn Du sie hörtest und sehen könntest. Gescheite Französinnen sind durch ihre Passioniertheit ganz wissendes Herz. Man wird echter an ihnen. Überhaupt, wie gut, sich zu entscheiden. Welch ein Seelenbad! – Was ich selber erreichte, ist noch in Schwebe, aber auch nicht so wichtig, ob ich es erreiche. Und die Schwedinnen!! Schön! (Danke für Post!) Gestern Empfang im Rathaus, rührend, lieb, auch für mich, Deinetwegen auch so lieb. Der Deutschprofessor der Universität hier verehrt Dich, ein M. Cornou. So viel gäbe es zu erzählen.

Ich hab Dich lieb, grüß Dich und umarme Dich,   Mumu

1] Nach ihrer Rückkehr an den Genfer See machte sie mit Suse einen Ausflug nach Les Avantes bei Montreux. Am 28. Mai reiste Friderike allein nach Hause. Suse blieb noch zwei Monate in Genf.

Es ist bemerkenswert, dass Zweig im Festspielmonat August nicht verreiste. Er stellte seine Biografie Marie Antoinette *zu Hause fertig. Am 26. August traf er sich mit Richard Strauss, der nach sechsjähriger Absenz wieder im Festspielhaus dirigierte. Als Vorlage für das Libretto, das Zweig auf Wunsch des Komponisten schrieb, diente ihm Ludwig Tiecks deutsche Übersetzung des Stückes* Epicoene, or the Silent Woman *von Ben Jonson. Anfang Oktober begann Zweig daran zu arbeiten. Gardone am Gardasee, wo er sich eine Woche aufhielt, war ihm dazu nicht der rechte Ort.*

Gardone, Pensione Garda   Mittwoch abends [5. 10. 1932]

Liebe Fritzi,

ich habe Dir heute meine Adresse telegrafiert und schreibe jetzt den ersten Bericht. Also, ich bin eigentlich auch hier zu spät gekommen, denn die guten Autoverbindungen sind seit dem ersten Oktober überall eingestellt, ich musste von Bozen abermals in einem elenden Bummelzug und von dort nach Riva, hier stellten wir uns, mehrere Enttäuschte, ein Auto zusammen und kamen glücklich nach Gardone. Das Hotel Savoy war für mich ein

Schrecken, ich verstehe nicht, wie Du in einem solchen ekelhaften Kasten wohnen konntest; ich ergriff sofort die Flucht, fand schließlich eine kleine Pension am Wasser, die mir trotz ihrer Primitivität (30 Lire Pension) viel besser behagt, ein stiller kleiner Garten, ein kleiner Balkon auf den See hinaus. Ich müsste lügen, wenn ich sagen wollte, dass Gardone mir sehr gefällt. Es fehlen die Spaziergänge, die Montreux so erfreulich machen, und etwas, was mich nicht entzückt, sind die Zanzaren,[1] für deren Nachtmusik ich nicht viel übrig habe. Meine eine Feder streikt, wie Du siehst, und hindert mich, viel zu schreiben. Jedenfalls bleibe ich ein paar Tage, auch bis das Geld aus Mailand da ist, alles andere telegrafisch. Ich hoffe Du hast mein Telegramm richtig verstanden, dass man mir wichtigere Briefe nicht im Original sondern in einer Copie nachschicken soll, allenfalls dazu Postauszug.

Die Feder will nicht – leb wohl   Stefzi

Endlich geht die Feder wieder passabel; heute graues Wetter aber warm, es ist hier sehr ruhig, wenige Leute, ich fühle mich recht wohl und habe angefangen, an der Oper zu arbeiten, vielleicht schicke ich bald Frau Meingast einen Teil. Ich fahre vielleicht über München zurück wegen des Schlafwagens. Du hörst alle Dispositionen telegrafisch. Vorläufig bin ich im Haus recht zufrieden, Essen anständig und einfach. Ich lese eben von einem Buchbinderstreik in Leipzig! Gerade jetzt!!

1] Stechmücken.

Trotz des Buchbinderstreiks in Leipzig konnte Marie Antoinette. Bildnis eines mittleren Charakters *schon im Oktober ausgeliefert werden. Der Insel-Verlag ließ zweimal nachdrucken (insgesamt 50 000 Exemplare).*

Am 28. November reisten Friderike und Stefan in die Schweiz; sie machten in Basel Station, besuchten die Familie Geigy-Hagenbach, fuhren weiter in das Elsass, waren zu Gast bei Albert Schweitzer in Günsbach, reisten hierauf in die Ostschweiz und blieben bis 9. Dezember in Arosa. Am 4. Dezember 1932 hatte Friderike ihren 50. Geburtstag.

Anfang des Jahres 1933 konnte Zweig sein Libretto zur Oper Die

schweigsame Frau fertig stellen und nach Garmisch schicken. Richard
Strauss begann dort sogleich mit der Instrumentierung. Mitte Januar fuhr
Friderike Zweig nach Wien, sie verbrachte dort drei Wochen und machte
einen Ausflug auf den Semmering.

Südbahnhotel Semmering, 23/1 33

Lieber Stefan,

sitze bereits (1/4 11 Uhr Vorm.) am Balkon mit angehender
Sonne und schreibe Dir bei dem ersten richtigen Schnapper von
Semmeringluft. Es ging alles programmgemäß. Wir fuhren (alles
3. Klasse) sehr angenehm und fanden alle Verwandten äußerlich
wohl. Mama[1] sieht gut aus u. freut sich auf Dich. Alfred[2] sieht allerdings schmal u. wenig gut aus, u. mein Bruder Arnold[3] hatte
leider zu Silvester wieder diese alle beängstigenden Gefäß-
krämpfe. Er hat sich leider zu sehr abgenutzt, und nun hat er auch
noch Sorgen, da sie von ihrem Ersparten zusetzen müssen, da z. B.
Patienten, wo er 30 Jahre Hausarzt war, u. die er nicht im Stich lassen kann, nicht mehr zahlen können. Aber er ist so heiter u. gut
trotz alledem, hat nur ein stilles, mildes Lächeln, das ich an ihm
nicht kannte, und er macht keine unanständigen Witze mehr.
Siegfried hatte Grippe, sieht aber gut aus, liest viel u. lernt eifrig
englisch, ist aber geradezu monarchistisch geworden und begreift
nicht, daß Du socialistische Neigungen hast.[4] [...]

Viele gute Grüße u. Küsse von Deiner   F.

1] Ida Zweig. · 2] Alfred Zweig. · 3] Dr. Arnold Burger. · 4] Friderikes Bruder Siegfried Burger vertrat diese Meinung wegen des angekündigten Vortrags Stefan Zweigs im Wiener Volksheim Ottakring, das der Sozialdemo-
krat Walter Schiff leitete.

Mittwoch [Salzburg, vermutlich 25. 1. 1933]

L. F.,

es geht ziemlich viel vor. Heute kam ein überschwenglicher
Brief von Frau Germani. Ihr Gatte ist (eine besondere Liebens-
würdigkeit Ms.[1]) ins Gefängnis von Triest überführt worden bis
zur endgiltigen Verbannungsortbestimmung, sie kann ihn täglich

besuchen, und er hat seit 2 ¹/₂ Jahren sein Kind wieder gesehen.[2]
Dann ein entzückender Brief vom ganz glücklichen R. Strauss,
der bereits kräftig componiert. Dann eine sehr nette Sache von
Eisenprobst: er hat mir den Originalbrief geschickt, mit dem jene
Hetze gegen mich allen »nationalen« Blättern in Deutschland und
Österreich zum Abdruck zugesandt wird (hier mit der Bitte des
Nationalrats Prodinger, sie nur ja zu drucken). Jetzt wissen wir
endlich, wer sie leitet: der Deutsche Handlungsgehilfen-Verband,
der den Verlag Georg Müller und Langen aufgekauft hat und der
»Concurrenz« Insel damit an den Kragen geht. Ich habe sofort es
an Kippenberg geschickt, damit er jetzt mit seinen »deutschen«
Collegen sich auseinandersetzt.[3]

Wien wird eine Hetzjagd werden. Zu alledem ist noch Jean R.
Bloch[4] da, und ich muss ihn wohl bei Zsolnay sehen (Montag
nachmittags). Und ich ginge so gern einmal auch spazieren oder
in die Oper. Herzlichst

Stefan

1] Benito Mussolini, Italiens Diktator von 1922 bis 1943, dem Zweig einen
Brief geschrieben hatte. · 2] Frau Germani (Elsa Krueckel) hatte Zweig ge-
beten, sich bei Mussolini für die Begnadigung ihres Mannes, des Arztes
Giuseppe Germani, einzusetzen. Er war beim Versuch, die Ehefrau und
Kinder des ermordeten Sozialisten Giacomo Matteotti ins Ausland zu
schmuggeln, verhaftet worden. · 3] Der Münchner Verlag Albert Langen/
Georg Müller stand unter dem Einfluss des Deutschen Handlungsgehilfen-
Verbandes. Hans Prodinger, Abgeordneter zum österreichischen National-
rat und Leiter des Deutschen Handlungsgehilfen-Verbandes in Österreich,
initiierte eine Rufmord-Kampagne gegen Zweig in Zusammenhang mit
dessen Erfolgsbuch *Marie Antoinette*. · 4] Jean-Richard Bloch hielt am 31. 1.
1933 in Wien den Vortrag *De Stendhal à Proust*.

[Salzburg, 26. 1. 1933]

L. F.,

eben lese ich, doch sehr bewegt, dass das Hotel Byron in Villeneuve niedergebrannt ist – was für bedeutende und schöne Tage
habe ich doch dort erlebt!!! Ich schrieb sofort an Rolland. Von R.
Strauss habe ich einen reizenden Brief, er schreibt mit Noten das
Lied hin (ich glaube von Brahms[1]):

»Dass ich Dich gefunden, Du liebes Kind,
das freut mich alle Tage, die mir beschieden sind.«

Er scizziert bereits und sagt, es componiere sich »glänzend«.
Nun, vederemo, lass es Dir gut gehen. Herzlichst   S.

1] Komposition von Richard Strauss, op. 32, Nr. 1 (1896): »Ich trage meine Minne«.

[Salzburg, 27. 1. 1933]

L. F.,

heute wieder das alte Lied – kein Wasser und gerade, wo ich vor Wien noch baden wollte. Wegen der Rückreise habe ich eine Änderung vorgesehen. Mir ist es nämlich schrecklich bei der Kälte um $^1/_2$ 5 Uhr früh aufzustehen, und so fahre ich von Wien am Dienstag gleich durch nach München – Garmisch, Johann bringt mir, der Brave, um 5 Uhr den andern Koffer an die Bahn, so dass ich dann gleich die ländliche Toilette habe, ausserdem bringt er mir die geliebte Post. Wien wird eine ekelhafte Hetzjagd werden, dafür ruhe ich mich dann in Garmisch aus; Strauss schrieb an Kippenberg, es sei der beste Text einer opéra comique seit dem Figaro. Immerhin freut es mich, dass er mit so viel Lust und Liebe dabei ist. Herzlichst   S.

Am 28. Januar hielt Stefan Zweig im Wiener Volksheim Ottakring den Vortrag Die Geschichte des europäischen Gedankens. *Am 31. Januar, am Morgen nach der nationalsozialistischen Machtübernahme in Deutschland, fuhr er direkt von Wien nach München. Anfang Februar besuchte er den in Garmisch-Partenkirchen lebenden Komponisten Richard Strauss. Es war Stefan Zweigs letzter Aufenthalt in Deutschland.*

[München, 31. 1. 1933]

L. F.,

ich bleibe heute, Dienstag, in München (um den Verdischen Othello in der Oper zu hören) und fahre morgen, Mittwoch,

nach Garmisch, wo ich jedenfalls 2–3 Tage bleibe (Hotel Alpen-
hof). Heute gehe ich zu Bahr. Bitte also höchstens *eine* Nachricht,
denn es ist ungewiss, wie lange ich bleibe. Herzlichst

Stefan

Grüsse Mama vielmals und danke Ihr in meinem Namen.

[Salzburg, 3. 2. 1933]

L. F.,

heute endlich einmal eine gute Nachricht. Huebsch telegrafiert mir, dass der americanische Buchclub M. A. erworben hat –
das sind wohl 20 000–30 000 Exemplare, allerdings zu verbilligtem
Preis.[1] Sonst nur ärgerliche Sachen, der Tonfilm[2] zahlt nicht und
muss geklagt werden, – das wird wieder eine öffentliche Schere-
rei; ich versuche die Forderung an die Insel zu cediren, damit
mein Name nicht mit einer Geldsache durch alle Zeitungen geht
– ich habe gerade genug von der Affaire des Volpone, wo ich wegen meines »unsozialen« Verhaltens von Herrn Ihering und Consorten heftig angegriffen wurde,[3] überhaupt kein Tag vergeht
ohne Plackereien und Seccaturen. Es herrscht jetzt eine Art Bös-
artigkeit in der Welt, die unerträglich ist. Kippenberg, mit dem ich
eben telefonierte in jener Processsache, sagt mir, dass die Buchlä-
den infolge der politischen Lage vollkommen verödet sind: eine
grässliche Zeit und vielleicht doch noch besser als diejenige, die
kommen wird.

Grüsse alle in Wien und melde rechtzeitig Dein Kommen –
meinetwegen brauchst Du nicht zu eilen. Herzlichst

S.

1] *Marie Antoinette* wurde vermutlich nicht vom Book of the Month Club
erworben. Zweig konnte allerdings mit seiner Biografie einen weltweiten
Erfolg verbuchen. · 2] Tonalfilm-Gesellschaft, die Zweigs Novelle *Brennendes Geheimnis* verfilmt hatte (Uraufführung am 20. 3. 1933 in Berlin, Verbot
nach kurzer Laufzeit). · 3] Die Verfilmung von *Volpone* mit Emil Jannings
in der Titelrolle kam nicht zustande.

L. F.,

ich habe Alfred[1] gebeten, da Du länger bleibst, Dir Schillinge in gewünschtem Betrage zur Verfügung zu stellen. Es ist also *gar* keine Eile mit dem Zurückkommen, glaube ja nicht, auf mich Rücksicht nehmen zu müssen.

Viele Grüsse an Mama und an die Freunde   Stefan

Don't speak to nobody, it's your custom always to talk before a thing is sure, and you destroy with that all and please, do not invent that Alix works for me anything.[2]

1] Alfred Zweig. · 2] Rede bitte mit niemandem darüber. Es ist ja leider Deine Art zu plaudern, ehe etwas feststeht, womit Du alles zerstörst, und bitte fantasiere doch nicht, dass Alix jemals auch nur einen Finger für mich gekrümmt hätte.

Am 7. März reiste Zweig in die Schweiz. Zum Auftakt seiner Tournee erschien in der Tageszeitung ›Der Bund‹ ein Bericht unter dem Titel ›Der Europäer Stefan Zweig‹ (8. 3. 1933, S. 1). In Bern und Zürich sprach er über den europäischen Gedanken. Hierauf besuchte er seinen Freund Romain Rolland in Villeneuve. Am folgenden Tag las er in Genf seine Legende Rahel rechtet mit Gott. *Am 13. März wiederholte er seinen Vortrag in Basel. Es war seine letzte Tournee in Europa.*

9. März   [Montreux, 9. 3. 1933]

L. F.,

Bern und Zürich erledigt, sehr glücklich beides, Zürich will dringend Wiederholung, weil der Saal ebenso wie in Bern überausverkauft war und die Zurückgewiesenen Krach machten – in den beiden Buchhandlungen habe ich an die 800 Exemplare meiner Bücher signieren müssen. Hier wird noch tüchtig gekauft. Von den Flüchtlingen aus Berlin sah ich einige, sehr nett Döblin, der beim Vortrag und nachher mit mir war (er hat Roths Frau behandelt, ein verlorener Fall[1]), dann Max Herrmann-Neisse und

Toller, dessen Wohnung in Berlin sie[2] ausgeräumt haben, ausserdem Wilhelm von Scholz, Regierungsrat Wettstein, in Bern den unverwüstlichen Benno[3] mit seiner italienischen Ida[3] (die bildhübsch ist). Die Panik der Intellectuellen ist recht gross, die Hetzartikel gegen die jüdischen Schriftsteller wiederholen sich jeden Tag mit neuer Heftigkeit, und angeblich geschieht mehr als in den Zeitungen steht. Bisher geht es mir recht gut, obwohl ich gar nicht zum Schlafen kam, diesen Brief schreibe ich in der Bahn und mit Bleistift, weil meine Tintenfedern (drei) vom vielen Signieren erschöpft sind. An neuen Verabredungen fehlt es nicht, am 15. werde ich die Beethoven-Autographen-Sammlung sehen und mit Bloch[4] ein Privatconcert haben, überall tauchen unvermutete und vergessene Leute auf. Im ganzen war diese Vortragsreise aber doch richtig, denn hier ist noch reine Atmosphäre und die Menschen von der Hitlerei einhellig angewidert. Es wird hier bald eine grosse deutsche Colonie entstehen.

Auf den Ruhetag freue ich mich schon – einmal sich ausschlafen, ein Bad nehmen, Wäsche wechseln: abgesehn vom Politischen wäre Strassburg doch zu erschöpfend gewesen. Mittags bin ich bei Rolland und freue mich wie in den alten schweren Tagen auf seinen Rat. Der Abend in Genf wird schwer werden, die vielen Bekannten, und dann noch soll ich für Payot[5] Bücher signieren, eine neue Vortragsplage, aber man soll sich den Menschen nicht entziehen, die einem gutgesinnt sind – es gibt jetzt doch Millionen, die einen auf Commando hassen und verachten.

Leb wohl, mein Kind, ich durchfahre jetzt Bern, wo der unsterbliche Benno[3] mich am Bahnhof begrüssen wird. Leider habe ich den angebotenen Importen[6] nicht ganz widerstehen können und faktisch keine Zeit gehabt, mir auch nur einen Kaugummi zu kaufen.

Herzlichst S

Zwischen Olten und Bern geschrieben!

[Nachschrift auf der Rückseite des Kuverts:]
Hier in Montreux ist zauberisches Wetter, ich könnte heulen, dass ich fort muss

1] Joseph Roths Frau Friederike, die an Schizophrenie erkrankt war, befand sich im Sanatorium Rekawinkel (Niederösterreich); sie wurde 1940 ermordet. · 2] Die deutsche Polizei unter dem nationalsozialistischen Regime. · 3] Benno und Ida Geiger. · 4] Ernest Bloch. · 5] Librairie Payot in Genf. · 6] Zigarren.

Mittlerweile wurde die Republik Österreich eine Diktatur. Die Regierung unter dem Kanzler Engelbert Dollfuß verhinderte die Einberufung des Parlaments, das durch Rücktritte seiner drei Vorsitzenden ausgeschaltet worden war. Christlichsoziale Politiker beschlossen, autoritär zu regieren. Es scheint, dass Friderike Zweig, die den Christlichsozialen zuneigte, darüber nicht sonderlich beunruhigt war.

Samstag, 11./III 33

Mein geliebter Stefan,

Nachmittagspost: Neue Rundschau mit Deinem schönen Wassermannaufsatz.[1] [...].

Liebes, war ärgerlich, daß ich vergaß nach Deinem Schnupfen zu fragen. Die Stimme klang wieder rein. Deine Karte aus Genf habe ich auch eben erhalten. Ja, dort wäre es schön, irgendwo am See. Wir haben dort ja fast Heimgefühle. Trotzdem ärgerte es mich, als Schachfuchs[2] heute am Telefon mir Langes u. Breites erzählte, was er Dir schon vor Jahren riet u. wie ruhig Du dort arbeiten könntest u. wie wichtig es jetzt wieder wäre und noch anderes, was mir durchs Telefon schon gar nicht passte. Ich schnitt ihm freundlich den leider so leicht entfesselten Redeschwall ab. [...]

Die Politik unseres Landes verfolgst Du wohl auch bisschen. Ich finde eine Entspannung und doch auf einige Zeit hinaus Ruhe zu erwarten. Schachfuchs[2] aber sagte das Gegenteil u. ich halte ihn wirklich für einen Hysteriker u. total verstörten Menschen, dem man jetzt der eigenen Nerven wegen unbedingt ausweichen muss, da er Dir mindestens so schädlich ist wie Nikotin u. Du ihm ja nicht aus seiner Stimmung heraushelfen kannst, da er ja selber über Deine Verfassung sagt, er müsse Dir allerlei ausreden. Also Eisele u. Beisele.[3] Fass es nicht als Aufhetzerei sondern

nur als Vorbeugung auf, daß Deine Ruhe nicht dauernd bald
durch dies, bald durch jenes verstört ist. – Post ist nichts für Dich
bisher zu beantworten. Ich hatte eine liebe Arbeit: ordnete Deine
(an Dich gerichteten) Jugendbriefe, d. h. ich begann damit, u. es
ist schon viel geschehen. Entzückende Gedichterln fand ich. Aber
auch Schaukals Briefe ordnete ich u. a., die ja ungeheuer interessant vom Psychologischen her sind. Ein Monomane! Außer Rilke
lässt er keinen gelten, Hofmannsthal nur ganz wenig. Ich glaube,
er [Schaukal] ist etwas geisteskrank.[4]

Ich werde Dich leider morgen im Radio nicht hören können.
Johann ist ja mit Radio auf Urlaub, u. ich werde wohl bei Jannings
nichts hören u. auch wahrscheinlich am Heimweg per Bahn sein.

1000 Küsse, Liebes, u. gib acht auf Dich. Ich habe Dich lieb u.
umarme Dich,

Mumu

1] Stefan Zweig: Für Jakob Wassermann, Die neue Rundschau, März 1933. ·
2] Emil Fuchs, Chefredakteur der sozialdemokratischen Parteizeitung ›Salzburger Wacht‹, Stefan Zweigs Schachpartner und Freund. · 3] Figuren der
›Fliegenden Blätter‹ (München 1845–1944). · 4] Stefan Zweig und Richard
von Schaukal hatten miteinander von 1906 bis 1918 korrespondiert. Anlass
für die Durchsicht der Briefe waren Schaukals Polemiken gegen Zweig, zuletzt wegen dessen vermeintlich schlechten Stils in *Marie Antoinette*.

[Winterthur, 14. 3. 1933]

L. F.,

Dank für Alles. Ich bin leider recht zerfahren, vergesse in jedem
Hotel etwas in dieser Hetzjagd. Die Tatsache, dass Goebbels[1] die
ganze deutsche Presse redigiert, heisst, dass nie mehr eine Zeile
von mir oder über mich dort erscheinen wird – am liebsten
möchte ich in Schweden noch ausspringen[2] – Reisen heisst jetzt
unruhig sein, wenn man an Tagestermine angenagelt ist. Ich
schreibe im Zug mit schlechter Feder, meine gute habe ich im
Hotel liegen lassen. Und dabei diese Fülle von Verabredungen –
nun, das war mein Schwanengesang!

Herzlichst St.

1] Reichsminister für Volksaufklärung und Propaganda in Deutschland. ·
2] Zweig war als Repräsentant Österreichs zu Vorträgen in Schweden und
Norwegen eingeladen. Die veränderte politische Lage bewog ihn zur Absage.

Vom 23. April bis zum 4. Mai waren Friderike und Stefan Zweig in Cadenabbia am Lago di Como. Dort begann er seine Biografie des Humanisten und Europäers Erasmus von Rotterdam zu schreiben. Ihm fühlte er sich im Geistigen, vor allem in der Ablehnung jeglicher Gewalt verwandt.

Am 10. Mai 1933 wurden in Berlin und anderen Universitätsstädten Deutschlands jüdische und oppositionelle Bücher öffentlich verbrannt oder auf »Schandpfähle« genagelt — mit Kommentaren wie:

Für Herrn Stefan Zweig könnten Reißzwecke genügen. Ebenso für Herrn Ludwig und ähnliche Cohns.

An diesem Tag schrieb Zweig an Romain Rolland:

Ich bin innerlich darauf eingestellt wegzugehen. [...] Innerlich habe ich mich von meinem Haus, meiner Sammlung, meinen Büchern verabschiedet — [...].

Am 22. Mai fuhr Zweig mit der Bahn von Salzburg nach Bad Gastein. Im Zug traf er zufällig Delegierte des deutschen PEN-Clubs, Hanns Martin Elster, Fritz Otto Busch und Edgar von Schmidt-Pauli, die zum XI. Kongress des Internationalen PEN-Clubs nach Ragusa (Dubrovnik) reisten. Die deutsche Delegation hatte den Auftrag, Protestresolutionen gegen die Bücherverbrennung und die Verfolgung oppositioneller Autoren zu verhindern. Zweig, der als Repräsentant Österreichs zum Kongress eingeladen war, zog es vor, öffentlich zu schweigen und in Bad Gastein an seinem Erasmus zu arbeiten. Er blieb dort bis 28. Mai.

[Bad Gastein, 22. 5. 1933]

L. F.,

ich bin bei herrlichstem Wetter angekommen, Zimmer ausserordentlich schön. Im Zuge hatte ich eine jener heute üblichen gespitzten Begegnungen – plötzlich begrüssten mich die Herren der deutschen (neudeutschen) Delegation des Penclubs, die zum Congress nach Ragusa fahren, wo sie allerhand zu erwarten haben: ich war natürlich höflich, umso mehr, als Hanns Martin Elster, mein früherer Biograf,[1] dabei war, aber man schnüffelte vorsichtig um einander herum und sprach über die grünen Wiesen von Gastein. Hier habe ich mir gleich 3 schöne Hemden bestellt, damit auch dieser Dein Wunsch erfüllt sei.

Lass es Dir gut gehen und sei vielmals gegrüsst   S.

Ich rufe wohl kaum in der Früh an sondern eher nachmittags, denn ich bade sehr früh und gehe dann gleich spazieren. Ich habe einen Balkon mit Liegestuhl und Nachmittagssonne, bin also eher nachmittags zuhause.

1] Stefan Zweig: Der Brief einer Unbekannten, mit einer autobiographischen Skizze, herausgegeben von Hanns Martin Elster, Lehmann, Dresden 1922.

Salzb. 23. Mai 33

Lieber Stefan,

eben kam ein Telegramm, das ich beilege. Ich antworte: »Mein Mann gestern abgereist, wird am Kongress nicht teilnehmen. Frau Zweig.« Die Leute werden mich zwar für einen Idioten halten, der nicht kapiert hat, um was es sich handelt, aber jedenfalls hast Du Zeit gewonnen, Dir die Sache zu überlegen u. kannst an Salten[1] direkt schreiben oder drahten. Am ersten Tag wird ja wohl nicht protestiert werden, u. ich finde, protestieren sollen die Unverbrannten und die, die es nötig haben. Für Dich hat schon die öffentliche Meinung protestiert, u. a. Mr. Bryan [= O'Brien[2]], und Erasmus wird auch ein Wort zu reden haben. Keinesfalls würde ich dieser Vereinigung antworten. Wenn Du aus Deiner Reserve heraustreten willst, muss es schon anders geschehen, als nur als Anhängsel eines Clubs u. schon gar nicht im Rahmen oder auf Initiative einer politischen Vereinigung.

Ich glaube, Du bist da gewiß meiner Meinung. Es lässt sich auch, ohne die Formulierung eines Protestes zu kennen, nicht mitprotestieren, u. außerdem kommt das alles reichlich spät. Der

Penclub hätte eben seinen Congress früher einberufen müssen, wenn er etwas hätte ausrichten wollen. Alle Vorstände hätten sich zusammentun müssen u. nach Berlin fahren. Hätten sie nichts ausgerichtet, so hätte der Protest in solcher Form doch genützt. Freilich werden sie jetzt in Ragusa, wie Du mir ja auf der Karte andeutest, etwas unternehmen (wer waren die anderen Herren um Elster?), und anders kann es ja nicht sein, da es eine Standesfrage ist, wundert mich nur, daß die Freude am Congressieren so groß sein kann, daß ein Elster sich diesen Peinlichkeiten aussetzt. Bitte, schreib mir, ob diese leider unaufrichtige Antwort richtig war. Man ist ja jetzt wirklich zu diplomatischen Drehs genötigt. Eigentlich sollte man den Leuten die Wahrheit sagen, daß ihre Unverträglichkeit, ihr Mangel an Solidarität überhaupt Clubs u. Vereinigungen zu einer Farce machen. [...]

Nun sei umarmt, Männchen, und bleib wohl. Innigstes von Deinem Mumu

Die Kinder grüßen. Johann ist auf Urlaub.

1] Felix Salten, Präsident des österreichischen PEN-Clubs. · 2] John P. O'Brien, Bürgermeister von New York, hielt am 11. Mai 1933 auf einer Protestkundgebung eine Rede über die Bücherverbrennung in Deutschland.

Mittwoch, 24/v [1933], mitternachts

Lieber Stefan,

der Grund, weshalb ich nicht eigenmächtig absagte, was ich ja, wie Du aus meinem Brief entnahmst, tun wollte, war, daß ich Dich sagen hörte, Du würdest die Consequenzen ziehen, wenn sie in Ragusa sich schlecht verhalten würden;[1] auch wusste ich nicht, was Du mit Salten verabredet hattest. Ich drahtete sofort nach unserem Telefongespräch die 2te striktere Absage. Was sonst die Post brachte, berichtete Dir Meingast. Katharina[2] schrieb, sie arbeite jetzt an der Trakl-Gedichtauswahl[3] u. hätte deshalb viel an Salzburg u. an uns gedacht u. wie schön wir es dort hätten, dieweil sie sich frierend sehnten, endlich ihre Veranda benützen zu können, daß ihre Arbeit schön sei, aber augenblicklich aussichtslos, da jeder am Radio sitzt oder sich aufrege u. leide u.

keiner Bücher liest. Der Brief wollte Sympathie bezeugen u. entschieden unerhobene Stimmung (wie ich es Dir voraussagte). [...]

Viele gute Wünsche, Liebes u. viele, viele Küsse von Deinem

Mumu

1] Die Protestresolution gegen die Bücherverbrennung wurde von Franz Theodor Csokor, Oskar Maurus Fontana, Paul Frischauer, Hugo Sonnenschein (Sonka) u. a. Österreichern unterstützt. · 2] Katharina Kippenberg. · 3] Georg Trakl: Gesang des Abgeschiedenen. Gedichte, Insel-Verlag, Leipzig 1933 (Insel-Bücherei 436).

Salzburg, 27. Mai 33

Lieber Stefan,

heute beim Telefon vergaß ich Dir zu sagen, was Du wohl indessen auch schon aus den Wiener Zeitungen entnommen hast, daß unser lieber Freund Leisching gestorben ist.[1] [...]

Josefine[2] ist der Fels, um den es brandet. Sie ruft mich fast täglich an. Die Leute sagen ihr nach, sie sei bestimmt von irgendwoher eine Jüdin, wahrscheinlich, weil man uns viel zusammen sieht. Auch Worafka[3] rief mich sofort an u. war besonders nett u. empört über allerlei. Sie fragte mich sehr herzig, ob ich glaube, daß ihr amerikanischer Schwiegersohn, der Heim heißt und den sie nicht kennt, Jude sei. Alle Leute drehen sich jetzt um dasselbe. Leider steht man jetzt im Mittelpunkt des Interesses. Im Caféhaus wird getuschelt, wenn ich hereinkomme. Mir ist das vorläufig Wurst u. nachläufig wird es sich wohl legen. Frau Trebitsch[4] (er sieht mäßig aus) sagte mir, sie hätte erfahren, Du wolltest das Haus verkaufen. Ich sagte nein, eher ich (auch das stimmt nicht ganz oder nur, wenn es 3 Wochen regnet). [...]

Nun, mein Liebes, erfrier mir nicht. Kauf Dir noch ein *warmes* Hemd.

1000 Küsse von mir und Grüße von den Kindern

Dein Mumu

1] Julius Leisching, Direktor des Salzburger Museums, starb am 5. 5. 1933 in Wien. · 2] Josefine Junger, Friderikes engste Freundin in Salzburg, entstammt der Landshuter Bierbrauerfamilie Koller. · 3] Leonie Worafka. · 4] Claire Trebitsch.

Friderike verbrachte zwei Wochen bei ihrer Schwester Poldi Mediansky in Wien. Am 1. Juni waren Baronin Budberg und H. G. Wells, Präsident des Internationalen PEN-Clubs, zu Besuch im Haus Kapuzinerberg 5.

Kapuzinerberg 5   Salzburg, am [2. 6. 1933]

L. F.,

nichts Neues, Rieger kommt Sonntag – mit Wells war es reizend, wir blieben fünf Stunden zusammen, er ist klug wie der Tag und die Budberg doch auch so sympathisch. Heute kommt ein Schwede mich besuchen, morgen Herr v. Hebra,[1] also bin ich nicht vereinsamt. Herzl. Gruss

S.

1] Wilhelm von Hebra, Monarchist, 1944 hingerichtet.

In Briefen an Freunde äußerte sich Zweig über seine Befindlichkeit. Es war ihm unerträglich, unweit der Grenze zu Deutschland in einem Klima des Hasses zu leben. Im Juni fasste er den Entschluss, seine Autografensammlung in einer Filiale der Länderbank zu deponieren, Salzburg im Herbst 1933 zu verlassen und für eine Weile nach London zu gehen. Das heikle Thema wurde in den spärlichen Briefen an seine Frau nicht berührt.

Aus den folgenden anderthalb Jahren ist keine Korrespondenz erhalten. Anfangs waren Friderike und Stefan kaum voneinander getrennt. Vom 22. September bis 19. Oktober 1933 machte er eine Kur in Montreux. Wie aus Briefen an Freunde hervorgeht, wartete er in Montreux auf Friderike, um mit ihr nach London zu fahren. Verbürgt ist lediglich, dass er am 20. Oktober dort ankam, zunächst im Brown's Hotel logierte und alsbald ein Apartment, 11 Portland Place, mietete, wo offensichtlich beide vom 25. Oktober bis 4. Dezember wohnten. Unerträgliche Spannungen bestanden vermutlich nicht. Sie reisten jedenfalls gemeinsam über Paris nach Salzburg. Er nahm sich allerdings vor, nach London zurückzukehren, um im British Museum weitere Materialien über die schottische Königin Maria Stuart zu sammeln. Seine Bücher sollten künftig bei Herbert Reichner in Wien erscheinen.

Am 28. Dezember 1933 schrieb Zweig an Hugo Bergmann, Direktor der jüdischen Nationalbibliothek in Jerusalem:

Über kurz oder lang wird es jedenfalls bei mir zu einer Entscheidung kommen, da mir, zumal ich viel reise, das Haus mit seinen vielen Dingen eher eine Last ist und keine Freude mehr [...].

Die Abstoßung

Vom 10. bis zum 13. Februar 1934 – zur Zeit des österreichischen Bürgerkrieges – war Stefan Zweig in Wien. In Briefen an Freunde wie Romain Rolland und Joseph Roth empörte sich Zweig über die Staatsgewalt, die den bewaffneten Widerstand des Republikanischen Schutzbundes, einer Organisation der sozialdemokratischen Partei, provoziert und brutal niedergeschlagen hatte. In der Öffentlichkeit nahm er dazu keine Stellung. Er galt dennoch als verdächtige Person. Zweig war Jude, Freund von Romain Rolland und Maxim Gorki, er folgte 1928 einer Einladung in die Sowjetunion und unterhielt in Österreich gute Kontakte zu Sozialdemokraten, deren Partei im Februar 1934 verboten wurde.

Am Morgen des 18. Februar durchsuchten vier Polizisten »pro forma« das Haus Kapuzinerberg 5 nach Waffen des Republikanischen Schutzbundes – im Beisein des Hausherrn, der diese Amtshandlung als Verletzung seiner Privatsphäre und Bedrohung seiner persönlichen Freiheit empfand. Zweig reiste vorzeitig ab, fuhr über Zürich nach Paris und machte dort Station. Am 26. Februar bezog er sein schon bewährtes Refugium, 11 Portland Place, London W 1.

Er war fest entschlossen, seinen ständigen Wohnsitz nach London zu verlegen. Noch im Februar 1934 ließ er sich durch seinen Bruder beim Einwohnermeldeamt der Stadt Salzburg abmelden. Hierauf veranlasste er seinen Rechtsvertreter Dr. Karl Stiassny, der Steuerbehörde in Salzburg mitzuteilen, dass seine Steuerpflicht mit 28. Februar 1934 ende. Im Vertrauen auf diesen Rechtsstandpunkt unterließ es Zweig, in Österreich Steuern zu entrichten. Im Frühjahr musste er sich gegen die haltlose Anschuldigung wehren, er habe während seines Zwischenstopps in Paris öffentlich Gräuelpropaganda gegen Österreich betrieben.

Das Ehepaar Zweig stand vor einer schweren Beziehungskrise. Am 24. März, zu Beginn der Karwoche, folgte Friderike ihrem Mann nach London, um sein kleines Apartment wohnlich zu gestalten und auf seine Dispositionen Einfluss zu nehmen. Letzteres misslang ihr während ihres neunwöchigen Aufenthalts. Er war nicht mehr gewillt, mit seiner Frau und ihren erwachsenen Töchtern zusammenzuleben – weder in Salzburg noch in London. Ohne Sekretärin konnte er allerdings auch in London nicht auskommen.

Im Mai 1934 engagierte er auf private Empfehlung hin eine junge Sekretärin, die eine gute Allgemeinbildung besaß, auch Französisch und Englisch gelernt hatte: Lotte (Elisabeth Charlotte) Altmann, geboren am 5. Mai 1908 in Kattowitz, viertes Kind von Therese und Joseph Georg Altmann, mütterlicherseits Urenkelin von Samson Raphael Hirsch, Rabbiner, Begründer und erster Leiter der Israelitischen Religionsgesellschaft in Frankfurt am Main. Im Juni 1933 waren Lotte, ihr Bruder Manfred und dessen Frau Hannah Altmann, beide Ärzte, von Frankfurt nach London emigriert, wo Verwandte lebten. Lotte Altmann und Stefan Zweig lernten einander binnen kurzem schätzen. In einem undatierten Brief (Mai 1934) schrieb er an Joseph Roth:

Auch eine junge Frau ist mir hier gut, mir, dem Dreiundfünfzig-jährigen!

Im Juli 1934 erschien die Luxusausgabe seiner Biografie Triumph und Tragik des Erasmus von Rotterdam *im Wiener Verlag Herbert Reichner. Gewalttaten österreichischer Nationalsozialisten bewogen Zweig zur Umdisponierung seines Reiseplanes. Er traf am 5. August in Zürich ein, fuhr kurz darauf weiter nach Klosters, wo ihn Friderike erwartete. Sie wohnten eine Woche im Hotel Weißkreuz und reisten hierauf nach Salzburg. Am 18. August führte er dort ein Gespräch mit Richard Strauss, am 20. August war er schon in Wien. Am 25. August eilte er zurück, um an einem Konzert von Maestro Toscanini teilzunehmen. Am nächsten Tag gab er einen Empfang für Toscanini und Bruno Walter – es sollten seine letzten illustren Gäste im Haus Kapuzinerberg 5 sein.*

Am Tag seiner Abreise, dem 27. August, erschien ein Pressekommentar zum Vorhaben Zweigs, den Salzburger Wohnsitz aufzulösen, die Villa zu verkaufen: »Der Grund seines Wegzuges von Salzburg ist in gewissen Vorgängen nach dem 12. Februar zu suchen. Für das Geistesleben in Salzburg bedeutet dieser Entschluß des Dichters, der auch wiederholt im Salzburger Volksblatt wertvolle Arbeiten veröffentlichte, einen nicht zu unterschätzenden Verlust.«

Zweig verbrachte noch einige Tage in Wien, machte hierauf eine Kur in Baden bei Zürich und fuhr am 9. September 1934 nach London.

Am 29. November 1934 trafen Friderike und Stefan einander in Zürich, um wie geplant über Paris an die Côte d'Azur zu fahren. Da er zur Fertigstellung seiner Biografie Maria Stuart *eine Sekretärin brauchte, ließ er Lotte Altmann nachkommen, wozu Friderike ihre Einwilligung gab. Am 5. Dezember reisten sie gemeinsam von Paris nach Nizza. Dort logierten sie etwa fünf Wochen im Hôtel Westminster. Aus dieser Zeit ist eine schriftliche Mitteilung von Stefan Zweig erhalten.*

[Nizza, Hôtel Westminster, Anfang Januar 1935]

L. F.,

ich habe bis 1 $^1/_4$ Uhr gewartet und muss jetzt essen gehen, weil ich um $^1/_2$ 3–3 zurück sein muss, um die Conferenz mit Reece – Dr. Bing abzuhalten; sie scheinen noch nicht einig zu sein.[1] Du kannst ja allenfalls dabei sein, damit nicht nachträglich etwas als versäumt erklärt werden kann, und bestelle mir Fräulein Altm.[2] zu einem allfälligen Protocoll, damit alles schriftlich vorliegt. Ich habe doch bei Reichner etwas gelernt.

Bitte sei also auch um spätestens drei Uhr hier.[3]

1] Über den Gegenstand seiner Gespräche mit Vertretern der US-Agentur United Press ist nichts Näheres zu ermitteln. · 2] Lotte Altmann. · 3] Unterschrift fehlt.

Fräulein Altmann, wie er seine Sekretärin gegenüber Friderike nannte, war auch seine Geliebte. Dies sollte seiner Ehefrau nicht länger verborgen bleiben. Als sie früher als erwartet von einem Ausgang in das Hôtel Westminster zurückkehrte, überraschte sie das Paar bei einer zärtlichen Umarmung. Lotte, die daraufhin einige Tage im französischen Höhenkurort Sestrière verbrachte, schrieb ihm einen Liebesbrief, den er am 10. Januar 1935 in Villefranche bei seiner Abreise nach Amerika erhielt und ungeöffnet seiner Frau aushändigte. Sie machte davon eine unvollständige Abschrift.

Mein Lieber, ich finde mich selber schrecklich feig, aber ich habe Angst, dass jemand dabei ist, wenn Du den Brief bekommst und habe deshalb den officiellen Brief geschrieben, den meinetwegen jeder lesen kann.

Ich möchte Dir noch einmal sagen (oder habe ich es Dir noch nie gesagt, wie gerne ich Dich habe und wie glücklich Du mich durch Deine Freundschaft gemacht hast. Wenn ich auch nach aussen kalt erscheine – vielleicht auch Dir gegenüber, ohne es zu wollen – so habe ich doch, glaube ich, ein ganz grosses Bedürfnis nach Liebe und Freundschaft und die hast Du mir gegeben und ich bin Dir so dankbar dafür, mehr als Du es ahnst, Du weisst ja nicht, wie einsam ich mich innerlich gefühlt habe, bevor Du kamst, trotzdem ich zufrieden war in L. [London] zu sein. – – – – – – – – – – – Du hast mir so viel Freude gegeben in der Zeit unseres Zusammenseins und ich war so glücklich über den Aufenthalt in Nizza, noch länger mit Dir sein zu können. Es war so schön trotz aller Angst und diese eine Unannehmlichkeit, die wir hatten, hat mich nur deshalb so sehr bedrückt, weil ich DEINE Frau nun einmal auch sehr gerne habe.

Der Abschied ist mir schwer gefallen, ich glaube, Du hast es gemerkt, und ich wünsche, Du könntest hier sein – wir beide allein. – – – – – – – – – – – Meine Bekannten sind nett – – – aber kein Ersatz für Dich in keiner Weise. – – –

Also nochmals alles Herzliche, ich denke oft an Dich und unser Zusammensein. – – – – DEINE [Lotte]

Stefan Zweig, der sich auf Einladung der Jewish Telegraphic Agency bis 30. Januar 1935 in den USA aufhielt, reiste wenige Tage nach seiner Rückkehr von London nach Salzburg, machte dort Zwischenstation und fuhr dann nach Wien, wo er elf Wochen im Hotel Regina wohnte. Er kontrollierte die Produktion seiner Biografie Maria Stuart *bei Reichner und kümmerte sich um seine kranke Mutter. Auch Friderike war zeitweilig in Wien, um ihre Schwiegermutter zu betreuen und ihren Mann umzustimmen. Er beharrte jedoch auf seinem Willen, seine Bindung an London zu festigen und sein Salzburger Haus abzustoßen. Am 8. Mai 1935 schrieb er dem Salzburger Immobilienmakler August Silber eine Mitteilung über seine Verkaufsbedingungen. Daraufhin fuhr Zweig nach Zürich, um dort Studien über die Reformatoren Jean Calvin und Sebastian Castellio zu betreiben. Für Schreibarbeiten brauchte er zunächst eine Aushilfskraft, denn Lotte sollte erst im Juni nachkommen.*

[Zürich, Hotel Bellerive, 18. 5. 1935]

L. F.,

ich antworte nicht auf Deinen dictierten Brief.[1] Obwohl ich mehr zu tun habe als Du, habe ich niemals familiäre, einzig zwischen uns spielende Angelegenheiten durch Secretärinnen zur Sprache gebracht.

Nur auf eine Sache muss ich zurückkommen, weil ich durch überflüssiges Geschwätz schon wieder eine Tratscherei im Werke sehe. Ich habe nie Alfred ein Wort über Kleiber gesagt, ich zweifle auch, ob er den Namen dieses Berliner Dirigenten überhaupt kennt.[2] Jedenfalls aber muss ich ihm[3] zur Klärung, wer da wieder erfunden oder sich eingemengt hat, jenen Passus aus Deinem Brief mitteilen. Es muss diesem Gerede endlich einmal energisch an den Kragen gegangen werden.

Darf ich Dich bitten aus dem Bibliothekskasten das kleine schlichte Goethegedicht »wil einer sich gewöhnen« herauszunehmen und mir zu senden, ich möchte es Thomas Mann zum sechzigsten Geburtstag schenken. Bitte aber nicht nur im Verzeichnis es dann zu streichen, sondern auch aus dem Zettelkatalog den betreffenden Zettel herauszunehmen und zu vernichten. Ich kann leider nirgends über Th. M. schreiben und möchte ihm doch eine kleine Freude machen.[4]

Fürstner kündigt mir für Montag die Correcturen der Schweigsamen Frau an.[5] Es wird leider ernst, was aber nicht hindert, dass man Maria St.[6] in Deutschland die ärgsten Schwierigkeiten macht.

Bestens (ich habe noch sehr viel Post)   St.

1] Friderikes Briefe aus dieser Zeit sind nicht erhalten. · 2] In Österreich wurde kolportiert, dass Erich Kleiber, Generalmusikdirektor der Berliner Staatsoper, der wegen Alban Bergs *Lulu* stark angefeindet worden war und hierauf Deutschland verlassen hatte, bei den Festspielen als Dirigent der Strauss-Oper *Elektra* vorgesehen sei (diese wurde aber im Mai 1935 aus dem Programm genommen). · 3] Alfred Zweig. · 4] Autograf des Gedichtes ›wil einer sich gewöhnen‹ aus Goethes *Zahmen Xenien* für Thomas Mann anlässlich seines 60. Geburtstags am 6. Juni 1935. · 5] 1935 publizierte der Berliner Musikverlag Adolph Fürstner Zweigs Libretto *Die schweigsame Frau*. · 6] Zweigs Biografie *Maria Stuart*.

Zweig hatte seine Sekretärin Lotte Altmann zu sich nach Zürich gerufen, um mit seiner Arbeit am Castellio-Buch vorwärts zu kommen. Ihn beschäftigte obendrein die Resonanz auf die politisch brisante Uraufführung der Oper Die schweigsame Frau, *die entgegen seinem Wunsch am 24. Juni in Dresden stattfand. Hierauf plante er seine Sommerreisen. Ein längerer Aufenthalt in Bad Gastein und in der Festspielstadt Salzburg, wie von Friderike Zweig erhofft, war ihm nicht genehm; er wollte aber auf jeden Fall die Premiere der Oper* Falstaff *unter der Stabführung von Arturo Toscanini besuchen.*

Diktat in Maschinenschrift mit handschriftlichen Ergänzungen von Stefan Zweig:

Hotel Bellerive   Zürich, den 26. Juni 1935.

L. F.,

ich habe jetzt schon einigermassen Übersicht über den Dresdner Tag. Ganz einig sind die Leute nur über eines, dass eine afrikanische Hitze geherrscht hat. Welcher Unsinn, eine Premiere in die Hundstage zu verlegen. Was die Oper selbst betrifft, so ist eines gewiss, dass sie *viel* zu lang ist, zweitens, dass sie *wahnwitzig schwer* ist, also ganz das Gegenteil dessen, was mir vorgeschwebt, keine leichte Oper sondern mit Raffinements geladen und eher erdrückend durch die Fülle. Einzelne Teile sollen hervorragend sein und der erste Akt geschlossen, dann geht es ähnlich wie bei der Arabella und der Ägyptischen Helena ins Ermüdende über. Das Können scheint bei ihm intakt, nur die Dynamik fehlt.

Aus einigen Kritiken spüre ich die starke Animosität, die heute in Deutschland gegen Strauss herrscht. Es scheinen auch die offiziellen Leute von ihm ein wenig abzurücken, denn Goebbels ist zur Premiere nicht gekommen, und auch die anderen Bonzen haben (glücklicherweise) gefehlt. Vermutlich wird die Oper ein historisches Halbleben führen wie die Frau ohne Schatten, die Ägyptische Helena, das Intermezzo, manchmal hervorgeholt, aber keine ständige Repertoireoper und wahrscheinlich (ganz im Gegensatz zu dem, was ich wollte) für kleinere Bühnen unmöglich. Bei der Dresdner Aufführung scheint nur die Cebotari und das Orchester auf der Höhe gewesen zu sein, die andern den rasenden Schwierigkeiten nicht ganz gewachsen. Von allen schweren Opern Straussens scheint diese die schwerste zu sein. Ich bin neugierig, sie im Radio zu hören. Vielleicht hat er bis dahin schon die anscheinend sehr notwendigen Kürzungen angebracht.

Hier ist es fürchterlich heiss, wahrscheinlich so wie überall, aber meine Wohnung ist sehr erträglich. Das Buchmaterial ist bald zu Ende gewälzt, und ich komme in der Arbeit schon ganz anständig vorwärts.

Wegen der Sommerpläne werde ich *doch* wahrscheinlich Gastein gegen Marienbad oder Karlsbad umstellen. Es sind mir dafür *zwei* Gründe massgebend. Der erste ist ein materieller, nämlich dass ich in der Tschechoslowakei noch Sperrguthaben besitze, die ich sonst *auf keine Weise* herausbekommen kann (Alfred kriegt sogar sein Gehalt nicht ausgezahlt, weil jetzt zwischen der Tschechoslowakei und Österreich handelspolitische Spannungen bestehen), dagegen ist es *sicher*, dass für mich, meine Frau und sogar Sekretärin bei einem Besuch eines böhmischen Bades ein *reichlicher* Aufenthaltsbetrag dort ausgefolgt wird, und ich sogar von einem allfälligen Überschuss mir Anzüge machen lassen könnte. Ich habe soviel Geld verloren in diesem und dem letzten Jahr durch Entwertungen und Sperren, dass ich die Gelegenheit ergreifen will, *etwas* zu retten.

Dieses ist der eine Punkt. Der zweite, dass ich von Gastein doch öfters wegen dieses oder jenes Bekannten höflicherweise [nach Salzburg] herunterkommen müsste (Ojetti und hundert andere) und damit immer wieder zwei Tage verliere, während derer die Sekretärin unbeschäftigt oben [in Gastein] sitzt, dass ich ausserdem dann von Besuchen in Gastein *täglich* heimgesucht würde und ein fortwährendes Hin- und Herrutschen entsteht, während ich ruhig und regelmässig weiter arbeiten möchte, wie ich es hier tue. Ich habe genug Menschen gesehen in diesem Jahre, eher zuviel und gar kein Verlangen in den Trubel hinein zu geraten. Nachdem es Mama jetzt wieder besser geht, fällt auch dieses Hindernis fort, und ich möchte am Tage nach der Falstaff-Premiere abreisen und etwa einen Monat in Marienbad bleiben und glaube, auch Frau Meingast wird es vollkommen recht sein. Und was die sonst unangenehme Klasse in Marienbad betrifft, so ist es andererseits wiederum eine, unter der ich so viel wie gar keine Bekannten habe. Das ausschlaggebende für mich ist aber ausserdem das Materielle, denn es ist gewiss, dass ich sonst von meinem Guthaben ebenso wenig sehen würde wie von dem russischen oder solche Verluste daran erleide wie an dem deutschen.

Ich bin neugierig, was aus der Straussoper wird, hoffentlich kürzt er sie.[1] Herzlichst

S.

Ich müsste wegen der rechtzeitigen Einreichung wissen, ob Du nach M.[2] mitgehst.

1] *Die schweigsame Frau* wurde schon nach zwei Vorstellungen vom Spielplan der Dresdner Staatsoper abgesetzt – wegen Erkrankung der Hauptdarstellerin Maria Cebotari, wie es hieß; zudem musste Richard Strauss »wegen angegriffener Gesundheit« seinen Rücktritt als Präsident der Reichsmusikkammer erklären. · 2] Marienbad (Mariánské Lázně, Tschechoslowakei).

Lotte Altmann und Stefan Zweig, die noch einige Tage in Pontresina verbrachten, reisten am 28. Juli ab, sie nach London, er nach Salzburg zum ersten Glanzpunkt der Festspiele 1935: Arturo Toscaninis Falstaff. Es sollte Zweigs letzter Besuch einer Aufführung im festlichen Salzburg sein. Im August weilten er, seine Ehefrau und Sekretärin Anna Meingast in Marienbad, Villa Souvenir. Friderike Zweig, die wieder an ihrer Pasteur-Biografie arbeitete, fuhr allein retour nach Salzburg. Ihr Mann und seine Sekretärin blieben in Wien, um dort in aller Ruhe ihre Arbeiten zu erledigen. Es bestand jedoch weiterhin ein gespanntes Verhältnis zu seiner

Frau, die auf ihr Heim und Eheleben nicht verzichten und ihre erwach-
senen Töchter nicht zu einer Heirat nötigen wollte.

Diktat in Maschinenschrift (unvollständig erhalten):

Wien, den 9. September 1935

Liebe Gattin,

soviel ich jetzt sehe, ist nichts mitzubringen als irgendein Anzug, etwa der graue. Was das Andere betrifft, bitte ich Dich dringend, keine Rechenkunststücke zu machen und klar zu sehen. Du
weisst, dass ich etwa am 18. d. oder 20. von hier wegreise, einen
Tag oder eineinhalb in Salzburg zu tun habe, dann mindestens
2–3 Tage in der Schweiz, weil ich gern Rolland besuchen und in
Genf einiges nachsehen möchte, dann habe ich in der Rolland-
Angelegenheit[1] einige Tage in Paris zu tun und bin somit keinesfalls vor dem 1. oder 2. Oktober in London, wo ich, wie Du genau weisst, vier bis sechs Wochen verbleibe. Ausserdem kann ich
mich selbst da nicht wie ein Schuster festlegen, es ist möglich, dass
es drei Wochen werden oder auch sechs oder acht Wochen.

Ich muss also nochmals dringend bitten, alle Hausangelegen-
heiten, Schliessung des Hauses und sonstige Dispositionen *vollkommen unabhängig* von mir zu machen, ich ertrage es nicht, dass
man auf mich »wartet«, weil es mich in meiner Arbeit und in meinen Dispositionen stört.

Ich habe Dir vorgeschlagen, dass Du mit Suse oder mit Deinen
beiden Töchtern hierher [nach Wien] kommst und vorläufig eine
möblierte Wohnung nimmst und Johann[2] zur Bedienung, und
dass das Haus rechtzeitig geschlossen wird. Ich wiederhole
nochmals deutlich und klar, dass auf mich kein Verlass ist, und ich
mich an einzelne Daten weder bei meiner Abfahrt noch über
meine Zurückkunft an einen bestimmten Tag binden will, weil
ich *ausschliesslich* meine Arbeit als Grundlage meiner Dispositionen ansehe.

Ich bitte also keinerlei Illusionen darüber, dass ich Mitte Oktober wieder zurück komme, Du weisst, dass ich dort länger zu tun
habe und nicht konstant hin- und herreisen kann.

Ich bitte Dich nochmals, und das ist mir das Wichtigste, dass Du
hier in Wien für einige Zeit mit Suse Dir eine kleine möblierte

Wohnung nimmst und endlich das einzig wichtige hier durch längeren gemeinsamen Aufenthalt durchführst, sie oder Deine andere Tochter zu verheiraten. Ich stehe auf dem Standpunkt, dass es immer abträglich war, dass Du *seit Jahren nie ein paar Wochen oder Monate mit Deinen Töchtern gemeinsam wohntest und aufgetreten bist*, ich halte das für wichtiger als Krankenpflege oder Photografieren.

Es tut mir leid, dass ich so lange schreiben muss, aber wenn Du mir schreibst, Du hoffst Mitte Oktober wieder mit mir hier beisammen zu sein, wo Du doch weisst, dass ich erst um den 20. September von hier wegfahre und acht bis zehn Tage Aufenthalt auf der Reise und dann ca. sechs Wochen Aufenthalt in London vor mir habe, muss ich feste schriftliche Aufstellungen machen, von denen die wichtigste und entscheidendste ist, dass ich mich keineswegs verpflichten kann, auf einen Tag oder selbst auf eine Woche eine Vereinbarung zu treffen, an einer bestimmten Stelle zu sein, sondern nur ungefähr nach bestem Wissen und Ermessen voraus meine Dispositionen treffen kann. Aber ich bitte Dich, nichts als eidesstattlich zu betrachten, weil es mir unmöglich ist zu arbeiten, wenn [...]

1] Ehrung Romain Rollands anlässlich seines 70. Geburtstages am 29. 1. 1936. · 2] Thalhuber.

Zweig, der früher als beabsichtigt abreiste, war am 18. September in Salzburg und schon am folgenden Tag in Zürich, danach in Montreux und Villeneuve, um sich mit Romain Rolland über die an dessen 70. Geburtstag geplante Feier zu beraten; an deren Ausrichtung entzündete sich ein Streit zwischen Rollands Schwester Madeleine und Ehefrau Marie, wobei ihre gebrochenen Beziehungen und auseinanderklaffenden Gesinnungen zum Vorschein kamen.

Hotel Excelsior   [Montreux, 20. 9. 1935]

L. F.,

strahlendes Wetter, man möchte gerne hier bleiben! Leider Besuch bei Rolland höchst unerfreulich, er sieht müd und alt aus; bei der Beratung über jene Veranstaltung brach zwischen den beiden Frauen eine *furchtbare* Scene aus, die einen aufgestauten *tödlichen* Hass aufdeckte (ich und Rolland waren ganz consterniert). Madeleine wollte (wie ich), dass die Gesamtheit Rs. gezeigt wird, während die stupide Kuh[1] will, dass es in eine bolschewistische Apotheose verwandelt werde – wie blöd verrannt sie[1] ist, zeigt, dass sie sagte, ich wollte es »*anti*bolschewistisch« haben, weil sie von Deutschland als einzigen Vertreter Toller vorschlug. Unter diesen Umständen habe ich wenig Lust, weiter mitzutun und hoffe, Paris kürzen zu können. Er[2] ist ganz in ihren Klauen, lernt jetzt mit 70 Jahren russisch und ist alles, nur nicht mehr l'homme libre.

Morgen bin ich in Genf, hoffe, alles dort zu erledigen, will auch Wertheimers anrufen.

Beiliegende Photos bitte abzuziehen und, falls gelungen, eine vergrössert an Geigy zu senden.

Rolland konnte ich nicht aufnehmen, es kam noch Corbusier,[3] und ausserdem war die Stimmung durch die Scene zwischen den beiden Frauen gänzlich zerstört, ich hatte tiefes Mitleid mit Madeleine, die einer solchen engen und parteiischen Person[1] unterliegen soll. Schade, schade! Er ist *nur* mehr politischer Agent für eine Macht, die es ihm nicht danken wird.

Herzlichst   St.

1] Rollands Sekretärin und Ehefrau, verwitwete Maria Pawlowna Kudatschewa, die sich seit ihrer Wiederverheiratung Marie Romain Rolland nannte. · 2] Romain Rolland. · 3] Le Corbusier.

Stefan Zweig, der sich vom 23. bis 26. September zu Gesprächen über die Feier zu Ehren Romain Rollands und über eine Verfilmung seiner Novelle Angst *(La Peur) in Paris aufhielt, traf dort Freunde wie Frans Masereel, Joseph Roth und Ernst Weiss sowie den Verleger Bernard Grasset.*

[Paris, 24. 9. 1935]

L. F.,

mit Masereel, der wirklich *prachtvoll* ist, besser, klarer, männlicher als je, Alles besprochen. Ich hoffe, doch schon Freitag mittags in London zu sein. Dagegen Roth, Dein Beichtvater, ein geliebter Alpdruck, er ist *russisch* versoffen, also grenzenlos, redet schon wie ein Verblendeter. Entsetzlich, auch Ernst Weiss meint, dass ihm nicht mehr zu helfen sei. Grasset berichtet, er habe »La Peur« bereits vor längerer Zeit geschickt. Die Stadt herrlich, leicht und angenehm, da ich wenig Menschen mir auflaste. Jean R. Bloch soll ich noch sehen, aber ich bin zu faul nach Poitiers zu fahren, vier Stunden hin, vier her. Heute, Dienstag, war keine Post bis nachts, bin auch gar nicht neugierig.

Gruss   S.

Zweig, der am 27. September nach London zurückgekehrt war, registrierte dort mit Beunruhigung den italienischen Angriff auf Abessinien (Äthiopien). Es war abzusehen, dass Italiens Rolle als Garant der Unabhängigkeit Österreichs in Frage gestellt wird. Freunde und Bekannte wie der aus Deutschland geflüchtete Bankier Siegmund Warburg bestärkten Zweig in seinem Vorsatz, seinen Londoner Wohnsitz zu konsolidieren und sonstige Vorkehrungen zu treffen. Vorweg ließ er sich in der österreichischen Gesandtschaft in London einen neuen Reisepass ausstellen, und zwar mit dem Vermerk »Wohnort London«. Friderike Zweig musste in seinen Umzugsplan eingeweiht werden, ihr berechtigter Argwohn war aber schwer zu zerstreuen.

Freitag   [London, 4. 10. 1935]
L. F.,
        eben Dein (völlig unnötiges) Telegramm, Du siehst leider Alles aus dem einen Winkel Deines Verdachts, der durchaus ungerechtfertigt ist. Wie ich Dir schrieb inzwischen, habe ich die Entscheidung über ein Flat bis in den November vertagt, sehe mich aber inzwischen doch um, damit ich im gegebenen Moment ein pied à terre[1] habe. Ich sprach gestern lange mit Warburg, der sich ein sehr nettes kleines Haus eingerichtet hat und ganz meine Idee billigt als selbstverständlich und einzige Sicherung; ich hatte ja in Mailand,[2] wie Du sahst, schon die Fühler ausgestreckt, da kam mir jene abessinische Sache dazwischen. Nächste Woche will ich mit einem Solicitor reden, den mir Warburg empfiehlt. Warburg rät

mir zu unfurnished, mit einigen Stücken von hier, einigen von Haus eingerichtet, keinesfalls mehr als drei Piecen, und hier gibt es Häuser, wie die Temiankas, wo Service dabei ist, so dass man kein Personal braucht. Das soll doch nicht eine Festnagelung bedeuten, an die ich nicht denke. Aber ich sehe leider die nächste Zeit so voll von Unruhe, so gar keine Aussicht einer Stabilisation, dass eine innere Stabilisierung auch mit Kosten nottut. Anscheinend kommt die Pariser Filmsache zustand, damit wären die Spesen für ein Jahr gedeckt, auch wenn ich gar nicht es benutze oder (wie Temianka) weitervermiete, aber ich will den Fehler, den ich in Rüschlikon seinerzeit beging, nicht wiederholen. Ich bitte Dich erstens, nicht zu Hypothesen Dich verleiten zu lassen, die irrig sind, zweitens, Dich nicht mit Frau Junger etc. zu beraten, die von meinen Bedürfnissen nichts verstehen. Frischauers haben sich [in London] ein Haus gekauft und sitzen fest, er kann ruhig und unbesorgt seitdem arbeiten, jeder hat seinen Standpunkt fest eingenommen, und dieses Hin und Her und Hoffen und Enttäuschtsein geht einem arbeitenden Menschen doch sehr auf die Nerven.

Franckenstein machte mir Gegenbesuch, Rose Walter sehe ich morgen, sie ist über Deutschland sehr bestürzt gewesen, wie überhaupt jeder, der in letzter Zeit dort war.[3] Und sonst weisst Du doch auch, wie die Welt aussieht, seit Krieg ist. Diesmal war sogar ich Optimist und habe nicht daran geglaubt. Aber man macht eine harte Schule durch, und es hat keinen Sinn mehr, sich mit Hoffnungen zu täuschen, wenn einen Augenblick die Wolken weichen.

Ich wiederhole, ich schliesse gar nichts ab, ich brauche mindestens vier bis acht Wochen um mich zu orientieren: Warburg hat ein halbes Jahr gesucht, ehe er das Rechte fand. Bei mir ist es ja leichter, weil ich nur auf 3 Rooms reflectiere, was man leicht bekommt und was Victor F.[4] wagte, kann ich mir auch leisten. Bitte mache Dir keine unnötigen Sorgen und verquicke um Gottes willen nicht die Sache mit dem armen Fräulein A.,[5] die nicht das geringste damit zu tun und ganz andere eigene Sorgen hat, wie heute jeder.

Eiligst   S.

Die Operation von Carrs Frau ist gut ausgegangen, ich sehe ihn heute, mittags.[6]

Ich hätte schon telefoniert, aber ich weiss nicht, wann Ihr zuhause seid bei Deinen vielen Ausflügen. And please do not talk about those things with nobody, even with your family, before we have not settled all. Do the best in this time, to marry your daughter that at least one should have settled down.[7]

Eben Brief mit den (nicht sehr gelungenen) Photos.

Ich schreibe morgen.   S.

1] Absteigequartier, Zweitwohnung oder Nebenwohnsitz. Zweig hatte allerdings seit seiner Abmeldung von Salzburg keinen anderen Wohnsitz als den in London. · 2] Vermutlich Marienbad. · 3] Informationen über die Vorgänge in Deutschland erhielt er von Vertriebenen, zum Beispiel von der Konzertsängerin Rose Walter (verh. Zucker), die vor ihrer Emigration zuletzt in der Berliner Neuen Synagoge aufgetreten war. · 4] Victor Fleischer. · 5] Lotte Altmann. · 6] Edward Hallett Carr, britischer Historiker und Beamter im Foreign Office, hatte Zweigs Gesuch um unbefristeten Aufenthalt in England unterstützt. · 7] Und sprich bitte mit niemandem darüber, auch nicht mit Deiner Familie, ehe die Sache gelaufen ist. Sieh zu, dass Du Deine Tochter [Suse] an den Mann kriegst, damit wenigstens bei einer [Deiner Töchter] alles in Ordnung geht.

Diktat in Maschinenschrift mit handschriftlichen Ergänzungen von Stefan Zweig:

11 Portland Place, London W. 1.   8. Oktober 1935.

L. F.,

ich muss heute etwas ausführlicher schreiben und habe sehr viel zu tun. In der Angelegenheit jenes Films ist natürlich die alte Schwierigkeit der früheren jahrelangen Verschlampung meiner Sachen. Man hat den seinerzeitigen Vertrag einfach an diesen Doktor[1] nach Berlin geschickt, ohne zuvor eine Kopie zu nehmen, und ich fürchte, das wird jetzt dem neuen Abschluss Schwierigkeiten bereiten.[2]

Ich habe hier einen der tüchtigsten Doktoren über den Zustand des Patienten gesprochen, leider gibt er nicht die geringsten Aussichten.[3] Es ist ein schleichendes Übel, das sich noch ein paar

Jahre bestenfalls fortschleppen kann, doch ist auch eine plötzliche Krise nicht ausgeschlossen. Jedenfalls sind für die Familie schon heute Vorsichtsmassnahmen geboten. Ich kenne den Arzt sonst als sehr zurückhaltend und war einigermassen bestürzt über seinen pessimistischen Befund. Hoffentlich irrt er sich. Zu meiner eigenen Arbeit habe ich ein neues Geschäft bekommen, weil mich mein Freund Erasmus[4] jetzt mit seinen Wohnungsangelegenheiten belästigt. Er hat einen ganzen Pack Vorschläge von Agenten bekommen, aber es ist natürlich hier in London für ihn schwer, weil er unbedingt in der inneren Stadt bleiben will und nicht täglich eine halbe Stunde mit Herumfahren vergeuden. Ausserdem sucht er ja ein Service Flat, nicht eingerichtet aber mit Bedienung und womöglich beiden Möglichkeiten des zu Hause Essen-könnens und vom Hause aus Essen-könnens, ähnlich wie es ja Temianka in seinem Flat hat. Das meiste ist liliputanerhaft und dabei recht teuer. Heute sah ich mit ihm zum ersten Mal etwas, was vielleicht passend sein könnte, gerade um die Ecke hier, Hallam Street, in einem eben fertig werdenden Gebäude. Es sind vier Zimmer, davon zwei für hiesige Verhältnisse sogar gross, für unsere bestenfalls normal, zwei kleine Badezimmer, eine Kitchenette, wirklich viel Gelegenheit durch eingebaute Schränke, ausserdem Zentralheizung und keine Guillotinefenster sondern beinahe kontinentale. Er könnte es vom 1. Januar an mieten, ihm gefällt nur nicht daran, dass es im ersten Stock ist, also etwas nahe der Strasse, obzwar ganz ruhig, und vielleicht besteht die Möglichkeit, dasselbe im vierten Stock zu bekommen mit freier Aussicht über die Dächer. An sich wäre es gerade das Passende, wie er es sich vorstellt; zwei andere Dinge, die er sah, sind zu liliputanisch in den Dimensionen, und was *wir* normal nennen würden, hat hier Preise bis sechshundert Pfund. Er wird nun einigermassen weiter suchen, und ich will ihm dabei helfen. Soviel er mir sagte, wäre seine Absicht, Ende November oder Anfang Dezember [nach Österreich] zurückzukommen, seine Verwandten zu besuchen und dabei schon alles, was er übersiedelt, zu inspizieren. Er wäre Dir nun sehr dankbar, wenn Du Dich ungefähr über die Modalitäten einer solchen Übersiedlung erkundigen würdest, ob man einen Waggon voll haben muss oder ein halber genügt. Er möchte nur mitnehmen einen Schreibtisch, allenfalls noch den seines musikalischen Freundes,[5] Betten und Bettzeug, ein paar gute Bilder und auch die dichterischen Handzeichnungen, die tibetanischen und russischen Sachen, vielleicht ein paar Kästen und vor allem Teppiche und drei bis vier Kisten ausgewählter Bücher oder mehr: es wäre, sagt er, Platz. Vielleicht machst Du für ihn eine ungefähre Liste dessen, was brauchbar wäre. Er hat ja in seinem Hause so ungeheuer viel Sachen, dass es deshalb dennoch völlig intakt wirken würde. Schwieriger ist die Frage, ob er einen Teil der Bücher*kästen* mitnehmen könnte, so dass die Regale halt eben nur um zwei Stellagen niedriger wären wie bisher. All das muss überlegt sein. So, wie er es sieht, wäre die Einteilung ungefähr folgende: Ein grosses Arbeitszimmer für ihn, ein zweites, das als Esszimmer und Empfangszimmer dienen könnte, ein Schlafzimmer für ihn und das vierte Zimmer gleichfalls als Schlafzimmer oder durch ein gedecktes Bett gleichzeitig Schlaf- und Wohnzimmer. Alles also, was man braucht, um ein wirkliches pied à terre zu haben. Ich beneide ihn sehr darum, denn in solchen Zeiten ist es natürlich ungeheuer wichtig, einen Stützpunkt zu haben, und er hat Recht, wenn er sagt, dass das, was heute noch möglich ist, vielleicht in paar Monaten schon auf Schwierigkeiten stossen wird. Vielleicht bist Du ihm dabei behilflich, aber wenn Du Dich erkundigst, so tue es in diskretester Form, und sprich auch sonst zu niemandem darüber. Seine Chefs brauchen nicht zu wissen, dass es seine Stellung aufgibt, und auch das ganze Verwandtengeschwätz ist ihm verhasst.

Ich muss jetzt wieder wegsprengen. Mittags bin ich mit Lakin und nachmittags will mir Mr. Pope von hier ein kleines Haus zeigen, das halb furnished zu vermieten ist zu besonders billigem Preis (nicht zu brauchen. P. S.). Es ist eigentlich billiger als das Flat, hätte aber die Misere mit den Dienstboten.

Ich sehe, wie alle meine Freunde sich hier einrichten. Frischauer hat eine halbe Stunde weit von hier ein riesiges Haus gemietet, Kortner richtet sich eben ein, Toller und jeder findet eigentlich hier gute Verdienste. Dabei ist die Atmosphäre durchaus angenehm und ruhig und nicht die geringste Nervosität zu spüren.

Dies nur in Eile. St.

P. S. Es hat keinen rechten Sinn, den Vertrag von Dr. Casper zurückzufordern, denn dadurch würde man die Leute aufmerksam machen, dass man den einstmalig stummen Film jetzt als Sprechfilm verkaufen will. Ich stehe natürlich auf dem Standpunkt, dass sie gar kein Recht haben, weil sie Filme eines nichtarischen Autors überhaupt nicht verwerten dürfen, und selbst wenn sie den Schatten eines Rechts hätten, dieses dadurch verwirkt ist.[2]

Suse bitte ich zu sagen, ich lasse ihr für die Bilder danken, die mir leider nicht recht gelungen erscheinen, noch am ehesten das von den Büchern im grossen Zimmer.

Wenn Du eine Liste der Dinge unseres Freundes machst, so schicke mir sie hierher, damit ich zu den einzelnen Dingen ja oder nein sagen kann.

Ich musste (gegen Deinen Wunsch) dies dictieren, aber ich glaube, dass es Dir doch wichtig war, die Details zu wissen. Wenn man rechtzeitig beginnt und vorbereitet, ist dann alles rasch getan; inzwischen, bis Ende oder Mitte November, habe ich hoffentlich das Buch hinter mir, und zu Neujahr könnte man dann schon sagen: ich habe das Wesentliche in Ordnung. Ich bekomme eben Deinen Brief und will nicht discutieren, aber *ich* erinnere mich nicht, dass Du in L. [London] eine Wohnung wolltest (Du hast keine einzige angesehen), sondern nur an das Gegenteil und an die Schwärmerei für den »Garten«. Nur sich nichts suggerieren! Jetzt heisst es klar, exact und entschlossen denken, die Zeit fordert das. Hier hilft einem die englische Atmosphäre: kein Mensch denkt hier an Krieg, nur an mögliche Entwicklungen in Binneneuropa. Aber sie zielen nur auf Eines: to keep out[6] und das tue ich in meinem Sinne als Schriftsteller ja auch.

1] Dr. Casper. · 2] 1928 wurde in Deutschland ein Stummfilm nach Zweigs Novelle *Angst* unter dem Titel *Die schwache Stunde einer Frau* gedreht. 1936 gelang es Zweig mit Hilfe Erich Ebermayers, die Filmrechte zurückzukaufen, sodass wie geplant der französische Tonfilm *La Peur* gedreht werden konnte. · 3] Zweig stellte auf ironische Weise eine Selbstdiagnose. · 4] Es hat den Anschein, als ob Zweig Komödie spielt; er war allerdings davon überzeugt, dass die Wesensart des Erasmus von Rotterdam der eigenen gleiche. · 5] Beethoven. · 6] Sich heraushalten.

Donnerstag [London 10. 10. 1935]

L. F.,

ich vergass heute die Zeilen für Reichner beizulegen, geschieht anbei. Ich bin sehr bedrückt – einerseits die Lage, die sich zusehends verschlechtert (ich lese viel darüber), zweitens die *entsetzlichen* Briefe, die ich jetzt aus Deutschland bekomme, diese *gellenden* Hilferufe der Juden, die es sich zu lange überlegt haben und jetzt ins Ausland wollen, das heisst: müssen und doch nicht können. Den erschütternden von Emil Hirsch hast Du ja gelesen – einer der nobelsten Menschen, die ich kannte. Gleichzeitig schreibt mir direct hierher Justizrat Nathanson aus Dresden (grösste Goethesammlung früher neben Kippenberg), ob ich seinen Sohn hier als *Kellner* unterbringen könne und hundert solche erzählte Dinge.[1] Es war *nie* so Furchtbares als jetzt durch diese letzten Massnahmen in D. [Deutschland] geschehen, es könnte nur noch ein Furchtbareres geschehen, wenn... Und dieses Wenn ist um fünfzig Procent möglicher seit wenigen Wochen und Tagen. Du hast damals gespottet, als ich im Mai von Z. [Zürich] aus über Abessinien schrieb, es mache mich unruhig. Ich weiss, dass die andern damals nur daran dachten, sich zu amüsieren und alles mitzumachen – ich sehe leider die Dinge voraus, vielleicht *zu* früh, was mein Fehler ist, aber ich kann das nicht ändern.

Die Wohnungssuche ist nicht erbaulich und geht auf Kosten meiner Arbeit, heute war ich bei Victor[2] und sah sein Haus an – sehr hübsch, aber mir zu weit und benötigte einen Dienstboten, was ich nicht will (was soll geschehen, wenn ich verreist bin, mit ihm?). Alles das ist sehr schwer, auch Victor, der durch Wochen die gleiche Suche nach etwas halbwegs Brauchbaren hatte, kennt das; das Wohnungsproblem ist hier das Schwerste. Aber ich hoffe doch noch etwas zu finden, denn zweimal habe ich schon *beinahe* passende Sachen gesehen; ich wäre glücklich, etwas halbwegs Brauchbares zu finden, schliesslich ist es ja nur für die nächste Zeit. Bitte unterdrücke nur jetzt alle Deine privaten Sorgen, sie sind höchst unpassend und vordrängerisch gegenüber denen, die jetzt jeder fühlende Mensch hat bei der jetzigen Lage – wahrscheinlich wirst Du in Wien von allen Seiten, auch von Deiner Familie, die Angstüberlegungen hören, was jetzt aus Kindern und aus einem selber wird. Über meine Sachen, bitte, sprich nicht anders, als dass ich jetzt *ständig* in L. [London] bin, weil ich hier die beste Bibl. [Bibliothek] habe und am besten arbeite und dass ich mich dort eingerichtet habe, seit ich S. [Salzburg] aufgegeben. Immer die Wahrheit – sie ist das Beste. Und immer Klarheit über das, was *wirklich* wichtig ist.

Herzlichst   S.

[Beilage zur Post vom 10. 10. 1935:]

London, 13. Oktober 1935

Lieber Herr Reichner, bitte meiner Frau von meinem Conto Sch. 2500,– (zweitausendfünfhundert) zu übermitteln, in Bar. Ihr

Stefan Zweig

1] Emil Hirsch musste sein Antiquariat in München schließen und Deutschland verlassen; er gründete in New York ein Antiquariat. Leon Nathanson, Notar und Rechtsanwalt in Dresden, musste seine Goethe-Sammlung veräußern und seinen Beruf aufgeben; er emigrierte mit seiner Familie nach Chile. · 2] Victor Fleischer.

Vom 19. bis 26. Oktober 1935 war Friderike Zweig zwecks Regelung eines gemeinsamen Wohnsitzes in London. Die dort von ihr verfasste Vereinbarung wurde von ihrem Mann korrigiert und unterzeichnet (die von ihm gestrichenen Worte stehen in runder Klammer, die von ihm hinzugefügten Worte werden in Kursivschrift wiedergegeben).

Langham Hotel, Portland Place,   London, 23/X 35
London, W. 1.

Lieber Stefan,

um nochmals unsere Besprechungen festzuhalten:

Wir nehmen hier einverständlich eine Wohnung, die Du als *Dein* pied à terre betrachtest. Ich leite nach Deinen Wünschen die Übersiedlung zu einem noch zu besprechenden Termin zu Beginn 1936.

Eine Einschränkung meiner Benützung der Wohnung ist insofern von Dir vorgesehen, als Du die Hälfte Deines *Londoner* Aufenthaltes in der Wohnung diese allein benützen willst *und zwar zu einer Dir gemässen Zeit.* Es bleibt mir in Deiner Abwesenheit frei, die Wohnung zu benützen, es sei denn, wir vermieten sie einverständlich, ganz oder teilweise.

Die Berechnung der Hälfte unseres gemeinsamen Aufenthaltes erfolgt approximativ u. kann, falls ich »zu kurz« komme, im Nachhinein oder Vorhinein (nach Verabredung das letztere) besprochen werden.

Du botest mir freiwillig an, eine oder beide der Mädchen zeitweise in Deiner Abwesenheit hier zu haben, *aber nach vorheriger Anfrage und meiner* [= Stefan Zweigs] Zustimmung.

Du botest weiter, Salzburg *vorläufig* als nicht für mich verloren zu betrachten; (und) die Frage des Abmeldens (wolltest Du jetzt nicht mehr als akut ansehen u. bliebe diese mir überlassen) *ist nach Deinen Wünschen zu entscheiden.*

Stefan

Diktat in Maschinenschrift und handschriftliches Postskriptum von Stefan Zweig:

11 Portland Place, London W. 1.   29. Oktober 1935.

L. F.,

ich kann nur in Eile schreiben, es ist *furchtbar* viel Korrespondenz und sonstige Arbeit. Wegen der Übersiedlung sagt man mir, dass Harrods[1] besonders teuer ist, und ich will mich noch an anderer Stelle erkundigen. Andererseits wäre es mir lieber, wenn die Sache von Österreich aus gemacht werden könnte, weil ich es dort mit Schillingen gleich ausbezahlen kann. Punzierungszwang gibt es hier nicht und überhaupt keine Schwierigkeiten.[2] Die Anmeldung der Übersiedlung bei den Behörden besorgt selbstverständlich der Spediteur, es muss alles *rechtzeitig* geschehen, weil es dauert, bis die Inspectoren kommen.

Bücher werde ich mir doch sehr reichlich mitnehmen, etwa so viel wie Friedmann. Beleuchtungsgegenstände: habe ich nichts dagegen, andererseits glaube ich, muss man aber angeben, dass sie seit einem Jahre im Besitz sind.

Masereel habe ich zugesagt. Heute Mittag bin ich mit Bermann,[3] dem es auch elend geht, abends bei Warburgs,[4] wo ich den deutschen Warburg[5] sprechen werde, der mir Besonderes erzählen will. Die Pariser Filmsache scheint geordnet, dagegen habe ich sehr viele Scherereien mit einer anderen, die zwischen London und Amerika schwebt und dabei anscheinend ins Wasser fällt.

Mit besten Grüssen

Stefan

In den Zeitungen hier viel ödes Geschwätz, es wäre Zeit, dass Aufsätze wie der aus dem Manchester Guardian einmal energisch von Österreich dementiert würden; man stellt das hier aus Hass gegen Italien so dar, als ob wir nicht länger zu leben hätten.

1] Londoner Spedition. · 2] Verzollung. · 3] Gottfried Bermann Fischer. · 4] Siegmund Warburg. · 5] Max Warburg, Direktor des Bankhauses M. M. Warburg & Co. in Hamburg.

Zweig mietete eine Wohnung mit vier unmöblierten Räumen, zwei Badezimmern und einer kleinen Küche im Haus 49, Hallam Street. Er überließ seiner Ehefrau, deren Wohnsitz in Salzburg noch eine Zeit lang intakt bleiben sollte, die Auswahl des Inventars. Beethovens Schreibtisch war nicht darunter. Zweig wollte diesen jedenfalls behalten. Seine Autografensammlung, die in einer Salzburger Bank verwahrt war, sollte jedoch weitgehend aufgelöst und verkauft werden. Er verließ London am 15. Dezember, fuhr über Zürich nach Salzburg und blieb dort zwei oder drei Tage. Über die Feiertage hinaus waren Zweig und seine Sekretärin Anna Meingast in Wien. Das Hotel Regina diente ihnen wieder als Arbeitsquartier. Ohne Sekretärin konnte er nirgendwo längere Zeit auskommen. In Nizza, wo er am 7. Januar 1936 eintraf, erwartete ihn Lotte Altmann. Sie logierten wieder im Hôtel Westminster, doch diesmal »ohne Störung«, wie Friderike Zweig feststellte, die in Nizza Zwischenstation machte, am 15. Januar über Avignon nach London weiterreiste und dort im Hotel Langham wohnte. Sie organisierte den Umzug und richtete die neue Wohnung mit Möbeln aus Salzburg ein. Ihr Mann und seine Sekretärin kamen erst am 14. Februar in London an. Ab 9. März 1936 lautete seine offizielle Adresse: London W. 1., 49 Hallam Street. Er erlaubte seiner

Frau jedoch nicht, sich in seinem Wohnort anzumelden; sie fuhr Anfang Mai zurück nach Salzburg. Er blieb bis zum 15. Juni in London.

In der Zwischenzeit konnte ein Großteil seiner Autografensammlung über das Wiener Antiquariat Heinrich Hinterberger an den Schweizer Sammler und Mäzen Martin Bodmer verkauft werden. Zweigs Biografie Castellio gegen Calvin *oder* Ein Gewissen gegen die Gewalt *erschien in seinem Wiener Verlag Herbert Reichner, der vor erheblichen Schwierigkeiten stand. Seit März 1936 war die Verbreitung der Bücher Stefan Zweigs in Deutschland verboten. Die daraufhin in Leipzig beschlagnahmten Lagerbestände wurden erst nach Interventionen des österreichischen Verlages freigegeben und retourniert.*

Dienstag [London, 26. 5. 1936]

L. F.,

es ist nichts wesentlich Neues zu melden, als dass Huebsch ca. 1. Juni hier eintrifft. So werde ich vermutlich Mitte Juni hier abreisen und bis Ende Juni über Salzburg in Wien sein. Mir ginge es persönlich ganz gut, aber ich leide sehr unter der Zeit: nach Deutschland jetzt noch Palästina![1] Es ist *unausdenkbar.* Man möchte sich in ein Mauseloch verkriechen und nie mehr eine Zeitung sehen. Eiligst

S.

1] Arabische Rebellion im britischen Mandatsgebiet Palästina.

Zweig informierte seine Ehefrau über seine Reisepläne: zuerst nach Österreich, dann nach Brasilien (als Gast der dortigen Regierung) und Argentinien (als Gast des Internationalen PEN-Clubs); weniger mitteilsam war er hinsichtlich des geplanten einmonatigen Urlaubs in Oostende, den er wegen des Arbeitsanfalls mit seiner Sekretärin Lotte Altmann zu verbringen gedachte. Sorgen bereitete ihm sein Wiener Verlag Herbert Reichner, der angeblich säumte. Zweig erwartete sich, dass nach dem Bücherverbot in Deutschland so rasch wie möglich eine Gesamtausgabe seiner Werke auf dem noch vorhandenen Markt erscheint.

49, Hallam Street, London, W. 1.   28. Mai 1936.

L. F.

Verzeih, da ich rasch antworten soll, das Dir unliebe Diktat und Punkt auf Punkt.

Frau Meingast soll nur ruhig Pfingsten wegfahren. Ich habe dann nächsten Monat für sie genug zu tun. Es wird ein Manuskript von etwa achtzig Druckseiten zu vervielfältigen sein und ein, zwei kleinere, woraus Du ersiehst, dass ich hier nicht müssig bin.

Bitte beide Lieder und sehr rasch ohne jede Wertangabe, einfach als rekommandierten Brief.[1]

Reisedispositionen: Huebsch dürfte um den 1. herum hier sein. Ich habe mit ihm verschiedenes zu besprechen. Ausserdem kommt dieser Hollywood-Mann[2] etwa am 10. Juni und drittens habe ich noch die Besprechung wegen Argentinien und Brasilien wegen Fahrkarten etc. Die brasilianische Regierung hat mich noch einmal dringend eingeladen, und ich fahre jedenfalls zuerst hin, weil mich Brasilien viel mehr interessiert. Zurück dann mit den anderen. Ich habe nur zur Bedingung gestellt, dass ich nicht reden muss und mir kein offizieller Empfang bereitet wird.

Meine ungefähren Dispositionen sind nun die folgenden: am 14. oder 15. [Juni] hier abreisen, Schlafwagen bis Zürich, dort einen Tag zu bleiben und nach Salzburg – Schlafwagen – weiter, dort abermals einen Tag zu bleiben und dann, wenn Du willst, gemeinsam nach Wien. Wenn ich rechne, dort vom 20. bis 30. zu bleiben, so ist das eine ungefähre Kalkulation. Dann werde ich wahrscheinlich, wenn alles mit Reichner klappt, noch Korrekturen haben für den zweiten Band der Novellen – bisher hat sich der Ehrenwerte noch immer nicht entschieden über den Plan, dass ich meine gesammelten Novellen plus Sternstunden, also meine ganze erzählende Prosa, in zwei starken Bänden herausgebe. Wir kämpfen noch um den Preis, da ich absolut auf Billigkeit halte. Nun wäre es mir sehr wichtig, dass diese Korrekturen noch gemacht werden können, ehe ich von Europa verschwinde.

Überhetzungen sind immer gefährlich. So sind auch, weil ich keine letzte Korrektur las, im Castellio einige kleine ärgerliche Irrtümer stehen geblieben. Allerdings, hätte ich diese beiden Bände dann hinter mir, so bliebe für später nur noch ein dritter Band der ausgewählten Essays und das Opus wäre unter Dach.

Abreisen werde ich von hier, von England (Southampton), weil ich hier meine Sachen daraufhin packen muss, Frack usw. und auch die bequemste Verbindung habe.

Morgen habe ich einen harten Kampf vor mit Nancy Price, die mich furchtbar quält wegen des Jeremias.[3] Aber die Theateraufführung, die ich bei ihr sah, war so miserabel, und ich habe überhaupt keine Lust, hier das Jüdische überzubetonen.

Professor Bonn traf ich bei dem Abend, den wir für Max Herrmann-Neisse veranstalteten, und ich eine kleine Ansprache hielt.[4] Ich will ihn nächster Tage antelephonieren, sobald ich etwas Luft habe. Aber die vierzehn Tage, die mir noch bleiben, werden gedrängt voll von Arbeit sein, und ich bin darüber froh, erstens, weil ich gut in Arbeit bin und zweitens, weil es das einzig Erträgliche ist in einer so widerlichen Zeit.

Mit besten Grüssen   St.

Frau Meingast möchte mir ein Exemplar der »Legende des Lebens« herschicken, womöglich aber eine der gestrichenen (mit Bleistift gekürzten), die sie irgendwo im Kasten finden muss.

Ferner möchte ich bitten, dass sie mir ein Exemplar des »Zwang« herschickt, der ja in der billigen Ausgabe oder in der andern noch einmal da sein muss, und den ich noch einmal revidieren möchte.

Post wie immer reichlich.

1] Friderike sollte ihm aus seiner Sammlung die von Franz Schubert vertonten Lieder *Pflicht und Liebe* (Text von Wilhelm Gotter) und *Das Mädchen aus der Fremde* (Text von Friedrich Schiller) nach London schicken. · 2] Vermutlich der Hollywooder Filmproduzent Walter Wanger; Zweigs Filmprojekt *Brennendes Geheimnis* sollte jedoch scheitern. · 3] Nancy Price, englische Theaterregisseurin, die Zweigs Drama *Jeremias* in London inszenieren wollte. · 4] Feier anlässlich des 50. Geburtstags von Herrmann-Neisse in London; der dabei anwesende Bankier Moritz Julius Bonn war ebenso aus Deutschland geflüchtet.

Zweig, der noch kein Kaufangebot für das Haus Kapuzinerberg 5 bekam,
billigte den Plan seiner Frau, im Festspielsommer einige Räume an das
prominente Ehepaar Margarete Wallmann und Hugo Burghauser zu
vermieten, wollte aber jegliches Gerede – »Sums« – vermeiden, da er
schon genug Ärger hatte. Nach der Produktion seines Buches Castellio
gegen Calvin *musste er feststellen, dass ihm peinliche Irrtümer unter-*
laufen waren (diese konnten bei einem Teil der Auflage 1936 beseitigt
werden).

[London, vermutlich 30. 5. 1936]

L. F.,

rasch die Antwort. Bin mit Vermietung sehr einverstanden, hoffentlich macht Margarete nicht zu viel Sums.

Lieder schrieb ich längst, dass Du *beide* senden sollst, »Pflicht und Liebe« und »Mädchen aus der Fremde«, ich bräuchte sie für jemand.[1]

Ich bin in einer *schrecklichen* Situation, immer erneuert sich das. Castellio macht auf die wesentlichen Leute Eindruck, nur ist etwas *Entsetzliches* passiert – eine Information, die ich hatte, ist *total falsch* und gibt dazu Anlass, das ganze Buch als phantastisch anzugreifen, eine ganze besonders unangenehme Seite ist unhistorisch, weil auf einer Verwechslung beruhend – man wird das besonders in der Schweiz nicht verzeihen. Ich lasse den ganzen Bogen neu drucken, aber erstens sind die Exemplare (Recension) doch heraus, und dann dauert das einige Zeit, ein Zurückziehen ist nicht gut möglich, und so wird das Buch, das mir eines der wesentlichsten war, zu einer allerschwersten Bedrückung. Manchmal könnte man wahnsinnig werden, dass immer von Zeit zu Zeit so eine Affaire entsteht, und hier konnte mir niemand helfen, weil niemand die Materie kennt. Ich bin schon recht müde und rette mich nur durch Arbeit.

Ich sagte schon, dass ich für einen Tag nach S. [Salzburg] komme und mit Dir etwa 17. nach Wien. Also völlig unnötig, jetzt zu fahren. Vielleicht überschlage ich Zürich, wo ich eigentlich nichts zu tun hätte, wenn ein guter Zug geht. Ich möchte dann nur einmal mich ausruhen, denn Wien scheint auch recht düster zu sein und viel Scherereien: es ist eine furchtbare Zeit.

Aber wenigstens arbeite ich fest, und das ist das Einzige was mir hilft.

Huebsch ist eben angekommen, wohnt *nicht* bei mir.　　　St.

1] Stefan Zweig, der die beiden Schubert-Lieder bald darauf zugeschickt bekam, verriet nicht, an wen er sie verschenken wollte.

Friderike Zweig hatte offensichtlich ihrem Mann Vorhaltungen gemacht und dabei auf seine persönliche Beziehung zur Sekretärin Lotte Altmann angespielt. Er hingegen demonstrierte geschäftlich, wie nichtig persönliche Dinge angesichts seines großen Arbeitspensums seien: Gratulationsschrift für den 80-jährigen Sigmund Freud, Beseitigung aller Irrtümer im zuletzt veröffentlichten Buch, Vorbereitung der Sammelbände usw.

[London, 6. 6. 1936]

L. F.,

zum Schreiben wenig Zeit. Vorwürfe (mit kleinem Hieb gegen Idealsecretärin[1]) sind unberechtigt. Es war mit der Castellio-Umarbeitung *furchtbar* viel zu tun, Übertragung in 15 Exemplare, *dabei* die Arbeit an den neuen Dingen und die complicierten Verhandlungen. Seit einem Jahr ist alles *wieder* um 100 % schwieriger, da Polen, Ungarn etc. zwar die Bücher haben wollen, aber nicht zahlen können, und eben die Ausdehnung immer zunimmt. Wenn ich *nur* meine Arbeit machen könnte! Aber die repräsentativ moralische Verpflichtung – was hat mich die Freud-Sache allein Arbeit gekostet.[2] Aber sonst ist es hier *so* still, dass ich mich doch wohl fühle. Nur muss zu grösseren Arbeiten alles weggeräumt werden, und ich muss ja schon wieder *kämpfen* mit Reichner wegen des Preises der Novellenbände.

Nach dem Hôtel Bristol [in Salzburg] wollte ich, weil jene Angelegenheit doch noch immer nicht geregelt ist, und ich gerne auch den kleinsten Anschein vermeiden will – es ist ärgerlich, gewiss, aber nicht meine Schuld.[3] Ich denke etwa Sonntag zu reisen, Dienstag in S. [Salzburg] zu sein, kann dann auch gleich nachts weiter. Ich nehme sehr wenig Gepäck mit, weil ich den schwarzen Sommeranzug dort mir nehmen will, eventuell einen zweiten. Ich habe gar nichts Sommerliches hier.

Mit Huebsch war ich angenehmst zusammen, eben telefonierte Alice Schalek, alle wollen sie – leicht verständlich – den englischen Markt. Aber es ist natürlich sehr schwer.

Victor[4] geht es schon ganz gut. In Wien will ich nicht allzu lange bleiben. Ich habe nur mehr wenig Menschen dort, die mir nahe stehen, und die familiären Dinge dürften unerfreulich sein. Dazu Zahnarzt, Advocat, Reichner, Hinterberger: hundert Geschäfte, während derer ich doch auch jenen Band II der Novellen ergänzen muss.

Herzlichst   S.

Am liebsten würde ich ja Sa. [Salzburg] auf dem Hinweg *überhaupt* auslassen! Es geht eine herrliche Flugverbindung hier 7 Uhr früh und ist um 1 Uhr in Wien, ohne in Deutschland zu landen. Ich telefoniere noch.

1] Lotte Altmann. · 2] Für Sigmund Freud, den Begründer der Psychoanalyse, der am 6. 5. 1936 seinen 80. Geburtstag hatte, arrangierten Thomas Mann, Romain Rolland, Jules Romains, H. G. Wells, Virginia Woolf und Stefan Zweig eine Dankadresse. · 3] Verkauf seines Hauses in Salzburg. · 4] Victor Fleischer.

Stefan Zweig flog am 15. Juni von London nach Birsfelden bei Basel, fuhr von dort mit der Bahn nach Salzburg, erledigte am 16. Juni seine Angelegenheiten im Haus Kapuzinerberg 5, nächtigte aber im Hotel Bristol und eilte am nächsten Tag nach Wien. Nach zweiwöchigem Aufenthalt reiste er über Salzburg und Basel nach Belgien, wo ihn Lotte erwartete. Sie blieben bis Ende Juli in Oostende. Joseph Roth und seine Weggefährtin Irmgard Keun hielten sich zur gleichen Zeit dort auf.

[Oostende, 30. 7. 1936]

L. F.,

der Aufenthalt geht morgen hier zu Ende. Ich war so zufrieden wie selten trotz des zweifelhaften Wetters und habe noch eine weitere Sternstunde fertig gemacht,[1] also so viel und gut gearbeitet wie seit Jahren nicht. Ruhe, Abwesenheit von Discussionen, ist für mich die glücklichste Vorbereitung dazu, ich lass mir keine Recensionen nachsenden und keine unangenehme Post zeigen – sonst kann man eben nicht arbeiten. Auch Roth habe ich sehr hinauf gebracht, er isst jetzt täglich – nur zu spazieren gehen oder gar baden kann ihn niemand bezwingen. Ich habe auch noch für ihn für einige Zeit gesorgt, sehe aber für ihn – wie für alle Schriftsteller – sehr schwarz, der Absatz geht rapid zurück, und die Schwierigkeiten werden wachsen. Ich bin bis Freitag abends jedesfalls in London. Herzliche Grüsse

S.

Eben noch ein ausgezeichnetes Meerbad und hoffentlich morgen noch ein letztes.

1] Zweig schrieb 1936 zwei historische Miniaturen: ›Die Eroberung von Byzanz, 29. Mai 1453‹ (Kaleidoskop, Herbert Reichner, Wien 1936) und ›Der versiegelte Zug. Lenin, 9. April 1917‹ (Sternstunden der Menschheit. Zwölf historische Miniaturen, Bermann-Fischer Verlag, Stockholm 1943).

Zweig, der in London letzte Vorbereitungen für seine Südamerika-Reise traf, schrieb seiner Frau noch einen Brief, in dem er seine Meinung über ihren Wunsch nach einem Wiedersehen bei seiner Rückkehr in London äußerte. Keinesfalls wollte er dort seine Stieftöchter sehen. Alix und Suse, damals 29 bzw. 26 Jahre alt, beide ledig, lebten nach wie vor bei ihrer Mutter im Haus Kapuzinerberg 5. Diesen Zustand wollte er geändert wissen.

[London, 7. 8. 1936]

L. F.,

Dein Luftpostbrief erreichte mich noch, ich schreibe, ehe ich nach Southampton fahre. Wegen Deiner Londoner Reise habe ich ja schon geschrieben. Ich würde gegen sechs Tage prinzipiell nichts einzuwenden haben, denn die ersten Tage nach der Rückkunft habe ich vermutlich nur Briefe zu dictieren und arbeite noch nicht. Aber steht es für so wenige Tage dafür? Ist es nicht wirklich wichtiger, dass Du die Lebensform, die Deine und die der Töchter, endlich in Ordnung bringst, dieses Hin und Her ist doch kein Dauerzustand für Dich. Ich bin sehr zufrieden, einen ruhigen Stützpunkt für meine Arbeit und meine Existenz zu haben; das Leben wird immer complicierter, und man muss ihm eine innere Stabilität entgegensetzen und deutlich wissen, was man will. Ich weiss es und weiss, dass ich *nur das tue*, was meiner Arbeit förderlich ist, kümmere mich um Politik nicht, gehe nicht in Gesellschaft und verteidige meinen Frieden. Gestern wunderte sich wieder Warburg, wie gut ich beisammen bin – für mich gibt es nur eine Cur, Ruhe und Arbeit zu haben und keine Discussionen.

Ich erkläre aber ausdrücklich, dass ich ein Herkommen von Töchtern ablehne. Wenn Du ein paar Tage früher kommst, so geht es nicht anders, als dass Du Frl. A.[1] an meine oder ihre Adresse schreibst, sie solle Dir die Schlüssel hinterlegen (Hausschlüssel hast Du ja) und allenfalls die Checks der Westminsterb[ank] herausnehmen. Aber, wie gesagt, ich hielte es für wichtiger, wenn Du die Stabilisierung der Töchter und der Wiener Wohnung vornimmst, dieses ununterbrochene Her und Hin ist wirklich unhaltbar; wenn *ich* reise, hat es geschäftliche und persönliche Gründe und ist mit diesem fortwährenden Auf und Ab nicht zu vergleichen.

Bitte, mache Dir keinerlei Sorgen um mich. Man reist heute so bequem, in Brasilien und Argentinien geben mehr Leute auf mich acht, als mir lieb ist: In der Schiffsliste liess ich meinen Namen streichen, um wenigstens auf der Hinreise ganz privat sein zu können. Von Franckenstein habe ich mich telefonisch empfohlen, er fährt heute nach Aussee.

Herzliche Grüsse   S.

1] Lotte Altmann.

Stefan Zweig reiste mit dem britischen Postschiff ›Alcantara‹, das am 8. August 1936 in Southampton auslief, nach Brasilien. Er hatte während seines achttägigen Aufenthalts in Rio de Janeiro ein dichtes Programm zu bewältigen, machte auch einen Ausflug nach Petrópolis. Dann besichtigte er noch São Paolo, Campinas und Santos, ehe er nach Argentinien weiterreiste.

L. F.,

angelangt in Rio, das phantastische und anstrengendste Märchen mitmachend, das sich erdenken lässt. Die Einfahrt magisch schön, über alle Erwartung, so hoch sie gespannt war. Am Schiff erwarteten mich vier Herren vom Ministerium des Äussern und infolgedessen auch der österreichische Geschäftsträger (der Gesandte ist in Buenos Aires). Ich bewohne ein Appartement von 4 Zimmern im herrlichen Copacabanahotel, eine Viertelstunde ausserhalb der Stadt, gerade am Meer, man geht mit dem Schwimmanzug direct ins Wasser und hat eine Aussicht, dass man nicht schlafen gehen will. Ich habe vor der Tür ständig ein herrliches Automobil mit Chauffeur auf meine Wünsche und Winke warten, ein reizender Attaché vom Ministerium ist den ganzen Tag zu meiner Verfügung. Ich fand einen Haufen Visitenkarten vor, da mein täglicher Tagesplan in allen Zeitungen steht, musste also besuchen den Minister des Äussern, mit dem ich dann photografiert wurde in dem prächtigen alten Ministerium, den Präsidenten der Academie, den Präsidenten des Penclubs, einer Horde Journalisten Interviews geben, habe dazwischen furchtbar viel gesehen; morgen fahre ich mit »meinem« Auto und »meinem« Attaché nach Petropolis, nachdem ich heute schon Herrliches gesehen habe, speise abends mit dem Österreicher, Sonntag gibt der Minister des Äussern mir im Jockey-Club ein leider grosses Dinner, Mittwoch werde ich in der Academie empfangen, Donnerstag muss ich einen Vortrag (französisch) halten (wann soll ich ihn ausarbeiten?), dann noch hunderte Sachen sehen, Freitag mit dem Minister nach São Paolo fahren und dann die Factoreien sehen, falls ich nicht schon vorher zusammengeklappt bin. Ich fürchte, ich werde die Herrlichkeit dieser Stadt nicht so ganz geniessen können, weil ich selbst aufgefressen werde – ich habe nie eine bezauberndere Gegend gesehen, man könnte lyrisch werden. Glücklicherweise bin ich von der Seefahrt her gut ausgeruht, aber es geht zu, dass mir der Kopf schwirrt. Selbst Buenos Aires wird nicht so anstrengend sein, da man dort doch nur einer unter vielen ist. Aber welch eine herrliche Stadt – und dabei *lachhaft* billig, hier einzukaufen (hätte man Zeit) lohnte eine Reise und welche Üppigkeit der Früchte, der Farben.

Deinen Brief erhielt ich. Bitte, grüsse Mama, ich kann keine Briefe von hier mehr schreiben, ich habe doch zuviel auf mir. Post sonst und Adressen wie mitgeteilt, ausser dass ich Highland Brigade wohl erst in Santos nehme. Herzlichst

S.

[Rio de Janeiro, 26. 8. 1936]

L. F.,

ich kann nicht schreiben, es geht toll vom Morgen bis Nacht. Die Schönheit, die Farbigkeit, die Herrlichkeit dieser Stadt ist unbeschreiblich, wir alle sind besoffen davon – es gibt nichts auf Erden, was sich mit dieser Vielfalt vergleichen liesse. Heute auf den Inseln mit eigenen Booten der Regierung (mein Wagen steht ständig vor der Tür, und ich wohne wie die Götter) – ich habe nie solche Paradiese gesehen. Die Menschen bezaubernd – und quasi auf Erden – der einzige Ort, wo es keine Rassenfrage gibt, Neger und Weisse und Indianer, Dreiviertel-, Achtel-, die herrlichen Mulattinnen und Kreolinnen, Juden und Christen leben in einem Frieden zusammen, den man nicht schildern kann. Die jüdischen Emigranten sind *selig*, haben alle Stellungen und fühlen sich unbeschreiblich wohl.

Was man mit mir treibt, davon sich eine Vorstellung zu machen, ist undenkbar. Wenn ich hier öffentlich lesen wollte, würde ich viermal die Alberthall[1] füllen. Bei dem Academieempfang standen die Leute zwei Strassen weit, das Ministerium des Äussern weiss sich nicht zu helfen, weil der Vortrag nur gegen Einladung ist und sie von früh bis nachts bestürmt werden und nur 2000 Plätze haben. Heute las ich intim (ohne Zeitungsmitteilung) deutsch für den jüdischen Hilfsverein, es durfte auf meinen Wunsch keine Verständigung anders als *mündlich* und nur an Juden erfolgen, und es waren 1200 Personen da, die Hälfte stand den ganzen Abend. Ein Ertrag von etwa 1000 Schweizer Francs, was hier genau das Zehnfache bedeutet, denn mit diesen fünftausend Milreis[2] kann man hier Jahre leben, es ist phantastisch billig. Leider musste ich etwa 500 Unterschriften täglich in Bücher geben und bin ganz nahe dem Schreibkrampf.

Der Besuch beim Präsidenten der Republik[3] war *sehr* interessant; nach São Paolo fährt mit nur der Minister des Äussern, alle Honoratioren erscheinen, vom Marinecommandanten und den Ministern, einzeln um ein Bild oder Unterschrift, die Zeitungen melden täglich meinen Stundenplan, und schliesslich ist das doch nicht in einem Dorf, sondern in einer Stadt von 1 $^1/_2$ Millionen und in einem Land von 40 Millionen Menschen. Ich habe massenhaft Geschenke – von Einladungen gar nicht zu reden. Aber nicht das macht es, weiss Gott, dass mir das Land so gefällt – es ist einfach das Zauberhafteste, was es auf Erden gibt. Und eines ist sicher, dass ich nicht das letzte Mal hier war. Ein Land für mich: göttlicher Kaffee (die Tasse etwa 5 Groschen), die herrlichsten Zigarren, die bezauberndsten Frauen, die schönste Landschaft – wenn ich nur photografieren könnte! Aber ich bin ja hier eine Art Charlie Chaplin. Und dabei sind die Menschen hier mit ihrer prachtvollen Feinfühligkeit schrecklich empfindlich (ein Dienstbote verlässt bei einem unfreundlichen Wort sofort die beste Stelle) – man muss also diese orientalische Höflichkeit immer erwidern. Heute traf ich den Rochefoucauld, der uns in Salzb. besuchte – er ist genauso verzaubert wie wir alle.[4]

Könnte ich doch Buenos Aires echappieren[5] und hier bleiben. Aber der Minister gondelt mich morgen nach São Paolo, das mich gar nicht interessiert und von dort nach Campinas und Santos. Heute sind wir bis 2 Uhr nachts im Auto gefahren, ans Meer und ins Gebirge, es war wie eine Juninacht. Schade, dass ich zurückfahren muss – allerdings ist das hier ja schärfster Winter, und im Sommer oder nur im Frühling würde man ausgelaugt.

Bitte, schreib Mama, dass es mir gut geht, ich habe keine Zeit zu einer Karte, ebenso bitte Reichner etc. zu verständigen, dass ich nicht schreiben kann. Herzlichst St.

1] Royal Albert Hall in London: 6000 Sitz- und 2000 Stehplätze. · 2] Brasilianische Währungsmünze. · 3] Getúlio Dornelles Vargas, Brasiliens Diktator. · 4] Gabriel de La Rochefoucauld, französischer Dichter. · 5] Entkommen.

Anfang September reiste Stefan Zweig mit dem britischen Postschiff
›Highland Brigade‹ von Santos über Montevideo nach Argentinien. Vom
5. bis 16. September war er in Buenos Aires, wo er als Gast und Freund
– nicht als Delegierter Österreichs – am XIV. Internationalen Kongress
des PEN-Clubs teilnahm. Emil Ludwig sprach als Delegierter des deut-
schen Exil-PEN-Clubs. Jules Romains wurde zum Präsidenten des In-
ternationalen PEN-Clubs gewählt, nachdem er sich mit den Delegierten
des faschistischen Italien versöhnt hatte. Zweig, der sich als Mittler zwi-
schen den Streitparteien verstand und sich dabei wie der prominente
Hindu-Gelehrte Kālidās Nāg im Hintergrund hielt, würdigte allerdings
in einer Rede den scheidenden Präsidenten H. G. Wells.

Sonntag 12. Sept.   [Buenos Aires, 12. 9. 1936 = Samstag]

L. F.,

ich bin in Buenos Aires nicht dazugekommen, eine Zeile zu
schreiben. Die Luft ist hier nicht so gut wie in Rio! Der Congress
voll Zusammenstössen zwischen Fascisten und anderen, dann wieder todlangweilig – alles wird in *drei* Sprachen übersetzt!! Ich habe
nirgends gesprochen, die Präsidentschaft der Sitzung abgelehnt, es
ist nichts für mich, vor Galerien zu treten – zum Schluss werde ich
vielleicht Dankworte an Wells sagen, um irgendeinmal den Mund
aufgemacht zu haben. Aber es hilft nichts, noch so discret zu sein,
die Zeitungen verfolgen einen von früh bis nachts mit Photografien und Stories – mit Riesenformat war ich abgebildet, wie ich bei
der Rede Ludwigs *weinte* (!!!). Ja, so stand es mit Riesenlettern – in
Wahrheit hatte ich mich so widerlich gefühlt, als man uns als Mär-
tyrer hinstellte, dass ich den Kopf in die Hände stützte, um mich
nicht photografieren zu lassen, und gerade *das* photografierten sie
und erfanden den Text dazu. Mich ekelt dieser Jahrmarkt der Ei-
telkeiten, und ich lasse alles den andern – ebenso die paar wirklich
noblen Leute des Congresses wie Kalidas Nag. Dafür bin ich der
Vertrauensmann aller Leute und habe durch unterirdische Schlich-
tung den grossen Krach verhütet – es sind so viele Spannungen da,
Duhamel und Romains, Franzosen und Italiener, und jeden Augenblick kann etwas passieren. Gewisse Juden wie Crémieux[1] und
Ludwig machen das nicht – es war klug von mir, mich ganz in den

Hintergrund zu stellen, obwohl es gewiss auch missdeutet wird. Gerne werde ich das Schiff besteigen, obwohl ich furchtbar viel Interessantes sah, heute allein während die anderen tagten, das Schlachthaus, eine einzigartige Sache. Auf dem Schiff kommt dann die Ruhe, hier stürmt von morgens bis nachts das Telefon, wir sind bereits alle erschöpft, und wenn man wie ich keinen Ehrgeiz hat, so fehlt einem das Gegengewicht der Eitelkeit für die Anstrengung. Das Klima aber angenehmst und alles in Ordnung. Herzlichst

S.

1] Benjamin Crémieux, der 1944 im KZ Buchenwald umkam.

Zweig, der gleich nach Kongressschluss mit dem britischen Postschiff ›Almanzora‹ zurückkreiste und knapp drei Wochen unterwegs war, wusste sicherlich Bescheid über den Aufenthalt Friderikes in seiner Londoner Wohnung, 49 Hallam Street, die sie als gemeinsame betrachtete. Ihr Brief vom 29. September, der ihn bei seinem Zwischenstopp in Spanien nicht erreichte, ging zurück an die Absenderin und ist daher erhalten.

49, Hallam Street, London, W. 1.   Dienstag [29. 9. 1936]

Lieber Stefan,

es ist nichts riskiert, Dir diesen Gruß entgegenzusenden, wenn auch sehr zweifelhaft, daß er Dich erreicht. Die Royal Mail gab mir wenig Hoffnung. Unterwegs wirst Du ja aber bereits von Frl. A.[1] Bericht gehabt haben. Es scheint nichts Wichtiges – allenfalls eine Filmanfrage nach Salzburg. Die hiesige Post an Dich geht ungeöffnet an Frl. A.,[1] die alle 2ten Tag kam.

Ich hoffe innigst, daß Du gesund bist und Dich keine Europanachrichten aus Deiner Ruhe und guten Arbeit brachten und daß der neu angehäufte innere Reichtum vorhält für alle etwaigen Devalvationen, die wieder so sinnig am Versöhnungstag in Erscheinung traten.[2] Sei froh, daß Dich reine Meerluft umweht hat und keine Sorge, die am Festland auch nicht zu begegnen gewesen wäre. Schließlich brauchst Du keinen Rolls-Royce zu verkaufen, und hier ist niemand beeindruckt, weil Pfund und Dollar sich nicht besonders rühren.

Mich trifft es ja wohl, aber ich bemühe mich, nicht daran zu denken. Ich hole hier alles an versäumten Büchern nach u. freue mich z. B. bei der Lectüre von Luc Durtains Süd. Am. Buch,[3] wie viel interessanter alles sein wird, was Du jetzt wahrscheinlich am Schiff schon geschrieben hast. Im Flat wirst Du alles in Ordnung finden. Es war mir eine große Freude hier wieder bisschen zu wohnen und Dich trotz Meerferne näher zu spüren, und am 12ten oder 13ten fahre ich wieder weg. Ich komme bis Southampton, damit ich möglichst wenig von Dir versäume. Von Mama habe ich sehr liebe Nachricht. Von Deinen Bekannten und Freunden sah ich bisher nur Victor,[4] der sehr gut aussieht und Baronin Budberg. Zu erzählen gibt es allerlei, aber es wird alles blass und nichtig vor der Neugier, von Dir zu hören und die Briefberichte ergänzt zu haben.

Gute Rückkehr wünscht Dir mit vielen, vielen Grüßen und Gedanken

Deine   Fr.

1] Lotte Altmann. · 2] 26. 9. 1936: jüdischer Feiertag Jom-Kippur (Versöhnungstag), an dem England, Frankreich und die USA ein Währungsabkommen schlossen; dies hatte Abwertungen (Devalvationen) und Wechselkursänderungen zur Folge. · 3] Luc Durtains Bücher *Conquêtes du Monde Amérique* (1927) und *Imagens do Brasil e do Pampa* (1934). · 4] Victor Fleischer.

Friderike Zweig empfing ihren Mann am 5. Oktober im Hafen von Southampton, blieb noch eine Woche bei ihm in London und reiste dann über Paris zurück nach Salzburg. Indessen ärgerte er sich über Eigenmächtigkeiten seines Verlages. Die beiden Bände, die unter den Titeln Die Kette *(Novellen) und* Kaleidoskop *(Erzählungen, Legenden und Sternstunden) erschienen waren, sollten nach Zweigs Beschwerde den Gesamttitel* Gesammelte Erzählungen *erhalten.*

                                          [London, 14. 10. 1936]

L. F.,

ich büsse es schwer, dass ich einmal weg reise. Eben erhalte ich die beiden Bände der Novellen von Reichner. Er hat *alles falsch* gemacht. Statt des Titels »Gesammelte Erzählungen Band I und Band II« mit den *Unter*titeln hat er den Gesamttitel *einfach wegge-lassen*, und ein Buch »Kaleidoscop« und eines »Die Kette« ist da, unter dem niemand sich etwas vorstellt und manche dann mit Ärger die alten Novellen finden, während für meine »Gesammelten Erzählungen« viele Leser dagewesen wären. Dabei ist der Einband *scheusslich* ordinärste Sackleinwand – ich bin verzweifelt, weil ich alles jetzt immer selbst überwachen muss (in allen Sprachen); wie war das doch bei der Insel! Aber dieser Dummkopf und Starrkopf versaut nur alles. Dies, um auch zu zeigen, dass ich für Euer »Lustigsein«, das Du mir heute anempfiehlst, wenig Zeit habe, und vielleicht das Leben mit seinen *täglichen* Plackereien doch an-strengender ist als Ihr Euch vorstellt. Ich habe heute 10 Seiten an Reichner dictiert und dann erst das andere.

Bestens   S.

Hier geht es mir nicht besser. Eben schickt mir Cassell das Buch. *Gegen* alles, was ich sagte, ist das Bild Calvins oben, und das ganze handelt über Calvin, nicht über Castellio. Ich bin verzweifelt, dass ich nie auf acht Wochen wegbleiben kann – dass man alles und je-des durchsehen muss. Die Pauls haben die Sache eher noch schär-fer gemacht, und Castellio verschwindet ganz. Ach, immer muss man alles selbst tun.[1]

1] Die englische Ausgabe seiner Castellio-Biografie, übersetzt von Eden und Cedar Paul, erschien 1936 unter dem Titel *The Right to Heresy. Castel-lio against Calvin* bei Cassell in London und bei Viking Press in New York.

Verdruss hatte Zweig auch wegen nicht bezahlter Tantiemen für die Auf-führungen des Filmes Brennendes Geheimnis, *den die Berliner Tonal-Film im Jahr 1932 gedreht hatte. Einen Rechtsstreit scheute er aber wegen des Gerichtsstandes im nationalsozialistischen Deutschland. Seinen Un-mut musste Friderike über sich ergehen lassen. Zudem missfiel ihm ihr Vorhaben, Künstlerkinder zu betreuen und dafür ein Heim (Pensionat) zu eröffnen. Seine Ehefrau sollte sich lieber um die Verheiratung ihrer Töchter kümmern.*

L. F.,

beiliegender Brief an Frau Meingast ist *eilig*. Vielleicht kann man inzwischen schon aus dem Correspondenzbuch einiges feststellen. Leider scheint die Sache verfahren. Ich zeige meinen Vertrag nicht her, weil er (obwohl ziemlich günstig für mich) die Clausel enthält: Gerichtsstand Berlin. Die anderen wollen aus Gier nicht sich begnügen mit meinem Angebot. So wird die Sache ins Wasser fallen. Schade! Ich habe in Filmsachen immer Pech! Überhaupt, *wie* viel Angelegenheiten immer, die nur Arbeit machen und nichts einbringen! Die Hälfte wäre seit 15 Jahren vermieden, wenn meine Sachen übersichtlich geordnet gewesen wären, auch die Zahlungen immer controlliert.

Deinen Brief aus Paris habe ich erhalten. Sonderbar, dass Du Pensionatsmutter wirst statt Grossmutter, wie es sich längst gehörte! Dies nur in äusserster Eile! Herzlichst

S.

Friderike Zweig beugte sich der Anordnung ihres Mannes und verließ nach dem 9. November ihr Haus Kapuzinerberg 5. Sie wohnte bis Mitte März 1937 in Wien, Pension Atlanta, zwischendurch mit ihren Töchtern Alix und Suse im Haus ihrer Freundin Yella Hertzka in Döbling. Stefan Zweig beabsichtigte, Mitte Dezember 1936 über Salzburg nach Wien zu reisen und dort seine Ehefrau zu treffen.

[London, 9. 11. 1936]

L. F.,

vielen Dank. Bitte für mich nur den leichten Pelz (grau) mitzunehmen, sonst brauche ich zur Zeit nichts. Sollte ich [in Salzburg] durchfahren, so würde ich Johann[1] telegrafisch an die Bahn bestellen, schon um ihm und Frau Meingast die Hand zu schütteln. Eiligst

St.

Von Exzellenz Franckenstein kam eine Einladung an Dich zum Archduke Johan Ball 3. Dez.[2] Bitte sage Du sofort, dass Du leider zurzeit in Österreich bist.

1] »Herrschaftsdiener« Johann Thalhuber. · 2] Die österreichische Gesandtschaft in London veranstaltete einen Ball, der nach Erzherzog Johann
benannt war.

*Zweig, der für sein Haus Kapuzinerberg 5 noch kein Kaufangebot erhielt,
war mit dem Vorhaben seiner Ehefrau konfrontiert, ein verschuldetes Haus mit
Hypothek zu übernehmen und Künstlerkinder zu betreuen. Unter solchen
Voraussetzungen war eine positive Entscheidung Zweigs nicht zu erwarten.*

49, Hallam Street, London, W. 1.   [30. 11. 1936]

L. F.,
     vielen Dank für Deine Glückwünsche.[1] Die Gansleber ist mir
vom Zoll avisiert worden und wird mir Montag zugestellt, weil ich
erst eine Menge Papiere unterzeichnen musste. In der Sache der
Hausbelehnung sieht Dr. G.[2] noch einige Pferdefüsse in dem neu
vorgelegten Vertragsbrief: wahrscheinlich wird die Sache bis zu meiner Rückkunft verschoben, und dann sage ich Ja oder Nein, denn ich
bezahle nicht ein $1/2$ % Zinsen mehr, als in dem ursprünglichen Vorschlag enthalten war. Auch sonst fehlt es nicht an Ärgernissen und
Schindereien, es war in allen äussern Dingen ein recht unerfreuliches
Jahr, und ich gehe mit wenig Mut in das nächste hinein. Man wird
dieser fortwährenden Schwierigkeiten und Compliziertheiten mit
55 Jahren und nach 35 Jahren Arbeit ein wenig müde. Ich wäre froh,
irgendein kleines anonymes Leben irgendwo führen zu können
und von dem unablässig rollenden Kampfwagen abzusteigen.
     Herzliche Grüsse   S.

Ich muss für 1 bis 2 Tage nach Paris, in Salzb. bleibe ich wohl nur
vormittags bis abends ohne auszugehen oder jemanden zu sehen.
Bitte melde *nicht* meine Ankunft in Wien voraus, sage, dass ich in
der Woche *nach* Weihnachten komme, ich brauche unbedingt ein
paar Tage für mich (Reichner, Zahnarzt, ähnliche Dinge) und will
niemanden sehen, ehe ich nicht meine eigenen und dringlichsten
Sachen geordnet habe.
     Von Roths Affaire hörte ich, sie ist reichlich dunkel. Dass er in
Wien ist, weisst Du ja wohl schon längst.[3]

1] Zum 55. Geburtstag Stefan Zweigs. · 2] Dr. Josef Geiringer, Rechtsanwalt in Wien. · 3] Joseph Roth wurde in Amsterdam von seinem Sekretär bestohlen (Zweig scheint dies zu bezweifeln); nach dieser Affäre reisten Roth und Irmgard Keun nach Wien, wo sie sich vom 22. 11. bis 16. 12. 1936 aufhielten.

[London, 12. 12. 1936]

L. F.,

danke für den Brief. Roth ist leider ein Narr, wenn auch ein liebenswerter. Ich habe gegen wenig Menschen ein so gutes Gewissen: in Ostende gelang es mir, ihn körperlich wirklich hochzubringen, aber seelisch steckt er (ich schrieb es schon damals) voll Bitterkeiten. In der Sache Huebsch wusste ich (wie Du), dass H.[1] nicht wollte – ich kann ihn doch ebensowenig zwingen wie Reichner, sein Geld zu verlieren und Roth die ganze Wahrheit darüber zu sagen, hatten wir beide nicht den Mut, um ihn nicht in seiner Arbeit zu lähmen.[2] Das äusserste Unglück für ihn ist, dass er nichts mehr liest, nichts mehr sieht, sondern versumpft. Und dabei: welch ein herrlicher Mensch geht da zugrunde!

Wegen Johann schrieb ich nicht. Du verstehst mich leider nicht. Ich habe Dir erklärt, dass ich vom ganzen Complex Salzburg, den ich gegen Euren Widerstand seit drei Jahren abstossen wollte, *nichts mehr hören* will. Du hast das zu Deiner Sache gemacht – ich *will* nichts mehr hören davon. Was gehen mich Deine Gehaltsremunerationen an![3] Ich *kann* mit den hunderterlei Geschäften meine Arbeit nur fortführen, wenn ich andererseits auch abstosse – deshalb habe ich auch meine Autografensammlung geopfert. Ich habe ca. 15 Briefe im Tag, Contracte, Geldschwierigkeiten, Angelegenheiten – nichts natürlicher (was jeder ausser Dir begreifen würde), dass ich Salzburg, das doch *Euer* Hobby ist, *endgiltig* abgeschaltet habe mit allem, was daran hängt. Von mir aus kann das Haus einstürzen, ich habe mich vor drei Jahren abgelöst, und es gibt kein Zurück oder Überhaupt-Noch-Damit-Beschäftigen für mich. Ich werde jetzt wieder 14 Tage bis 3 Wochen verlieren, muss dann concentriert arbeiten, es wird auch leider materiell nötig gegenüber dem grossen Gebrauch und den erlittenen Verlusten (das Leben in England ist durch die Entwertung um ein

Drittel teurer für mich, und ich *will* nicht an Geld denken und an überhaupt nichts als an meine Arbeit).

Rose Walter gab mir 1 £ für Dich, das Du ihr seinerzeit für Thee gegeben, den ich selbst mitbringe.

Im Regina bestelle ich schon selbst, es kann ja eine Verzögerung eintreten.[4] Eiligst

S.

1] Benjamin W. Huebsch. · 2] Zweig hatte sich bei den Verlegern Herbert Reichner und Ben Huebsch erfolglos für Joseph Roth eingesetzt. · 3] Gehaltsremuneration: Sonderzahlung vermutlich für den Diener Johann Thalhuber, der vorübergehend in Wien bei Friderike Zweig arbeitete, doch entlassen werden sollte. · 4] Zweig, der bei seinen Aufenthalten in Wien im Hotel Regina wohnte, wollte diesmal selbst buchen, da er in Begleitung seiner Sekretärin Lotte Altmann zu reisen gedachte.

Stefan Zweig wollte offensichtlich seiner Ehefrau nicht mitteilen, dass ihn seine Sekretärin Lotte Altmann nach Österreich und Italien begleiten wird. Sie verließen London am 16. Dezember 1936, blieben zwei Tage in Paris, reisten von dort nach Salzburg – am 19. Dezember verbrachte er einige Stunden in seinem Haus – und weiter nach Wien, wo sie bis 31. Dezember im Hotel Regina logierten; dann ging die gemeinsame Reise über die Schweiz nach Italien mit Stationen in Mailand, Neapel und Rom, retour via Mailand nach Birsfelden bei Basel, von wo sie nach London flogen, dort am 18. Februar 1937 ankamen.

[Neapel, 28. 1. 1937]

L. F.,

ich erwarte hier Montag Frau Selden-Goth, bis dahin wird die zweite Fassung fertig sein, gestern habe ich, erprobt an den beiden Marien (Stuart und Antoinette), auch den armen Magellan umgebracht und arbeite nur mehr an den Consequenzen. In London wird dann die dritte Fassung angefertigt.[1] Ich bleibe hier noch jedesfalls bis zum 6ten Februar, vielleicht *etwas* länger, muss dann nach Rom & Mailand, denke etwa 16.–20. in London zu sein, aber es ist noch *gar* nichts bestimmt.

In Wien scheint es ebenso kalt zu sein wie hier sonnig und still, es ist jedesfalls besser, Du ziehst nicht in das ausgefrorene Salzb[urger] Haus ehe es wirklich Frühling ist. Aber ich will keinerlei Ratschläge geben, tue, wie es Dir am besten dünkt. Post habe ich leider reichlich und kann nichts ausführlicher schreiben. Herzlichst

S.

1] Zweigs Magellan–Biografie erschien noch 1937 im Wiener Verlag Reichner; die geplante Luxusausgabe kam nicht mehr zustande.

Stefan Zweig, dessen Vermögen durch das totale Bücherverbot in Deutschland, überdies durch Einschränkungen des Devisenverkehrs, Wechselkursänderungen und Geldabwertungen schrumpfte, betrachtete das von ihm drei Jahre lang unbenutzte Salzburger Haus nur mehr als finanzielle Belastung. Es sollte zu den Bedingungen, die er am 8. Mai 1935 dem Salzburger Immobilienmakler Silber mitgeteilt hatte, verkauft oder zumindest ganzjährig vermietet werden. Zweig machte einen neuen Anlauf, als sein vertrauter Diener Johann, der Friderike und ihren Töchtern aus Wien davongelaufen war, entlassen wurde. Diesen Vorfall wusste Zweig im Zwist mit seiner Frau zu nutzen. Widerlegbar war allerdings sein Argument, das Haus werde nur zu den Festspielen bewohnt, da ein Teil seit den frühen 20er Jahren an die Familie Schirl vermietet war und Friderike Zweig und ihre Töchter nur im Winter auswärts wohnten, und dies auf Veranlassung des Hausherrn, dessen Ton an Schärfe zunahm.

Diktat in Maschinenschrift mit handschriftlichen Ergänzungen von Stefan Zweig:

London, den 4. März 1937.

Liebe Fritzi,

ich muss um der Klarheit willen, und weil ich zwei Duplikate dieser Erklärung benötige, diesen Brief diktieren, der einen strikten Auftrag enthält.

Da jetzt Johann entlassen worden ist, der mir persönlich die einzige Sicherheit für die noch im Haus befindlichen mir gehörigen Objekte und deren Erhaltung bot,

317

da ferner erwiesenermassen das Haus nur gerade in den Festspielwochen bewohnt wird, und dies nicht die fortwährende Entwertung und notwendigen Reparaturen rechtfertigt,

da es ferner ein Luxus ist, elf Zimmer ständig im Stand zu halten für die zweimonatliche Benützung durch zwei oder höchstens drei Personen, ein Luxus, der für mich heute schon ein ganz ungerechtfertigter ist,

überdies aus andern Gründen, die nur mich allein angehen, erkläre ich hiermit unter dem heutigen Datum, dass ich

die *sofortige ganzjährige* Vermietung eines Teils des Hauses oder den *sofortigen* Verkauf

dringend wünsche.

Ich bitte also, mir zunächst jenen Antrag, der bei Herrn Silber vorlag und über den mir nichts Näheres mitgeteilt worden ist, sofort zu übermitteln, sonst müsste ich mich selbst mit Herrn Silber in Verbindung setzen oder sonst jemandem das Haus an die Hand geben. Ich habe durch drei Jahre gezögert, über Dich hinweg das Geringste zu disponieren, aber nun im vierten Jahre seit meinem Weggang, wo das Haus notorisch nur zu den Festspielen bewohnt wird und zwei bis drei andere Wohnungen gehalten werden, und nun, da Johann fort ist, Frau Meingast doch auch sich im Stadium des Übergangs befindet, erkläre ich heute, am 4. März 1937, nochmals *klar und deutlich*, dass ich mit der baldigen Abstossung oder zumindest Vermietung des Besitzes nicht mehr zögern will. Geschieht es nicht durch Dich, der ich trotz Deines unbegreiflich langen Zögerns und Verhinderns in der loyalsten Weise freie Hand gelassen habe, so werde ich genötigt sein, selbst und zu welchem Preise immer das Haus abzustossen und Euch vor vollzogene Tatsachen zu stellen.

Ich behalte von diesem Briefe zwei Kopien zurück, damit nicht gesagt werden könne, ich hätte nicht absolut Deinen Verhandlungen und Verfügungen den Vorrang gelassen. Aber nachdem drei Jahre ohne das geringste Resultat des von mir gewünschten Verkaufs oder einer ganzjährigen Vermietung verstrichen sind, muss ich mich schon jetzt jedesfalls als frei in allen meinen Verfügungen über mein Eigentum betrachten.

Stefan Zweig
4. März 1937

Friderike Zweig, die bis Mitte März in Wien wohnte, wollte dort eine Wohnung oder ein kleines Haus mieten, wartete aber vergeblich auf die Zusage ihres Ehemannes aus London. Noch sträubte er sich gegen eine schriftliche Regelung ihrer finanziellen Ansprüche. Ihr Vorschlag sollte aber nicht als Zeichen ihrer Zustimmung zur endgültigen Trennung oder Scheidung verstanden werden. Aus dieser Krisenzeit sind drei Briefe von Friderike Zweig erhalten, davon zwei in Form von korrigierten und unsignierten Abschriften, einer in ihrer Handschrift.

Hotel Regina, Wien IX, Dollfußplatz   [undatiert, vermutlich
                                                          8. 3. 1937]
L. St.,

nun will ich Dir ganz sachlich Deine drei Briefe beantworten.[1] Zunächst den schreibmaschinierten mit den ganz überflüssigen Copien, der eine Art Drohbrief vorstellen soll. Du irrst, wenn Du glaubst, ich fühlte mich bedroht, wenn Du einen Modus fändest, das Haus zu verkaufen, was ich selbst ja weiterhin versuche. Das allfällige Angebot der Kanzlei Silber werde ich reclamieren. Es ist jedoch nötig, daß *Du* neuerlich eine Verkaufssumme nennst, ebenfalls eine Summe für eine allfällige Miete.

Deine Vorwürfe weise ich als ungerechtfertigt und unwahr zurück, ebenso die Voraussetzung einer Separation,[2] die Du zwar eine freundschaftliche nennst, die es aber keineswegs ist, sobald Du sogar einen beschränkten Aufenthalt in London ablehnst und ein Wiedersehen nur im Hinblick auf die Liquidierung des Hauses ankündigst. Auch der Ton u. Inhalt dieses Briefes widerlegt das Freundschaftliche. Du verhinderst mich, gleichzeitig in Salzburg *und* in London meine Unterkunft zu finden, was schon gar unannehmbar ist, wenn Du nicht für eine andere Möglichkeit sorgst, die im Stande ist, mich zu befriedigen. Weder will ich Dein Eigentum in Beschlag nehmen — so wie ich doch niemals, auf Deine vollkommene Ehrenhaftigkeit trauend, Gütergemeinschaft anstrebte — noch mich Dir unliebsam in den Weg stellen, den wir so lange zu Gunsten Deiner Arbeit, Deiner Gesundheit u. auch Deiner materiellen Situation gemeinsam gingen.

Ich kann mich jedoch nicht darauf einlassen, auf die Straße gesetzt zu werden, wie Du es anzudeuten scheinst, und muß daher, *bevor* Du das Haus verkaufst, mich unterbringen, damit ich keiner Bedrohung ausgesetzt bin. Ich ersuche Dich daher, eine Summe zur Sicherung der Miete einer Wohnung oder des Erwerbes eines kleinen Hauses auszuschreiben und zwar so, daß diese speciell *für diesen Zweck angelegt* ist, damit *deren Verwendung und der Zweck nicht angezweifelt wird.* Diese Wohnstätte werde ich zunächst in Wien wählen, will mich jedoch für später nicht verpflichten, den oder jenen Ort zu wählen resp[ektive] ihn etwa nicht zu wechseln. Eine Aufgabe unserer Ehe includiere[3] ich jedoch nicht durch den Vorschlag zu dieser Abmachung, die in materieller Hinsicht die Voraussetzung guten Einvernehmens enthält, daß Du für mich in gleicher Weise sorgst wie bisher. Die Wohnung oder das Häuschen dachte ich zumindest auf der Basis jener Wohnungen zu wählen, die ich in Döbling und Baden innehatte, wobei ja allerdings der Zins sich verändert hat.

Nach London werde ich wohl noch zur Ordnung oder Veränderung von Angelegenheiten kommen müssen, die Berechtigung hatten im Hinblick auf mein dortiges Zimmer und die schriftliche Abmachung dortigen Aufenthaltes.[4]

1] Von den erwähnten drei Briefen Stefan Zweigs ist nur der »schreibmaschinierte« vom 4. 3. 1937 erhalten. · 2] Trennung zwischen Friderike und Stefan Zweig. · 3] Auflösung ihrer Ehe nicht inbegriffen. · 4] Unterschrift fehlt.

Auf Vermittlung des Rechtsanwaltes Emmerich Singer erhielt Friderike Zweig am 15. April 1937 ein Angebot des Kaufmannes Viktor Gollhofer für die Liegenschaft Kapuzinerberg 5: 40 000 Schilling fällig bei Vertragsabschluss, 23 000 Schilling mit 5 % Verzinsung binnen zwei Jahren. Stefan Zweig fühlte sich erleichtert, befand sich aber in einer misslichen Situation: Seine zum Verkauf stehende Liegenschaft war belastet, weil die seit März 1934 entstandene Steuerschuld von über 47 000 Schilling als Pfandrecht im Grundbuch eingetragen worden war. Entgegen der Rechtsmeinung des Wiener Anwalts Karl Stiassny, Zweig sei mit seiner Übersiedlung nach London und Abmeldung aus Salzburg in Österreich nicht mehr steuerpflichtig, beharrte die Steuerbehörde auf ihrem Standpunkt, Zweig sei in Österreich steuerpflichtig, solange das Ehepaar dort seinen gemeinsamen Wohnsitz habe. Zweig, der als Auslandsösterreicher eine Be-

schwerde an den Obersten Gerichtshof erwog, musste die vollstreckbare
Forderung der Steuerbehörde umgehend begleichen, um seine Liegenschaft
anstandslos verkaufen zu können, und gab schon erste Anweisungen zur
Räumung des Hauses (schwer fiel ihm die Entscheidung über seine
Beethoven-Reliquien).

[London, 17. 4. 1937]

L. F.,

ich danke Dir für die Nachricht, dass der Hausverkauf perfect
ist. Ich verschweige nicht, dass es eine gute Nachricht für mich ist.
Denn ich *kann* einfach nicht mehr die österreichischen Dinge
noch in meinem Leben halten, dieses *tägliche* Briefschreiben wegen jeder Reparatur, jeder Vermietung. Es ist Zeit, dass Schluss gemacht wurde mit einer absurden Sache, dass man ein Haus hat, das
von zwei Leuten höchstens ein paar Monate im Jahr bewohnt
wird und das Reparaturen etc. veranlasst und *wo alles auf mich*
zurückfällt. Du weisst, dass ich vor 15 Jahren einen Aufsatz »Büro-
phobie«[1] schrieb – ja, es ist meine Krankheit. Heute habe ich den
ganzen Tag verbracht, die Beschwerde an den Obersten Gerichtshof zu prüfen, zu ergänzen – diese Steuersache geht *endlos* hin
und her und Dr. S.[2] hat *gar* nichts tun können. Meine Correspondenz ist ohnehin endlos, ich muss doch alles neu aufbauen
und habe *endlose* Schwierigkeiten auch in dieser Hinsicht – von
den Verlusten will ich gar nicht reden, die die letzten zwei Jahre
gebracht haben und die mich zwingen, schärfer auf Verträge zu
sehen als bisher.

Es ist *unsinnig*, dass Du Dir suggerierst, es sei ein Ungeheures
geschehen. Das Haus war vor 20 Jahren für 4 Personen und meine
Arbeit bestimmt. Nachdem 2–3 davon nicht mehr dort leben, ist
es doch ganz selbstverständlich, dass man es verkauft.[3]

Nun Einzelnes: wegen Beethovenschreibtisch werde ich bald
Entscheidung treffen (es hängt von gewissen Umständen ab). Keinesfalls verkaufe ich ihn oder nehme ihn hierher.

Clavier riet ich Dir zu verkaufen, weil es schlecht ist und man
lieber Raum haben sollte.

Möbelerlös kann ich nicht errechnen. Es hängt ab, wie viel Du
abgibst. Je mehr umso besser.

Hinterberger verständige ich. Am liebsten käme ich noch selbst für zwei Tage, um einiges zu bestimmen.

Wichtig ist

1. Wann räumst Du die Wohnung, damit ich weiss, wann ich noch rechtzeitig kommen könnte?

2. Eisenkasse (die alte von Grossvater⁴) kann verkauft werden. Wegen der andern muss ich fragen, ob ich sie nach Wien stellen kann.

3. Teppiche soll man noch behalten (ohnehin nicht mehr neu).

4. Grosser Tisch mit Laden im Bibliothekszimmer – ich bin für verkaufen. Ich hänge an *gar* nichts. Will nur freien Kopf.

Ich kann noch nicht ganz sagen, ob ich kommen kann und wann. Es ist schwer, erstens weil ich zuvor fertig werden will (was *längst* wäre, wenn nicht diese entsetzlichen Schreibereien mich volle 3 Wochen gekostet hätten) und wegen des Coronation Getümmels (unmöglich vor dem 12. Mai zurückzufahren, dazu Eröffnung der Pariser Weltausstellung).⁵ Wenn, würde ich gegen Anfang Mai kommen, möchte aber niemanden sehen und nur um meine Sachen mich bekümmern.

Ich muss ja die alte Correspondenz abräumen oder verbrennen! Photografien etc., all diese Sachen müssen ja weg oder vernichtet werden. Ich hänge an *gar* nichts, will nur freien Kopf.

Dies in Eile. Ich kann nicht mehr. Ich habe wegen dieser Sache mir alle Finger wund und den Kopf leer geschrieben.

S.

P. S. Wegen Krösus: Ich bin *nie* rapid im Preis heruntergegangen, sondern sagte immer, dass ich zu *jedem* Preis unterhandle – nur Du hast durch den hohen Preis den Verkauf solange aufgehalten. Wozu das umstellen – es ist doch keine Schande, dass Du an dem Hause so gehangen hast.

Jene Eintragung⁶ war ein Akt grober Unfreundlichkeit, denn ich hatte ausdrücklich einen Teil bar und Trefferanleihe als Garantie angeboten.⁷ Es handelt sich im ganzen um einen Betrag, der höher wird, wenn ich nicht durchdringe, als was das Haus mir einbringt – wenn ich es 1934 *verschenkt* hätte an jemand, der nicht Zweig heisst, wäre ich billiger gefahren.

1] Stefan Zweig: Bureauphobie. Brief an einen Arzt, Neue Freie Presse, 6. 3. 1919. · 2] Dr. Karl Stiassny, Rechtsanwalt in Wien. · 3] Im Haus Kapuzinerberg wohnten Friderike Zweig, ihre Töchter und die Familie Schirl. · 4] Samuel Brettauer. · 5] Krönung des englischen Königs George VI. am 12. 5. und Eröffnung der Pariser Weltausstellung am 24. 5. 1937. · 6] Hypothek im Grundbuch der Stadt Salzburg. · 7] Zweig hatte der Steuerbehörde österreichische Wertpapiere (»Trefferanleihe«) als Garantie zur Bezahlung seiner Steuerschuld angeboten.

Friderike Zweig verschwieg anfänglich ihrem Ehemann, dass sie und ihre Töchter eine große Villa (zehn Räume, etwa 235 m²) im Salzburger Stadtteil Nonntal gemietet hatten. Stefan Zweig, der vor allem wegen seiner Steuersache darauf bedacht war, jeden Eindruck zu vermeiden, weiterhin mit seiner Ehefrau einen gemeinsamen Wohnsitz in Salzburg zu haben, machte ihr entsprechende Vorschriften, die sie befolgen sollte. Er hatte auch wenig Verständnis für ihr Vorhaben, unbenutzte Räume des gemieteten Hauses an Gäste zu vermieten, bezahlte jedoch ohne weiteres die Jahresmiete nach ihrem Umzug im Mai 1937.

Diktat in Maschinenschrift und handschriftliches Postskriptum von Stefan Zweig:

London, den 19. April 1937.

Liebe Fritzi!

Ich schreibe ausführlich, so wenig Zeit ich habe, in der Sache der Wohnung, weil diese Angelegenheit grösste Klarheit und unter den gegebenen Umständen auch eine gewisse Vorsicht erfordert. Leider vermisse ich Deinerseits diese Klarheit. Ich habe Dir vollkommen freie Hand in Deinen Entschliessungen gelassen, habe nur im Anfang meiner Verwunderung Ausdruck gegeben, dass Du gerade die eine Stadt gewählt hast, welche durch die mir ziemlich öffentlich angetane Beleidigung als Wohnstätte mir unmöglich geworden war und habe von Anfang an den Rat gegeben, in den heutigen Zeiten sich nicht mit einer grossen Wohnung zu belasten, besonders wenn man nicht das ganze Jahr dort wohnt. Bis heute habe ich noch immer nicht erfahren können, wie gross diese Wohnung eigentlich ist. Du schreibst, im Sommer blieben durch Vermietung nur drei Zimmer, so dass ich vermute, dass es bedeutend mehr sind. Eine Anmerkung in einer Klammer (resp. Haus) lässt mich sogar mutmassen, dass es sich nicht um eine Wohnung, sondern um die Miete eines ganzen Hauses handelt.

Meine Bedenken gehen nun nicht einzig nach der steuerlichen Seite, sondern Du hättest auch etwas anderes in Betracht ziehen müssen, nämlich dass mir die ganze Vermieterei nicht sehr erfreulich ist. Ich fürchte mich schon lange nicht mehr vor dem Gerede der Welt, aber ich weiss genau, dass man allgemein sagen wird, wie schlecht Frau Stefan Zweig gestellt ist, wenn sie genötigt ist, Zimmervermieterin zu werden, wo in Wirklichkeit eine solche Notwendigkeit doch nicht vorliegt. Ich muss darum darauf bestehen, dass die Wohnung auf den Namen Deiner Töchter genommen wird und hätte es auch lieber, wenn der ehrlichste Weg gewählt würde und sie eine Art Pension dort eröffnen. Denn selbstverständlich wird die Steuerbehörde sie fragen, wieso jemand, der hundert Schillinge als ganzes Einkommen hat, eine Wohnung in diesem Umfange und in diesem Preise sich ganzjährig halten kann. Ich bin gegen Zweideutigkeiten. Es muss vollkommen klargemacht werden, dass diese Wohnung Deinen Töchtern gehört, sie daraus durch Vermieten ein Einkommen zu ziehen gedenken; Telefon usw. muss sämtlich unter ihrem Namen gehen und ebenso alle Zahlungen durch sie geleistet werden. Alle diese Schwierigkeiten wären natürlich vermieden worden durch eine kleinere Wohnung, die mir auch das Odium erspart hätte, dass alle unsere Bekannten und Freunde, die dort wohnen werden und früher bei mir zu Gast waren, Zimmermiete wie in einem Hotel bezahlen.[1]

Selbstverständlich müssen alle Gegenstände, die auch nur im entferntesten auf meine mögliche Anwesenheit gedeutet werden können, verkauft werden (Schreibtisch, Kasse usw. usw.). Jene Bücher, die mir persönlich dediziert sind und die ich deshalb nicht verkaufen will, werde ich in Kisten verpacken lassen und entweder in Wien bei meinem Bruder oder in dessen Büro abstellen oder irgend einer Bibliothek übermachen. Auch der Beethovenschreibtisch darf selbstverständlich dort nicht bleiben.

Wenn ich Dir schreibe, ist das nicht Ängstlichkeit vor der Steuerbehörde, die mich bewegt. Ich bin entschlossen, was ich bisher nicht getan habe, wenn der Kampf um weitere Jahre fortgehen sollte, meine bisher unerklärlicherweise geübte Rücksicht fallen zu lassen und klar mitzuteilen, dass ich wegen der damals bei mir durchgeführten Hausdurchsuchung[2] Salzburg verlassen habe und eine Rückkehr schon deshalb für mich ehrenhafterweise ausgeschlossen ist. Ich habe törichterweise damals in den Zeitungen jede Mitteilung unterdrückt und in der Eingabe jenen andern Grund vorgeschoben, für welche Diskretion ich jetzt noch zu büssen habe. Aber ich bin entschlossen, notfalls ganz klar und entschlossen vorzugehen, statt mir noch ein weiteres Unrecht und eine weitere Schädigung zufügen zu lassen.

Um dies aber zu vermeiden, möchte ich jedesfalls bei meiner Durchreise in Salzburg Herrn Dr. Singer eine Erklärung abfassen und sie notariell bestätigen lassen, dass in dieser Wohnung Deiner Töchter, wo auch Du zeitweise wohnst (Du hast mir bis zum heutigen Tage noch immer nicht verraten, in welcher Strasse und in welchem Haus), kein Gegenstand mir gehört, alles Dein oder ihr Eigentum ist oder bereits schon war (ganz wie er es für richtig hält), dass ich in Salzburg weder eine Niederlassung habe noch dort Mobiliar und Einrichtungsgegenstände besitze, dass ich dieses Haus (. . . dies wäre auszufüllen. .) nie betreten habe und niemals bewohnen werde. Ich werde Herrn Dr. Singer bitten, eine solche Erklärung in duplo abzufassen und Euch hinterlassen, allenfalls sogar im vorhinein den Behörden übermitteln lassen.[3] Jedesfalls muss ich vermeiden, dass mir noch irgendwelche andere Schwierigkeiten daraus erwachsen als aus der an sich schon peinlichen Tatsache der Zimmervermieterei. Ich werde mir Hinterberger an dem Tage bestellen, wo ich in Salzburg bin, ich rechne etwa 5., spätestens 6. Mai und glaube, dass er auch von den wertvolleren Sachen der Bibliothek einen Teil zumindest in Kommission übernehmen würde. Aber je mehr Du schon abverkaufst in Salzburg, umso besser. Die dedizierten Bücher werde ich, wie gesagt, zum grösseren Teil nach Wien schicken, und sonst lege ich auf nichts Gewicht. Selbstverständlich transportiere ich, was noch vielleicht an Kleidern da sein sollte, ab, denn ich halte darauf, dass ich dort keinerlei Gegenstände meines persönlichen Gebrauches mehr besitze und endlich den Kopf entlastet habe von diesen mich bei meiner Arbeit enervierenden Angelegenheiten.

Mit den besten Grüssen   S.

Wäre es nicht einfacher und klarer gewesen, mir vor vier Wochen schon zu schreiben – ich könnte (oder werde) das *Haus* so und so mit so und so viel Zimmern mieten, statt herumzumunkeln: im Sommer bleiben drei Zimmer und auszurechnen, dass es fast gar nichts kostet (von der Zimmermiete musst Du natürlich ein Grossteil abführen an Steuern, aber das rechnest Du *jetzt* nicht) – in einem Jahr wird es heissen, wie bei Frau Hertzka, die billige Wohnung kommt Dich so teuer. Aber nur immer hintenherum und unklar – Du weisst, wie sich das bei mir bewährt hat. Heute sehe ich *zum erstenmal* aus einer keusch in eine Klammer versteckten Andeutung (resp. Haus), dass es sich um ein Haus mit Garten handelt und noch immer kein Wort, wie viel Zimmer Du hast.

1] Dazu Kommentar Friderike Zweigs: »War nie gedacht und nie der Fall.« ·
2] Dazu Kommentar Friderike Zweigs: »u. in 269 anderen Häusern.« ·
3] Diese Erklärung ließ Stefan Zweig vermutlich nicht abfassen.

Stefan Zweig gab zwei Wochen vor seiner Reise nach Salzburg noch knappe Anweisungen zur Räumung seines Hauses. Vor dem Verkauf von Büchern sollten die Widmungsblätter entfernt werden (Reliquien, die Friderike aufbewahrte). Zwistigkeiten sollten nicht aufkommen, da er für sich nur die ihm gewidmeten wertvollen Bücher, seine Korrespondenz und wenige Bilder beanspruchte. Auffallend ist seine Geheimnistuerei um seinen Beethoven-Schatz (dieser gelang noch 1937 mit Hilfe seines Bruders Alfred nach London). Zweig, der einen zweitägigen Aufenthalt in Salzburg plante, wollte nicht im ausgeweideten Haus nächtigen; er wählte das kleine Hotel Traube am Fuße des Kapuzinerbergs.

[London, 20. 4. 1937]

Bitte, Dir alles Einzelne dieses Briefes übersichtlich abschreiben zu lassen!
L. F.,
nur Meritorisches.[1]

Ich will am 4ten von hier weg, am 5ten in S. [Salzburg] sein, um einiges zu erledigen. Hoffentlich ist bis dahin schon viel abverkauft.

Ich möchte nur bitten, folgendes vorzubereiten:

Es sollen – auf meine Rechnung – eine Reihe Bücherkisten und anderer Kisten *bereitstehen*, in denen ich Bücher (die dedicierten von Wert) verpacken kann (aus den anderen reisst man einfach die Widmungen heraus). Vielleicht kannst Du da eine Voordnung schon machen, damit ersparen wir viel Zeit.

Verpacken will ich noch Correspondenzen (Insel, Jugendfreunde, Recensionen). Ich nehme mir von den Gegenständen höchstens ein zwei Bilder und Stiche. Sonst will ich nichts davon.

Je mehr mir *vor*bereitet ist, umso besser. Je mehr schon verkauft, umso besser. Du hast da in den Preisen völlig freie Hand. Es ist nur gut, alles übersichtlich und nicht auf losen Zetteln zu notieren (Buch-Einnahmen, Buch-Ausgaben). Gestern war Dr. Auerbach da. Paumgartner habe ich im Concert beglückwünscht und eingeladen. Er hat sich aber nicht gezeigt.[2]

Ich bin überhetzt von Arbeit, weil ich vor der Abfahrt Bing noch abliefern muss.[3] Dazu diese endlosen Akten, Passionen, Berechnungen – ich hätte wohl auch nach fast vierzig Jahren Arbeit Recht auf etwas Rast.

Herzlichst   S.

Die Sachen im Gang (alte Contecorrente etc.), die überflüssig sind, bitte ich *jetzt* schon zu verbrennen, damit die Übersicht für mich leichter ist. Suse soll jedesfalls da sein und auch Alix sich möglichst frei nehmen, damit man rascher fertig ist. Je mehr Du *vorher* abverkaufst, umso besser. Lass Dir doch einen Antiquar kommen und verkaufe alles Mindere für 1 Schilling das Stück. Reisse nur immer etwaige Widmungen heraus.

Hinterberger bestelle ich mir für den 6ten Mai.

Je mehr Kisten schon im Haus sind, umso besser. Du wirst ja auch welche brauchen, falls solche übrigbleiben.

Ich möchte in der »Traube« wohnen, um keine Zeit zu verlieren.

Ob es ratsam wäre, die Asbestkiste mit der schönen Verkleidung für Deine neue Wohnung zu behalten, um bei Deinem Fortsein darin Dinge aufzuheben?

1] Sachliches. · 2] Konzerttournee des Salzburger Mozart-Orchesters unter der Leitung Bernhard Paumgartners in Luxemburg, Belgien, England und Frankreich; mehrere Konzerte in London, Queens Hall, Regent Street, das erste am 16. April, Empfang beim österreichischen Gesandten Baron Franckenstein am 21. April. · 3] Edward Bing wollte in Amerika Zweigs *Magellan* in Zeitschriften unterbringen.

Stefan Zweig, der am 4. Mai 1937 über die Schweiz nach Salzburg gereist war, erledigte dort sein Vorhaben binnen zwei Tagen. Mit Hilfe des Rechtsanwaltes Emmerich Singer konnte Zweig den Verkauf seiner Liegenschaft abschließen. Die Käuferin Friederika Gollhofer bezahlte wie vereinbart 40 000 Schilling (die im Grundbuch eingetragene Restschuld, 23 000 Schilling mit 5 % Verzinsung, war bis spätestens 1. Juni 1939 zu begleichen). Das Haus Kapuzinerberg 5 wurde weit unter seinem Wert verkauft und noch im Mai 1937 ordnungsgemäß geräumt und übergeben. Stefan Zweigs stattliche Bibliothek zerfiel. Nur die ihm gewidmeten wertvollen Bücher ließ er nach London schicken, desgleichen die ihm verbliebenen Autografen und Beethoven-Reliquien wie Sekretär, Schreibpult, Geldkassette und Haarlocke.

Berechtigtes Anliegen der von Stefan Zweig getrennt lebenden Ehefrau war es, ihren Anspruch auf Unterhaltszahlung noch vor ihrem Umzug im Mai 1937 vertraglich abgesichert zu wissen, jedoch ohne ihre Absicht, sich von ihrem Mann endgültig zu trennen oder gar scheiden zu lassen. Stefan Zweig, der am 7. Mai von Salzburg nach Wien geeilt war, wurde dort über die mit ihren Rechtsanwälten Friedrich Meiler und Josef Geiringer vereinbarten Besprechungen verständigt.

Hotel Regina, Wien IX, Dollfußplatz   [undatiert, vermutlich 10. 5. 1937]

L. F.,

    ich erhalte eben von Dr. Meiler die Verständigung, dass Du Freitag um 4 Uhr bei ihm bist, und Ihr dann um 5 Uhr mit meinem Anwalt[1] die Sache festlegt; meinerseits habe ich ihm alle Einzelheiten bereits gegeben. Nur auf Deinen besonderen Wunsch würde ich bei dieser zweiten abschliessenden Conferenz dabei sein. Hoffentlich bist Du in guter und klarer Verfassung, ich will mich bemühen, es gleichfalls zu sein, obwohl diese letzten Tage auch an mich schwere Anforderungen gestellt haben. Ich habe keinen innigeren Wunsch, als dass die Regelung in beiderseitigem Vertrauen und in freundschaftlichsten Formen erledigt werde; an mir wird es da nicht fehlen.

Herzlichst   S.

1] Dr. Josef Geiringer, Rechtsanwalt in Wien.

Telegramm von Stefan Zweig, Wien, 12. 5. 1937, an Friderike Zweig in Salzburg, Kapuzinerberg 5:

Brief bewusst unklar – müsste Freitag mittags zu meiner Arbeit zurück – verlängere nur falls Dein Antrag endgiltiger Bereinigung wirklich durchgeführt wird – sonst bleibe Du dort und erspare Dir überflüssige Advokatenkosten STOP Dein Herkommen bedeutet mir endgiltige Erledigung – ich bleibe dann auf halbem Wege nicht stehen – ich benötige noch heute Antwort +

Hotel Regina, Wien ix, Dollfußplatz   [undatiert, Poststempel
                                                                           12. 5. 1937]

Liebe Fritzi, ich möchte nicht, dass Du glaubst, es sei dies eine frohe Stunde für mich gewesen – im Gegenteil, ich schreibe Dir das in der Nacht, schlaflos und voll Gedanken an die vergangene gute Zeit. Wir haben beide Fehler gemacht, und ich wollte, es wäre anders gekommen – bei Gott, ich spüre im Herzen nichts als Traurigkeit über diesen äusseren Abschied, der innerlich für mich keiner ist, vielleicht nur wieder ein Näherkommen, weil wir nicht mehr so nah sind mit all den Kleinlichkeiten und Peinlichkeiten.

Ich weiss, ohne eitel zu sein, dass es Dir bitter schwer sein wird, ohne mich zu sein – aber Du verlierst nicht viel. Ich bin nicht mehr derselbe, sondern ein menschenscheuer, ganz in sich zurückgezogener Mensch geworden, den eigentlich nur mehr die Arbeit freut. Du siehst, von wie viel ich Abschied genommen habe, und ich weiss auch, dass es an mir liegt, wenn es um mich stiller und leerer wird; jener Schlag von Deutschland her hat uns alle tiefer getroffen als Du vermutest und alles Festliche, Vergnügliche ist mir gespenstig fremd geworden. Nein, Du verlierst nicht viel, und innerlich bin ich Dir gewiss nicht verloren – ich weiss genau, wer Du bist und weiss auch, dass all das, was uns getrennt hat, nur Liebesschwäche zu Deinen Kindern[1] war, eine Unkraft, gegen ihre Wünsche Dich zu wehren. Aber es war eben ein entscheidender Augenblick, da Du nicht ganz zu mir hieltest und dass ich gerade in jenen vier furchtbaren Jahren, da sich die Welt gegen einen verschworen hatte, noch zuhause kämpfen musste um Alles und Jedes, dies war das Verhängnis. Ich bitte Dich, glaube mir, dass ich nichts Anderes wünsche als Dich zufrieden zu wissen – auch Deinen Kindern wünsche ich alles Glück. Freilich, ich hätte ihnen eine andere Art Glück gewünscht, als das sie suchen, jene Beglückungen, wie wir sie hatten an geistigen Dingen und heiligen Werten. Wenn ich unzufrieden mit ihnen war, so doch nur, weil sie mit Kleinem und Törichtem sich immer begnügten, weil sie nichts von jenem brennenden Eifer des Lernens und Erlebens hatten, von dem wir doch beide wissen, dass er der Sinn und die Schönheit unserer Jugend war. Du hast sie gewiss geliebt, aber ihnen nicht gut getan durch Güte, die eine Schwäche war von Dir und ein Schaden für sie, und dieser Antagonismus zwischen ihnen und uns hat schliesslich alles aus dem Gleichgewicht gebracht. Um ihretwillen bist Du oft unwahr, oft feindselig gewesen gegen mich – ich sage mir in aufrichtigster Ehrlichkeit, ich habe es gut gemeint mit ihnen, und es wäre besser geworden, wäre ich härter, strenger gewesen. Aber ich kann gegen niemanden streng sein, weil ich zu sehr selbst meiner eigenen Unzulänglichkeit bewusst bin, ich bin kein Erzieher und stelle die Anforderungen nicht einmal an mich. Aber ich wiederhole und wiederhole Dir, es ist kein Tropfen Bitternis in mir gegen Dich, nur ein grosses Bedauern – hättest Du Enkel gehabt zur rechten Zeit, alles wäre vermieden gewesen, und Du weisst auch, dass die endgiltige Trennung auf Dein Drängen kam.[2] Vielleicht ist es besser so, denn wirklich, ich will nicht mehr verantwortlich sein und kein Recht mehr haben, Einspruch zu erheben – wir müssen jeder selbst an uns genug jetzt durchstehen, wenigstens ich fühle diese Zeit als allergrausamsten Druck. Verzeih mir jedenfalls, wenn ich durch diese Art von Pessimismus Dir manche Stunde verstörte, aber Du weisst, ich habe es mir nie leicht gemacht und

mache es andern schwer mit mir – ausser in einzelnen glücklichen Intervallen – fröhlich zu sein. Ich bitte Dich nun herzlich,
habe kein Misstrauen zu mir. Ich bin voll Fehler und Unzuläng-
lichkeiten, aber eines weisst Du, dass ich nie einen Menschen vergessen habe, den ich jemals gerne gehabt, und wie sollte ich Dir
fremd werden können, die mir am nächsten stand. Du weisst es,
wie ich Freundschaft halte, wie ich nie mich dieser innern Pflicht
entziehe, selbst wenn Freunde mir Schweres antun (wie jetzt
Roth) – bitte, gib nie dem Gedanken Raum, Du hättest mich
irgendwie »verloren« und kümmere Dich nicht um die Leute.
Wenn sie mich verurteilen, haben sie zum Teile recht, zum andern
Teil wissen sie nicht, was ich in den letzten Jahren durch den
Complex Salzburg gelitten habe – Dich aber wird niemand verurteilen, und wer zu Dir hält, wird mir nur lieb und teuer sein
(während ich jetzt alle verabscheute, die zwischen uns die Lage
spannten). Ich glaube selbst, es ist besser so, wie es jetzt geworden
ist und doch nur ein tiefer Schmerz; aber was gilt denn all das
noch, was wir jetzt noch zu erleben und durchzuleben haben?
Die beste Zeit ist unwiederkehrbar vorbei, und wir haben sie gemeinsam gelebt, viel davon in wirklichem Glück und ich auch in
gesegneter Arbeit. Denken wir an dies, wenn wir bedrückt sind,
und glaube mir, dass ich Dir für alles Gute dankbar bin und daran
gerade jetzt denke, während das Schlimme, das uns oft verwirrt,
nun vergessen ist – vergiss auch Du, wenn ich oft zu Dir ungerecht war. Glaube nicht einen Augenblick, dass ich Dir verloren
bin, und denke an mich wie an Deinen besten Freund – möge mir
oft Gelegenheit geboten sein, Dir dies zu beweisen, und verzeih
mir allen Schmerz, den diese Trennung Dir angetan. Es ist meine
eigene Trauer, die Du fühlst, und wenn ich in irgend einer Stunde
mit Dir oder für Dich sein kann, wird es trotz aller melancholischen Beschattung eine gute Stunde sein. Ich danke Dir für Alles
und vergesse nichts von dem Guten und Gemeinsamen dieser
Jahre und werde es *nie* vergessen. Immer Dein

Stefan

1] Alix und Suse Winternitz. · 2] Falsche Behauptung Stefan Zweigs.

Friderike Zweig befand sich vermutlich schon in Wien, als sein Brief vom
12. Mai in Salzburg ankam. An seiner Behauptung, die »endgiltige Tren-
nung« sei auf ihr Drängen zustande gekommen, entzündete sich nach
ihrer Rückkehr ein erbitterter Streit. Am Freitag, dem 14. Mai, wurde aber
ihr Anspruch auf Unterhaltszahlung in Wien einvernehmlich geregelt.
Am 17. Mai begegneten die Eheleute einander auf dem Bahnhof in Salz-
burg – eine verworrene Geschichte. Gewiss ist lediglich, dass die Verein-
barung über ihre finanziellen Ansprüche auf ihr Betreiben neu verhandelt
werden sollte, jedoch ohne Aussicht auf Erfolg. Zweig, der nach dem Salz-
burger Zwischenspiel in die Schweiz gefahren und am nächsten Tag nach
London geflogen war, schrieb an die neue Adresse seiner Ehefrau, Salz-
burg, Nonntaler Hauptstraße 49, mehrere Briefe, in denen es um die lei-
dige Sache ging (von Scheidung ist auch in diesen Briefen nicht die Rede).
Zu erwähnen ist noch, dass er seiner Ehefrau anlässlich ihres Einzuges in
die schmucke Nonntaler Villa Goethes Mailied *schenkte und die Jahres-*
miete überweisen ließ.

49 Hallam Street, London W. 1.   27. Juni 1937

Liebe Fritzi, eben Dein Luftpostbrief. Aber wirklich, wie Du
mich nicht verstehen kannst, so ich Dich nicht. Ich hatte Dir damals von Zürich aus telefoniert, es war mir schrecklich, wie
schnell Du das mir aufgezwungen; ich versuchte noch einen letzten Ausweg. Du sagtest mir am Telefon, noch heute höre ich
Deine Stimme, Du würdest alles unterschreiben, alles tun, Du
würdest Deinen Schmuck verkaufen. Und ich schrieb, ich telegrafierte, ich telefonierte nach allen Seiten, ich sandte Dir eine
Erklärung und Meiler[1] die Copie. Es war zum erstenmal die Vernunft, die in Dir wieder sprach, zum erstenmal das Vertrauen und
alles wäre gut geworden. Aber dann antwortetest Du sechs Tage
nicht und schliesslich, Du liessest Dir nichts vorschreiben – der
alte Trotz war wieder da, die alte Opposition, die auf alles, was ich
vorschlug, zunächst mit einem Gegenvorschlag antwortete, und es
endete immer im Streit. Dann liessest Du die Sache laufen, klag-
test, dass Meiler[1] Dich in Wien haben wolle und schlugst mir endlich neue Verhandlungen auf einen neuen Text vor. Nun *kann* ich
nicht mehr verhandeln, das weisst Du, ich kann nicht mehr mit

Advocaten und Geldverhandlungen und all diesen Dingen, die mich *verstören*, wieder beginnen – *deshalb* hatten wir doch damals alles bereinigt, damit *endlich* zwischen uns die Spannungen beendet seien. Dein Selbständigkeitsgefühl ist zu gross – nicht, dass Du nicht geistig das Recht hättest, aber für mich zu gross geworden, der ich in täglichem Kampf mit tausend Schwierigkeiten stehe und keine *Kraft* mehr hätte für den unbewussten ständigen Widerspruch im Haus. Es *mussten* diese Spannungen endlich zwischen uns beseitigt sein – auch in diesem letzten Moment konntest Du mir nicht vertrauen und ein klares Ja sagen, einfach unterschreiben: vielleicht hast Du Recht gehabt, denn ich vertraue mir selbst nicht mehr. Ich werde misstrauisch gegen mich selbst, seit ich sehe, dass die ältesten Freunde wie Roth, Rolland (wegen politischer Unstimmigkeit) sich entfremden, und es ist vielleicht wirklich schwierig, mit mir zu sein – ich habe vor vier Jahren eben den Stoss tiefer bekommen, als Du bemerkt hast.[2] Es ist besser, *hoffe ich*, wie es gekommen ist, denn Du hast wenigstens Frieden und Sicherheit und dazu, ich schwöre es Dir, meine herzlichste Freundschaft, die sich weit über den toten Buchstaben hinaus erweisen wird. Ich war in dieser Sache nicht unehrlich – ich war *ganz* aufrichtig, als ich Dir sagte, ich wollte sie aus verschiedenen Gründen nicht oder zumindest *jetzt* nicht, und mir ist *durchaus* nicht leichter jetzt, durchaus nicht, wie Du vielleicht vermutest.

Ich bin sehr erschöpft, konnte Walters schönes Concert nur mit halben Sinnen geniessen, Wallmann nahm ich in das Philadelphia Ballett, zu dem ich Karten hatte, sah auch Burghauser.[3] Huebsch ist da, ich habe lange Besprechungen mit ihm wegen der neuen Dinge, dazu gehören *neben* der Arbeit die nächsten Wochen der Correctur des Magellan, den ich seit zwei Monaten nicht angesehen und die Fahnen des Essaybuches. Wohin ich dann gehe, weiss ich noch nicht, vielleicht direct in die Schweiz, ich bin furchtbar reisemüde – diese Höllenfahrt nach Wien hat mich ganz hingemacht. Es sind alle anderen Sachen noch nicht geordnet, vielleicht muss ich doch noch über Wien – dreimal in diesem Jahr!! – und dann würden wir uns treffen, ich glaube gegen Ende August oder Mitte August würde es möglich sein. Habe auch da nicht wieder Hintergedanken, ich hatte das Gefühl, das wir über Verschiedenes uns noch auszusprechen haben.

Dies nur für heute. Das viele Briefschreiben mit verschiedenen Sprachen ist für mich eine Qual; Du *weisst* nicht, wie viel ich zu tun habe, es wird alles schwieriger und finanziell unergiebiger – jede Woche eine neue Sache, jetzt wird die Abgabe auf Autorenhonorare in Amerika wahrscheinlich von 10% auf 25% erhöht, und so jeden Tag etwas Anderes, und ich möchte mich so gerne *ganz* auf das neue Buch[4] concentrieren!

Herzlichst   S.

Werfels haben ihr Haus in Wien aufgegeben und zunächst auf zwei Jahre vermietet – Du siehst, dass ich nicht allein den furchtbaren Rückgang spüre!

Ich sandte durch Reichner für *Juli* ca. 1100 [Schilling]. Rest folgt bald, ich will hier keine Schillinge kaufen, und Du hast ja aus Verkauf Einnahmen inzwischen.

1] Friderike Zweigs Wiener Anwalt Friedrich Meiler. · 2] 1933: Machtübernahme der Nationalsozialisten in Deutschland. · 3] Tournee der Wiener Philharmoniker unter Bruno Walter (am 25. und 26. 6. Konzerte in der Queens Hall). Stefan Zweig und Margarete Wallmann, Ehefrau von Hugo Burghauser, Vorstand der Wiener Philharmoniker, besuchten eine Aufführung der Philadelphia Ballet Company, die sich ebenfalls auf Tournee befand. · 4] Zweigs Roman *Ungeduld des Herzens* (Bermann-Fischer Verlag, Stockholm 1939).

Stefan Zweig stand vor umfangreichen Korrekturarbeiten, für die er seinen Freund Emil Fuchs in London einspannte. Im Laufe des Jahres 1937 publizierte der Wiener Verlag Herbert Reichner folgende Bücher von Zweig: Begegnungen mit Menschen, Büchern, Städten *(Auswahl von Essays),* Der begrabene Leuchter *(Sonderdruck),* Georg Friedrich Händels Auferstehung *(Sonderdruck) und zuletzt* Magellan. Der Mann und seine Tat. *Die Miniatur ›Der versiegelte Zug. Lenin, 9. April 1917‹ und der Österreich-Roman* Ungeduld des Herzens, *den Zweig erst 1938 fertig stellte, konnten nicht mehr in Wien erscheinen.*

L. F.,

eben Dein Brief, der mich sehr traurig macht. Aber ich hatte Dich damals im Salzburger Zimmer ange*fleht*, solche wichtigen Entscheidungen nicht im Trubel solcher Schwierigkeiten, wie ich sie hatte und Deiner Übersiedlung zu machen; ich hatte Dir, da Du von Deinem Wahnsinn nicht liessest, noch *telefoniert*, noch *telegrafiert*, um Dich zurückzureissen. Ich hatte Dir von Zürich – *ich selbst* – den Entwurf geschickt am 15. *Mai*,[1] und Du hast jenen Brief geschrieben, »so liessest Du nicht verfügen«, und dann geschwiegen, ganz gleichgiltig dagegen, dass Du *wusstest*, ich bin zuende mit meiner Kraft und Geduld. Und jetzt *kann* ich nicht noch einmal Verhandlungen führen und will es auch nicht – das Formale geht seinen Weg, das Innerliche hat sich, ich sage es Dir noch und nochmals, nicht geändert.

Du weisst nicht (und Ihr alle habt es nicht wissen wollen in diesen furchtbaren letzten Jahren), was auf mir liegt. Nächste Woche kommt Fuchs[2] für 8–10 Tage, in denen ich mit ihm (um die endlosen Correspondenzen zu vermeiden, die mich *umbringen*) die *ganzen* Correcturen des Essaybuches (450 Seiten), die *ganze* Umarbeitung Magellans machen muss und die Illustrationen beschaffen: es wird den ganzen Tag gehen und er wenig von London sehen. *Dazu* kommt – verhängnisvollerweise *gerade jetzt*, wo ich so beschäftigt bin – Monju[3] nach London, *dazu* ist Huebsch hier, mit dem und Bing und Cassell ich gemeinsame Conferenzen habe und die *Hauptsache*: ich arbeite (neben den zwei neuen Sternstunden) an dem neuen Buch,[4] dem ersten seit langem, das wesentlich werden kann. Vorher Toscanini, Walter, gerade jetzt war meine Secretärin[5] drei Tage krank (alles ist hier durch die plötzliche Kälte verkühlt) – Du siehst, *was* auf mir lastet. Aber ich darf nicht nachlassen, es wird immer schwerer, der Sturz des franz. Franc macht London *noch* teurer, in America ist die Steuer auf das Ausländereinkommen verdoppelt; ich bin froh, wenigstens Dich gesichert zu wissen, soweit es das gibt und kein Haus mehr zu haben, nur die kleine Wohnung hier. Urlaub wäre mir sehr nötig, aber ich bestimme nichts im voraus, ich muss viel dort arbeiten – aber Urlaub muss es sein wenigstens *von Briefen und Geschäften*, darum trachte ich alles noch jetzt hier abzuschieben. Um die Tapete[6] kann ich mich nicht kümmern, vielleicht bringst Du sie einmal Hinterberger, der sehr fleissig den Rest der Autografen verkauft und anständig ist; ich kann nichts noch dazu nehmen und muss froh sein, wenn ich das Laufende bewältige. Verzeih die Eile, aber ich schreibe seit Tagen alles mit der Hand und bin wirklich müde – ich *brauche* Ruhe von allem Privaten und Geschäftlichen und Gesellschaftlichen; diese paar Jahre, die ich *bestenfalls* noch etwas leisten kann, müssen mir und der Arbeit gehören. Herzlichst

S.

1] Dazu Kommentar Friderike Zweigs: »Mit unannehmbaren rücksichtslosesten Vorschlägen u. Bedingungen.« · 2] Emil Fuchs. · 3] Moritz Scheyer. · 4] Stefan Zweigs Roman *Ungeduld des Herzens*. · 5] Lotte Altmann. · 6] Tapete ›Monumente von Paris‹, die sich im Haus Kapuzinerberg 5 befunden hatte.

Friderike Zweig und ihre Töchter, die seit 1. Juni 1937 in einer im Salzburger Stadtteil Nonntal liegenden Villa mit Garten wohnten, hatten im Sommer reichlich Gäste, zumeist Freunde, worüber Stefan Zweig wenig erbaut war. Er war aber sichtlich erfreut über Friderikes Bereitschaft, seinen vertrauten Freund Emil Fuchs empfangen zu wollen, der bei dieser Gelegenheit einen verschlossenen Brief ihres Mannes (vermutlich mit seiner Zusicherung einer Rente für seine Ehefrau im Falle seines Todes) überbringen sollte. Es blieb vorerst bei seiner Ankündigung (ihr Anspruch auf Rente wurde später einvernehmlich geregelt).

[London] 7. Juli 1937

L. F.,

ich wollte Dir nur in Eile sagen, dass ich für den 16. morgens mir Karten zur Abreise Marienbad reserviert habe; es ist leider aber noch *gar nicht* gewiss, ob ich dann auch fahre, denn die politische Lage ist fürchterlich – jeden Augenblick kann sich alles ändern. Der spanische Conflict[1] ist eine ständige Gefahr für den Weltfrieden.

Fuchs[2] ist hier, bescheiden wie immer, fällt mir gar nicht zur Last, und wir arbeiten fleissig. Er ist Dir treu gesinnt, viel besser als die Du Deine Freunde nennst und vorbildlich discret. Bei dieser Gelegenheit: er wird im Falle meines Todes (nicht früher!) Dir einen Brief (verschlossen) übergeben, der für Dich gewisse Verfügungen und Sicherungen enthält, die ich anderweitig nicht verlautbaren will. Du kannst Dich immer auf ihn verlassen. Vielleicht kommt er durch S. [Salzburg], wahrscheinlich aber nicht. Es war sehr lieb, dass Du ihn eingeladen hast. Aber ich beschwöre Dich, lade nicht so freigiebig ein – Reichner, Gregor, Scheyer, Rieger, Fräulein Eugenie,[3] Frau Hertzka, alle Verwandte und Bekannte! Du zerstörst Dir nicht nur Dein Leben, sondern das *kostet* doch alles viel (mehr Dienstboten als nötig etc. etc.). Bedenke doch, dass Du in diesen Monaten, wo Du doch nicht wie im Winter für Suse und Dich noch Wiener Wohnungen hast, Dir normalerweise *viel* ersparen müsstest – wer lud je Dich und Deine Tochter ein, wer lebt heute noch in dieser Art? Fuchs[2] ist der Einzige, den ich zu Gast hatte und das für die notwendige *Arbeit*, auch sonst habe ich das Freihalten arg einschränken müssen. Wenn Du genau Buch führst, wirst Du doch sehen, und im nächsten Jahr hast Du dann noch Steuern zu zahlen, man muss auch für unvorgesehene Ausgaben etwas beiseite halten – bitte, rechne nicht optimistisch sondern exact, ich meine es doch (obwohl es mich nichts angeht) *freundschaftlich*, und Du sollst doch auch Deinen Kindern beibringen, wie es heutzutage steht. Salzburg wird ohnehin Dir schon Tumult genug bringen, wozu noch Leute ins *Haus* – Du weisst, selbst am Kapuzinerberg waren Wohngäste eine Last. Du bist zu herzlich, zu spontan in diesem Einladen und bedenkst nicht, was Du mit dem *Ein*laden Dir *auf*lädst.

Scheyer musste absagen, er bekam keine Flugkarte hierher. Ich hätte ihn gern etwas aufgeputscht. Morgen kommen Huebschs, Victor[4] und noch paar Leute zu mir, aber nach dem Abendessen, nur zum schwarzen Caffeè.

Herzlichst   S.

1] Spanischer Bürgerkrieg 1936 bis 1939. · 2] Emil Fuchs. · 3] Eugenie Hirschfeld. · 4] Fleischer.

L. F.,

vielen Dank für Deinen guten Brief, ich komme nicht mehr zum Schreiben. Ich fahre Freitag ganz in der Früh, gebe Adresse aus Marienbad – unser Treffpunkt wird aber direct Schweiz sein. Du begreifst nicht (oder willst es nicht wahrhaben), dass S. [Salzburg] für mich seit vier Jahren ein Alpdruck ist, und ich mich dort unerträglich fühle – vergiss doch nicht, dass ich schon früher die Festzeit hasste und ihr entflüchtete. Und jetzt erst gar, all die Fragerei und Sekkatur. Nur dort nicht, nur dort nicht. Ich weiss doch auch, wie es mit den dortigen »Freunden« steht. Zuckm.[1] war drei Wochen hier, hat zweimal Huebsch – den *ich* zu ihm gebracht, also ihn brauchte – aufgesucht und sich natürlich nicht gemeldet – von Asch habe ich einen lieben Brief. Er sieht übrigens etwas besser aus – die Situation war vor zwei Wochen hier zum Zerreissen gespannt.

Ich schicke Dir heute ein kleines Buch über Salzb[urg], das mir die Sunday Times zusandte (plötzlich meldete sich Lakin wieder).

Diese letzten Tage waren wieder Hochbetrieb schlimmster Art, Magellan ist jetzt aber druckbereit, die Begegnungen zu $^3/_4$ corrigiert, die Verhandlungen abgeschlossen, ich kann in Marienbad hoffentlich endlich an dem neuen Buch[2] arbeiten. Heute war mein polnischer Verleger da, abends sehe ich Huebsch, dann ist Schluss. Ich bin auch reichlich müde, obwohl das Wetter bisher wunderbar kühl blieb. Lass es Dir *recht* gut gehen und Dich nicht von den Leuten zu viel belästigen, besonders nimm nicht zu viel ins Haus – man ist dann nicht mehr frei. Herzlichst

S.

Fuchs[3] kommt nächste Woche vorbei, meldet sich bestimmt.

1] Carl Zuckmayer. · 2] Zweigs Roman *Ungeduld des Herzens*. · 3] Emil Fuchs.

Stefan Zweig und Lotte Altmann reisten am 16. Juli 1937 mit dem Flugzeug von London nach Prag, von dort per Bahn nach Marienbad, Villa Souvenir, wo sie etwa vier Wochen blieben und arbeiteten; nebenher

machte er eine Kur. Wie aus seinen Briefen an seine Ehefrau in Salzburg hervorgeht, ist der Streit um den in Wien geschlossenen Vertrag über die Unterhaltsregelung erneut ausgebrochen; Streitpunkt war die »Polizzen-Sache« (Lebensversicherungen bei einer Schweizer Gesellschaft), die nach und nach zugunsten Friderike Zweigs geregelt wird (in späteren Briefen wird die definitive Regelung verständlich formuliert).

[Marienbad, 22. 7. 1937]

L. F.,

eben Dein Brief. Ich habe M.[1] *nie* gedrängt und nie drängen lassen. Aber – ich habe ihn sehr gerne – er ist ein sehr schwer fassbarer Advocat, ich höre, dass er im Anfang August wieder in Urlaub geht, und schon damals war er einen Tag länger fort als er sagte und hat keinen Stellvertreter. Auch für Dich in Wien hatte er keine rechte Zeit. Vielleicht hat ihn deshalb Dr. G.[2] gedrängt. Mein Gott, ich schwöre es, ich habe diese Sache doch nie gewollt, ohne Deine Tollheit und Torheit, mir sie aufzunötigen, wäre es nie dazu gekommen, aber jetzt wäre es doch schon besser, alles wäre erledigt.

In der Polizzen-Sache hat er *gar* nichts zu schreiben. Das ist eine Vereinbarung entre nous, und in Z. [Zürich] gehen wir gemeinsam hin und legen das dort fest, das Dir an eine von Dir gewünschte Stelle gesandt wird. Es herrscht doch Gott sei Dank zwischen uns kein Misstrauen, ich betrachte dies jedoch nur als einen Unglücksfall, der durch Dein Temperament und Deine Ungeduld sich ereignet hat. Das wäre ein fürchterlicher, nicht gut zu machender Unsinn, wenn er der Gesellschaft[3] mitteilte, ich cediere[4] Dir, denn es ist doch unsere private Angelegenheit, wie wir dies cedieren und verteilen. Überhaupt ist es nicht gut, darüber Correspondenz zu führen, auch in Deinem Interesse. Der gute Advocat Fritz,[1] dem es nicht sehr gut geht, der sehr viel braucht, *bauscht die Sache auf* und macht sich *gewaltsam* viel zu tun.

Mir ist das alles entsetzlich – in zwanzig Jahren habe ich nicht so viel mit Advocaten zu tun gehabt, dabei geht die eigene Sache gar nicht vorwärts. Hier lebe ich ganz zurückgezogen, konnte nur nicht soviel arbeiten, wie ich mir vornahm, weil ich erst heute ein mögliches Zimmer bekomme, und die Cur mit Massieren, Baden, Spazierengehen drei Viertel des Tages frisst.

Mit Fuchs[5] hast Du Unrecht. Es muss doch jemand da sein, auf den Du und ich mich verlassen können, und Du könntest keinen besseren und discreteren finden. Ich denke doch immer auch an meinen Todesfall. Verzeih, wenn ich nicht mehr schreibe, ich muss gerade wieder zu Dr. Auerb[ach][6] (der sich gleichfalls es so einteilt, dass ich von Woche zu Woche zu ihm muss, obwohl es nicht nötig ist). Herzlichst

S.

1] Friderike Zweigs Anwalt Dr. Friedrich Meiler. · 2] Stefan Zweigs Anwalt Dr. Josef Geiringer. · 3] Schweizer Versicherungsgesellschaft. · 4] Leistung der Versicherung abtreten. · 5] Emil Fuchs. · 6] Kurarzt in Marienbad.

[Marienbad, 26. 7. 1937]

L. F.,

eben Dein Luftpostbrief. Aber es hat doch keinen Sinn, jetzt mehr etwas zu ändern. Deine Erklärung habe ich längst vernichtet. Sie stimmte mit jener, die ich Dir vorschlug, um die Sache rückgängig zu machen, *nicht* überein und kam auch um Wochen zu spät. Ich kann rein physisch und seelisch jetzt nicht noch neue Verhandlungen eröffnen, nachdem alles erledigt und im Gange ist. Dein unseliges »selbständig« Handeln statt meinen Wünschen sich »anzupassen«, Dein Zwang, die Sache sofort, sofort anzupacken, obwohl ich Dich *flehentlich* in Salzburg bat, jetzt davon abzulassen, hat alles in Schwung gebracht. Ich kann und *will* nicht mehr an Advocaten schreiben, neue Verträge machen, die Notariatsakte ungiltig erklären lassen, neue Erklärungen fordern – ich *kann* es einfach nicht mehr. Wir wollten (oder *Du* wolltest) doch die Sache, »um Ruhe zu haben«. Ich schwöre Dir und habe es Dir *rechtzeitig* in S. [Salzburg] gesagt, dass ich die Sache nicht wollte, aber ich kann, so schrecklich es mir ist, das Rad nicht mehr zurückdrehen: ich habe Dich in der ganzen Angelegenheit nie verstanden und weiss heute noch nicht, warum Du damals auf meinen Züricher Brief und jener Erklärung nicht zugestimmt hast, wo ich noch einmal unter grossen Opfern alles rückgängig machen wollte. Aber wie oft habe ich es sehen müssen, dass manchmal ein unsinniger Trotz Dich, die sonst so vernünftige, überfällt. Aber Du hast Zeit gehabt, *dreimal* habe ich Dich zurückhalten wollen: die Briefe sind da, die Telegramme. Bitte, denken wir nicht mehr daran! Herzlichst

S.

[Unter dem Briefende handschriftlicher Kommentar Friderike Zweigs:] Vorschläge doch ganz unmöglich gewesen. Nun Farbe bekannt.

Stefan Zweig und Lotte Altmann reisten am 18. August 1937 via Prag nach Wien, von dort am 23. August mit dem Flugzeug nach Zürich (»Standquartier« Hôtel Royal Habis); Friderike Zweig eilte ebenfalls nach Zürich, um dort wie vereinbart mit ihrem Mann die »Polizzen-Sache« (Lebensversicherungen) zu erledigen; sie verbrachten noch gemeinsame Tage in Luzern, dann fuhr Friderike allein zur Weltausstellung in Paris und zurück nach Salzburg. Lotte, die im »Standquartier« geblieben war, und Stefan machten noch drei Wochen Urlaub in Lugano, reisten dann nach Paris, von dort am 24. September mit dem Flugzeug nach London.

Magellan. Der Mann und seine Tat, *sein letztes Buch, das der Wiener Verlag Reichner publizierte, wurde Mitte November 1937 ausgeliefert. Um diese Zeit trafen Lord Halifax und Reichkanzler Hitler einander in Berlin und Berchtesgaden zu Gesprächen über die fragliche Existenz Österreichs. Stefan Zweig, den diese Entwicklung zutiefst beunruhigte, flog am 26. November von London nach Wien, besuchte dort seine Mutter, Verwandte und Freunde, auch Sigmund Freud; am 28. November bekam die Österreichische Nationalbibliothek von Zweig etwa 100 Autografen förmlich geschenkt (und ihm wurde unter der Hand die Erledigung seines vieljährigen Steuerproblems zugesichert). Nach sechstägigem Aufenthalt verließ er seine Geburtsstadt, am 2. Dezember 1937 reiste er zum letzten Mal mit der Westbahn über Salzburg und Feldkirch in die Schweiz, von dort mit dem Flugzeug nach London.*

Im Exil

Anfang 1938, als Friderike Zweig und Suse Winternitz ihr Haus in Salzburg, Nonntaler Hauptstraße 49, verließen, war ein dreimonatiger Aufenthalt in Paris geplant. Suse sollte sich dort als Fotografin weiterbilden, Friderike hoffte auf ein Wiedersehen mit ihrem Ehemann. Dieser weilte mit Lotte Altmann vom 14. Januar bis 7. Februar in Portugal, Monte Estoril, und war anschließend zwei Wochen in Paris, um in der Bibliothèque Nationale zu recherchieren. Dort begegneten Stefan und Friderike einander. Die gemeinsamen Stunden blieben ihr in guter Erinnerung. An eine vorzeitige Rückkehr nach Salzburg dachte sie allerdings nicht, als mit dem »Berchtesgadener Abkommen« vom 12. Februar 1938 die Auslöschung Österreichs drohte. Am 12. März 1938 begann der Einmarsch deutscher Truppen in Österreich, zugleich der rassistische Terror, an dem nicht wenige Österreicher mitwirkten und profitierten.

Alix, die in Abwesenheit ihrer Mutter und Schwester ihr gemeinsames Haus in Salzburg hüten sollte, stand nunmehr vor der Aufgabe, das Haus zu räumen, Möbel, Bücher und Wertsachen zu verpacken, zum Transport ins Ausland vorzubereiten und bis zur Ausfuhrerlaubnis in einer Spedition einzulagern. Diese Güter wurden aber von der Geheimen Staatspolizei beschlagnahmt. Friderike Zweig verlor ihr gesamtes Eigentum: Sparguthaben, Wertpapiere, Familienschmuck, Tafelgeschirr, Möbel, Teppiche, Bilder, Bibliothek, darunter etwa 650 Bücher und Manuskripte wie Jeremias *mit Widmungen von Stefan, sowie das Gästebuch des Hauses Kapuzinerberg 5.*

Stefan Zweig hatte das Haus für 63 000 Schilling verkauft und 40 000 Schilling erhalten, jedoch nie den binnen zwei Jahren fälligen Restbetrag, der im Grundbuch eingetragen war. Zudem wurde sein gesamtes Bankguthaben, das wegen der strengen Devisengesetze nicht ins Ausland überwiesen werden konnte, beschlagnahmt: 73 408 Schilling, darunter der Erlös aus dem Verkauf des Hauses Kapuzinerberg 5.

Stefan Zweig, der seit 23. Februar 1938 wieder in London war, schrieb Anfang Mai an Romain Rolland:

Schließlich zwang ich meine Frau nach *drei Jahren* Kampf dazu, das riesige Haus zu verlassen, welches unnütz geworden war, seit ich in London lebte. Ich überließ ihr alle Möbel, alle Bilder, Bücher und verkaufte das Haus. Wo aber nahm sie sich ein anderes Haus? *Ausgerechnet in Salzburg,* der größten Nazi-Stadt, *der Stadt, die mich erniedrigt hatte* – und der Stadt, die gestern als erste in Österreich unsere Bücher verbrannt hat.

Die erwähnte Bücherverbrennung, die am 30. April 1938 in Salzburg stattfand, war unzweifelhaft die einzige im nationalsozialistischen Österreich. Angesichts des politischen Geschehens fühlte sich Stefan Zweig in seinem Verhalten gegenüber seiner Ehefrau wiederum bestätigt, aber dieses Mal drängte er auf Scheidung, verbunden mit der Absicht, sich wieder zu verheiraten und sich gemeinsam mit Lotte in Großbritannien einbürgern zu lassen. Er war allerdings auf Schonung seiner in Wien gefährdeten 84-jährigen Mutter bedacht. Sie wurde aber von anderer Seite über die Scheidung informiert, wie aus einem undatierten Brief ihres Sohnes hervorgeht:

Du deutest etwas an, offenbar hat es Dir Fritzi geschrieben, als ob eine Scheidung vollzogen wäre. Das ist – leider! – nicht richtig.

Am 23. August 1938 starb Ida Zweig an Herzlähmung in ihrer Wiener Wohnung, Garnisongasse 10.
 Gewiss ist, dass Friderike Zweig im Pariser Exil um ihre Ehe kämpfte, nach heftigem Streit resignierte und in die Scheidung einwilligte. Stefan Zweig hatte allerdings sein Alleinverschulden einzugestehen. Friderike und Stefan Zweig, deren letzter gemeinsamer Wohnsitz in Salzburg war (seit März 1938 unter nationalsozialistischer Herrschaft), beauftragten dort Rechtsanwälte mit ihrer Interessenvertretung. Am 1. September 1938 wurde Friderike Zweigs Klage auf Ehescheidung beim zuständigen Gericht eingereicht. Zu den Verhandlungen mussten die Klägerin und der Beklagte nicht persönlich erscheinen, denn es genügte dem Gericht, dass Alix Winternitz, die noch in Salzburg anwesend war, Stefan Zweigs Alleinverschulden glaubhaft bezeugen konnte.

Am 22. November 1938 wurde das Urteil »im Namen des deutschen Volkes« verkündet:

Die zwischen der Klägerin Friderike Maria Zweig und dem Beklagten Dr. Stefan Zweig am 28. Jänner 1920 vor dem Stadtmagistrate Wien geschlossene Ehe wird aus dem Alleinverschulden des Beklagten geschieden.

Am 17. Dezember 1938 reisten Stefan Zweig und Lotte Altmann mit der ›Normandie‹ nach New York, wo sie bis 9. Januar 1939 im Hotel The Wyndham logierten; sie besuchten dann etliche Städte von der Ost- bis zur Westküste und kehrten am 3. März 1939 nach England zurück. In diesem Jahr erschien sein Österreich-Roman Ungeduld des Herzens *bei Bermann-Fischer in Stockholm und unter dem Titel* Beware of Pity *bei Cassell in London.*

Stefan Zweigs Wunsch nach einem Wiedersehen mit Joseph Roth erfüllte sich nicht, da dieser, vom Alkohol zugrunde gerichtet, am 27. Mai 1939 in Paris starb. Bis zuletzt hatten Joseph Roth und Friderike Zweig einander in allen Problemen beigestanden. Mittlerweile hatten auch Friderikes Tochter Alix und künftige Schwiegersöhne Herbert Störk und Karl Höller Österreich verlassen und in ihrer Pariser Wohnung Aufnahme gefunden. Auch ihre Zweitwohnung in Croissy, Département Seine-et-Oise, diente ihnen als Refugium. Dort konnte Friderike Zweig ihre Biografie Louis Pasteur *beenden, die 1939 bei Alfred Scherz in Bern erschien.*

Stefan Zweig, der befürchtete, dass auch die neutrale Schweiz besetzt werden und dort seine und Friderikes Geldanlage verloren gehen könnte, unterbreitete ihr im Frühjahr 1939 den Vorschlag, ihre Schweizer Lebensversicherungen einvernehmlich aufzulösen und den Gesamtbetrag zwecks Sicherung einer Friderike Zweig allein zustehenden Rente in den USA anzulegen. Als sie seinen Vorschlag annahm, ließ er noch vor Kriegsausbruch eine größere Summe nach New York überweisen.

Stefan Zweig und Lotte Altmann, die seit Juli 1939 in der Pension Lansdown Lodge in Bath wohnten, beabsichtigten bald zu heiraten. Noch im Juli schickte er seiner geschiedenen Frau ein beglaubigtes Schreiben, in dem er sich einverstanden erklärte, dass Friderike Zweig ihren ehelichen Namen weiterführen dürfe.

Am 6. September 1939, wenige Tage nach dem deutschen Überfall auf

Polen, heirateten Lotte Altmann (31-jährig) und Stefan Zweig (57-jährig)
in Bath. Eine Woche darauf erwarb er dort das Haus Rosemount, Lyn-
combe Hill, in das die beiden alsbald einzogen.

Im März 1940 wurde Stefan Zweig in Großbritannien eingebürgert. Mit
seinem britischen Pass (gültig bis 1. 4. 1945) konnte er problemlos einer
offiziellen Einladung zu einem Vortrag nach Paris folgen, an deren Zu-
standekommen Friderike Zweig mitgewirkt hatte. Er reiste am 11. April
nach Paris, logierte bis 29. April im Hôtel Louvois. Stefan und Friderike
trafen einander mehrmals; bei dieser Gelegenheit stand wiederum die
Sicherung der ihr zustehenden Rente zur Diskussion.

Hôtel Louvois, Paris, le 23. April 1940

Frau Friderike Maria Zweig
Liebe Fritzi,

ich bestätige Dir hiermit nochmals, dass ich (wie ich auch in
meinem Testament feststellte) im August 1940 [= 1939] vor
Kriegsausbruch zur Sicherung der Dir zustehenden Rente aus
der bisherigen und einvernehmlich aufgelösten Versicherung
Deinem Vetter Paul Monath,[1] Long Island bei New York, 15 700
Dollar (fünfzehntausendsiebenhundert Dollar) durch Scheck
überwiesen habe, dass er diesen Check erhalten, eincassiert und
mir ausdrücklich bestätigt hat, diesen Betrag auf Deinen Namen
bei seiner Bank hinterlegt zu haben, und dass die Bank nur auf
Deine Unterschrift (und die allenfalls von Dir weitererteilten)
wartet, um ihn von dem Verfügungsrecht zu entlasten und es ausschliesslich Dir zu übergeben. Selbstverständlich bist Du jederzeit
berechtigt, diesen ihm anvertrauten Betrag zurückzufordern.

Stefan Zweig
m.p

1] Ehemann von Friderike Zweigs Nichte Liesl, geb. Burger; in weiteren
Briefen auch als Cousin bzw. Cousine bezeichnet.

Am 26. April 1940 hielt Stefan Zweig im Pariser Théâtre de Marigny den Vortrag Das Wien von Gestern, *der sein letzter in Europa sein sollte:*

Wenn ich zu Ihnen über das Wien von Gestern spreche, soll dies kein Nekrolog, keine oraison funèbre sein. Wir haben Wien in unseren Herzen noch nicht begraben, wir weigern uns zu glauben, dass zeitweilige Unterordnung gleichbedeutend ist mit völliger Unterwerfung.

Stefan Zweig schilderte seiner in Bath gebliebenen Ehefrau, der erst im Juni 1940 ein britischer Pass ausgestellt wird, persönliche Eindrücke. An Madame Stefan Zweig, Bath (Angleterre), Lyncombe Hill »Rosemount«:

Hôtel Louvois, Paris, le [undatiert, nach dem Vortrag am 26. 4. 1940, vor der Rückreise am Montag, dem 29. 4. 1940]

Dear Lotte,

Just this moment they phoned me from the airport, that I have to start Monday at 14 h instead of 9.30, so I shall arrive about 8 o'clock in the evening. The lecture at Marigny seemed to start very unluckily. I had suddenly a terrible inflammation of my teethfleisch (I do not know the right expression) und suffered the whole day. I swallowed in my despair 3 kinds of vegamin (a special mixture recommended by Duhamel) and feel now a little better. But the lecture passed gloriously, the enormous theatre was full till to the top and one had to send 400 people away – so they want to have me a second time and in the Radio I can speak now when and whatever I like.

My dear friend Roger Martin has just arrived and I am going out to lunch with him.

Yours, Stefan Zweig

Liebe Lotte, soeben erhielt ich vom Flughafen den Anruf, dass mein am Montag um ¹/₂ 10 vorgesehener Abflug auf 14 Uhr verlegt wird, sodass ich nicht vor 20 Uhr in London ankomme. Der Tag meines Vortrages im Théâtre de Marigny begann höchst unerfreulich, denn plötzlich war mein Zahnfleisch (den richtigen englischen Ausdruck weiß ich nicht) stark entzündet. Ich litt den ganzen Tag und schluckte in meiner Verzweiflung drei Arten von »Vegamin« (eine Spezialmischung auf Empfehlung von Duhamel), worauf ich mich ein wenig besser fühlte. Doch alles in allem gelang der Vortrag bestens. Das riesige Haus war komplett besetzt. Da 400 Leute weggeschickt werden mussten, erwartete man von mir, dass ich meine Rede wiederhole. Auch im Radio kann ich jederzeit und über alles sprechen.

Mein lieber Freund Roger Martin ist soeben erschienen, um mit mir zum Lunch zu gehen.

Liebe Grüße, Stefan Zweig

Am 10. Mai 1940 begann die so genannte Westoffensive, der deutsche Überfall auf Holland, Belgien, Luxemburg und Frankreich. Knapp vor der deutschen Besetzung von Paris (14. Juni 1940) flüchteten Friderike Zweig und ihre Töchter über Montauban nach Marseille; dies schafften Herbert Störk und Karl Höller auf getrennten Wegen. Indessen waren Lotte und Stefan Zweig mit dem Dampfer ›Scythia‹ von Liverpool nach New York gereist. Nach ihrer Ankunft am 30. Juni 1940 konnte wieder Verbindung mit Friderike Zweig aufgenommen werden. Ihre in New York lebenden Verwandten Gertrud Burger, Liesl und Paul Monath sowie Stefan Zweig sahen ihre vordringliche Aufgabe in der Beschaffung der erforderlichen Visa und sonstiger Papiere wie Affidavits (Bürgschaftserklärungen), was schließlich mit Hilfe des Emergency Rescue Committee gelang. Die Korrespondenz wurde vorübergehend in Französisch geführt.

[New York, 8. 8. 1940]

Chère F. je reçois ce moment (8 Août) ta lettre avant de partir. Ma prochaine adresse est Editora Guanabara, 132 rua Ouvidor, Rio de Janeiro (adresse télégrafique: Edigua pour Zweig, Rio)

Je dis en quelques mots ce que j'ai fait (après milles démarches). J'ai demandé par l'emergency rescue comité un »visitors visa« pour toi comme écrivain, Schalom Asch va donner l'affidavit. Il est probable qu'il sera accordé mais cela prendra du temps. Il était impossible de l'obtenir pour cinq personnes.

J'ai en outre immédiatement écrit à [1] pour vous tous (malheureusement pas sachant si Suse s'appelle Madame Hoeller ou encore Winternitz?[2]). Il est immédiatement venu me voir à mon hôtel et il a écrit par air mail au Mexique pour demander qu'on informe le consul à Marseille. Est-ce qu'ils le feront? Je crois qu'il y a là une plus grande possibilité parce qu'ils voudront peut-être des conférences de moi.

Troisième possibilité: je suis presque sûr que je pourrais obtenir cinq visas pour vous pour le Brésil, quand je serais là. Mes amis Jaime Chermont et Caio Mello Franco au ministère des Affaires Etrangères m'aideront sûrement et leur nom est connu dans tous les ambassades et consulats. Je ne sais seulement pas si vous tenez y aller. La vie là-bas est très bon marché alors qu'elle est désastreusement chère ici pour quelqu'un qui ne gagne pas dans les mêmes proportions.

Je n'ai pas de réponse de Ferro[3] auquel j'ai câblé.

J'ai des invitations pour des conférences à Uruguay, Chile, Argentine, Venezuela – au fond j'ai horreur de ces énormes voyages, mais je ferai ce que je pourrai. Je ne sais pas encore si j'aurai la possibilité de retourner ici mais je ne veux pas rester ici plus que quelques semaines.

Excuse cette lettre tout à fait pratique mais il faut être clair et précis. Si vous tenez à aller au Brazil sans craindre le climat (la chaleur y commence le Décembre et dure jusqu'en Mai ou June) vous y trouverez certainement un refuge. Quant à l'argent je ne peux rien envoyer à cause des défenses monetaires dans tout le pays et de l'Angleterre. Mais ton cousin Paul [Monath et tes nièces] Gertrud et Liesl m'ont promis de faire tout ce que tu leur diras. Amitiés

Stefan

C/o Editora Guanabara, 132 rua Ouvidor, Rio
adresse télégrafique: Edigua Bresil

[PS von Lotte Zweig:] Kindest regards and best wishes! Stefan has been trying here what he could, and I hope that you will soon be able to come over with all four relatives. Yours Lotte.

Liebe F., in diesem Augenblick (8. August) erhalte ich Deinen Brief, gerade vor der Abreise. Meine nächste Adresse ist Editora Guanabara, 132 via Ouvidor, Rio de Janeiro (Telegramm-Adresse: Edigua pour Zweig, Rio).

Ich berichte in wenigen Worten, was ich (nach tausend unternommenen Schritten) erreicht habe. Ich habe via emergency rescue comité für Dich ein »Besucher-Visum« als Schriftstellerin beantragt. Schalom Asch wird das Affidavit geben. Es wird wahrscheinlich erteilt, aber das wird seine Zeit brauchen. Es war unmöglich, so etwas für fünf Personen zu bekommen.

Ich habe zudem sofort für euch an [¹] geschrieben (leider ohne zu wissen, ob Suse schon Madame Hoeller oder noch Winternitz ist?²). Er hat mich umgehend im Hotel aufgesucht, per Luftpost nach Mexico geschrieben und gebeten, dass man den Konsul in Marseille informiert. Werden die das tun? Ich glaube, dass das am wahrscheinlichsten ist, denn sie wollen vielleicht Vorträge von mir.

Dritte Möglichkeit: ich bin fast sicher, dass ich fünf Visa nach Brasilien für euch erhalten kann, wenn ich dort bin. Meine Freunde Jaime Chermont und Caio Mello Franco im Aussenministerium werden mir sicher helfen, und deren Namen sind in allen Botschaften und Konsulaten bekannt. Ich weiss nur nicht, ob ihr dorthin wollt. Das Leben dort ist sehr preiswert, während es hier [in New York] für jemanden, der nicht entsprechend verdient, katastrophal teuer ist.

Ich habe keine Antwort von Ferro,³ dem ich telegraphiert habe.

Ich habe Einladungen für Konferenzen in Uruguay, Chile, Argentinien, Venezuela – im Grunde sind mir diese riesigen Reisen ein Horror, aber ich werde tun, was ich kann. Ich weiss noch nicht, ob es mir möglich sein wird, hierher zurückzukehren, beabsichtige aber nicht, mehr als einige Wochen hier zu bleiben. Entschuldige diesen sehr sachlichen Brief, aber man muss doch klar und präzise sein. Wenn ihr nach Brasilien kommen wollt und das Klima nicht fürchtet (die Hitze beginnt dort in Dezember und dauert bis Mai oder Juni) werdet ihr dort sicher Zuflucht finden. Was das Geld anbetrifft, kann ich wegen der Einschränkungen des Zahlungsverkehrs in allen Ländern, auch in England, nichts schicken. Aber Dein Cousin Paul [Monath und Deine Nichten] Gertrud und Liesl haben mir versprochen, alles zu tun, was Du ihnen sagen wirst. Freundliche Grüsse

Stefan

c/o Editora Guanabara, 132 via Ouvidor, Rio
Telegramm-Adresse: Edigua Bresil

[PS von Lotte Zweig:] Beste Grüsse und Wünsche! Stefan hat hier alles unternommen, was er konnte, und ich hoffe, dass Sie bald mit allen vier Verwandten herüberkommen können. Ihre Lotte.

1] Adresse vermutlich von Friderike Zweig unleserlich gemacht. · 2] Heirat am 13.8.1940. · 3] António Ferro, hoher portugiesischer Funktionär unter dem Diktator Salazar.

Telegramm an Madame Friderike Zweig in Marseille, Hôtel Petit Lou-
vre (Poststempel 10. 8. 1940):

COPIE STOP NEWYORK AVONS FAIT TOUT POSSIBLE
POUR QUE VISAS AMERICAINS ET MEXICAINS
SOIENT DELIVRES PROCHAINEMENT A MARSEILLE
ET TOUT CAS NECESSAIRE Y ALLER – ZWEIG

Copie Stop New York haben alles getan damit amerikanische und mexika-
nische Visa demnächst in Marseille ausgestellt werden und jedenfalls notwendig dorthin zu gehen.

Friderike Zweig, ihre Töchter und Schwiegersöhne, die in Marseille »Be-
sucher-Visa« für die USA erhielten, überquerten die Pyrenäen, reisten
durch Spanien und trafen Mitte September 1940 in Lissabon ein. Lotte
und Stefan Zweig, die am 8. August 1940 mit der ›Argentina‹ nach Rio
de Janeiro reisten, blieben dort bis 25. Oktober 1940.

[Rio de Janeiro, vermutlich 15. 9. 1940]

Hôtel Paysandu (jusqu'au 10 Octobre)
　　Ch. F. j'écris en hâte. Je comprends ta position et j'ai écrit à ta
cousine[1] pour qu'ils t'envoient un peu d'argent par câble, moi je
ne peux rien faire, parce que d'ici c'est impossible et j'ai en outre
prié mon éditeur Livreria Civilisão [= Livraria Civilização],
Porto, de t'aider pour les premiers besoins. Je suis heureux que tu
as pu sortir enfin de France et tout s'arrangera j'espère selon tes
voeux. Pour les visas Brésiliens je n'ai rien entrepris parce que tu
as reçu les autres (c'était un dur travail de les obtenir, tu peux le
croire) pour un médecin il n'y a aucune chance ici et il n'y a pas
encore de production cinématographique.[2] Puis dans quinze
jours commence l'été ici et avant Mai la chaleur est insupporta-
ble pour un Européen – sans cela je serais resté dans ce glorieux
pays. J'ai des conférences ici à donner, puis dès milieu Octobre à
Buenos Aires, Montevideo, puis au Chili, en Janvier j'espère d'être
à New York et mon rêve serait de pouvoir rentrer en Angleterre.

J'ai beaucoup à faire, mais je me réjouis de cette admirable ville et tout le monde nous fête d'une façon qui me fait rougir. Une demande maintenant – ne crée pas de malentendus au Portugal en supprimant le fait du divorce, sans cela on mettrait ton arrivée dans les journaux et on me croirait bigame ici. Si tu as un jour tu dois aller avec l'autobus à Cintra – les jardins là sont un rêve inoubliable et on a besoin d'un peu de beauté dans ce monde en désastre. Ecris-moi tes dispositions, je serais ici jusqu'au 10 ou 15 Octobre et mon adresse la plus sûre après sera Editora Guanabara, 132 rua Ouvidor. Mes conférences seront assez bien payées pour que je puisse bien vivre de cela tout le temps et revenir à New York; elles seront fatigantes mais j'avais ici du repos et la semaine prochaine j'ai deux voyages à l'intérieur avec l'avion et je verrai beaucoup.[3] Heureux de vous savoir sauvés et j'attends les lettres avec impatience pour savoir où vous irez. – Hélas, on sera un étranger partout et tu regretteras l'Europe comme nous tous. Ton

Stefan

Si tu as besoin de plus ton cousin[4] sera toujours à ta dispostion. Il m'a promit de tout faire pour toi, tu peux lui écrire.

[PS von Lotte Zweig:] Je suis très contente de savoir que vous avez enfin pu sortir de France et j'espère que vous vous reposerez vite et que vous aurez un bon voyage en Amérique, ensemble avec votre famille.

Lotte

Hotel Paysandu (bis zum 10 Oktober)

L. F., ich schreibe Dir in Eile. Ich verstehe Deine Lage und habe Deiner Cousine[1] geschrieben, dass sie Dir ein wenig Geld telegraphisch übermitteln sollen, ich selbst kann da nichts tun, weil es von hier aus unmöglich ist, und ich habe zudem meinen Verleger Livraria Civilizaçao in Porto gebeten, Dir für das Notwendigste auszuhelfen. Ich bin glücklich, dass Du endlich aus Frankreich herauskommen konntest, und hoffe, dass alles wunschgemäss endet. Wegen der brasilianischen Visa habe ich nichts unternommen, weil Du die anderen bekommen hast (und es bedurfte harter Arbeit, sie zu beschaffen, das kannst Du mir glauben). Für einen Arzt besteht hier keine Chance und es gibt auch noch keine Filmproduktionen.[2] In zwei Wochen fängt hier zudem der Sommer an, und bis Mai ist die Hitze für einen Europäer unerträglich – sonst wäre ich in diesem herrlichen Land geblieben. Ich habe hier Vorträge zu halten, dann schon ab Mitte Oktober in Buenos Aires, Montevideo, danach in Chile, ich hoffe im Januar in New York zu sein, und es wäre mein Traum, nach England zurückkehren zu können. Ich habe viel zu tun, aber ich erfreue mich auch an dieser herrlichen Stadt, und alle feiern uns auf eine Weise, die mich erröten lässt. Nun noch eine Bitte – schaffe keine Missverständnisse in Portugal, indem Du die Tatsache unserer Scheidung unterdrückst, sonst käme Deine Ankunft in die Zeitungen und man hielte mich hier für einen Bigamisten. Wenn Du einen freien Tag hast, solltest Du mit dem Bus nach Cintra fahren – die Gärten dort sind ein unvergesslicher Traum, und man braucht ein wenig Schönheit in diesem katastrophalen Leben. Schreib mir Deine Pläne, ich werde bis zum 10. oder 15. Oktober hier sein, und danach ist meine sicherste Adresse Editora Guanabara, 132 rua Ouvidor. Meine Vorträge werden gut genug bezahlt sein, um die ganze Zeit gut davon leben und nach New York zurückkehren zu können; sie werden anstrengend sein, aber ich habe hier Ruhe gehabt, und nächste Woche unternehme ich zwei Reisen per Flugzeug in das Landesinnere und werde dabei viel sehen.[3] Bin glücklich, euch gerettet zu wissen, und erwarte mit Ungeduld die Briefe, um zu erfahren, wohin ihr geht. – Ach, man wird überall ein Fremder bleiben, und wie wir alle wirst Du Europa nachtrauern. Dein

Stefan

Wenn Du mehr brauchst, steht Dir Dein Cousin[4] immer zur Verfügung. Er hat mir versprochen, alles für Dich zu tun, Du kannst ihm schreiben.

[PS von Lotte Zweig:] Ich bin sehr froh zu erfahren, dass Sie endlich aus Frankreich herauskommen konnten, und hoffe, dass Sie sich schnell erholen und mit Ihrer Familie eine gute Reise nach Amerika haben werden.

Lotte

1] Friderikes Nichte Liesl Monath. · 2] Seine Feststellung bezieht sich auf Friderikes Schwiegersöhne Herbert Störk (Arzt) und Karl Höller (Filmemacher und Fotograf). · 3] Lotte und Stefan Zweig verbrachten einige Tage in Bello Horizonte und Ouro Preto (Distrikt Minas Geraës), anschließend acht Tage in Teresópolis (Distrikt Rio de Janeiro). · 4] Paul Monath, Liesls Ehemann.

[Teresópolis, undatiert, vermutlich Anfang Oktober 1940]
L. F.,

hier im Gebirge, wohin ich mich für 8 Tage zurückgezogen habe, erhalte ich Deinen Brief aus Lissabon und adressiere also nach New York, wo ich Euch wohlbehalten eingetroffen hoffe. Ich brauchte 8 Tage Zurückgezogenheit nach den Einladungen, Reisen (ich war im Flugzeug und Auto tief im Land), nächste Woche habe ich zwei Vorträge in Rio, dann reise ich am *26. Oktober* nach Buenos Aires, wo ich zwei oder drei Vorträge habe, dann ins Land zu Vorträgen (Rosario, Cordoba), dann nach Uruguay. Damit mache ich dann Schluss mit diesem erschöpfenden Geschäft und kehre – statt nach Chile, Cuba, Venezuela zu Vorträgen zu fahren – obwohl sie erträgnisreich sind, noch einmal nach Brasilien zurück, um mich zu erholen in dieser wunderbaren Gebirgsgegend und Bahia zu besuchen (ganz im Norden), das ich für mein Buch brauche.[1] Meine Adresse vom *26. Oktober bis etwa 8. November* ist Alfredo Cahn, Zapiola 1194, *Buenos Aires* (Argentinia).

An diesen Alfredo Cahn schreibe, bitte, *sofort per Luftpost* in Deiner Sache. Er will Deinen Pasteur[2] dort erscheinen lassen, und Du kannst ihm volle Autorisation geben, zu guten Bedingungen abzuschliessen. Er wahrt seit Jahren meine Interessen, er wird auch die Deinen wahren. Eine Anzahlung von ca. 200 Dollar wird er Dir wohl durchsetzen.

Wegen des Geldes: Ich habe damals jenen Betrag deponiert, der für elf Jahre Deine Sustentation[3] nach den festgelegten Bedingungen darstellt. Du kannst ihn zur Gänze übernehmen gegen die schriftliche Bestätigung, dass Du dann bis 1. Januar 1952 [= 1951] keine Ansprüche gegen mich oder meine Erben hast. Ich bin sehr glücklich, dass ich, einer glücklichen Intuition folgend, dies (statt der höchst dubiosen Versicherung) für Dich retten konnte, denn sonst wäre ich nicht in der Lage, meinen Verpflichtungen nachzukommen. Mein ganzes Geld in England, inclusive der amer. Papiere, die ich hergeben musste, ist ebenso wie mein Besitz dort zu 90 Prozent, wenn nicht zu hundert, verloren.[4] Aber all das besagt nichts, solange ich mich noch ohne Schwierigkeit durchbringen kann. Hier decken die Vorlesungen für die ganze Zeit meinen Aufenthalt. Verbrauchst Du das Geld rascher, so kann ich nichts mehr tun.

Ich bin hier für acht Tage in Teresopolis, einem bezaubernden Ort im Gebirge in einer von Tschechoslowaken geführten Pension und kann endlich wieder ein wenig arbeiten. Ich bin der

Empfänge, Geselligkeiten, Reisen, Interviews völlig müde. Deinen Bruder Siegfried[5] habe ich zweimal gesehen, er ist (wie jeder) glücklich hier. Von Portugal hatte ich Dir immer erzählt: mein Freund Visconde de Lagoa schrieb mir, dass er Dich aufsuchen wollte, sobald er Deine Adresse habe – ich hoffe, der Verlag hat sie ihm gegeben.

Bitte also Nachricht (40 Cents Luftpost) bis 25. October (erkundige Dich zuvor) Rio, c/o Editora Guanabara, 132 rua Ouvidor; 26. October bis 8. November c/o Alfredo Cahn, dann 15. Nov. bis auf weiteres wieder Guanabara, Rio; Januar vermutlich New York. Bitte, das genau zu vermerken!

Kaufe Dir endlich air mail Papier, es ist praktischer, man kann bis 3 Bogen wie diesen nehmen. Herzlichst

S.

1] Er arbeitete an einem Buch, das 1941 unter dem Titel *Brasilien. Ein Land der Zukunft* bei Bermann-Fischer in Stockholm sowie in brasilianischer, spanischer und englischer Übersetzung erschien. · 2] Friderike Zweigs Biografie *Louis Pasteur. Bild des Lebens und des Werkes* (Bern 1939) erschien in portugiesischer, spanischer, holländischer und ungarischer Übersetzung. · 3] Rente. · 4] Stefan Zweigs Haus in Bath wurde im Weltkrieg nicht zerstört, doch sein übriges Vermögen schrumpfte durch Geldabwertungen, Wechselkursänderungen, Einschränkungen des Devisenverkehrs, Steuererhöhungen und Enteignungen. Letzteres betraf unter anderem das Eigentum, das je zur Hälfte den Brüdern Alfred und Stefan Zweig gehörte: das Elternhaus in Wien IX, Garnisongasse 10, und die Textilfabrik in Ober-Rosenthal bei Reichenberg. · 5] Friderikes Bruder Siegfried Burger, dessen Frau Clarissa und deren Sohn Ferdinand lebten in Rio de Janeiro.

Friderike Zweig, ihre Töchter und Schwiegersöhne reisten mit der ›Nea Hellas‹ von Lissabon nach New York, wo sie am 13. Oktober 1940 eintrafen und von lieben Verwandten empfangen wurden. Zu Stefan Zweigs Bruder Alfred und seiner Schwägerin Stefanie, die seit ihrer geglückten Flucht aus der besetzten Tschechoslowakei in New York City lebten, wollte Friderike Zweig keinen Kontakt aufnehmen, da man aufeinander schlecht zu sprechen war. Herzlich begrüßt wurde sie jedoch von Lotte aus dem fernen Rio de Janeiro.

Verehrte gnädige Frau,

vor unsere Abreise nach Argentinien möchte ich Sie noch herzlich in New York begrüssen, und ich hoffe, dass Sie sich dort wohlfühlen werden. Wir sind mitten in den Reisevorbereitungen, und wie gewöhnlich häuft sich alles in letzter Minute, so dass Stefan nicht einmal dazu kam, seine Vorträge für Argentinien und Uruguay ganz fertigzustellen. Er wird versuchen müssen, in Buenos Aires inmitten der ersten Vorträge und unvermeidlichen Empfänge die anderen Ansprachen zu beenden, und das ist diesmal eine komplizierte Sache, da die Vorträge in allen Sprachen sein sollen – ein englischer für die dortige englische Gruppe, ein deutscher für die Emigranten, zwei französische für das allgemeine Publicum und in der Provinz spanisch, da man dort nicht sehr gut französisch kann. Es wird also eine anstrengende, aber hoffentlich auch interessante Reise sein, aber wir freuen uns jetzt schon darauf, danach wieder ein paar ruhige Wochen in Brasilien zu verbringen.

Mit den besten Grüssen   Ihre Lotte Z.

Am 26. Oktober 1940 reisten Lotte und Stefan Zweig von Rio nach Buenos Aires; auf seiner weiteren Vortragsreise nach Cordoba, Rosario, Santa Fé, La Plata und Montevideo begleitete ihn sein argentinischer Übersetzer Alfredo Cahn. Am 15. November 1940 kehrten Lotte und Stefan Zweig zurück nach Rio, wo sie bis Anfang Januar 1941 blieben.

Hotel Central Rio de Janeiro, 16. Nov. 1940

L. F.,

Ich bin hier nach achtstündigem Flug angekommen, wir wohnen jetzt in einem andern Hotel, um bei der bevorstehenden Hitze eine Terrasse auf das Meer zu haben – das andere Hotel war sehr angenehm, aber nicht luftig genug. Wir sind recht übermüdet, alle beide, Donnerstag hatte ich noch nachts 10,30 eine Radiovorlesung, um 12 Uhr eine Besprechung und mussten um 5 Uhr aufstehen, um ans Flugfeld zu fahren – es war schon eine böse Hetzjagd, obwohl moralisch wie materiell ein grosser Erfolg, ich habe eine Unzahl neuer Anträge. Aber ich will nicht mehr. Es sind nicht die Vorlesungen, sondern die Empfänge, die Interviews, das Reisen, den ganzen Tag mit Menschen sein und spanisch sprechen, die ständige Abwehr der Emigranten, die Hilfe brauchen – heute ist Ruhetag, und morgen fängt die Arbeit an. Ich habe mir einen netten Film mitgebracht, der dort in allen Kinos lief, meine Person während der Vorlesung und ganze Stösse von Zeitungen.

Zu Dir! Ich sehe, wie wir uns verschieden entwickelt haben – Du wirst immer activer, tust überall mit, siehst tausend Leute, während ich aufatme, in meinem Zimmer still sitzen zu können und alles abwehre. Ich rate Dir nochmals – spiele nicht die Allerweltshelferin, sondern trachte, dass Deine Kinder endlich ihr Leben settlen. Rede Dir nicht ein, dass Alix etwas verdient – man muss eine *geregelte* Tätigkeit *von früh bis abends* haben und nicht das Ab und Zu. *Nur* darum kümmere Dich zunächst, es ist höchste Zeit.

Wegen Masereel kann es nicht schwer sein, er ist Christ und Belgier und vor allem, er kann seine Sache – in Brasilien oder Argentinien könnte man ihn hereinbringen, aber wird er hier leben können? America wäre für ihn viel besser. Dagegen sind Ullmanns,[1] die seit Jahren, seit einem Jahrzehnt eigentlich nur von Unterstützungen leben, ein unheilbarer Fall: Ernst Weiss[2] hat da das Richtige getan, er war müde vom Bettel zu leben.

Nach New York will ich zunächst nicht. Es sind vierzehn Tage hin, vierzehn Tage zurück und dort doch verlorene Zeit, ich fürchte mich, dort ganz Wien, Berlin etc. wiederzufinden. Ich muss jetzt arbeiten und will lieber die Hitze ertragen als das von Menschen Überflutetsein: vielleicht im Februar, wer kann jetzt Pläne machen. Bitte also, rufe nicht alle Leute an, rette nicht die Welt, sondern sieh für Dich und die Deinen – schon dies ist heutzutage Aufgabe genug.

Herzlichst S.

1] Ludwig Ullmann und dessen Frau Irene konnten 1942 aus Frankreich in die USA flüchten. · 2] Ernst Weiss vergiftete sich beim Einmarsch deutscher Truppen in Paris und starb am 15. 6. 1940.

L. F.,

vor allem meine Glückwünsche zum Geburtstag. Du hast wenigstens noch zwei Jahre vor dem Sechziger, während ich zum letzten Mal den Fünfziger verwerte. Als ich hier jüngst mich polizeilich für eine Identitätskarte eintragen musste, schrieb das hübsche Fräulein dort »Haare: grau«. Kein Wunder.

Wegen Balzac verstehst Du die Situation nicht. Wie soll man 600 Seiten *deutsches* Manuscript und 2000 Seiten Notizen, 40 angestrichene Bücher durch die Censur bringen?[1] Wird das Haus zerschlagen, so ist eben noch viel anderes weg, die Correspondenz, die Verträge, die eigenen Bücher, die Autografen – was ich besitze ist ja ohnehin alles durch Entwertung dahin. Da gibt es kein »Retten«. Und es geht furchtbar zu. »The Tide of Fortune«[2] ist in England nicht erschienen, weil die ganze Herbstproduction Cassells, darunter mein ausgedrucktes Buch in der Buchbinderei, durch Bombenangriff vernichtet wurde. Das Haus von Lottes Bruder in London ist gleichfalls getroffen und unbewohnbar, und er wohnt jetzt in London anderswo – sein Kind[3] hat man nach America senden können, wer weiss, ob es nicht Waise wird. Die Zerstörungen sind ja phantastisch und werden immer grösser.

Wegen deutscher Bücher mach ich gar nichts und warte ab, bis das Chaos vorüber ist. Hauptsache ist jetzt zu arbeiten. Scherz werde ich jedenfalls schreiben, aber »Tide of Fortune« sind ja die Sternstunden und gehören zum Teil den anderen Verlagen. Wegen Cahn kannst Du sicher sein, er ist als Schweizer verlässlich.

Ich habe nie innerlichen Abstand von den Emigranten genommen, sondern mehr geholfen als jeder. Aber ich vertrage Geselligkeit nur in beschränktem Mass. Es erschöpft mich, jeden Tag vier bis fünf Leute zu sehen und bringt mich (Paris z. B.) darum, die Leute und Dinge zu sehen, die *ich* sehen will. Du ahnst ja nicht, was alles herandrängt, kaum man mich wo weiss, das Telefon ging in New York, obwohl es Sommer war, und in Buenos Aires von früh bis nachts; was ich fürchte ist doch, dass man mich so überschätzt, ich will Bücher bei Huebsch unterbringen, Zeitungen vermitteln etc. etc., und wo ich etwas tun kann, tue ich es doch immer spontan. Ich kenne jetzt in New York 200 bis 300

Menschen, die alle beleidigt wären, wenn ich sie nicht sehen würde. Rechne Du das auf einen Monat oder zwei um und sage mir, wann ich arbeiten soll. Ich bin darauf angewiesen, durch eine zunehmende Müdigkeit mir wenigstens den halben Tag zu retten, ich habe in New York doch auch Verleger, Zahnarzt, Besorgungen – es ist ausgeschlossen, dass ich alle Menschen sehen kann, und das nennt man dann Hochmut. Ich habe nicht die weise Öconomie [Thomas] Manns, der Leute nach einer Stunde längstens entlässt, sich seine Arbeitszeit nie tangieren lässt – bei mir bleiben die Leute drei Stunden.

Von Bermann Fischer habe ich nichts gehört, Landshoff und Landauer[4] habe ich ein argentinisches Visum durchgedrückt, es war nicht leicht. Allerdings, wie herüberkommen? Man muss in England gelebt haben, um zu wissen, dass dies die grausamste Belagerung der *Welt*geschichte ist – Ihr habt all nicht das Mass. Ihr wisst nicht, das Alles dies noch nie da war – dieses Leben ist doch grauenhafter als das in den Unterständen, weil es dort nach 6 oder nach 8 Tagen Ablösung gab, Rückzug in eine gesicherte Position und Schlaf. In England gibt es keine Stunde Rast.

Hier wird es langsam warm. Aber Rio ist so herrlich, dass man es – bisher – leicht erträgt. Die Schönheit, die Vielfalt dieser Stadt ist unbeschreiblich, man wird nicht fertig mit ihr. Was fehlt, sind die Bibliotheken für solide Arbeit. Ich weiss noch nicht, wann und ob und wohin ich fahre, mir graut vor dem Umstellen, ich bin doch seit Juni (eigentlich Mai mit den Vorbereitungen) immer mit Umdisponieren beschäftigt. Wird es nicht sehr arg mit der Hitze, so bleibe ich bis Ende Januar. Der Sommer ist noch nicht da.

Herzlichen Gruss S.

Lotte lässt vielmals grüssen. Es ginge ihr gut ohne die tägliche Sorge um Mutter[5] und Bruder und Schwägerin in England; ihr Bruder hat leider den törichten Correktheitswahn, er dürfe, weil er Engländer geworden ist, nicht von London weg und die Praxis im Stich lassen. In Bath wären sie viel mehr gesichert, aber er ist nicht zu überreden.

1] Friderike Zweig drängte ihn, sich sein Balzac-Manuskript, das er in Bath zurückgelassen hatte, nachschicken zu lassen. Dies leitete Lotte Zweig im Juli 1941 in die Wege. Ihrem Vorschlag gemäß ließ Hannah Altmann das umfangreiche Manuskript durch die Verlage Cassell in London und Viking Press in New York nach Petrópolis schicken, wo es am 7. 11. 1941 ankam. · 2] Die englische Übersetzung der *Sternstunden der Menschheit* wurde 1940 bei Cassell publiziert. · 3] Eva, Tochter Manfred und Hannah Altmanns. · 4] Fritz H. Landshoff konnte 1940 in die USA emigrieren. Walter Landauer wurde 1940 auf der Flucht verhaftet, in das KZ Bergen-Belsen deportiert, wo er 1944 umkam. · 5] Therese Altmann, Lottes und Manfreds Mutter.

[Rio de Janeiro] 7. Dez. 1940

L. F.,

ich habe nicht viel zu schreiben, es wird heiss hier, und das heisst hier, schon jetzt an die Weihnachtswünsche zu denken. Alles Gute also, falls ich in nächster Zeit nicht schreiben sollte. Ich muss noch irgendeinmal nach Bahia, »nur« sechs Stunden Flugzeug, dann will ich wohl Ende Januar nach America für einige Zeit. Ich brauche, sobald ich das kleine Buch über Brasilien abgeschlossen habe, eine gute Bibliothek für die Autobiografie und will an eine Universitätsstadt nicht mehr als zwei Stunden von New York gehen. New York selbst ist für mich ausgeschlossen, ich habe jetzt zu viel Leute dort, die ich sehen müsste, Lotte ihre kleine Nichte[1] (die auf demselben Schiff wie Oldens hätte reisen sollen und durch ein Wunder auf das nächste kam und jetzt bei fremden Leuten ist) – den ganzen Tag würde das Telefon läuten. Und ich kann das Gerede und den öden Optimismus all dieser Leute nicht vertragen – ich will ganz zurückgezogen leben.

Wegen meines Hauses, meiner Bücher und Manuscripte habe ich wohl das Kreuz zu machen, Bristol wird jetzt täglich bombardiert und wir sind soweit wie Brooklyn – nein, viel näher, 14 Minuten. Aber man ist wenigstens mit seinen paar Knochen fort. All das ist viel zu grauenhaft, als dass ich Lust hätte, mit Leuten beisammen zu sein – von allen Freunden, Victor, Warburg, Felix[2] und so vielen andern in dieser Hölle habe ich kein Wort, der Briefverkehr stockt seit Wochen völlig. Man kann ihnen auch nicht helfen, materiell habe ich Victor immer wieder überweisen lassen, aber er kann nicht heraus. Die Leute, die jetzt »Literatur« machen oder reden können, sind mir nicht ganz verständlich; es scheint mir eher ein humaner Defect als eine Tugend (aber vielleicht ist Kunst wirklich immer durch Defecte bedingt).

Herzliche Grüsse S.

[PS von Lotte Zweig:] Die besten Wünsche für Weihnachten und das neue Jahr und beste Grüsse Lotte

1] Eva Altmann. · 2] Victor Fleischer, Siegmund Warburg und Felix Braun.

Rio, 20. XII. 40.

Liebe Frau Zweig,

ich möchte Ihnen von Herzen für Ihre freundlichen Worte der Anteilnahme danken. Ja, Sie haben Recht, ich mache mir grosse Sorgen um meine Familie in England und besonders um meinen Bruder – der im Gegensatz zu vielen anderen Ärzten in London geblieben ist. Die anderen Orte sind mehr oder minder gefährdet, London aber ist diesmal die front-line für jeden Angriff. Immerhin bin ich froh, dass das Haus in Bath einer Anzahl Leute verhältnismässige Ruhe gewährt, und glücklich, meine kleine Nichte in USA zu wissen – es war ja nur ein Zufall, dass sie nicht die Erlaubnis bekam, gleichzeitig mit Rudolf Olden zu fahren, der sie mitnehmen wollte und auf dem torpedierten Schiff unterging.[1] Sie ist in einer Familie bei New York und hat es gut, und das ist im Moment das Wesentliche.

Ich hoffe, Sie haben sich schon ein wenig in New York eingewöhnt, die vielen Bekannten helfen sicher mit, das Gefühl des Fremdseins abzuschwächen, und die allgemeine Stimmung scheint sich ja seit unserem Dortsein grundlegend geändert zu haben.

Mit den besten Grüssen   Ihre Lotte

1] Am 17. 9. 1940 wurde das britische Passagierschiff ›City of Benares‹ im Atlantik von einem deutschen U-Boot torpediert; unter den Opfern befanden sich Ika und Rudolf Olden, die sich im englischen Exil für die Verleihung des Nobelpreises an den in Deutschland inhaftierten Pazifisten Carl von Ossietzky engagiert hatten. Lottes Nichte Eva Altmann fuhr mit einem anderen Schiff.

Lotte und Stefan Zweig reisten am 10. Januar 1941 von Rio de Janeiro mit Zwischenstation in Bahia, Pernambuco (Recife) und Belem nach Nordamerika, via Miami nach New York, wo sie am 23. Januar 1941 eintrafen; noch am selben Tag begegneten Friderike und Stefan Zweig einander unverhofft im britischen Konsulat, Broadway No. 25.

The Wyndham,   Donnerstag [23. 1. 1941]
42 West 58th Street, New York

L. F. es ist sonderbar, dass ich eben aus dem Flugzeug kommend, Dir bei meinem ersten Weg begegnete – bei meiner pflichtgemässen Anmeldung auf dem englischen Consulat. Ich bin wie erschlagen – seit 10 Tagen täglich um 1/2 5 aufgestanden, um das Flugzeug zu erreichen, dann die Fahrten ins Innere, die Revisionen, die Empfänge – heute nacht im Flugzeug ohne Liegeplatz von Miami durchgereist – nachdem ich von 6 Uhr morgen aus Brasiliens Nordspitze bis 5 Uhr schon geflogen (das Nachbarflugzeug ist, wie ich lese, abgestürzt). Es war ein Record, den ich nicht mehr zu wiederholen gedenke –, durch das frühe Ankommen weiss niemand, dass ich hier bin und ich bitte Dich dringend – aber wirklich *dringend* – niemandem zu sagen, dass ich hier bin, *niemandem* – ausnahmslos – meine provisorische Adresse zu sagen. Ich brauche – wir beide – einige Tage, um uns zu retablieren, weil ich ja auch hier nur provisorisch wohne und mir Unterkunft erst suchen muss. Vielleicht telefonierst Du mir Sonntag – nicht früher – weil wir erst unser Gepäck vom Schiff abholen müssen und vollkommen Erholung brauchen – wir sind in 10 Tagen so viel gefahren wie dreimal hin und her von Europa. Herzlich

Stefan

Lotte und Stefan Zweig blieben knapp zwei Wochen in New York City; in dieser Zeit erhielt Friderike von ihrem geschiedenen Mann die schriftliche Bestätigung für ihren Anspruch auf die ihr zustehende Rente (ab Januar 1951). Am 11. Februar 1941 zogen Lotte und Stefan Zweig nach New Haven, wo ihm für seine Studien über Amerigo Vespucci die erst-

klassige Bibliothek der Yale University zur Verfügung stand. Er teilte al-
lerdings die Sorgen seiner geschiedenen Frau, ihrer Töchter und Schwie-
gersöhne, die als »Visitors« zuerst in New York City und seit Frühsom-
mer 1941 in Ossining on the Hudson lebten – ohne behördliche Erlaubnis
zur Immigration, denn diese sollte nur unter der Voraussetzung einer Aus-
reise (entweder nach Mexiko oder nach Kanada) und einer Wiedereinreise
mit entsprechenden Papieren (Affidavits, Visa et cetera) erteilt werden.

Hotel Taft, New Haven, Conn.   [undatiert, nach 11. 2. 1941]

L. F. wir wohnen hier still und ohne jemanden zu sehen in diesem etwas altmodischen Hotel und ich geniesse den Permit der
Bibliothek, nicht nur Bücher auswählen sondern auch nach
Hause nehmen zu dürfen. Von jener Novelle[1] sende ich eine Copie und bitte Alix, drei Exemplare, *aber auf dünnem Papier*, das für
Luftpost verwertet werden kann, anzufertigen: ich will sie in die
letzten gebliebenen Länder Schweden und Argentinien senden.

Wegen Deiner Geschäftigkeit mahne ich Dich, dass Du vorerst
Deine und Deiner Kinder Angelegenheiten durchführen sollst –
Du siehst, wie wenig *Dir* Deine sogenannten Freunde verschaffen
und die Gelegenheit für First Papers wird vielleicht nicht lange
dauern. Euer eigenes Mexicovisum wäre wichtig, damit ihr die
Einreise bekommt.

Ich hoffe mich hier einigermassen zu erholen, Bücher sind jetzt
bessere Gesellschaft als Menschen und ich habe sie lange entbehrt.

Mit besten Grüssen   Stefan

[PS von Lotte Zweig:] Viele Grüsse von New Haven, das Stefan
mit seiner Universitätsbibliothek und der völligen Abgeschiedenheit endlich die ersehnte Arbeitsatmosphäre bietet, Ihre Lotte

---

1] Novelle *Die spät bezahlte Schuld*, englische Fassung *The Debt* erstmals
publiziert in ›The Chicago Sunday Tribune‹, 29. 6. 1941.

Stefan Zweig, der tiefe Besorgnis um seine gefährdeten Freunde empfand,
war schon auf Todesnachrichten gefasst, wobei er zumeist Suizid annahm.
Dies traf vermutlich auf seinen Freund Erwin Rieger zu (die Nachricht
von dessen Tod in Tunis erhielt Zweig durch Emil Fuchs aus Wien).

Hotel Taft, New Haven, Conn.   [Poststempel 13. 3. 1941]

L. F. eben erfahre ich auf Umwegen, dass mein lieber Erwin Rieger gestorben ist – ich wunderte mich immer, auf meine Briefe
keine Antwort zu haben. Er war in Tunis wahnsinnig unglücklich
und vielleicht sein Tod kein Zufall.[1] Es wird jetzt rasch leer um
einen und man sagt sich, dass Roth und sie alle vielleicht die Klügeren waren. Seine [Riegers] letzten Jahre waren wirklich tragisch, er war wieder einmal ein »Sonderfall«. Ob er seine Autobiografie vollendet hat? Für mich ist das wieder ein Stück
Vergangenheit, das entschwindet – er war mir immer treu und ein
wirklicher Freund. Wahrscheinlich ist Scheyer auch schon auf der
anderen Seite.[2]

   Hoffentlich gelingt es mit Friedmann. Er gilt freilich schon hier
mit 56 Jahren als alt.[3]

   Romains kommen Samstag. Und Freitag sehe ich van Loon bei
Bermann Fischer. Lotte liegt noch zu Bett, aber es geht schon viel
besser. Herzlich

                                                            Stefan

1] Erwin Rieger starb am 25. 11. 1940 in Tunis. · 2] Moritz Scheyer, genannt
Monju, überlebte die Inhaftierung in Frankreich, starb jedoch an deren
Folgen am 29. 3. 1949 in Belvès. · 3] Wilhelm Friedmann wurde am 11. 12.
1942 in Bedous (Pyrenäen) verhaftet und beging hierauf Selbstmord.

Hotel Taft, New Haven, Conn.   [Poststempel 20. 3. 1941]

L. F. In Eile zu Deinem Brief betreffs Lucka, Zuckerkandl, Reinhardt [E. A. Rheinhardt] ect.[1]

   1) Ich hatte Dir von Rio aus *flehentlich* geschrieben, dass mein
Kopf und meine Arbeit eine mehrwöchentliche Pause von Visen,

Permits ect. benötigt. Seit drei Jahren tue ich nichts anderes als anderen helfen – ich *muss* eine Pause haben, wie sie die andern lebenslang nehmen.

2) Ein Affidavit ist längst keine »Gefälligkeit« mehr, wie Du schreibst. Es heisst für den Affidavitgeber für zwei Personen cca. 7000 $ garantieren und durch Vorlegung von Steuerzetteln, Bankausweisen erhärten, was man wie ich sehe nicht gerne tut. Das kann man *einmal* von einem *Freunde* erbitten, wie ich bei Schalom Asch es für Dich erbat und wo ich Garantie stellen konnte, weil Du doch gedeckt warst, aber nicht mehr von »Bekannten«.

3) Aber auch »Bekannte« habe ich hier nicht. Ich habe hier in den 2 Monaten ausser Huebsch und Asch, und einmal van Loon nicht einen Americaner gesehen, niemanden besucht. Zu wem soll ich jetzt plötzlich hereinkommen und sagen, ich brauche ein Affidavit, heraus mit dem Banknachweis! Zu wem?

4) Ich kann auch bei zwei Personen, die sich nicht selbst erhalten können, keine Rückgarantie übernehmen. Selbstverständlich helfe ich noch immer, aber es geht meiner Situation entsprechend in immer kleineren Proportionen. Dieses Herumwerfen von »bloss« sechshundert oder zwölfhundert Dollar für eine Schiffskarte, wie es jetzt üblich ist, hat auf mich keinen Bezug. Jeder sieht, dass ich selbst hier so einfach und sparsam haushalte, – wir calculieren – nicht jeden Cent – aber jeden halben Dollar. Ich kann als correcter Mensch, der ich lebenslänglich war, keinerlei Garantie in Dollars übernehmen, weil ich nicht weiss, ob ich je noch welche verdienen werde. Ich kann auch nicht jedes Mal, wenn ein Telegramm oder ein Brief kommt – und das geht seit Jahren *Woche für Woche* –, aufspringen, alles stehen und liegen lassen, nach New York fahren, Besuche machen. Ich *kann* es einfach nicht mehr. Ich kann es nicht. Ich vermag schon ohnehin meinen Kopf kaum zusammenzuhalten. Und ich weiss, dass Affidavit doch nur der Anfang ist, Du siehst bei Deiner eigenen Schwester,[2] dass man an diese hilflosen Menschen dann noch moralisch und materiell gebunden ist. Ich weiss alles – aber es ist zuviel. Ich kann nicht ununterbrochen an Visas und Affidavits denken, seit Jahren (schon in England) geht das ohne Unterlass. Thomas Mann, Werfel, alle haben sich jetzt geflüchtet, weil sie gleichfalls seelisch

nicht mehr weiterkönnen und alle ihre Bekannten bereits bis zum äussersten ausgenützt haben. Ich bin doch selbst hier nur auf Gnade, habe keine Beziehungen – wie es im Hölderlin-Gedicht heisst »Ich bin nichts mehr, ich lebe nicht mehr gerne.«[3]

Alle Umstände haben sich so erschwert, es ist soviel anzukurbeln und zu erledigen, auch verträgt L. [Lotte] das hiesige eiskalte Klima nicht, dass ich Anfang April für einen Monat oder ich weiss nicht wie lange nach New York zurückgehe. Ich habe dort Correcturen der Übersetzung zu überwachen, schwierige Entscheidungen – ob Südamerika – etc. etc. zu treffen. Ich melde mich dann. Dienstag bis etwa Freitag muss ich nach Baltimore. Und endlich muss ich wie jeder Schneider oder Schuster zu arbeiten anfangen, ich habe hier alles vorbereitet. Aber ich bin seit einem Jahr mit hundert Sorgen und Pflichten belastet, ich *kann* jetzt nicht weiter, es muss eine Pause sein. Herz.

S.

1] Emil Lucka starb am 15. 12. 1941 in Wien. Berta Zuckerkandl konnte 1940 von Paris nach Algier flüchten. Max Reinhardt wurde bereits 1940 in den USA eingebürgert. Hilfe benötigte jedoch der in Frankreich gefährdete Dichter Emil Alphons Rheinhardt, Mitbegründer der ›Liga für das geistige Österreich‹ in Paris; er wurde 1943 von der Gestapo verhaftet und ins KZ Dachau deportiert, wo er am 25. 2. 1945 umkam. · 2] Leopoldine Mediansky in New York. · 3] Friedrich Hölderlin: ›Das Angenehme dieser Welt . . .‹.

Hotel Taft, New Haven, Conn. 20. 3. 1941

Liebe Frau Zweig!

Erst heute komme ich dazu, Ihnen für Ihren Brief und vor allem für Ihr freundliches Angebot, evt. in New York Besorgungen für uns zu erledigen, zu danken. Diese Aufeinanderfolge von Erkältung und Grippe war eine langweilige und lästige Sache, und ich bin froh, wieder einigermassen in Ordnung zu sein. Da Stefan während der ganzen Zeit weitergearbeitet hat, habe ich reichlich Beschäftigung. Aber ich hoffe, dass wir in nächster Zeit wieder einmal nach New York kommen, und dann würde ich mich freuen, Sie zu sehen und von Ihnen zu hören, dass Sie nach und nach alle Ihre Angelegenheiten zufriedenstellend regeln können.

Mit den besten Grüssen   Ihre Lotte Z.

[New Haven, Poststempel 23. 3. 1941]

L. F. Deine beiden Briefe. Lucka ist natürlich fürchterlich. Ich dachte immer schon, was mit ihm geschehen würde. Ich bin verzweifelt, dass ich durch meine Abgeschiedenheit selbst gar keine Affidavits verschaffen kann – ich bräuchte eines für Friedenthal,[1] um das ich mich doch bemühen muss, eines für einen dritten Bruder Lottes.[2] Aber das wären nicht so schwere Fälle. Da würde die Überfahrt drüben gezahlt (es ist nur leider keine zur Zeit zu erlangen) und ein Mann wie Friedenthal erhält sich selbst. Mit Lucka, der 65 Jahre alt ist, nie ein Buch veröffentlicht hat, mit Friedmann (drei Personen!) ist die Situation anders. Denn da tritt ja das Affidavit wirklich in Kraft, das heisst, Gertrud[3] oder wer es gibt, müsste dann *auf Jahre hinaus* für die Betreffenden sorgen – ich weiss nicht, ob ich das jemandem zumuten kann. Jedesfalls verlangt es die Aufrichtigkeit, dass man jemandem das offen sagt, dass er mit einer grossen und dauernden Belastung rechnen muss – dazu kommen noch die Schiffskarten via Japan, was ein Vermögen kostet: es ist das eine Angelegenheit von ein paar Tausend Dollar. Sollte z. B. Friedenthal gelingen, so ist das eine Sache von 200 Dollar, gerade der erste Monat und dann erhält er sich selbst. Aber diese andern, die sich schon in Wien oder Paris nicht erhalten konnten – ich weiss wirklich nicht, ob Du das von Gertrud[3] verlangen kannst. Das musst Du selbst wissen; ich sage nur, dass man damit eine *ungeheure* Verantwortung übernimmt. Die Menschen drüben in ihrer Verzweiflung haben natürlich den Sinn für Geldwert getrübt. Wie schwer verdient man hier 100 $ und hier heisst es Tausende auf einen Ruck geben. Ich weiss kaum jemanden, der das kann! Unter allen meinen Bekannten nicht ein *Einziger*. Die Leute kommen doch mit dem blossen Hemd an.

Von Rieger weiss ich nur die nackte Tatsache aus einem Brief von Fuchs,[4] der nicht an mich gerichtet war, aber mir die Nachricht weitergeben sollte. Ich schreibe an Fuchs nicht, um ihn nicht zu gefährden.

Für Reinhardt [Rheinhardt][5] habe ich wenig Interesse. Er stand uns ja immer fern und muss doch andere Leute haben, die ihm näher stehen. Man kann ja jetzt selbst den nächsten Freunden so schwer helfen. Auch Berta[6] mit ihren 75 Jahren ist weniger wichtig. Es ist grässlich, aber man muss seine Kräfte auf eine engste Auslese zusammenhalten – selbst da ist man ja noch machtlos.

Was Du wegen Deines Visas schreibst, lässt mich befürchten, dass Du nicht den richtigen Anwalt hast. Landshoff hat 14 Tage nach seiner Ankunft alles besorgt gehabt, war im ganzen einen Tag in Mexico, ist auch geschieden (das macht hier gar nichts aus) und hatte wahrscheinlich diese Papiere gar nicht bei sich. Vielleicht kann ich nächste Woche darüber mit Dir sprechen, ich muss leider in einer Sache nach Baltimore und bin einen halben Tag in New York. Für die Reise nach Mexico oder Cuba wäre, da Ihr 5 Personen seid, zu erwägen, ob Du nicht einen alten Car für 250–350 Dollar kaufen sollst, Lix oder der Höller müsste Euch hinsteuern und nachher verkauft ihr den Wagen eben für 100 Dollar – billiger jedenfalls als 5 Eisenbahnbillets. Ich kenne mich als Nichtfahrer da aber nicht aus.

Wir leben hier ruhig im äusserlichen. Innerlich voll Unruhe, Lotte mit Bruder ect. in London, in Gedanken an all die Freunde und die zukünftigen Katastrofen. Roth, Rieger, Ernst Weiss waren vielleicht die Klügeren. Herzlichst

S.

Ich hoffe Du hast Alix die 8 $ gegeben, ich erstatte Dir sie gleich zurück.

1] Richard Friedenthal, Stefan Zweigs Freund und Nachlassverwalter, der in England blieb. · 2] Ein Irrtum Zweigs, es betraf den nach England geflüchteten Bruder Hannah Altmanns, Heinrich Mayer. · 3] Friderikes Nichte Gertrud Burger in New York. · 4] Emil Fuchs im nationalsozialistischen Wien. · 5] Emil Alphons Rheinhardt im besetzten Frankreich. · 6] Berta Zuckerkandl in Algier.

Anfang April 1941 kehrten Lotte und Stefan Zweig zurück nach New York City. Dort erfuhr er von Friderike Zweig von der Versteigerung ihrer in Salzburg geraubten Wertsachen – eine Nachricht, die von ihrer Freundin Josefine Junger aus Salzburg stammt (diese konnte den Koffer, in dem sich Briefe von Friderike und Stefan befanden, vor dem Raub retten).

The Wyndham, 42 West 58th Street, New York [9. 4. 1941]

L. F. wir können jetzt nicht kommen, da Lotte morgen für eine Woche ihre Nichte[1] erwartet, wir telefonieren dann Suse wegen der Photografie.

Die Totenliste mehrt sich von Tag zu Tag. Auch Oscar Loerke ist in Berlin gestorben, alle jünger als ich.

Wegen der Confiscation[2] mache Dir keine Sorgen. Es ist fast besser, alles schon glatt verloren zu wissen, statt darum jahrelang zu kämpfen und es doch zu verlieren. Schade nur, dass damals Alix nicht ein paar Zeichnungen und Manuscripte retten konnte. Auch ich gebe ja in England alles verloren.

Ich gehe wenig aus, ich kann nicht mit Menschen über die grauenhafte Lage sprechen; America kommt bereits zu spät. Überall der gleiche Fehler zu glauben, man könne sich weghalten, indem man nur still bleibt. Wir müssen uns gewöhnen, im Chaos bis an unser Ende zu leben, die jüngere Generation muss eben selbst mit den neuen Verhältnissen fertig werden.

Ich telefoniere nächster Tage. Grüsse   Stefan

1] Eva Altmann. · 2] Öffentliche Versteigerung des geraubten Vermögens Friderike Zweigs am 18. und 19. 11. 1940 im Auktionshaus des gerichtlich beeideten Schätzmeisters Karl Schwarz in Salzburg.

Der von Stefan Zweig in der Habsburger Monarchie erworbenen Doktortitel wurde ihm von der Universität Wien am 8. Mai 1941 mit folgender Begründung aberkannt:

Da der Genannte laut des Erkenntnisses über die Ausbürgerung der deutschen Staatsangehörigkeit unwürdig wurde, ist er umsomehr unwürdig geworden, den ihm von der Wiener Universität verliehenen akademischen Doktorgrad weiterzuführen.

Stefan Zweig, der davon nie etwas erfahren sollte, sorgte sich um das Leben seiner verfolgten Freunde.

[New York, undatiert, vermutlich Anfang Juli 1941]

L. F. hatte eben zwei Telefonanrufe von Nichte Monjus[1] wegen einer Action über das Rote Kreuz in der Schweiz, ihn aus dem Concentrationslager in Orléans herauszubringen, wo er seit Mai ist – sie sollen schon vorher jämmerlich gelebt haben, obwohl man ihnen Geld schickte. Wegen Masereel muss man noch versuchen, weil Schwierigkeiten sind, Koblitz auch wegen Lucka urgieren[2] – Broch[3] will beim Emergency[4] nachdrücken. All dies bei dieser grauenhaften Hitze. Wir fahren heute nach Ossining, Telefon 1180, 7 Ramapo Road. Gott gebe, dass ich diese zwei Monate endlich ungestört arbeiten kann. Täglich anderer Leute Angelegenheiten zu den eigenen Sorgen, man wird allmählich müde. Ich hoffe, Deine Angelegenheiten kommen jetzt rasch in Gang, an die meinen will ich zur Zeit nicht rühren, mir ist es leid um jede Stunde, die ich versäume. Erst wieder einmal Arbeit, vielleicht die letzte – was weiss man, es steht einem noch so grauenhaft viel bevor. Herzlich   Stefan

1] Moritz Scheyer. · 2] Auf Einwanderungserlaubnis drängen. · 3] Hermann Broch. · 4] Emergency Rescue Committee.

Anfang Juli 1941 zogen Lotte und Stefan Zweig in eine gemietete Villa in Ossining (New York State), womit sich Gelegenheit zu persönlichem Kontakt und gedeihlicher Zusammenarbeit mit Friderike bot, wie sie rückblickend erzählt. Doch Stefan Zweig, der dort intensiv an seiner Autobiografie arbeitete und den ersten Entwurf fertig stellen konnte, litt –

nicht zuletzt wegen des Kriegsverlaufes – unter schweren Depressionen.
Auch seine davon betroffene Frau sah keinen anderen Ausweg als weg-
zugehen. Sie verließen vorzeitig Ossining, wohnten vierzehn Tage in New
York City und reisten am 15. August 1941 nach Rio de Janeiro ab.

[Undatiert, vermutlich adressiert an Dr. Arthur Bondi, Rechtsanwalt, Büro Hoffman & Hoffman in New York]
  Leaving this country it would be of great comfort to me if you
could kindly give your assistance to my former wife: Mrs. Friderike Zweig and her children.
  Thanking you very much in advance

sincerely yours Stefan Zweig

Beim Verlassen dieses Landes wäre es für mich eine große Beruhigung zu
wissen, dass Sie meiner geschiedenen Frau, Mrs. Friderike Zweig, und
ihren Kindern freundlichst Unterstützung gewähren. Dafür danke ich
Ihnen schon im Voraus,

Ihr ergebener Stefan Zweig

On Board of S. S. Uruguay,   20. Aug. 1941

L. F. ich schreibe von unterwegs. Wir haben ganz ruhige Fahrt
und wir merken erst jetzt, wie schrecklich müde wir waren, dass
wir eigentlich den ganzen Tag herumliegen. Jetzt wird es besser
und ich fühle mich, seit ich Newyork verlassen habe, auch seelisch
etwas freier – der Gedanke, dort nochmals als Ausländer einen
Krieg mitzumachen, hat auf mich sehr gedrückt, da ich das schon
einmal – ebenso wie Du – mitmachte. Der Zustand der dauernden Rechtlosigkeit ist schwer zu erlernen, obwohl wir seit 25 Jahren immer neue Lectionen bekommen haben.
  Auf dem Schiff haben wir noch niemanden gesprochen ausser
Mrs. Wiener (der Schwester Morgenthaus),[1] die mit einem »Wiener« verheiratet ist und die ich schon flüchtig kannte. Ich hoffe,
Deine Angelegenheiten kommen jetzt rasch in Schwung, ich
weiss wie wichtig das in der nächsten Zeit sein wird und ich
wünschte Dir sehr, Du möchtest rein wohnungshaft zu einer re-
lativen Ruhe kommen. Falls Du eine neue Adresse hast, teile sie

mir (und auch Dr. Bondi) mit. Im allgemeinen ist Briefpost mehr zu empfehlen wie Flugpost, weil diese nur wenig Text erlaubt und schliesslich meist auch vier Tage dauert (ausserdem 40 Cent kostet). Unsere erste Adresse ist c/o Editora Guanabara, 132 rua Ouvidor.

Herzlich Stefan

[PS von Lotte Zweig:] Viele Grüsse Lotte

1] Alma Wiener, Schwester des US-Finanzministers Henry Morgenthau jr.

Lotte und Stefan Zweig, die am 27. August 1941 in Rio de Janeiro eintrafen, logierten dort bis 17. September in einem Hotel und besuchten bei dieser Gelegenheit Friderikes Bruder Siegfried Burger, seine Frau Clarissa und ihren Sohn Ferdinand. Indessen kümmerte sich Friderike Zweig in Ossining um das Wohlergehen Evas, Lottes Nichte, die in einem Heim lebte, das Elisabeth und Albrecht Schaeffer für Emigrantenkinder gegründet hatten. Friderike Zweig, die im Herbst 1941 nach New York City übersiedelte, musste sich weiterhin um behördliche Erlaubnis zur Immigration bemühen.

Editora Guanabara, 132 rua Ouvidor, Rio de Janeiro,
10. Sept. 1941

L. F. ich komme eben von Deinem Bruder Siegfried und nütze den Termin, dass übermorgen ein Postschiff abgeht. Es geht uns seelisch viel besser hier, weil die Landschaft unsagbar herrlich, die Menschen nett, Europa und der Krieg ferner ist – mit einer guten Bibliothek wäre hier gut zu leben (obwohl auch hier die Preise merklich anziehen, der Nationalismus empfindlicher wird.) Das Entscheidende ist, dass wir uns entschlossen haben, in Petropolis ein winziges Häuschen zu mieten, dessen Hauptbestandteil (auch für mich das Entscheidende) eine riesige Veranda ist; wir haben es für sechs Monate genommen, denn wir sind unsäglich menschenmüde und auch körperlich – Lotte hatte durch den Klimawechsel einige Zeit, sich – zum wievielten Male! – umzugewöhnen schwer; wir hoffen, dass dieser Schatten einer Sesshaftigkeit uns beiden gut tun wird. Die Hauptsache ist, dass wir ein Hausmädchen bekommen – Petropolis ist ein kleiner Semmering, nur primitiver so wie anno 1900 das Salzkammergut, die Hotels und Häuser auf dieser Stufe bis auf die Palais. Es gibt hier eben noch keinen breiten Mittelstand; entweder ganz reich oder ganz bescheiden. Wir haben mit dem Bus oder Bahn eine Stunde 40 Minuten zur Stadt – so werden wir also den heissen Sommer überdauern und wer denkt über März und April hinaus? Ich will dort die Autobiografie durcharbeiten und vielleicht etwas Neues beginnen – inzwischen hast Du wohl das Brasilienbuch[1] bekommen, das zu Deinem Verwundern den Leuten hier nicht enthusiastisch genug war – sie lieben im Lande gerade das nicht, was wir lieben, und sind auf ihre Fabriken und Cinos mehr stolz als auf die wunderbare Farbigkeit und Natürlichkeit des Lebens. Wenn man *eine* amerikanische Bibliothek von den hundert drüben hätte, wäre es das Paradies – nun für einige Zeit kann man sich auf Shakespeare und ähnliches reduciren.

Ich hoffe, Deine Einwanderung hat gute Fortschritte gemacht oder ist schon erledigt. Ich kann mir denken, dass Ossining jetzt bald anfangen wird, unbehaglich zu werden, und Ihr in der Stadt etwas Richtiges findet (an die Photographie[2] glaube ich seit 10 Jahren nicht – die Dilettanten sind alle heute Meister durch die Perfectionierung der Apparate.) Leid ist mir von America nur, die Fülöps, Broch und Viertel[3] hier nicht zu haben – das Niveau ist hier natürlich nicht anzutreffen. Aber jetzt heisst es nur, die Zeit überstehen – die Nachrichten aus Frankreich und überhaupt Europa erinnern einen daran, dass Essen und ruhig Schlafen erstaunliche Errungenschaften sind – man muss eben sich auf das reine Null reduciren, vergessen wer man war, was man wollte und sich tief bescheiden. Du hörst von uns, sobald wir eingezogen sind in Petropolis – bei aller Primitivität nur endlich *nicht* im Hotel wohnen und vier fünf Monate keinen Koffer mehr sehen! Alles Gute für Euch

Stefan

Adresse vorläufig noch immer: Editora Guanabara, 132 rua Ouvidor, Rio

1] Stefan Zweig: Brasilien. Ein Land der Zukunft, Bermann-Fischer Verlag, Stockholm 1941. · 2] Bezieht sich auf Suse und Karl Höllers Beruf. · 3] Erika und René Fülöp-Miller, Hermann Broch, Berthold Viertel.

Lotte und Stefan Zweig bezogen am 17. September 1941 das bis Ende April 1942 gemietete Haus im Vorort Valparaíso von Petrópolis, 813 Meter über dem Meer, in einem Hochtal des Küstengebirges, in landschaftlich schöner und klimatisch günstiger Lage. Dort überarbeitete er seine Autobiografie Die Welt von Gestern; *zugleich entwarf er seine* Schachnovelle, *wozu ihm ein in Rio erworbenes Schachbuch mit 150 Meisterpartien als Grundlage diente.*

c/o Editora Guanabara,   17. Sept. [1941] Petropolis (Brasil),
132 rua Ouvidor, Rio   34 rua Gonçalves Dias

L. F. wir sind heute glücklich übersiedelt. Es ist ein ganz winziges Häuschen, aber mit grosser gedeckter Terrasse und wunderbarem Blick, jetzt im Winter reichlich kühl und der Ort so schön verlassen wie Ischl im October oder November. Aber endlich ein Ruhepunkt für Monate und die Koffer werden eben auf langes Niemehrwiedersehen verstaut. Es wird kleine Schwierigkeiten geben, da wir uns mit der portugiesisch-braunen Dienerschaft nicht immer ganz sprachlich verständigen können, aber sie sind rührig hilfswillig – wir zahlen ohne Kost für zwei Helfer, Mädchen und Gärtner + einen zwölfjährigen Boy, der die Wege macht, 5 Dollar Lohn im Monat! Das Haus ist freilich relativ nicht billig, weil Petropolis im Sommer der einzige Ort von Rio aus ist, aber das ganze Leben doch hier paradiesisch bequem – eben haben Lotte und ich gegenüber im ländlichen Café eine herrliche Chocolade und einen göttlichen Café getrunken und dafür *zusammen* 4 Cents bezahlt. Wenn es nur gelingt, hier Europa zu vergessen, allen Besitz, Haus, Bücher als verloren zu betrachten, gleichgiltig gegen alles an »Ruhm« und Erfolg zu sein und nur dankbar, dass man in einer göttlichen Landschaft leben darf, während Europa Hunger und Elend verheert, will ich zufrieden sein – Du kannst Dir nicht denken, welche Tröstung von dieser

Natur ausgeht, wo alles farbig ist und die Menschen kindlich rührend; ich bin wieder tagelang durch die Strassen von Rio gewandert. Sehr herzlich war ich mit Ferro und dem Secretär Pereira de Carvalho zusammen, die von Portugal hier sind, sonst vermied ich alle Leute. Mein Buch hat hier viel Aufsehen gemacht, auch Discussionen hervorgerufen, einige glaubten, es sei von der hiesigen Propaganda bestellt und bezahlt.[1] Von Masereel habe ich Nachricht, er möchte lieber nach Brasilien als nach Columbien, aber ich hoffe, er zögert nicht lange, denn in Frankreich wird man ihm das Leben schwer machen.[2] Ich hoffe, dass Deine Sachen endlich in Bewegung kommen, Dr. Bondi sagte mir seinerzeit, es ginge jetzt wieder ziemlich rasch. Ich wünsche Dir umso mehr zur Ruhe zu kommen, als ich selbst jetzt hoffe, hier für Monate jene innere Abseitigkeit zu finden – ich sehe auch viel besser schon aus, obwohl endlich der harte Schlag gefallen ist und ich oben und unten eine Gebisseinlage bekam. Glücklicherweise war es der wunderbare österreichische Zahnarzt, der mir in kürzester Zeit mit seinem Techniker die Sache ausgezeichnet und ohne Schmerzen machte – ich spreche auch trotz der Neuheit schon ganz normal. Die Nachrichten von Europa sind grauenhaft, ich kann von hier aus leider gar nichts tun, auch für den lieben Lucka nicht. Es wird ein Winter des Schreckens werden, wie ihn die Welt noch nicht gekannt. – Ich will hier in diesem Monat die Autobiografie corrigieren und intensivieren, auch plane ich eine kleine abseitige Novelle und so wird es mir, sofern die geträumte Ruhe bleibt, an Arbeit nicht fehlen. Hätte ich nur die amerikanischen Bibliotheken zur Hand! Ich werde allenfalls aber nur in grossen Zügen den Grundriss machen und einfügen, sobald mir einmal wieder Gelegenheit geboten ist. Im ganzen kann ich meinen Entschluss, America zu verlassen, nicht genug preisen, man lebt hier näher sich selber und im Herzen der Natur, man hört nichts von Politik und soviel an Egoismus darin sein mag, es ist doch Selbsterhaltung im physischen wie im seelischen Sinn. Wir können nicht ein Leben lang büssen für die Torheiten der Politik, die uns nie etwas gegeben und immer nur genommen hat und ich bin bereit, mich auf den engsten Raum zu beschränken, wenn er mir nur Arbeitsruhe lässt. Ich hoffe, Deine Kinder haben bereits Gelegenheit gefunden, wieder zu wirken, und hoffentlich kommt endlich die erwünschte Botschaft, die Euch das Definitivum gibt. Mit vielen Grüssen

S.

Ich kann nicht oft schreiben, die Post ist hier die Crux, langwierig und kostspielig. Es ist nicht nötig Luftpost, es macht, wenn man rechtzeitig per Schiff aufgibt (es steht in der Zeitung, im allgemeinen jeden zweiten Freitag fährt ein Schiff) *kaum mehr* als drei oder vier Tage Unterschied.

Ich hoffe, Huebsch hat Dir das Buch geschickt. Grüsse die lieben Fülöps, sie fehlen mir hier sehr.

1] *Brasil. País do futuro*, die brasilianische Ausgabe von *Brasilien. Ein Land der Zukunft*, erschien 1941 in der Editora Guanabara in Rio de Janeiro. · 2] Frans Masereel emigrierte nicht nach Amerika, er blieb während des Krieges in seinem Domizil in Südfrankreich.

c/o Editora Guanabara,   Petropolis (Brasil), 34 rua
132 rua Ouvidor, Rio de Janeiro   Gonçalves Dias [29. 9. 1941]

L. F. eben Dein Brief vom 21ten. Ich notiere Deine neue Adresse[1] und hoffe, dass Du Dich dort wohl fühlst. Wir sind hier in dem kleinen Häuschen sehr zufrieden. Es ist noch nicht das richtige Wetter, etwas kühl und regnerisch wie Ischl etwa im October, aber ich mache viel Spaziergänge. Wir haben eine schwarze Donna, die sehr nett und gelehrig ist und der man jetzt Kochkünste beibringen muss, was schwierig ist, insoferne als die Leute ausser Mandioca und schwarzen Bohnen nie etwas anderes gegessen haben, selbst Reis und Kartoffel sind Luxus für sie. Aber sie sind so unbeschreiblich gutwillig und freundlich, dass man ihnen alles nachsieht – nach alter Sclavengewohnheit kommt sie immer barfüssig ins Zimmer und streift ehrfürchtig ihre Holzpantoffeln in der Küche ab. Vor unserm Haus, durch einen Garten getrennt, ist das »Café Elegante«, eine zauberisch farbige Boutique, wo wir als einzige Weisse unter Braunen und Negern unsern »Cafesinjo« (kleinen Caffee) für 1 Cent trinken (unser Mädchen überzahlen wir im Gegensatz zu andern mit 5 Dollar Monatsgehalt). Ausserdem stehen immer gegenüber auf dem grünen Rastplatz mehrere Dutzend

Esel, die rhythmisch mit den Schweifen wedeln und die ich ungemein liebe – Du kannst Dir nicht vorstellen, wie farbig und gleichzeitig beschwichtigend das Leben hier ist. Nichts hat Eile, auch leider nicht die Post, aber die Menschen sind rührend; trotz ihrer Blutarmut (keiner hat eine ganze Hose) wird hier nichts gestohlen, unser Haus ist immer offen – es ist eine Art Urzustand und Grossvaterzeit. Wie wohl fühlt man sich aber in jeder, die nicht an die heutige erinnert. Ich bin froh America entronnen zu sein, ich passe nicht hin durch meine Ungeschäftlichkeit. Hier corrigiere ich viel an der Autobiografie, habe eine kleine Schachnovelle entworfen, angeregt davon, dass ich mir für die Abgeschiedenheit ein Schachbuch gekauft habe und mit Lotte täglich die Partien der grossen Meister nachspiele – Für Emil[2] kann ich leider von hier nichts tun, ich komme nie nach Rio und will auch jetzt nichts verlangen hier, weil ich doch für Masereel allenfalls die Kräfte sparen muss, der gerade hierher möchte. Ich hoffe, Dr. Bondi hat Dir alles zur Zufriedenheit besorgt, im Notfall wenn Koblitz in seiner Bemühung nicht ausreicht, weiss er Möglichkeit des Nachschubs. Von den Sachen des Penclubs weiss ich wenig, habe auch keine Lust davon zu wissen und sehe nur, dass man so zurückhaltend wie möglich sein soll – mir tut Romains leid, der sich furchtbar viel Mühe gegeben. Die englische Ausgabe des Brasilbuches[3] habe ich noch nicht gesehen; Du wirst überrascht sein, dass es einigen Leuten hier noch nicht zustimmend genug war: hier ist ihnen doch nur wichtig, was an Neubauten, Maschinen geleistet wird und ihres Pittoresken schämen sie sich eher – das wird erst die nächste Generation wieder entdecken, so wie man bei uns das alte Burgtheater und Beethovens Sterbehaus umlegte, um nachher zu trauern. Aber Du würdest hier sicherlich bezaubert sein, die Strasse ist ein Schauspiel und die kleinen Farbigen wie süsse Tiere, die man in den Arm nehmen möchte. Es ist eine Wohltat für mich zu wissen, dass ich jetzt Monate irgendwo »Bleibe« habe und man nichts mit Behörden, Öffentlichkeiten zu tun; ein alter Goethe, ein Homer, ein Shakespeare, die ich mir hier zulegte, genügen als erste Lectüre, anderes kann ich mir ausborgen – freilich, die Newyorker Bibliotheken bleiben unersetzbar. So das scheint mir alles, und nun noch beste Wünsche für die Übersiedlung. Herzlich

Stefan

Wir sind hier öfters mit der Schwester Mr. Morgenthaus beisammen, Mrs. Wiener, die einen Wiener geheiratet hat, einen Architekten, der hier für einige Monate bleibt, ehe er wieder nach Newyork zurückkehrt. – Wegen Lucka rufe einmal Hermann Broch an, der es doch übernehmen wollte, oder Kesten.

1] Friderike Zweig, New York City, 1 Sheridan Square. · 2] Lucka. · 3] Stefan Zweigs *Brazil. Land of the Future* erschien 1941 bei Viking Press in New York und bei Cassell in London.

Petropolis, 29. 9. 41

Liebe Friderike!

Vielen Dank für Ihre Zeilen und besonders dafür, dass Sie so lieb waren, sich nach Eva[1] umzusehen. Ich weiss genau, dass sie in allerbesten Händen ist, und ich höre auch regelmässig von ihr und Mrs. Schaeffer; trotzdem bin ich immer froh, von anderer Seite bestätigt zu hören, dass es ihr gut geht und sie sich in ihrer Umgebung wirklich zuhause fühlt. Ich hoffe – nicht um Evas, sondern um Ihretwillen –, dass Sie vor Ihrer Rückkehr nach New York sich noch das neue Haus ansehen werden, der Besitz ist wirklich sehenswert.

Wir sind hier bereits ganz installiert und fühlen uns trotz schlechten Wetters – es ist ja hier erst Wintersende – sehr wohl. Petropolis ist landschaftlich viel schöner, als wir nach flüchtigen Besuchen geglaubt hatten, Stefan hat eine grosse gedeckte Terrasse mit schöner Aussicht, auf der er arbeitet, einige Kaffeehäuser direkt gegenüber, arbeitet viel und fühlt sich hier wohler und ruhiger als seit langem.

Ich hoffe, dass Sie in Ossining noch schöne Tage hatten und dass Ihre Angelegenheiten[2] bald endgültig geordnet werden können. – Mit besten Grüssen und nochmals herzlichem Dank, dass Sie Eva zu sich eingeladen haben, Ihre Lotte.

[Randbemerkung:] Bitte verzeihen Sie das zerrupfte Blatt, es geht um die Gewichtsersparnis beim Porto.

1] Eva Altmann. · 2] Erlaubnis zur Einwanderung in die USA.

Stefan Zweig, der noch vor seinem 60. Geburtstag sein Erinnerungsbuch
Die Welt von Gestern *abschließen und das Typoskript nach New York*
schicken konnte, wollte sich keine Ruhe gönnen; er plante einen großen
Österreich-Roman – Fragment Clarissa – *und eine Montaigne-Biogra-*
fie. Auch seine Balzac-Biografie blieb Fragment (das Manuskript, das er
in Bath zurückgelassen hatte, kam erst am 7. November 1941 in Petró-
polis an).

Petropolis (Brasil), 34 rua Gonçalves Dias, 27. October 1941

L. F. Dank für Deine beiden Briefe, Luftpost und gewöhnlich, die
mich beide hier ziemlich prompt erreichten. Es ist jetzt schön
sonnig hier und noch ganz still; ich könnte mir nicht denken, wie
Du mit Deinem Geselligkeits- und Tätigkeitstrieb ein so absolut
abgesondertes und ereignisloses Leben ertragen könntest. Mir tut
es zunächst sehr gut. Ich fühle mich körperlich viel besser, die
persönlichen Sorgen beschäftigen mich nicht mehr wie dort, aber
andererseits wächst das Grauen über die Zeit ins Ungemessene.
Wir stehen doch erst am Anfang oder in der Mitte des Krieges,
der wahrhaft erst mit dem Eingreifen der letzten neutralen
Mächte beginnt, und dann kommen noch die chaotischen Jahre
des Nachkriegs. Ich fühle mich gehemmt in meinem Wirken in
jedem Sinne – in dem Original werden die Bücher vermutlich
kaum mehr erscheinen und mein ganzes Denken und Betrachten
ist an europäische, ja sogar lateinische Mentalität gebunden; ausserdem fehlt mir überall Material. Das Mcpt.[1] meines Balzac ist
noch immer nicht gekommen und auch dann hätte ich es schwer.
Ich träume von einer Art österreichischen Romans, aber dazu
müsste ich zehn Jahrgänge Zeitungen durchlesen, um die Einzel-
heiten zu bekommen – das ginge nur in New York und dahin will
ich auf absehbare Zeit nicht zurück. Dazu noch der Gedanke, dass
man nie mehr Haus, Heimat, Verlag haben wird und seinen
Freunden nicht mehr mit dem Kleinsten helfen kann, da alles
gebunden ist; hier ist das Gute, dass man zum Leben so wenig
braucht und deshalb Zeitungsschreiberei zurückstellen kann.
Aber ich fühle immer Sorge um die Production, die ohne Zufuhr
auslöschen muss wie ein Licht ohne Sauerstoff. – Wegen Masereel

habe ich wieder geschrieben, ich glaube, es liegt nun an ihm, sich zu entschliessen nach Columbien zu gehen, vielleicht hat sein Zögern schon wieder alles erschwert, denn alles war für ihn geordnet. Wegen Lucka kann ich hier nichts tun, es werden keine Visa mehr ausgegeben und Dr. Kris kann da schon gar nichts veranlassen. Sprich doch noch einmal mit Kesten, der sich so wie Broch am besten auskennt und hilfreich ist. Freilich, was aus ihnen allen, den Ehrensteins[2] ect. werden soll, die seit einem Jahrzehnt schon von Unterstützung leben, unübersetzbar sind und ohne productive Kraft, mag ich mir gar nicht vorstellen. Ich bin froh, dass ich jetzt die Autobiografie abschliesse, sie ist teils belebter, teils conciser geworden – wie und wo sie erscheint, ist freilich noch die Frage. Hoffentlich sind Deine Sachen[3] bald erledigt und ich freue mich, dass Du in Deinem eigenen Zimmer wohnst – niemand weiss besser als ich, wie das Provisorische auf einem lastet. Was kann das Alter noch Gutes bringen, früher Sammlung, Rast, Rückblick und Ehre, heute Hetzjagd, Wegblick, Gehässigkeit. Ich bin schon recht verzagt, und es ist wirklich nur die wunderbare Stille und Abgeschiedenheit, die mich noch in Schwebe hält. Könnte ich eine neue grosse Arbeit beginnen, so wäre vieles besser, aber für jede steht das Hemmnis der mangelnden Dokumentierung entgegen. Mich lockte sehr, über Montaigne zu schreiben, den ich jetzt viel und mit grösstem Genuss lese, ein anderer (besserer) Erasmus, ganz ein tröstlicher Geist. Aber hier gibt es soviel wie nichts über ihn und ich weiss nicht einmal, ob ich in America die Bücher anschaffen könnte – man braucht doch die ganze Sphäre einer Zeit, um den Menschen darin zu verstehen. Ich sagte mir zuerst immer: den Krieg überdauern und dann neu beginnen. Aber ehe er zu Ende ist und ich wieder irgendwo sesshaft werden kann – [werden] zwei, drei, vier Jahre mindestens hingehen, unersetzliche, und andererseits sind die materiellen Sicherungen dahin; dieser Krieg vernichtet, glaube ich, bis ins letzte alles, was die vorige Generation aufgebaut. Das Einzige Positive ist hier unser stilles einfaches abseitiges Leben ohne Zeitungsnotizen und Besuche. Ich lese viel, zum erstenmal eigentlich genau Wilhelm Meister[4] und ähnliches. Aber wird diese contemplative Pause noch lange möglich sein? Ich bin froh, dass unser Radio nur die brasilianischen Nachrichten gibt und Journale lese ich drei

Minuten – es ist zu grauenhaft, an all das Elend zu denken; Montaigne spricht von der Classe Menschen, die das Mitleiden in der Phantasie besitzen, mit innigem Bedauern und rät ihnen Rückzug und Abseitigkeit. Ein paar Prozent Egoismus und Phantasielosigkeit hätten mir im Leben viel geholfen; jetzt ändert man sich nicht mehr. Nebenbei, ich *flehe Dich an*, sage niemandem von meinem Geburtstag, ich liebe jeden, der mich nicht daran erinnert, als aufrichtigen Freund. Alles Gute

Stefan

[PS von Lotte Zweig:]
Liebe Friderike!

Viele Grüsse und herzlichen Dank, dass Sie sich um Eva[5] bekümmern und sie eingeladen haben. Sie fehlt mir sehr und noch mehr natürlich den Eltern, trotzdem ist es besser für sie, in dem Alter nicht zu viel die Umgebung zu wechseln. – Ich freue mich, dass Sie sich jetzt wieder eingerichtet haben und in eigenen Möbeln wohnen, es gibt einem doch ein ganz anderes Gefühl der Stabilität und des Zuhauseseins. Hoffentlich werden auch die Immigrationsangelegenheiten endlich einmal wunschgemäss erledigt. – Uns geht es hier gut. Wir leben wie die Einsiedler und haben noch etwa 4–6 ruhige Wochen vor uns, bis der Exodus aus Rio beginnt. Gesundheitlich geht es mir viel besser, und an Beschäftigung fehlt es mir nicht, denn Stefan hat an der Autobiographie noch viel geändert. – Wegen Morgenstern hat er an Huebsch geschrieben und ihm auch früher schon den Roman empfohlen.[6]

Ihre Lotte

1] Manuskript. · 2] Albert Ehrenstein konnte 1941 in die USA emigrieren, sein Bruder Carl Ehrenstein blieb in England (dort 1971 gest.). · 3] Erlaubnis zur Einwanderung. · 4] Goethe. · 5] Eva Altmann. · 6] Soma Morgensterns Roman *Idyll im Exil* wurde nicht bei Viking Press (Ben Huebsch) veröffentlicht.

Petropolis (Brasil), 34 rua Gonçalves Dias, 24. XI. 1941

L. F. nun ist es an mir, als Gratulant zu kommen, denn die Zeit geht schnell und auch Du hast dann nur ein Jahr vor dem Sechzigsten! Verbringe den Tag gut; Du hast ja Deine Kinder um Dich und solche Selbstverständlichkeiten bedeuten in dieser Zeit schon etwas Besonderes. Vielen Dank für die Montaigne-Angaben – zufälligerweise lebt Fortunat Strowski in Rio und vielleicht kann er mir sein Buch borgen. Ich habe inzwischen mir aus St. Beuve Notizen gemacht. Wir leben hier weiterhin still, wollen nur über den ominösen Tag nach Friburgo, einer alten Schweizer Colonie, mit dem Auto meines Verlegers, um allfälligen Besuchen zu entgehen, falls sich jemand hier erinnern sollte – auf das Buch freue ich mich und will Romains dann gleich danken. Ich sehe leider die Zeit furchtbar trübe, es sind noch nie auf Erden so viele Menschen gemordet oder unglücklich gemacht worden; der Gedanke, dass das noch Jahre fortdauern soll, ist kaum tragbar. Ein Glück, dass Du die Kinder bei Dir hast – alles Andere ist ja im Vergleich dazu nebensächlich. Hier ist unerhörte Conjunctur, das Land wird – zu rasch für mein Gefühl! – reich und selbstbewusst, aber es ist für ruhige Menschen jetzt ein Paradies (hätte es nur noch Bücher!). Alles Herzliche

Stefan

Petropolis, 24. XI. 41

Liebe Friderike!

Erlauben Sie mir, Stefans Brief meine herzlichen Glückwünsche zu Ihrem Geburtstag beizufügen, den Sie hoffentlich mit Ihren Kindern und im Freundeskreise schön begehen werden.

Stefans Geburtstag diese Woche werden wir damit verbringen, mit dem Verleger, der uns ein guter Freund ist, eine kleine Autotour nach Friburgo, einem anderen Gebirgsort mehr im Innern zu machen. Die beabsichtigten Besuche von anderen Freunden sind auf später verschoben und alle Art Feiern und angebotenen Festdiners hat sich Stefan verbeten. Aber selbst wenn hier etwas in die Zeitungen kommt, wäre das nicht schlimm; jeder feiert hier seinen Geburtstag und es stehen täglich so viele in der Zeitung, dass noch einer mehr – und selbst Stefans – kein grosses Aufsehen macht, und Stefans Wunsch, nicht »gefeiert« zu werden, wird respektiert, so gerne man auch hier Empfänge, Diners und Festreden veranstaltet.

Ich hoffe von Herzen, dass Sie die Sorge der Einwanderung nun endlich bald hinter sich haben werden, und bleibe mit den besten Güssen und Wünschen

Ihre Lotte

Der Sechzigjährige dankt:

Linder schwebt der Stunden Reigen
Über schon ergrautem Haar,
Denn erst an des Bechers Neige
Wird der Grund, der gold'ne, klar.

Vorgefühl des nahen Nachtens
Es verstört nicht – es entschwert!
Reine Lust des Weltbetrachtens
Kennt nur, wer nichts mehr begehrt,

Nicht mehr fragt, was er erreichte,
Nicht mehr klagt, was er gemisst
Und dem Altern nur der leichte
Anfang seines Abschieds ist.

Niemals glänzt der Ausblick freier
Als im Glast des Scheidelichts,
Nie liebt man das Leben treuer
Als im Schatten des Verzichts.

Stefan

Lotte und Stefan Zweig wollten an seinem 60. Geburtstag mit dem Verleger Abrahão Koogan und dessen Frau einen Ausflug in die Schweizer Bergkolonie Nova Friburgo machen, mussten aber wegen schlechter Straßenverhältnisse umkehren und seinen »düsteren Tag« in Teresópolis

verbringen. Durchaus erfreut war er über Romains' Hommage Stefan Zweig, Great European, *über die französische Balzac-Ausgabe, den Foxterrier namens Plucky und die Gansleber, die Erinnerungen an den 2. Wiener Bezirk Leopoldstadt weckte.*

Petropolis, 29. XI. 1941

L. F. der düstere Tag ist glücklich überstanden; wir wollten nach Friburgo, aber die Autostrasse war in einem solchen Zustand, dass wir nach Petropolis zurückkehrten, nachdem wir in Teresopolis den Tag verbracht. Es war mir gelungen, hier jede Mitteilung zu unterdrücken, so dass Telegramme nur von England und America kamen und uns Visiten erspart blieben. An Geschenken bekam ich (ausser dem Romainsbuch in herrlichem Leder von Hübsch) von Lotte eine complette Balzacausgabe, die mir sehr hilfreich sein wird, von meinem Verleger, um unsere Einsamkeit aufzuheitern, einen bezaubernd netten und lieben Hund, ein Stachelhaarfoxl, sehr lieb, sehr gut erzogen, freilich ohne die Intelligenz und gewalttätige Zudringlichkeit Caspars – er hat sich an einem Tag bereits eingewöhnt und er gibt dem Häuschen erst das richtige Gefühl von Heim. Auch eine Aufnahme mit einem Kinoapparat von Haus und Aussicht machte der Verleger, die hoffentlich gelungen ist. Der Hund stammt aus der grossen Diplomatenfamilie Rio Branco, hatte den zweiten Schönheitspreis und einen ellenlangen Stammbaum, der uns, die wir von Abraham abstammen, nicht so imponiert wie seine Wohlerzogenheit – ein Tier ist immerhin ein guter Ersatz in Zeiten, wo die Menschheit widerwärtig wird. Dienstag fahre ich nach Rio hinunter, Fortunat Strowski hat mir die besten Montaignebücher (seine eigenen) hergerichtet, es ist doch ein guter Zufall, die erste Autorität so nahe zu haben. – So, das ist alles, aus dem Detail Hund und Balzac ersiehst Du, dass wir in unserem steigenden Scepticismus mehr und mehr daran denken, auf längere Zeit uns einzustellen: man muss seine Zeit so einteilen, dass sie die Zeit möglichst negiert. Erschütternd ist hier der Überfluss – das bisschen Reis, das jetzt unser Hund bekommt, wäre drüben ein Fest für eine Familie und zum Geburtstag bekamen wir ungarische Gansleber, die so echt war, als käme sie aus dem zweiten Bezirk. Suse noch vielen Dank für ihre Wünsche und alles Gute von uns beiden. Herzlich

Stefan

Ich hoffe, dass Eure Sache endlich vorwärts geht!

Nach dem japanischen Angriff auf den US-amerikanischen Stützpunkt Pearl Harbor und der damit verbundenen Ausdehnung des Weltkrieges schrieben Stefan und Lotte Zweig ihre Briefe in Englisch.

Petropolis (Brasil), 34 rua Gonçalves Dias, 15. XII. 41

Dear Friderike, thanks for your letter. I am afraid that owing to the war letters will sometimes be delayed, especially letters by boat, so I hope you will at least have this one for Christmas. It will be a sad Christmas for us all who love peace and I hope you will have at least the satisfaction to have your children around your table. Let us not think too much of the coming years, they will bring destruction of so many things we are longing for – a quiet life and a certain security – and also after the final destruction of Hitler, the world will still have her problems to find a new way and every one of us. I wish for Suse and her husband that they may find a way of living, I never believed in photography and less now than ever; as to your sister[1] is it not cruelty to prolong such a life with injections instead to give her peace as she is incurable? Life will be terribly hard for every of us, and with my literary work, I see not much chance especially because I cannot continue my old plans like Balzac: perhaps the Montaigne will take form in a few months. Poor Scheyer, what must he suffer – I do not understand how all these people insist to continue such a life; even if he could still come over to the U.S., he would come as a beggar, and you know how proud he is. Here all is still quiet and no excitement at all, but also this country will be involved one day [in the war]; our dream would be to sit quiet somewhere but houses have gone up fantastically in prices and one has to go in the interior where one is entirely cut-off from books and friends. In any case, we have our lease till to the end of April, but alas, time runs with frightening rapidity. How far it seems to me that I had a house, my books and I know already that all this is gone forever. At least we have here absolute quietness and I read a good deal and we take long walks; like old people we live who have resigned to everything. In January, your brother and Clarissa[2] will come for a few days to escape the heat in Rio; he has good news from his elder son[3] who has made some important scientific discoveries. –

I suppose that you now see less people as everybody will be occupied with his own worries, and that you can continue your book. Will you be so kind to tell Gertrud and Liesl how much we enjoy the thought that their family lives are so perfect. From all others I hear not much and what I am hearing is rarely very satisfactory; in those times, writers who are no propagandists or reporters are rather superfluous who has still the mood to read books which are not sensational or touching the immediate actuality? Now it will take a long time if we shall see each other (if ever) and I am glad to know that you have your children and relatives with you. Petropolis will loose in the next two months its solitude and we are rather frightened by the thought of meeting people again – I do not like to talk now, because nobody can understand our position. One must have gone through things by own experience. Now they will better understand what we have suffered since years and that one looses with his home more than one can imagine. Kindest regards to all and a quiet Christmas (I have not the courage to say: a happy one). Love, Stefan

Liebe Friderike, besten Dank für Deinen Brief. Ich fürchte, dass manche Briefe, speziell die per Schiff geschickten, wegen des Krieges verspätet eintreffen. Dennoch hoffe ich, dass Du meinen noch vor Weihnachten haben wirst. Für uns friedliebende Menschen sind es traurige Weihnachten. Ich hoffe, es ist Dir wenigstens eine Genugtuung, Deine Kinder um Deinen Tisch zu haben. Lasst uns nicht zu sehr an die kommenden Jahre denken, da uns noch viel von dem zerstört wird, was wir uns ersehnen – ein ruhiges Leben und eine gewisse Sicherheit. Und selbst nach der endgültigen Vernichtung Hitlers wird die Welt für ihre alten Probleme neue Lösungswege finden müssen, wie auch jeder einzelne von uns. Suse und ihrem Ehemann wünsche ich, sie mögen einen seriösen Weg für ihr Leben finden. Ich selbst habe nie an Fotografieren als Beruf geglaubt, und tue dies jetzt noch weniger als früher. Hinsichtlich der unheilbaren Krankheit Deiner Schwester[1] frage ich mich: Ist es nicht grausam, solch ein Leben mit Injektionen zu verlängern anstatt den Menschen in Frieden sterben zu lassen? Das Leben wird schrecklich hart für jeden von uns, und selbst für meine literarische Tätigkeit schätze ich die Aussichten gering ein, insbesondere wegen des Stillstandes früherer Studien wie meines Balzac. Eventuell könnte mein Montaigne binnen wenigen Monaten Gestalt annehmen. Der arme Scheyer, was er alles erleiden muss! Ich kann wirklich nicht verstehen, warum diese Menschen ein solches Leben fortzusetzen gedenken. Selbst wenn ihm seine Flucht nach Amerika gelänge, käme er dort bettelarm an, doch Du kennst seinen Stolz. Noch ist es in Brasilien ruhig, nicht die geringste Erregung, aber es kommt der Tag, an dem auch dieses Land in den Krieg verwickelt wird. Wir träumen davon, wieder ganz sesshaft zu werden, doch die Häuserpreise sind hier derart exorbitant, dass man sich bestenfalls im Landesinnern etwas leisten kann, wo man allerdings von Büchern und Freunden völlig abgeschnitten ist. Jedenfalls läuft unser Mietvertrag für das Haus bis Ende April kommenden Jahres, doch die Zeit verrinnt furchtbar schnell. Ganz fern erscheint mir die Zeit, in der ich mein eigenes Haus und meine Bücher besaß. Gewiss bin ich mir, dass all dies für immer verloren ist. Zumindest erfreuen wir uns hier der absoluten Einsamkeit, denn ich lese eine Menge und wir machen lange Spaziergänge. Im Januar erwarten wir Deinen Bruder und seine Frau Clarissa,[2] die für einige Tage der Hitze in Rio entrinnen wollen. Ihr älterer Sohn[3] lässt mit bedeutenden wissenschaftlichen Erfindungen aufhorchen.

Ich nehme an, Du siehst jetzt weniger Leute, da jeder mit eigenen Sorgen vollauf beschäftigt ist, so dass Du Deine literarische Arbeit weiterbringst. Sei bitte so freundlich, Deinen Nichten Gertrud und Liesl von unserer Freude über ihr perfektes Familienleben zu berichten. Von sonstigen Leuten bekomme ich wenig zu hören und das wenige ist selten beruhigend. Schriftsteller – außer Propagandisten und Reportern – sind in dieser bedrückenden Zeit ziemlich überflüssig. Wer hat denn noch Lust, Bücher zu lesen, die weder Sensation noch Tagesaktualität zu bieten haben? Nun wird es lange dauern, bis wir einander wiedersehen (wenn überhaupt). Aber ich bin froh zu wissen, dass Du Deine Kinder und Verwandten um Dich hast.

Während der kommenden zwei Monate hat Petropolis seine Einsamkeit verloren. Der Gedanke, wieder mit Menschen zusammenzutreffen und zu reden, erschreckt uns ziemlich, weil niemand unsere Lage verstehen kann. Man muss schon selbst Erfahrungen gemacht haben, um unser jahrelanges Leid besser verstehen zu können, auch dass man mit seinem Heim mehr verliert, als man sich vorstellen kann.

Herzliche Grüße an alle und ruhige Weihnachten (glückliche Weihnachten wage ich nicht zu sagen). In Liebe Stefan

1] Leopoldine Mediansky in New York. · 2] Clarissa und Siegfried Burger in Rio. · 3] Vermutlich Alfred Burger, prominenter Chemiker und Forscher, University of Virginia (Charlottesville).

Petropolis, 16. XII. 41

Dear Friderike,

I wish to join my warmest Christmas and New Year wishes to Stefan's letters and to thank you that in the midst of the turmoil of present events you still think of little Eva. She was originally invited for the Christmas holidays by the people with whom she had stayed for the first few months, but I have no idea if the war has changed all their plans. – We think continually of what is happening in the world and what this new extension of the war may mean to people in Europe and all the friends and acquaintances in the States. I do hope that your affairs[1] can be brought to a successful conclusion in spite of the events. Times are difficult enough for everyone without such worries.

Our life is just the opposite of what it must now be in the States – we live isolated (until next month!), working, reading, walking a lot, and the new dog keeps us company and gives both of us much pleasure. My health fortunately is much better, and I am glad, for health is one of the essential things in such times.

With kindest regards to your family and once more all good wishes for the new year,

Lotte

Liebe Friderike, ich möchte Stefans Briefen meine innigen Weihnachts- und Neujahrswünsche anschließen und Ihnen dafür danken, dass Sie mitten im Weihnachtsrummel noch an die kleine Eva denken. Sie war ursprünglich von den Leuten, bei denen sie in den ersten paar Monaten gewohnt hatte, für die Feiertage eingeladen worden, aber ich habe keine Ahnung, ob ihre Pläne vom Krieg umgestoßen worden sind. Wir denken fortwährend daran, was in der Welt vor sich geht und was die jüngste Ausdehnung des Krieges für die Menschen in Europa und alle Freunde und Bekannten in Amerika bedeuten mag. Ich hoffe, dass Ihre Angelegenheiten[1] trotz der Ereignisse zu erfolgreichem Abschluss gebracht werden können. Selbst ohne diese Sorgen sind die Zeiten schwierig genug. Unser Leben hier ist gerade das Gegenteil von dem, wie es nun in den Staaten sein muss – wir leben völlig zurückgezogen (bis zum kommenden Monat!), arbeiten, lesen, wandern viel, und der neue Hund leistet uns Gesellschaft und macht uns beiden große Freude. Glücklicherweise ist meine Verfassung viel besser, was mich freut, denn Gesundheit ist eine wesentliche Sache in diesen Zeiten.

Mit herzlichen Grüßen an Ihre Familie und nochmals alle guten Wünsche für das neue Jahr,

Lotte

1] Friderike Zweig, die mit ihrem Besucher-Visum in New York lebte, erhielt erst 1942 die Erlaubnis zur Einwanderung in die USA.

Petropolis, 34 rua Gonçalves Dias, 20. I. 1942

Dear Friderike, I did not write all these days because there was nothing to tell; our life continues in a quiet and rather monotonous way, reading, writing, walking without interruption by concerts, theatres and society – there are no news except those in the newspapers which have nothing reassuring in the sense that the victory will be a rapid one; on the contrary we have to be prepared that this war will be a very long and exhausting one. For me it becomes more and more sure that I will never see my house again and to remain everywhere but a travelling guest; happy those who could begin a new life where ever. I had a beautiful letter from Roger Martin du Gard, the best letter I have read since years, expressing the same what I feel, that we in our age have only the charge of spectators in the great play (or better tragedy) that the others the younger ones have to play their part. Ours is only to disappear quietly and in a dignified way. I have finally got also the third Montaignebook (by Gide[1]) and thank you very much for it (– it is not very important and I hope, I have more to say about him). I have seen your brother Siegfried[2] and he will later come for a few days – he likes Brazil but we are all too old to get quite accustomed to foreign languages and countries. I hope your children feel alright and also the Hoellers have found an occupation – it is necessary today more than ever. Will you kindly forward the inclosed letter to Liesl,[3] I have no news if the second child has arrived. It is a nightmare to think what happens in

Europe: Lucca[4] and all the others in France. And here is no more opportunity; hermetically closed and God knows for how long. We have at least beautiful weather and our only pleasure, the long walks, afford always new variety. Love and kindest regards

Stefan

The little book on »Amerigo« (Vespucci) will be published next month.[5]

[PS von Lotte Zweig:] Kindest regards Lotte

Liebe Friderike, in letzter Zeit habe ich Dir nicht geschrieben, weil es nichts zu erzählen gab, unser Leben verläuft nämlich ruhig und ziemlich monoton: wir lesen, schreiben und wandern, meiden Konzerte, Theater und Gesellschaft. Es gibt also keine Neuigkeiten außer Zeitungsmeldungen ohne Zuversicht auf raschen Sieg; wir haben uns vielmehr auf einen langen zermürbenden Krieg einzustellen. Es wird mir zunehmend zur Gewissheit, dass ich mein eigenes Haus nie wiedersehen und überall bloß ein wandernder Gast sein werde; es können sich jene glücklich schätzen, die imstande sind, an jedem Ort ein neues Leben zu beginnen. Roger Martin du Gard schickte mir einen schönen Brief, seit Jahren habe ich keinen besseren gelesen, denn darin kommt auch mein Gefühl zum Ausdruck, dass wir Ältere nur die Funktion des Zuschauers in einem großen Spiel (Tragödie, besser gesagt) innehaben, während die Jüngeren ihren Teil zu spielen haben. Uns steht nur noch der Weg offen, still und würdig abzutreten. Endlich bekam ich auch das dritte Montaigne-Buch (von Gide[1]), wofür ich Dir herzlich danke (das Buch ist allerdings nicht besonders gut, hoffentlich habe ich Wesentlicheres über ihn zu sagen). Ich habe Deinen Bruder Siegfried[2] gesehen, er wird später für einige Tage zu uns kommen – Brasilien gefällt ihm, aber wir sind schon zu alt, um uns ganz mit fremden Sprachen und Ländern vertraut zu machen. Ich hoffe, Deinen Kindern geht es gut und die Höllers haben Arbeit gefunden – es ist heute nötiger denn je. Sei bitte so freundlich, den beiliegenden Brief an Liesl[3] weiterzusenden; ich weiß gar nicht, ob sie schon ihr zweites Kind bekommen hat. Mich erfasst tiefe Beklemmung, wenn ich an das Geschehen in Europa denke: Lucka[4] und all die anderen in Frankreich. Doch zur Hilfe besteht hier keine Möglichkeit mehr, da alle Grenzen dicht sind, und Gott weiß wie lang. Wir haben wenigstens prächtiges Wetter und unser einziges Vergnügen, langes Spazierengehen, ist reich an Abwechslung. Mit herzlichen Grüßen

Stefan

Mein kleines Buch »Amerigo« (Vespucci) wird nächsten Monat veröffentlicht.[5]

[PS von Lotte Zweig:] Herzlichste Grüße Lotte

1] André Gide: Essai sur Montaigne (1929). · 2] Siegfried Burger in Rio. · 3] Liesl Monath (geb. Burger) in New York. · 4] Stefan Zweig wusste nicht, dass Emil Lucka in Wien verstorben war. · 5] Stefan Zweigs *Amerigo. Die Geschichte eines historischen Irrtums* erschien noch 1942 in portugiesischer, spanischer und englischer Übersetzung, in Deutsch erstmals 1944 bei Bermann-Fischer in Stockholm.

Petropolis, 34 rua Gonçalves Dias, 4. 11. 1942

Dear Friderike,

It is now a good long time I did not hear from you but all mail to Brazil seems to have been delayed by the conference which occupied with members and mail the clippers. There is not much to tell. I am rather depressed by the perspective that the real decision and the ultimate victory will not come any more in this year and that the greater part of our best years has been passed for our generation in these two great world-convulsions. All will be changed after this war, which spends in one month more than nations earned before in years and I am afraid our old days will not be without anxiousness and difficulties – there is no more security in our time than in those of the Reformation or the fall of Rome. I was worried by the idea that your son in law and Suse[1] will be hampered in her [= their] occupation and will have to look for other possibilities; also here are many restrictions in employment and certain nationalistic measures. We ourselves enjoy now the beautiful summer and have, while the heat makes Rio to a furnace, cool nights and splendid days; from the physical point of view we could not have it better. There is season now in our Ischl[2] but we live not less retired than before, reading, working and walking with our little dog which is very sweet, not so intelligent as Kaspar but very affectionate and so attached to us as if we would have him already for years. Letters become more and more scarce, everybody has his own worries and one does not like to

write if one has nothing important to tell – and what in our little
and reduced life is still important in comparison with the world-
events. My autobiography was sent by air mail to Sweden and I
hope the manuscript has safely arrived.[3] Huebsch will publish
soon my little study on the Vespucci question and I work on the
Montaigne but all this with the lack of real intensity – when one
does not feel like once the response inmidst [= in the midst of]
the thunder of the guns one has not the right passion. Reading is
my best help and only reading good old, if I may say, *proved* books,
Balzac, Goethe, Tolstoi; but what we miss is good talk with people
of our level. Most of the people we meet do not understand what
is going on and coming, they believe that the coming peace will
be but a continuation of the old peacetime; one must have gone
through certain things to understand them and Europe is men-
tally as far to them as China has been to us in the last terrific
times. I hope your work[4] goes ahead, I would not advise to send
it to me now as books ect. take many weeks to arrive and there is
no security. The country itself is still untouched by the war, there
are only some restrictions for the Axis, aliens forbidding to speak
Italian or German on public places and to carry printed matters
in those languages. Food and all material things are here in this
unexhaustible country in abondance. We are not yet sure if we can
rent our bungalow longer than April, in the case of a change-
ment I shall let you know it in time. Love and friendship.

Stefan

Liebe Friderike, ich habe geraume Zeit nichts von Dir gehört, vermute
aber, dass der ganze Postverkehr nach Brasilien durch die Konferenz, die
alle Schiffe in Beschlag genommen hat, ins Stocken geraten ist. Meinerseits
habe ich nicht viel zu erzählen. Mich deprimiert allerdings der Gedanke,
dass wir die entscheidende Kriegswende und den endgültigen Sieg nicht
mehr in diesem Jahr zu erwarten haben und dass unsere Generation ihre
besten Jahre fast zur Gänze in zwei großen Welterschütterungen hat zu-
bringen müssen. Alles wird anders sein nach diesem Krieg, der in einem
Monat mehr verschlingt, als davor in Jahren erwirtschaftet werden konnte.
Zudem befürchte ich, dass unsere alten Tage voller Sorgen und Mühen
bleiben, denn es wird keineswegs mehr Sicherheit geben als zur Zeit der
Reformation oder des Unterganges von Rom. Ich sorge mich ebenfalls um
Suse und Deinen Schwiegersohn,[1] die in ihrer beruflichen Laufbahn be-

hindert werden und sich daher nach anderen Tätigkeiten umzusehen haben; auch hier in Brasilien wird Arbeit durch Restriktionen und nationalistische Maßnahmen erschwert. Während in Rio brütende Hitze herrscht, dürfen wir uns in Petropolis des schönen Sommers, der kühlen Nächte und prächtigen Tage erfreuen, physisch betrachtet könnten wir es nicht besser haben. Es ist zwar Saison in unserem Ischl,[2] doch wir leben nicht weniger zurückgezogen als vorher, wir lesen, arbeiten und wandern mit unserem kleinen Hund, der sehr süß ist, zwar weniger gescheit als Kaspar, aber uns überaus zugeneigt und so anhänglich, als wenn wir ihn schon viele Jahre hätten. Post kommt immer spärlicher, man hat eben genug eigene Sorgen und schreibt auch ungern, wenn man einander nichts Wichtiges zu sagen hat – und was soll in unserem kleinen eingeschränkten Leben angesichts der Weltereignisse noch wichtig erscheinen? Meine Autobiografie, die per Flugpost nach Schweden abging, ist dort hoffentlich gut angekommen.[3] Huebsch wird bald meinen kleinen Essay über Amerigo Vespucci publizieren. Meiner Arbeit über Montaigne fehlt der richtige Schwung, die dafür nötige Leidenschaft, die aber nur entstehen kann, wenn man wie einst inmitten des Kanonendonners [im Ersten Weltkrieg] auch innere Beteiligung spürt. Die Lektüre guter alter, längst erprobter Bücher, Balzac, Goethe und Tolstoi, kann mir am besten Ablenkung, Befriedigung oder Trost bieten; aber wir vermissen Gespräche mit gleich gebildeten Menschen. Jene, denen wir begegnen, können zumeist nicht verstehen, was außerhalb ihres Horizontes gerade vorgeht und noch geschehen wird; sie glauben vielmehr, dass der künftige Friede bloß eine Fortsetzung der Vorkriegszeit sein werde; doch man muss gewisse Erfahrungen schon selbst gemacht haben, um Verständnis für Menschen aufzubringen, denen Europa geistig so fern steht wie uns China in diesen letzten schrecklichen Zeiten. Ich hoffe, dass Deine literarische Arbeit[4] gut vorangeht, aber ich möchte Dir nicht raten, sie mir zu schicken, denn Bücher usw. sind nun viele Wochen unterwegs; ob sie auch ankommen, ist ungewiss. Das Land selbst ist noch unberührt vom Krieg, Einschränkungen bestehen nur für die Achsenmächte, etwa das Verbot für Ausländer, in der Öffentlichkeit Italienisch oder Deutsch zu benutzen und ein in diesen Sprachen gedrucktes Material mit sich zu führen. Lebensmittel und sonstige wesentliche Dinge besitzt dieses unerschöpfliche Land im Überfluss. Wir wissen noch nicht, ob wir unseren Bungalow über den Monat April hinaus mieten können; sollten wir uns aber verändern, dann wirst Du das rechtzeitig von mir hören. In Liebe und Freundschaft

Stefan

1] Suse und Karl Höller. · 2] Im österreichischen Kurort Bad Ischl war einst Kaiser Franz Joseph regelmäßig zur Sommerfrische. · 3] Stefan Zweigs *Die Welt von Gestern. Erinnerungen eines Europäers* erschien erstmals 1942 bei

Bermann-Fischer in Stockholm, im gleichen Jahr in portugiesischer und spanischer Übersetzung. · 4] Friderike Zweigs literarische Arbeit konnte erst nach dem Krieg in Deutsch erscheinen: *Wunder und Zeichen. Große Gestalten des Hochmittelalters* (Bechtle, Esslingen 1949) und *Erik Neergard und die Schwestern* (Österreichische Buchgemeinschaft, Wien 1951).

Lotte und Stefan Zweig waren vom brasilianischen Verleger Abrahão Koogan und dessen Frau Paulina eingeladen worden, den Karneval in Rio gemeinsam zu erleben, was sich jedoch auf einen Tag, Montag, den 15. Februar 1942, beschränkte. Stefan Zweig kehrte bereits am Morgen des nächsten Tages, als er in Zeitungen von der japanischen Eroberung des britischen Protektorates Singapur las, mit Lotte nach Petrópolis zurück. In seinem vorletzten Brief an Friderike, datiert 18. Februar 1942 (Aschermittwoch), unterdrückte er noch die Nachricht über seine Entscheidung für den Freitod.

Petropolis, 34 rua Gonçalves Dias, 18. 11. 1942

Dear Friderike, I have not more to write to you than kindest thoughts. There was now the fantastic carneval in Rio but my mind is far away from festivities and more distressed than ever. There will be never return to all bygone things and what is expecting us will never give more what those times had to afford [= offer] us. I am continuing my work but with a quarter of my strength; it is more continuing an old habit than really creating. One must be convinced to convince, to have enthusiasm to stimulate the others and how to find this now! All my best thoughts are with you and I hope your children find good opportunity to work and to go ahead; they will still see the better world after this one. I hope you are in fairly good spirits and in perfect health and that New York with its variety gives you at least sometimes of his [= its] artistic wealth – here I had but nature and books, old good books which I read and read again. Yours ever

Stefan

Liebe Friderike, ich möchte Dir nichts als liebste Gedanken schicken. In den letzten Tagen war in Rio der phantastische Karneval, doch mein Gemüt verträgt keine Festlichkeiten, ist so düster wie nie zuvor. Alles Vergangene wird für immer verloren sein und die Zukunft kann uns niemals das bringen, was uns einst beglückte. Die Fortsetzung meiner Arbeit gelingt mir nur mit einem Viertel meiner Kraft, ist aber eher alte Gewohnheit als schöpferisches Wirken. Man muss selbst überzeugt und begeistert sein, um andere bewegen zu können, doch wie soll man dies heute finden! All meine besten Gedanken sind mit Dir, und ich hoffe, dass Deine Kinder beruflich gut vorankommen; sie werden noch eine bessere Welt als diese erleben. Ich hoffe, dass Du ziemlich guten Mutes und ganz gesund bist, und New York möge Dir hin und wieder etwas von seiner künstlerischen Vielfalt geben – und mir bleibt hier nichts außer Natur und Büchern, alten guten Büchern, die ich lese und wieder lese. Immer Dein

Stefan

Stefan Zweig, der bis zuletzt an seiner Schachnovelle *feilte, ließ zur Vorsicht mehrere Typoskripte anfertigen, eines übergab er seinem brasilianischen Verleger in Rio; zwei gingen nach New York, eines nach Buenos Aires, wo* Schachnovelle *erstmals in Deutsch erschien.*

Am Freitag, dem 20. Februar, reiste Stefan Zweig nach Rio de Janeiro, um im Safe seines Verlages ein verschlossenes Päckchen zu hinterlegen. Darin befanden sich, wie sich nach seinem Tod herausstellte, ein mit 18. Februar 1942 datierter Brief über seine Entscheidung für den Freitod sowie einige Manuskripte und Autografen, darunter die Partitur Das Veilchen *von Mozart, bestimmt für seine geschiedene Frau, Friderike Zweig. Ihr schrieb er am 22. Februar, am Vortag seines Freitodes, einen Abschiedsbrief.*

Petropolis (Brasil)   22. II. 1942
(34, Rua Gonçalves Dias)

Dear Friderike when you get this letter I shall feel much better than before. You have seen me in Ossining and after a good and quiet time my depression became much more acute – I suffered so much that I could not concentrate any more. And then, the security – the only one we had – that this war will take years, that

c/o EDITORA GUANABARA
132, RUA OUVIDOR
RIO DE JANEIRO

22. I 1942

PETROPOLIS, (BRASIL)
(34, RUA GONÇALVES DIAS)

Dear friderike when you get this letter
I shall feel much better than before. You have
seen me in Ossining and after a good and
quiet time my depression became much more
acute — I suffered so much that I could not
concentrate any more. And then, the security
— the only one we had — that this war will
take years, that it would take ages before we
in our special position could settle again in
our home was too depressing. I liked Petropolis
very much, but I had not the books I wanted
and the solitude which first had such a soothing
effect began to become oppresive — the idea
that my central work, the Balzac, could never
get finished without two years of quiet life
and all books was very hard and then this
war, this eternal war, which is yet not at its
hight. I was too tired for all that and poor
(Lotte had not a good time with me, especially
as her health was not the best.) You have your

c/o EDITORA GUANABARA
132, RUA OUVIDOR
RIO DE JANEIRO

PETROPOLIS, (BRASIL
(34, RUA GONÇALVES DIAS)

children and with them a duty to help us, you
have large interests and an unbroken activity
I am sure you will see still the better time and
will give me right, that I with my black liver
did not wait any longer. I send you these lines
in the last hours, you cannot imagine how glad
I feel since I have taken the decision. Give
my love to your children and do not complain
me — remember the good Josef Roth and
Rieger, poor years I always was for them, that
they had not to go through those ordeals.

Love and friendship and cheer
up, knowing me quiet and happy

Stefan

it would take ages before we in our special position could settle again in our home was too depressing. I liked Petropolis very much, but I had not the books I wanted and the solitude which first had such a soothing effect began to become oppressive – the idea that my central work, the Balzac, could never get finished without two years of quiet life and all books was [= were] very hard [to obtain] and then this war, this eternal war, which is yet not at his [= its] hight [= height]. I was too tired for all that and poor Lette [Lotte] had not a good time with me, especially as her health was not the best. You have your children and with them a duty to keep up, you have large interests and an unbroken activity. I am sure you will see still the better time and will give me right, that I with my »black liver« did not wait any longer. I send you these lines in the last hours, you cannot imagine how glad I feel since I have taken the decision. Give my love to your children and do not complain me – remember the good Josef Roth and Rieger, how glad I always was for them, that they had not to go through those ordeals.

Love and friendship and cheer up, knowing me quiet and happy

Stefan

Liebe Friderike, wenn Dich dieser Brief erreicht, geht es mir bedeutend besser als früher. Du hast mich noch in Ossining gesehen, und nach einer guten und ruhigen Phase verschlimmerte sich meine Depression – ich litt so sehr, dass ich mich nicht mehr auf meine Arbeit konzentrieren konnte. Zudem war die Gewissheit – die einzige, die wir hatten – allzu bedrückend, dass dieser Krieg noch Jahre dauern und unendliche Zeit vergehen wird, ehe wir – in unserer besonderen Lage – wieder ins eigene Haus zurückkehren können. Ich mochte zwar Petropolis gern, vermisste hier jedoch die Bücher, die ich für meine Arbeit brauchte, und die Einsamkeit, die anfänglich eine spürbare Beruhigung bewirkte, begann in Bedrückung umzuschlagen – allein die Vorstellung, dass mein Hauptwerk, der Balzac, nie beendet werden könnte, weil ich ja keine Aussicht auf zwei störungsfreie Arbeitsjahre hatte und die dafür nötigen Bücher ungemein schwer beschaffen konnte, und schließlich dieser Krieg, dieser nicht enden wollende Krieg, der sein schlimmstes Ausmaß längst nicht erreicht hat. Um all dies zu ertragen, war ich einfach zu schwach, und die arme Lotte hatte es nicht leicht mit mir, vor allem, weil es mit ihrer Gesundheit nicht zum Besten stand. Du hast Deine Kinder und damit eine Lebensaufgabe, Du hast vielseitige Interessen und ungebrochene

Energien. Ich bin mir sicher, dass Du einmal bessere Zeiten erleben wirst und dafür Verständnis hast, dass ich mit meiner »schwarzen Leber« nicht länger auszuharren vermochte. Ich schreibe Dir diese Zeilen in meinen letzten Stunden, und Du kannst Dir nicht vorstellen, wie erleichtert ich mich seit diesem Entschluss fühle. Grüsse Deine Kinder recht lieb von mir und klage nicht um mich – denk immer an den guten Joseph Roth und an Rieger, wie froh ich immer für sie war, dass ihnen diese Qualen erspart blieben.

In Liebe und Freundschaft, und bleib guten Mutes, nun weißt Du mich doch ruhig und glücklich

Stefan

Nach der Einnahme einer giftigen Substanz – »ingestão de substancia toxica«, wie der die Totenscheine ausstellende Arzt festhielt – schieden Lotte und Stefan Zweig am Montag, dem 23. Februar 1942, aus dem Leben. Am folgenden Tag wurden ihre Leichname auf Order der brasilianischen Regierung mit offiziellen Ehren auf dem katholischen Friedhof in Petrópolis bestattet – allerdings nach jüdischem Ritus.

Friderike Zweig, die – ehe sie Stefans Abschiedsbrief aus Petrópolis erhielt – in New York von ihrem Schwiegersohn Karl Höller die schlimme Nachricht erfuhr, schreibt in ihren Memoiren Spiegelungen des Lebens *(Hans Deutsch Verlag, Wien 1964):*

Ich merkte, dass Suse nicht bei der Sache war. Sie wusste, welche furchtbare Nachricht mich erwartete, die mein Schwiegersohn die Aufgabe hatte, mir mitzuteilen, da meine Töchter es nicht wagten. Durch das Radio und Nachfrage bei Ben Hübsch, seinem Freund und Verleger, war die schreckliche Tatsache von dem Doppelselbstmord in Petropolis besiegelt worden. Ich bitte den Leser dieser Fragmente mit mir das Verstummen ob dieses Schlages zu teilen ...

Ein Nachwort

Friderike Zweig überlebte Lotte und Stefan um nahezu drei Jahrzehnte.

Ihre »activity« blieb ungebrochen, wie ihr Stefan in seinem Abschiedsbrief prophezeit hatte. Sie gründete im Jahr 1943 das Writers Service Center, dessen Zweck es war, Vertriebenen jedwede Hilfe angedeihen zu lassen. Aus dem Briefpapier des Writers Service Center geht hervor, dass Friderike Zweig auch den Vornamen ihres geliebten Gatten führte, und zwar mit der Abkürzung »St.«, was auch »Saint« oder »Sankt« bedeuten kann: »Friderika St. Zweig, 288 Ocean Drive West, Stamford, Conn.«

»Als Zeugin eines mehr als ein Vierteljahrhundert lang gemeinsam verbrachten Lebens« schrieb Friderike M. Zweig die beeindruckende – in sieben Sprachen übersetzte – Biografie *Stefan Zweig, wie ich ihn erlebte* (Neuer Verlag, Stockholm – Zürich – London – New York 1947).

»Sie erblickte zum ersten Mal seine schöne runde Schrift, die die eines Lyrikers und doch sehr fest und eindringlich war. Mit lila Tinte, wie er sie fast immer benutzte, waren die Worte auf starkem Papier geschrieben, das mit der von einem befreundeten Maler für ihn entworfenen Initiale versehen war, die ihr so vertraut werden sollte.«

Bei der Beurteilung ihrer als gute Quelle für Intimbeziehungen, Liebschaften und Brüche dienenden Biografie ist zu beachten, dass diese unter dem Eindruck des Todes Stefan Zweigs und dessen posthum publizierten Buches *Die Welt von Gestern – Erinnerungen eines Europäers* entstand. Im Erinnerungsbuch blieb sein Intimkreis, zu dem freilich Friderike, geborene Burger, verheiratete und geschiedene von Winternitz, verheiratete und geschiedene Zweig zählte, ausgespart. Was mag die am Welterfolg Stefan Zweigs über dessen Tod hinaus mitwirkende Frau angesichts ihres Nichtvorhandenseins in seiner *Welt von Gestern* gefühlt haben? Die Leerstelle bot allerdings der seelisch verwundeten Intimkennerin weiten Spielraum für Selbstdarstellung und Deutung inklusive Klitterung und Verschleierung, zum Beispiel ihre jüdische Herkunft betreffend (Friderike Burger konvertierte im 23. Lebensjahr, knapp vor ihrer ersten Ehe, vom jüdischen zum katholischen Glauben).

Es scheint, dass Friderike Zweig auch ihre zum Beziehungsbruch führende Ehekrise umdeutete, wobei sie ihr tonangebendes Naturell unwidersprochen als Deutungshoheit ausleben konnte. Sie sah beispielsweise die »wirkliche Ursache der Weihnachtskrisen« im Haus Kapuzinerberg 5 in Entsagungen und Kränkungen, die dem kleinen Stefan in seinem (notabene jüdischen) Elternhaus zu Weihnachten widerfahren seien. Damit glaubte Friderike Zweig, die sich Sigmund Freuds Lehre zu Eigen machte, das Motiv für Stefan Zweigs »unfassbare Härte« gegenüber ihren beiden Töchtern erkannt zu haben: Neid auf die sich frei und unbehindert vergnügende Jugend.

Mit der Biografie *Stefan Zweig, wie ich ihn erlebte* bestimmte Friderike Zweig das – lange Zeit als sakrosankt angesehene – Persönlichkeitsbild Stefan Zweigs, nebenher ihr eigenes als Dichtergattin und Dichterwitwe, ferner das Bild seiner Sekretärin und zweiten Ehefrau. In der Rückschau Friderike Zweigs figuriert ihre Rivalin und Nachfolgerin Lotte Zweig bloß als Mitleidsperson. Nicht gesagt wird, dass Lottes Mutter, Therese Altmann, Lehrerin an der von ihrem Vater Mendel Hirsch geleiteten Schule in Frankfurt am Main, in London Verwandte hatte und dass Lotte, ihr Bruder Manfred und seine Frau Hannah, beide Ärzte, dank ihrer Ausbildung und Beziehung in London festen Fuß fassen konnten. Stefan Zweig engagierte Lotte durch Vermittlung eines gemeinsamen Bekannten. Diesen Dienst verbuchte Friderike Zweig jedoch für sich.

Es zeigt sich an der Auflösung des gemeinsamen Wohnsitzes und an der Ehescheidung, dass Stefan Zweig seinen Willen schrittweise durchsetzen konnte. Dies gelang ihm allerdings nur, indem er Friderike hart bedrängte und im August 1938 dazu brachte, dass sie als schuldlose Ehefrau die Scheidungsklage beim Gericht in Salzburg durch einen Rechtsvertreter einreichen ließ.

Andernfalls hätte die Ehe nach österreichischem Recht nicht problemlos geschieden werden können. Friderike Zweigs bittere Reue kommt in ihrer Feststellung zum Ausdruck, Stefans »überstürzten Schritt« – seine Heirat mit Lotte am 6. September 1939 – nicht anerkennen zu wollen. Um nicht als Bigamist zu gelten, musste er Friderike bitten, die Tatsache ihrer Scheidung nicht zu unterdrücken. Es war ihm sogar unangenehm, in den USA zusammen mit Lotte und Friderike – »zwei Frau Zweig« – öffentlich aufzutreten.

Friderike Zweig bemerkt in ihrer Biografie, dass sie Lotte »ohne das geringste Gefühl von Bitterkeit« wieder gesehen habe, revidiert aber nicht die ihrer Rivalin zugeschriebenen Eigenschaften wie »leidend«, »kränklich«, »schmächtig« und »willfährig«. Die Biografin erwähnt immerhin Lottes Postskripte in Stefans Briefen, auch Lottes Geschenk, eine Balzac-Ausgabe, zu Stefans 60. Geburtstag und zitiert sogar seine im Abschiedsbrief gemachte Äußerung über Lotte. Es verwundert daher einigermaßen, dass der Name seiner Sekretärin und zweiten Ehefrau in dem von Friderike Zweig ausgewählten, kommentierten, im Jahr 1951 bei Alfred Scherz in Bern publizierten und danach in vier Sprachen übersetzten Briefwechsel zwischen Friderike und Stefan nicht ein einziges Mal vorkommt.

Die Ausblendung Lottes durch Friderike wird anhand eines von ihr publizierten Briefes von Stefan illustriert: »An Geschenken bekam ich außer dem Romainsbuch in herrlichem Leder – von Hübsch eine komplette Balzacausgabe, [...].«

Stefan Zweigs Worte lauten im Originalbrief vom 29. November 1941: »An Geschenken bekam ich (ausser dem Romainsbuch in herrlichem Leder von Hübsch) von Lotte eine complette Balzacausgabe, [...].«

Die Herausgeberin des Briefwechsels ersetzte sogar das in Stefan Zweigs Exilbriefen häufig vorkommende Pronomen »wir« (Lotte und Stefan) durch »ich« (Stefan).

Friderike Zweig zensierte auch eigene Briefe, um sich nicht einem bestimmten Verdacht auszusetzen. Sie beseitigte beispielsweise das deplacierte Attribut »jüdisch«, mit dem sie als energisches »Mumu« das von einer (nicht-jüdischen) Psychoanalytikerin verfasste *Tagebuch eines halbwüchsigen Mädchens* abqualifiziert hatte. Friderike Zweig löschte auch ihre Schelte, die sich ihr Mann als Rezensent anzuhören hatte: »Hast Du dieses ekelhafte Eingeweidebuch vorsichtig besprochen?«

Das Original des zitierten Briefes vom 24. Oktober 1920 ist eng beschrieben und acht Seiten lang. Mit der unvermeidlichen Kürzung ersparte sich Friderike Zweig komplizierte Erklärungen, sie unterließ es aber, Streichungen von heiklen und konfusen Stellen unmissverständlich zu kennzeichnen. Ungeachtet der unzähligen Kürzungen und Modifikationen in dem 1951 publizierten Briefwechsel, der aus ungefähr 550 spärlich kommentierten Poststücken – vorwiegend aus Briefexzerpten – auf 350 Druckseiten besteht, beteuerte Friderike Zweig in ihrem Vorwort: »Keinerlei Änderungen wurden vorgenommen.«

Es ist vornehmlich dem Engagement von Robert Rie, Professor für deutsche Sprache und Literatur am College at Fredonia der State University of New York, zu verdanken, dass dort am 26. März 1968 die weltweit größte ›Stefan Zweig Collection‹ in Gegenwart von Friderike Zweig gegründet wurde. Die Wahl des Standorts erklärt sich letztlich aus der in Österreich verdunkelten Vorgeschichte: Robert Rie, Sohn der einst mit Friderike und Stefan befreundeten Wiener Musikschriftstellerin Risa Rie, einer unter Tausenden aus Österreich vertriebenen jüdischen Intellektuellen, hatte im Jahr 1946 in seinem ›Offenen Brief aus der Emigration‹ an den österreichischen Bundeskanzler höflich appelliert, die Vertriebenen zur Rückkehr einzuladen. Der Rückruf unterblieb. Außerdem wurde die Rückgabe der nach 1938 in Österreich geraubten Vermögen in die Länge gezogen. Am 18. Januar 1971 starb Friderike Zweig 88-jährig in Stamford, Connecticut, ohne jemals ein Stück ihrer teuren Lebensreliquien wie das ihr von Stefan zugeeignete *Jeremias*-Manuskript wieder gesehen zu haben.

Die beachtliche ›Stefan Zweig Collection‹, die zunächst den im Jahr 1951 publizierten Briefwechsel umfasste, wird in der Daniel A. Reed Library in Fredonia aufbewahrt. Im Juli 1974 erwarb College at Fredonia von Suzanne Hoeller und Elizabeth Stoerk, den Töchtern Friderike Zweigs, auch die von ihr zurückbehaltene Korrespondenz, etwa 670 unveröffentlichte Briefe von Friderike, Lotte und Stefan Zweig. Unter dem »confidential material« befand sich »a sealed envelope«, ein Briefpäckchen, das zu Lebzeiten der Töchter verschlossen zu bleiben hatte. Nach deren Tod wurde am 23. Juni 1998 im Beisein von Vertretern des Stefan Zweig Estate und von Kuratoren der Daniel A. Reed Library das »sealed envelope« geöffnet. Es enthielt 33 Briefe: 27 von Stefan an Friderike und vier von Friderike an Stefan, einen exzerpierten Brief Lottes an Stefan und ein förmliches Schreiben des Salzburger Rechtsanwalts Emmerich Singer über den Verkauf des Hauses Kapuzinerberg 5 – Briefe größerenteils aus der Zeit des »Rosenkriegs« von 1935 bis 1937, kleinerenteils aus den 20er Jahren mit kritischen »Auslassungen« Stefan Zweigs über Familienmitglieder.

Briefe letzterer Kategorie wurden anscheinend nach Belieben vom übrigen »confidential material« getrennt, denn darunter sind zuhauf Briefe, die heikle Themen berühren, auch Charakterzüge zum Vorschein bringen, die mit den geschönten Eigenbildern nicht in Einklang stehen. Es zeigt sich dennoch, dass beide, Friderike und Stefan, besorgte Familienmenschen waren, sich um schwierige Verwandte kümmerten, speziell um die beiden Töchter, doch die Prinzipien Friderikes und Stefans standen zueinander im Widerstreit: Bindung gegen Selbstständigkeit. Die Mutter umhegte stets ihre Töchter, denen ihr leiblicher Vater früh entzogen worden war. »Stefzi« konnte sich kaum Gehör verschaffen. Es mangelte ihm die elterliche Autorität.

Im Haus herrschte Zwietracht, wenn die Gattin und ihre Töchter das Gesellschaftsleben in vollen Zügen genossen, was der sich verweigernde Hausherr wirsch als »Salzburgerei« abtat. Seine Freunde wie »Schachfuchs« waren seiner Frau aus politischen Gründen nicht geheuer. Sie bewegte sich lieber in Kreisen des Adels und der Christlichsozialen, selbst als Letztere in Österreich diktatorisch regierten.

Beide Ehepartner waren Persönlichkeiten, doch ungleicher Art. Sie hatte zwar mäßigen literarischen Erfolg, ließ es sich aber nicht nehmen, auf sein Schreiben einzuwirken, ihn zu Arbeiten wie *Jeremias* und *Erasmus* zu ermuntern und ihn in seiner politischen und religiösen Enthaltsamkeit zu bestärken. Die Dichtergattin, die dem Haus Kapuzinerberg 5 die Seele gab, konnte auch im Literaturbetrieb kräftig mitmischen. Haus- und Reisebriefe widerspiegeln die beispiellose Erfolgsserie eines Österreichers in Deutschland. Dort erschienen bis zum Gewaltjahr 1933 über 1,3 Millionen Bücher Stefan Zweigs. Jenseits deutscher Grenzen wurde sein Werk in mehr als zwei Dutzend Sprachen verbreitet. Hinter seinem weltweiten Wirken stand die resolute Frau.

Zunehmend empfand er den Eigensinn seiner Frau als Plage, wie aus dem »confidential material« hervorgeht. Der überbordende Betrieb, den die Gattin während seiner häufigen Reisen ganz allein – ohne Einbeziehung seiner Sekretärin Anna Meingast: »Deingast« – zu meistern trachtete, war der dauernde Zankapfel. Es nervten ihn hauptsächlich die schludrigen Postberichte in Friderikes zumeist überlangen, verschachtelten und schwer verständlichen Briefen. Darin liegt der Hauptgrund für die – durch eckige Klammern gekennzeichneten – Kürzungen von Briefen in der Neuausgabe der Korrespondenz. Kürzungen ermöglichten es, dass 109 Briefe aus dem »confidential material« inklusive »sealed envelope«, darunter Mitteilungen an und von Lotte Zweig, aufgenommen werden konnten. Auch die übrigen 201 Briefe werden – im Gegensatz zu dem im Jahr 1951 veröffentlichten Briefwechsel – nach dem Prinzip der Textgenauigkeit wiedergegeben, folglich ungeschönt: »Wassermann (mein Graus!)«

Das Original des bedeutsamen Hochzeitsbriefes vom 30. Januar 1920 ist unauffindbar, weshalb der im Jahr 1951 publizierte Text abgeschrieben werden musste. Sonst enthält die Neuausgabe ausnahmslos Texte, die anhand der Originalbriefe transkribiert wurden. Auch fremdsprachige Wörter, Passagen und Briefe werden dem Original entsprechend wiedergegeben und zudem übersetzt. Austriazismen wie »Paradeiser« (Tomate) und »krenreiben« (viel reden, doch nichts zuwege bringen), Eigenheiten der Schreibweise wie »jedesfalls«, »hieher«, »gleichgiltig« und »Concert« und die ebenfalls eigenwillige S-Schreibung, Doppel-S anstelle von Eszett (ß), in den Briefen Stefan Zweigs bleiben selbstverständlich unverändert. Die in Briefen unterstrichenen Wörter und Sätze sind in Kursivschrift gedruckt. In eckigen Klammern stehen die oft mühsam eruierten Briefdaten und die in Briefen fehlenden Wort- oder Satzteile. Offensichtliche Verschreibungen oder Errata wurden hingegen stillschweigend korrigiert, wiewohl selbst ein Weltruhmdichter Fehler machen darf, wofür er sich nicht zu schämen braucht.

Leitlinie für die Neuausgabe, die Lindi Preuss, Knut Beck und Mitherausgeber Jeffrey B. Berlin beharrlich angeregt hatten, war ein ausgewogen kommentierter und unverfälschter Briefwechsel, der von Liebe, Ehe, Familie, Arbeit, Erfolg, Ruhm, Zwietracht, Flucht, Verfolgung, Hilfe, Tod und Trauer erzählt – jüdische Lebensgeschichten in Briefen aus der ›Stefan Zweig Collection‹ der Daniel A. Reed Library. Stefan Zweigs Brief an seine »cara moglie« vom 25. Oktober 1922 kommt aus der Sammlung Erich Fitzbauers, des Mitbegründers der Internationalen Stefan Zweig Gesellschaft, deren Ehrenpräsidentin die US-Bürgerin Friderike Zweig war.

Die Auswahl unter den 1.220 Liebes-, Ehe-, Reise- und Exilbriefen erwies sich allerdings als diffiziler Balanceakt. Stefan Zweigs Briefe aus der Periode der »Annäherung« gingen verloren – Lücken, die mittels Exzerpte aus seinen Tagebüchern zumindest in Ansätzen gefüllt werden können. Doch die Romanze fließt allein aus der Feder der verführerischen Frau von Winternitz. Ein dichter Briefwechsel, Zwiegespräch oder Wechselrede, existiert aus der fruchtbaren Salzburger Zeit von 1919 bis 1933. Die misslichen Brieflücken der brisanten Dreißigerjahre, in die Hausfriedensbruch, Trennung, Dreiecksbeziehung und Scheidung fallen, lassen sich bloß durch chronologische Berichte schließen. Aus der Zeit der »Abstoßung« sind wenige Briefe Friderike Zweigs erhalten, ihre Exilbriefe fehlen zur Gänze. Dies bedingte eine besonders umsichtige Kommentierung der an sie gerichteten Briefe Lotte und Stefan Zweigs. Liebenswürdigerweise gewährte Lottes Nichte, Dr. Eva Alberman, Einblick in Dokumente und Briefe der Familie Altmann, wodurch persönliche Beziehungen erhellt und Fehldeutungen vermieden werden konnten.

Lindi Preuss (Williams Verlag) und Sonja Dobbins (Atrium Press) besorgten die Transkribierung aller handschriftlichen Briefe. Lindi und Lucien Preuss übertrugen das Französische ins Deutsche. Gerda Morrissey, Associate Curator of the Stefan Zweig Collection, half bei allen Zweifelsfragen mit Rat, überprüfte schwer leserliche Wörter und Passagen anhand der Originale in der Daniel A. Reed Library. Als Grundlage für die Darstellung des Welterfolgs Stefan Zweigs diente Randolph J. Klawiters *Stefan Zweig – An International Bibliography* (Riverside California 1991, Addendum I 1999, Addendum II im Entstehen begriffen).

Dr. Eva Alberman, Gerda Morrissey, Sonja Dobbins, Lindi und Lucien Preuss, Michèle Schilling, Knut Beck, Ernst Fiedler, Erich Fitzbauer, Peter Fuchs, Helmut Gaigg, Randy Klawiter, Oliver Matuschek, Ekki Müller und Rainer-Joachim Siegel, die den verwinkelten Arbeitsverlauf aufs freundschaftlichste begleiteten, Susanne Eschwé, Ursula Schwarz, Elizabeth Stoerk-Alsberg, Hedwig und Thomas Hoeller, Wolf-Erich Eckstein, Johann Holzner, Rudolf Maurer, Karl Müller, Jörg Räuber, Alexander Rochmann, Peter Roessler, Fabio Rugge, Johannes Seidl, Stephan Templ, Alois Wittinghofer und Hubert Wolflehner, die bei klemmenden Recherchen entgegenkommend halfen, Wolfgang Kloft, der sein Lektorat feinsinnig ausübte, schließlich meiner Frau Doris, die beim Gegenlesen »maskuliner« Kommentare mehr Sensibilität einmahnte, gilt mein herzlicher Dank.

Gert Kerschbaumer, Salzburg, im Sommer 2006

Register

Erwähnte Werke

Erwähnte Namen

Abraham, Stammvater der Israeliten 383

Addams, Laura Jane (1860–1935), US-amerik. Pazifistin, Nobelpreis 1931 124

Adelt, Leonhard (1881–1945), dt. Schriftsteller und Journalist 110 f., 175, 182–185, 204, 246 f.

Adler, Auguste, Gusti (1890–1974 Exil), Sekretärin Max Reinhardts und Schriftstellerin 144

Albert-Lasard, Lou (1885–1969), dt. Künstlerin 71

Alfred *siehe* Zweig, Alfred

Alix *siehe* Winternitz, Alexia Elisabeth

Altmann, Elisabeth Charlotte, Lotte (1908–1942 Exil), Sekretärin Stefan Zweigs und dessen zweite Ehefrau *siehe* Zweig, Lotte

Altmann, Eva (geb. 1929), Tochter Hannah und Manfred Altmanns, Nichte Lotte Altmanns, Ärztin 359 f., 368, 371, 377, 380, 387, 405 f.

Altmann, Hannah (geb. Mayer; 1898–1954 Exil), Ehefrau Manfred Altmanns, Ärztin 278, 358 f., 367, 380, 400

Altmann, Joseph Georg (1866–1934), Vater Lotte und Manfred Altmanns, Kaufmann 278

Altmann, Manfred (1900–1954 Exil), Bruder Lotte Altmanns, Arzt 278, 357–360, 380, 400

Altmann, Therese (geb. Hirsch; 1868–1949 Exil), Mutter Lotte und Manfred Altmanns, Lehrerin 278, 359, 400

Amann, Paul (1884–1958 Exil), österr. Philologe 124 f.

Andersen, Hans Christian (1805–1875), dän. Schriftsteller 104 f.

André, Pflegekind im Haus Kapuzinerberg 5 178

Anna Amalia (1739–1807), Herzogin von Sachsen-Weimar-Eisenach 142

d'Annunzio, Gabriele (1863–1938), ital. Dichter und Nationalist 219

Antoine, Eugen (1882–1947), Bibliothekar im österr. Sozialministerium 109

Arcos, René (1880–1959), franz. Schriftsteller 136 f., 157

Arens, Hanns (1901–1983), dt. Schriftsteller und Verlagslektor 245

Arens, Knut, Sohn von Hanns Arens 245

Asch, Schalom (1880–1957 Exil), jidd. Schriftsteller 255, 338, 347, 349, 364

Aschner, Bernhard (1883–1960 Exil), Dozent und Arzt in Wien 233

Aslan, Raoul (1886–1958), österr. Schauspieler und Regisseur 185, 224 f.

Auerbach, Bedřich, Arzt, Balneologe in Marienbad 327, 340

Auernheimer, Raoul (1876–1948 Exil), österr. Schriftsteller und Journalist 173

Babettli, Hotel Belvoir in Rüschlikon 82

Bach, Johann Sebastian (1685–1750), dt. Komponist 168, 188

Bahr, Hermann (1863–1934), österr. Schriftsteller 33, 42, 122, 139, 145, 147 f., 185, 246, 266

Ewald, Oscar (eig. Friedländer;
1881–1940 Exil), österr. Philo-
soph 233 f.

Exner, Elisabeth, Elise, Lisi (1887–?),
Kinderfrau und Hausgehilfin
Friderike Zweigs in Wien und
Salzburg 67, 87 f., 91, 96, 104 f.

Faesi, Robert (1883–1972), Schweizer Schriftsteller 119, 179, 202

Faistauer, Anton (1887–1930),
österr. Maler 128 ff., 151 f.

Faistauer, Emilie, Milli (geb. Ehren-
berger; 1897–?), zweite Ehefrau
Anton Faistauers, Freundin Friderike Zweigs 128 ff., 150 f.

Feld, Leo (eig. Hirschfeld;
1869–1924), österr. Librettist
163 f.

Ferro, António (1895–1959), portug.
Funktionär 348 f., 374

›La Feuille‹, Zeitschrift, Genf 209

Fischer, Ernst (1899–1972), Redakteur der österr. ›Arbeiter-Zei-
tung‹ 233 f.

Fischer, Gottfried Bermann
(1897–1995), Stefan Zweigs Verleger 297, 358, 363

Fischer, Hedwig (geb. Landshoff;
1871–1952), Ehefrau Samuel
Fischers 127, 130 f., 190

Fischer, Samuel (1859–1934), Grün-
der des Verlages S. Fischer in
Berlin 127, 130 f., 190

S. Fischer Verlag, Berlin 83, 93, 130,
143, 148

Fißneider, Adolf und Agnes, Haus-
meisterpaar im Haus Kapuzinerberg 5 194 f., 198 f., 245

Fleischer, Victor (1882–1951 Exil),
österr. Kunsthistoriker und
Schriftsteller 95 f., 113 ff.,
126–129, 139 f., 143, 155 ff., 159,

164 ff., 190, 206, 216 ff., 225 f., 228,
289 f., 294 f., 303, 311, 337, 359 f.

Fleischer, Leontine siehe Sagan,
Leontine

Fontana, Oskar Maurus
(1889–1969), österr.
Schriftsteller 274

Förster-Nietzsche, Elisabeth
(1846–1935), Schwester Friedrich
Nietzsches 169 f.

Fouché, Joseph (1759–1820), franz.
Polizeiminister siehe Werkverzeichnis SZ

Fourment, Hélène (1614–1673),
Modell und Ehefrau von Peter
Paul Rubens 23

France, Anatole (eig. Thibault;
1844–1924), franz. Schriftsteller,
Nobelpreis 1921 135

Francé, Annie (1886–1971), Ehefrau
von Raoul Heinrich Francé
222, 232

Francé, Raoul Heinrich
(1874–1943), österr. Biologe und
Botaniker 222, 232

Franckenstein, Georg, Baron von,
Sir George (1878–1953 Exil),
österr. Gesandter in London
289, 305, 313, 328

Frank, Bruno (1887–1945 Exil), dt.
Schriftsteller 190, 204

›Frankfurter Zeitung‹ 239, 241

Franz Ferdinand (1863–1914 ermordet), österr. Erzherzog und
Thronfolger 51

Franz Joseph (1830–1916), Kaiser
von Österreich und König von
Ungarn 7, 392

›Fremdenblatt‹, Wien 13

Freud, Sigmund (1856–1939 Exil),
Begründer der Psychoanalyse
117 f., 160, 226–228, 237 f., 302 f.
(80. Geburtstag), 341

United Press, US-Agentur 279
Universität Wien (*Alma Mater Rudolphina*) 368 f.
Unruh, Fritz von (1885–1970), dt.
Schriftsteller 95 f., 155
d'Uzes, franz. Adelsfamilie
Crussol 250

Valerie, Hausgehilfin Friderike
Zweigs in Salzburg 138
Vallentin, Antonina (verh. Luchaire;
1893–1957), Schriftstellerin und
Übersetzerin 216 ff.
Vandervelde, Émile (1866–1938),
belg. Politiker 217
Vargas, Getúlio Dornelles
(1883–1954), Diktator Brasiliens
308
Vasari, Giorgio (1551–1574), ital.
Kunstschriftsteller und
Hofmaler 145
Verdi, Giuseppe (1813–1901), ital.
Komponist 265
Verhaeren, Émile (1855–1916), belg.
Schriftsteller 8, 13 f., 17, 23, 30,
39 f., 44, 107, 125, 145, 147, 217
Verhaeren, Marthe (1860–1931),
Künstlerin, Ehefrau Émile
Verhaerens 155, 158 f., 217
Verlaine, Paul (1844–1896), franz.
Lyriker *siehe* Werkverzeichnisse
FZ und SZ
Vespucci, Amerigo (1451–1512), ital.
Forscher *siehe* Werkverzeichnis
SZ
Viertel, Berthold (1885–1953),
österr. Schriftsteller und Regisseur 188, 372 f.
The Viking Press, Verlag in New
York 312, 359, 377, 380
Vildrac, Charles (eig. Messanger;
1882–1971), franz. Schriftsteller
136, 165

Vildrac jr., Sohn von Charles
Vildrac 229
Völkerbund, Genf 248, 253, 287
Volksbühne, Berlin 189 f.
Volksheim Ottakring, Wien 263, 265
Deutsches Volkstheater, Wien 89, 93,
96 f.
Vorms, Pierre (1895–1945 KZ Auschwitz), franz. Verleger 232, 255

Wagner, Cosima (1837–1930),
zweite Ehefrau Richard
Wagners 147 f.
Wagner, Richard (1813–1883), dt.
Dichterkomponist 148
Wallmann, Margarete (1904–1992),
Ballettchefin der Wiener Staatsoper, Choreografin und Opernregisseurin in Salzburg 301, 333 f.
Walter, Bruno (eig. Schlesinger;
1876–1962 Exil), dt. Dirigent
232, 246, 278, 333 ff.
Walter, Rose (verh. Zucker;
1890–1962 Exil), dt. Konzertsängerin 289 f., 316
Wandel, Louise (1892–1981), Wiener Pianistin 182 f.
Wanger, Walter (1894–1968), US-
amerik. Filmproduzent 299 f.
Warburg, Max (1867–1946 Exil), dt.
Bankier 297
Warburg, Siegmund (1902–1982
Exil), dt. und brit. Bankier
288 f., 297, 305, 359 f.
Wassermann, Jakob (1873–1934), dt.
Schriftsteller, lebte in Alt-
Aussee 131, 141, 147 f., 404
Weiss, Ernst (1882–1940 Exil),
österr. Schriftsteller 128, 287 f.,
356, 367
Weissweiler, Martha (1888–1944 KZ
Auschwitz), Erzieherin in
Wien 163

Oliver Matuschek
Drei Leben
Stefan Zweig – Eine Biographie
398 Seiten. Gebunden

Stefan Zweig gehört zu den beliebtesten und meistgelesenen
Klassikern des 20. Jahrhunderts. Oliver Matuschek erzählt
die aufregende Lebensgeschichte dieses Autors, die ebenso
von Erfolg wie Tragik geprägt war, auf der Grundlage zahl-
reicher bisher unbekannter Dokumente und Briefe. Stefan
Zweigs Leben und Werk, seine Ehen und nicht zuletzt sein
Freitod im brasilianischen Exil erscheinen hier in einem
neuen Licht.

Zum 125. Geburtstag Stefan Zweigs:
die erste Biografie seit Jahrzehnten

S. Fischer

fi 1-048921 / 1

Stefan Zweig
Gesammelte Werke in Einzelbänden
Herausgegeben von Knut Beck

S. Fischer

fi 555 016 / 3 / a

Stefan Zweig
Gesammelte Werke in Einzelbänden

Herausgegeben von Knut Beck

S. Fischer

fi 555 016 / 3 / b

Stefan Zweig

Amerigo
Die Geschichte
eines historischen
Irrtums
Band 9241

Balzac
Band 2183

**Castellio gegen
Calvin oder
Ein Gewissen
gegen die
Gewalt**
Band 2295

Drei Meister
Balzac, Dickens,
Dostojewski
Band 12278

Joseph Fouché
Bildnis eines
politischen
Menschen
Band 1915

Magellan
Der Mann
und seine Tat
Band 5356

Maria Stuart
Band 1714

**Marie
Antoinette**
Bildnis eines mitt-
leren Charakters
Band 2220

Montaigne
Band 12726

**Die schlaflose
Welt**
Aufsätze und
Vorträge
aus den Jahren
1909-1941
Band 9243

**Triumph und
Tragik des
Erasmus von
Rotterdam**
Band 2279

**Die Welt
von Gestern**
Erinnerungen
eines Europäers
Band 1152

Fischer Taschenbuch Verlag

fi 555 016 / 4 / c

Stefan Zweig

Fischer Taschenbuch Verlag

fi 555 016 / 5 / d

Stefan Zweig
Briefe 1897 – 1914
Herausgegeben von Knut Beck,
Jeffrey B. Berlin und Natascha Weschenbach-Feggeler
589 Seiten. Leinen

Stefan Zweig gehört neben Thomas Mann zu den kontinuier-
lichsten Briefeschreibern der deutschsprachigen Literatur der
Moderne. Um seine »Kunst des Briefes« zu zeigen, hat sein
Freund und Nachlaßverwalter Richard Friedenthal 1978 eine
Anthologie der Briefe an Freunde herausgegeben. Stefan
Zweig empfand es als ein Glück, einem Freund »von engeren
Dingen, vom Persönlichen, von dem was uns bewegt und
innerlich beschäftigt«, zu berichten. Vor allem Briefe ohne
Verpflichtung zu schreiben, gab ihm das Bewußtsein, als
Individuum sich einzubringen in eine Gemeinschaft, im
Vertrauen geborgen zu sein, sich unverstellt geben zu kön-
nen, seine Eigenheit offenlegen zu dürfen. Deshalb übermit-
teln sie, an einen Partner gerichtet, in manchem detaillierter
als ein Tagebucheintrag Wesentliches von seinem durchaus
nicht immer konstanten Denken und Handeln. Diese auf vier
Bände geplante Editon einer breiteren Auswahl aus seinen
Briefen will die Entwicklung seiner Individualität und seines
künstlerischen Schaffens vom frühesten erhaltenen Schreiben
an dokumentieren.

S. Fischer

fi 1-097088 / 1

Stefan Zweig
Briefe 1914 – 1919
Herausgegeben von Knut Beck,
Jeffrey B. Berlin und Natascha Weschenbach-Feggeler
665 Seiten. Leinen

Der zweite Band dieser Auswahlausgabe von Briefen Stefan
Zweigs setzt mit August 1914, dem Ausbruch des Ersten Welt-
kriegs, ein und endet im Dezember 1919. Der Schwerpunkt
des zweiten Bandes liegt, dem Zeitraum entsprechend, auf
seiner politischen Einstellung und Haltung. Stefan Zweig
läßt sich – trotz gelegentlicher kritischer, skeptischer Äuße-
rungen in Briefen an Freunde – vom Rausch des Patriotismus
hinreißen, bis Ende 1915 »jeder das Endlose dieses Krieges«
und dessen »Sinnlosigkeit« spürt. Danach setzt er sich, stärker als noch bisher, in Briefen an Romain Rolland für eine
europäische Verständigung nach dem Ende des Krieges ein.
Dessen ungeachtet nimmt er zur gleichen Zeit seinen Auftrag
als Freiwilliger im k. u. k. Kriegsarchiv in Wien äußerst ernst
– Zweig war bei allen Musterungen immer wieder als kriegs-
untauglich eingestuft worden –, wohl nicht zuletzt aus
Sorge, dennoch an die Front abkommandiert zu werden.
Seine wichtigsten Werke, die in diesen Jahren entstehen, sind
das gegen den Krieg gerichtete Drama »Jeremias« und der
»Dostojewski«-Essay.

S. Fischer

fi 1-097089 / 1

Stefan Zweig
Briefe 1920 – 1931
Herausgegeben von Knut Beck und Jeffrey B. Berlin
696 Seiten. Leinen

Dieser Band beginnt mit der Eheschließung Stefan Zweigs.
Die frühen Jahre der Weimarer Republik mit den politisch
motivierten Morden an Matthias Erzberger und an Walther
Rathenau, erschüttern ihn sehr, innerlich distanziert er sich
mehr und mehr. Dieses Jahrzehnt bringt ihm die große Reise
nach Rußland – Anlaß ist Tolstois 100. Geburtstag – und damit verbunden die Begegnung und Freundschaft mit Maxim
Gorki. Doch Stefan Zweig hat auch Phasen tiefer Depression
und große menschliche Verluste zu verkraften: den Tod des
bewunderten Rainer Maria Rilke und den des im Werk nicht
minder geschätzten Hugo von Hofmannsthal. Der Band endet 1931 mit dem Brief an Richard Strauss, in dem er den Plan
des Librettos zur komischen Oper »Die schweigsame Frau«
entwickelt, die 1935 in Dresden uraufgeführt wird.

S. Fischer

fi 1-097090 / 1

Stefan Zweig
Briefe 1932 – 1942
Herausgegeben von Knut Beck und Jeffrey B. Berlin
815 Seiten. Leinen

Der abschließende vierte Band der Ausgabe versammelt
Briefe aus Zweigs letzten zehn Lebensjahren. Nicht nur die
politischen Verhältnisse verdüstern sich. Seine Bücher werden verbrannt, sein Haus in Salzburg wird ihm verleidet.
Trennungen, Scheidungen, Entfremdungen: von Romain
Rolland, dem langjährigen Adressaten vieler Briefe, von
seiner Ehefrau Friderike, die gleichwohl weiter zu seinen
wichtigsten Vertrauten gehört – neben Korrespondenz-
partnern wie Felix Braun und Ben Huebsch. Neue Wohnung in England, neue Ehe. Freunde sterben: Toller, Roth,
Herrmann-Neiße. Den überlebenden versucht er zu helfen,
bis an die Grenze der Erschöpfung. Vortragsreisen, Übersiedlung nach New York, später nach Brasilien. Dort das
Ende.
Dennoch entstehen in diesen Jahren Werke wie die Biogra-
phien »Marie Antoinette« und »Maria Stuart«, das Libretto
zu »Die schweigsame Frau«, der Roman »Ungeduld des
Herzens« und schließlich, im letzten Jahr, die »Schachnovelle« und der Abgesang auf eine europäische Epoche:
seine Erinnerungen »Die Welt von Gestern«.

S. Fischer

fi 1-097093 / 1